U0632217

中國思想史資料叢刊

王弼集校釋

上

〔魏〕王 弼 著

樓宇烈 校釋

中華書局

圖書在版編目（CIP）數據

王弼集校釋／（魏）王弼著；樓宇烈校釋. —北京：中華
書局，1980.8（2025.9 重印）
（中國思想史資料叢刊）
ISBN 978-7-101-00067-2

Ⅰ.王…　Ⅱ.①王…②樓…　Ⅲ.王弼－玄學－著作－
注釋　Ⅳ.B235.2

中國版本圖書館 CIP 數據核字（1999）第 74262 號

封面設計：周　玉

責任印製：管　斌

中國思想史資料叢刊

王 弼 集 校 釋

（全二册）

〔魏〕王 弼 著

樓宇烈 校釋

*

中 華 書 局 出 版 發 行
（北京市豐臺區太平橋西里 38 號　100073）
http://www.zhbc.com.cn
E-mail:zhbc@zhbc.com.cn

三河市宏盛印務有限公司印刷

*

850×1168 毫米 1/32 · 21⅛印張 · 4 插頁 · 445 千字
1980 年 8 月第 1 版　2025 年 9 月第 14 次印刷
印數:27101-27900 册　定價:108.00 元

ISBN 978-7-101-00067-2

目　録

前言

一

王弼字輔嗣，魏山陽高平（今山東金鄉縣西北）人，生於公元二二六年（魏黃初七年），死於公元二四九年（正始十年），是魏晉玄學唯心主義的主要創始者之一。

魏晉玄學發生於魏正始年間（公元二四〇——二四九年）。當時，在一批門閥士族地主階級執政者和知識分子中，以極大的興趣反復討論關於有無、本末、體用等理論問題。他們以《老子》、《莊子》和《周易》爲論理的基本思想資料，崇尚虛無，出言玄妙，因而人們稱這種討論爲「玄談」，有所謂「正始玄風」之稱（以後，《老子》、《莊子》、《周易》三書被稱爲「三玄」一時成爲知識分子必讀之書）。這股「正始玄風」的出現，是有深刻的歷史原因的。

首先，從政治上來講，經過東漢末年的黃巾農民大起義，摧垮了兩漢王朝四百多年統一的政治局面，給封建地主階級的統治以沉重的打擊。以後，黃巾起義雖然被鎮壓下去，但也使得地主階級一時無力重新建立起一個統一的封建政權，因而出現了魏、蜀、吳三國鼎立的暫時分裂局面，它反映了經過農民起義的打擊，地主階級統治集團內部矛盾的加深。曹魏政權在當時是三國中最強大的，它企圖重建統一的封建統治秩序，但它既要對付蜀、吳政權，又要處理其政權內部各政治集團之間的複雜矛

盾。正始年間，從曹魏政權內部來講，曹氏集團與司馬氏集團之間的爭權鬥爭開始日趨激烈了。「正始玄風」，正是以遠離社會現實的玄談形式，而企圖從理論上探討如何對待那些最現實的複雜矛盾的時代產物。在何劭《王弼傳》中，記載着王弼回答裴徽關於為什麼要「貴無」的一段話。王弼說：「聖人體無，無又不可以訓，故不說也。老子是有者也，故恆言無所不足」（《世說新語》注引此段文字作：「聖人體無，無又不可訓，故言必及有。老莊未免於有，恆訓其所不足」）。王弼這段話充分反映了玄學唯心主義所以提倡「貴無」理論的社會政治原因。玄學家們正是由於「未免於有」，即不能擺脫現實生活中複雜矛盾的煩惱，因而反復申言「體無」，也就是說，力圖從理論上論證這些複雜的現實矛盾歸根結蒂是虛無的，因此不要為這些矛盾所牽累，使精神進入一個沒有任何矛盾衝突的境界。

其次，從統治思想更替的需要，以及從理論思維發展的本身規律來講，魏晉玄學是對兩漢以來神學目的論統治思想的一種改造，是對神學目的論荒誕迷信的經學形式的一個否定。兩漢神學目的論宣揚天人感應，附之以讖緯迷信，經過東漢以王充為代表的唯物主義者的批判，在理論上已站不住脚了。而在黃巾農民大起義的打擊下，漢王朝統治的垮台，更從實際上宣告了神學目的論作為維護封建統治的思想武器的破產。因此，需要重新建立一種維護門閥士族地主階級統治的思想。兩漢神學目的論是通過對儒家經典的附會發揮，即所謂「注經」、「講經」形式發展起來的，而其結果卻弄得牽強附會，支離破碎，煩瑣荒謬。那些所謂經學博士以浮辭煩多為學問，往往一經的解釋多達幾十萬，以至百餘萬字。而一些知識分子為了掌握這樣煩瑣的東西，也往往弄到「皓首窮經」的地步。這種煩

瑣的經學，極大地束縛着人們的思想，在當時已遭到一些人的反對。但由於兩漢，特別是東漢以來，通經是取得做官資格的主要途徑，因此雖然經過多次激烈的鬥爭，並不能根本改變這種煩瑣經學的狀況。到了魏文帝曹丕時，正式確定九品官人法，門第出身成爲做官的新的途徑，士族地主階級的知識分子不需要再去誦讀那種煩瑣的經學了。這樣人們才從實際上擺脫了兩漢神學目的論支離煩瑣經學的束縛，在思想上得到了一定的解放。於是，以直捷簡明地闡述義理的玄學唯心主義理論就代之而起了。

玄學唯心主義無論從內容上還是從形式上講，都與兩漢神學目的論有着明顯的不同。從內容上講，兩漢神學目的論實際上是一種用陰陽五行、讖緯迷信神祕化了的儒家思想。而玄學則是一種把自然無爲絕對化、抽象化，以道家思想爲主，調和儒道的思想。從形式上講，兩漢神學目的論表現爲宗教式的教條，而玄學則表現爲思辯性的論理。因此，魏晉玄學在中國古代哲學思想發展的歷史中，從中國古代理論思維發展的過程看，是一個值得注意的重要環節。

二

王弼哲學思想的根本觀點是：「以無爲本」、「舉本統末」。王弼認爲，「天下之物」，皆以有爲生。有之所始，以無爲本。將欲全有，必反於無也」（《老子》四十章注）。這是說，天地萬物都以有形有象爲存在，而有形有象的萬物得以發生，是由於「無」這個根本。因此，要使有形有象的萬物得以保全，就必須反回去守住萬物的根本——「無」。王弼這段話是對《老子》「天下萬物生於有，有生於無」思想的解釋。

但是，從這裏却可以看到王弼思想和《老子》思想的不同，以及玄學唯心主義的理論特點。

在《老子》那裏，關於有無問題的討論基本上是從天地萬物的起源、生成等方面來論述的，也就是說，天地萬物是從哪裏生出來的。中國古代樸素唯物主義曾以金木水火土五種基本的物質元素或陰陽二氣等來說明天地萬物的生成。而《老子》則以無形無象「不可名狀的「道」或「無」，作爲生成萬物的最後根源，認爲天地萬物都從「道」或「無」中生出來。這就是《老子》所謂的：「道生一、一生二、二生三、三生萬物」（四十四章）和「天下萬物生於有，有生於無」的客觀唯心主義理論。所以，《老子》是把「道」或「無」當作在天地萬物之後而生出天地萬物的一個至高無上的實體來看待的（當然，「道」、「無」完全是《老子》虛構出來的一個精神實體）。

王弼「以無爲本」的思想與《老子》「有生於無」的思想有很大的不同。他認爲：「夫無不可以無明，必因於有，故常於有物之極，而必明其所由之宗也」（韓康伯《繫辭》注引王弼《大衍義》）。這是說，「無」不能獨立自明，而必須通過「有」才能了解。所以，「無」是從統觀天地萬物（「有物之極」）之中，而必然得出的天地萬物之所以存在的根本或原則（「所由之宗」）。這也就是說，王弼把「無」看作是存在於天地萬物之中，而天地萬物之所以存在的一種共同根據。他並不把「無」當作一個在天地萬物之上之後而生出天地萬物的實體來看待的。在王弼看來，所謂「無」生「有」，不是像母生子，此物生彼物那樣一種關係。「無」和「有」，既不能在時間上分先後，也不能在空間上分彼此。「無」不是在「有」之先，與「有」相對而存在的某個實體，「有」也不是在「無」之後，由「無」分化生出的各個不同的實體。他認爲，「無」和「有」，只是一種本末、體用的關係。王弼所謂「本」、「體」，指根本或原則，所謂「末」、「用」指表象或作

用。他認爲「有」(「天地萬物及其運動變化」)只是「末」、「用」，即只是各種表象、作用，而「無」才是天地萬物及其運動變化的真正根本、共同原則。他説:「有之所以爲利，皆賴無以爲用也」(《老子》十一章注)。這是説，萬物(「有」)所以表現出各種性能或作用，完全由於「無」這個「本」、「體」。所以，有形有象的天地萬物，最終只能歸結爲一個唯一的共同的根本——「無」。此亦即他所謂:萬物萬形，其歸一也。何由致一，由於無也」(《老子》四十二章注)。王弼對於這種「有無」、「本末」、「體用」的關係，在《周易》《復卦》注中説得更爲清楚。他説:「凡動息則靜，靜非對動者也;語息則默，默非對語者也。然則天地雖大，富有萬物，雷動風行，運化萬變，寂然至無，是其本矣。」這是説，靜、默都不是相對於動、語來講的另一種狀態，而是從動、語的最終歸宿來説，必然是靜、默。因此靜、默是動、語的根本，動、語只是靜、默的表象。同樣的道理，無論天地萬物如何廣大富有、變化不息，其根本乃是「寂然至無」。至此，我們可以看到，王弼對「有無」問題的探討，在理論上開闢了一條新的途徑。在王弼看來，《老子》大講「有生於無」，抬出一個「無」來作爲萬「有」產生的根源，但它最終還是「未免於有」，即不能根本否定天地萬物及其運動變化的存在。因此，他不再從天地萬物的起源或生成方面去討論了，而是從尋找統攝天地萬物的根本原則，或者説從尋找天地萬物之所以存在和表現出衆多性能的共同根據方面去闡發了。這也就是他一再推崇的所謂「聖人體無」的觀點，即直接從萬「有」中體認到它們的一切特性和作用歸根結蒂都是「無」，而不要到萬「有」之外去找根源。這表明玄學唯心主義在理論思維的發展上，比《老子》深入了一大步。

既然「無」是天地萬物的根本，因此王弼進一步又說：「﹝萬物﹞雖貴，以無爲用，不能捨無以爲體也」

（《老子》三十八章注）。這段話中包含着兩層意思：一是說，萬物不管其自身如何了不起，都不能離開

「無」這個根本而發揮其作用。一是說，萬物離開「無」並沒有自身獨立的實體，它是以「無」爲體的。總

之，「萬物的「體」、「用」是不能分的。正因爲萬物以「無」爲「體」，才能「以無爲用」。這樣，也就根本否定

了萬物作爲客觀物質存在的實在性。

王弼還認爲，天地萬物各自的特性或作用是有限的。如他說：「地守其形，德不能過其載；天慊其

象，德不能過其覆」（《老子》四章注）。如果僅僅執着於各自有限的特性或作用，則絕不能保持和發揮

出自己的特性或作用的，甚至會破壞自己的特性或作用，走向自己的反面。他在解釋《老子》關於「天

得一以清，地得一以寧」時說：「用一（即「無」）以致清耳，非用清以清也。守一則清不失，用清則

恐裂也」。又說：「清不能爲清，盈不能爲盈，皆有其母，以存其子」。總之，

「物皆各得此一以成，既成而舍﹝一﹞以居成，居成則失其母，故皆裂、發、歇、竭、滅、蹶也」（《老子》三十

九章注）。因此，王弼在論證了「以無爲本」之後，就把他的理論落腳到：「舉本統末」（《論語釋疑》），或

者說：「崇本以舉其末」、「守母以存其子」（《老子》三十八章注）。這也就是說，要以「無」爲「本」、「母」來

統攝萬有，這樣才能保全和發揮出萬有的特性或作用。王弼認爲，作爲「末」、「子」的天地萬物，必然是

「名則有所分，形則有所止」。因此，「雖極其大，必有不周；雖盛其美，必有患憂」，或者說：「功雖大焉，必

有不濟，名雖美焉，偏亦必生」（《老子》三十八章注）。具體說來，也就是所謂：「執一家之量者，不能全

家；執一國之量者，不能成國」；窮力舉重，不能爲用」（《老子》四章注）。這一切都說明有形、有名、有量的事物，其作用是有限的，即使發揮到最大限度，也不能完美無缺。因此，只有不居守於自身有限的形、名、量，反之於本，以本統末，才能無所偏缺而發揮出無窮無盡的作用。這就是王弼所說的：「守母以存其子，崇本以舉其末，則形名俱有而邪不生，大美配天而華不作。故母不可遠，本不可失」（《老子》三十八章注）。

由此可見，王弼「以無爲本」、「舉本統末」思想的實質，就在於把天地萬物的多樣特性和作用都歸結爲由一個共同的、最根本的原則——「無」所統攝，從而根本否定客觀物質世界及其運動變化的真實存在。

從上述分析中也可以看到，王弼「以無爲本」的玄學唯心主義與兩漢神學目的論在理論上的顯著不同特點。兩漢神學目的論的理論特點是：通過對天道變化的論述，附會以人事的變遷，亦即通常所謂的「天人感應」。這種理論，在方法論上講，它還不能完全脫離具體天地萬物的運動變化，而只是把具體物象的運動變化加以神祕化而已。王弼玄學唯心主義的理論特點則是企圖根本否定客觀物質世界的存在。它把天地萬物等具體物象及其運動變化僅僅作爲一種探索世界根本的工具，而以揭示出天地萬物及其運動變化均以「寂靜虛無」爲歸宿，作爲其理論的最終結論。王弼說：「夫象者，出意者也。言者，明象者也。」「是故存言者，非得象者也。存象者，非得意者也。」「然則，忘象者乃得意者也，忘言者乃得象者也。得意在忘象，得象在忘言」（《周易略例·明象》）。這裏，王弼所謂「象」、「言」是就《周

《易》中卦象及卦、爻辭而言，「意」是就卦象所包含的意義而言，但它也具有普遍地認識論上的方法論意義。這也就是說，只有不執着於具體物象、言辭，才能真正獲得其中所包含的意義。這就是王弼玄學唯心主義全部理論的基本方法論，它與兩漢神學目的論的方法論是根本不同的。

這裏還想簡單地談一談王弼玄學唯心主義與王充樸素唯物主義思想在理論上的一些關係。上面提到，兩漢神學目的論，經過王充等樸素唯物主義的批判，在理論上站不住脚了，因此迫使唯心主義不得不改變形態。王充樸素唯物主義的特點是針對神學目的論，提出了自然無爲論。王充認爲，客觀世界是物質的，天與地都是物質實體，有形有象。天地之中充滿了氣，氣相合產生萬物。他認爲，萬物的產生完全是一個自然的過程，卽所謂「天覆於上，地偃於下，下氣蒸上，上氣降下，萬物自生其中間矣」（《自然篇》）。因此，他又說：「謂天自然無爲者何？氣也。恬淡無欲，無爲無事者也。」（同上）這就是說，氣的根本特性就是自然。由此也可以說「天地，含氣之自然也」（《談天篇》），卽整個天地只是一團自然無爲的氣。這說明，王充的自然無爲論是指物質的氣的運動變化和萬物生成的特性。因此，它是一種樸素唯物主義的理論。「天地合氣，人偶自生」「天地合氣，物偶自生」（《物勢篇》）這就是王充樸素唯物主義的基本立論，它是與唯心主義神學目的論的理論根本對立的。

王弼玄學唯心主義從表面上看是接過了王充的自然無爲論的。如他也反復强調所謂「天地任自然，無爲無造，……地不爲獸生芻，而獸食芻；不爲人生狗，而人食狗」。「天地之中，蕩然任自然，故不可得而窮，猶若橐籥也」（《老子》五章注）。又說：「道不違自然，乃得其性」「法自然也」（《老子》二十五章

王弼集校釋

八

注）等等。但是，王弼所謂自然無爲，與王充所講的自然無爲有本質上的不同。「無」是一種統攝一切物象的絕對、抽象的原則。因此，他講的自然無爲也就是他講的天地萬物的根本——「無」，是一種統攝一切物象的絕對、抽象的原則。如他說：「自然，其端兆不可得而見也，其意趣不可得而覩也」（《老子》十七章注）。「自然者，無稱之言，窮極之辭也」（《老子》二十五章注）等等，正說明了這一特點。

王弼強調自然無爲，有否定神學目的論的意義。如他說：「萬物以自然爲性，故可因而不可爲也，可通而不可執也」（《老子》二十九章注）。「神不害自然也。物守自然，則神無所加；神無所加，則不知神之爲神也」（《老子》六十章注）。但另一方面，他的自然無爲論對王充樸素唯物主義的自然無爲論搞了一個釜底抽薪的把戲。他把王充的自然無爲論接過來，而把它的物質承擔者「氣」抽掉，換上了一個非物質的「無」，從而使自然無爲成爲一種絕對、抽象的原則。因此，也可以說，王弼玄學唯心主義是對王充樸素唯物主義在理論上的一個反動。

但是，從理論思維的發展過程看，王弼對王充思想的反動，也有其理論上的內在原因。王充在論氣的自然無爲時，片面強調偶然性，即所謂「偶自生」。所以，在一定意義上講，王充所謂的自然無爲，相當於「偶然」。這樣，萬物的發生、發展都將是無規律可循的了。這在理論上是一個很大的缺陷。王充正是從這裏失足，當他去解釋人類社會富貴貧賤等現象時，便陷入了偶然論的宿命論。王弼與此相反，他在論「無」這個本體的自然無爲時，着重強調了必然性。如他說：「物皆不敢妄，然後乃各全其性」（《周易·无妄卦》注）。「物无妄然，必由其理」（《周易略例·明象》）。所謂「无妄然」，也就是「必然」。

所以，在一定意義上講，王弼所謂的自然無爲，也就是「必然」。王弼也正是以此來解釋封建的等級名

教與自然的本性是沒有衝突的。名教出於自然，自然又合於名教。這也就是説，整個世界，包括天地

萬物和人類社會都是按照一個必然的秩序發生、發展，這個必然的秩序也就稱作「自然」。因此，他説：

「法自然者，在方而法方，在圓而法圓，於自然無所違也」(《老子》二十五章注)。王弼把自然抽象化、絕

對化爲一種必然之「理」，上掃神學目的論的神秘主義宗教教條，下開宋明理學「理是氣之本」唯心主義

哲學的先河。

    以上僅就王弼玄學唯心主義的基本觀點及其某些理論特點作了一些簡要的介紹和分析，並没有

對王弼的全部哲學思想作評論。文中一些粗淺的看法，希望能起一點抛磚引玉的作用。

*   *   *

    本書初稿完成於一九六四年，以後由於種種原因，置於箱篋十餘年，未暇顧及。近三年來，我利用

教學之暇，根據這些三年來研究的心得和新發現的材料，對全稿進行了全面的修改，以付出版。由於作

者學識有限，錯誤之處仍當在所不免，懇切希望讀者不吝指教，以便將來改正。

樓宇烈

一九七八年十月

校釋説明

王弼著作據隋書經籍志記載計有：周易注十卷、論語釋疑三卷、老子道德經注二卷、王弼集五卷、

録一卷(七)。舊唐書經籍志記載有：周易大演論一卷、論語釋疑二卷、玄言新記道德二卷(即老子道德經

注)、王弼集五卷。新唐書藝文志記載有：新記玄言道德二卷(即老子道德經注)、老子指略例二卷、王

弼集五卷。

王弼周易注自唐修訂五經正義定爲官方注釋，老子道德經注作爲老子的重要注釋之一、一直流傳

了下來。論語釋疑一書，唐以後即佚，只有部分佚文保留在何晏論語集解的邢昺正義和皇侃義疏中。

老子指略例一文，舊唐書作不知作者，新唐書始標王弼著，宋志及通志藝文略亦均作王弼著，宋末以後

老子指略例佚。近人王維誠據雲笈七籤中老君指歸略例及道藏中老子微旨例略，輯成老子指略，認爲

即王弼老子指略例之佚文。關於此文發現、考訂的報告，詳載北京大學國學季刊第七卷第三號，此處不

再贅述。舊唐書經籍志所載周易大演論一卷，可能就是韓康伯繫辭注中所引的王弼大衍義。東漢鄭玄周

易注說：「衍，演也」。所以大衍義亦即大演論。但韓康伯引文不到百字，不足以成一卷之數。這裏有幾

種可能：一，王弼大衍義除韓注所引外尚有佚文。二，包括荀融的難王弼大衍義(見何劭王弼傳)(三)，包

括今天所傳流的周易略例。這些現在已無法詳考了。至於王弼集五卷，早已佚失無存，現在已無法考

見其內容。

本書彙集並校釋了王弼的老子道德經注、老子指略、周易注、周易略例、論語釋疑等幾種。

王弼的主要著作老子道德經注和周易注都是以注經形式出現的，離開所注經文是無法瞭解注文意義的。所以本書將周易及老子道德經原文一併錄入。論語釋疑是對論語的注釋，所以在輯錄其佚文時也將論語有關原文錄入。

王弼注周易包括六十四卦的卦、爻辭，以及文言、上下象辭、大小象辭。晉韓康伯注的上下繫辭、說卦、序卦、雜卦等，基本上是承繼和發揮王弼思想而作的，其中也徵引了王弼的一些言論，如引王弼對「大衍之數」的解釋就是重要的材料，因此附印於王弼周易注之後，以供參考。

周易略例原有唐邢璹注，對理解王弼思想也有一定幫助，今分別將其全部錄入校釋中。

由於本書目的是取王弼的思想資料，所以校釋只限於王弼注文部分，諸如周易、老子及論語原文，則僅錄原本而不作校釋。周易、老子及論語原文之句讀、標點均按王弼注文之意而定，其中或與周易、老子等通行讀本有不一致之處。

校釋部分凡徵引它種版本或前人研究成果者均注明出處。凡述以己見者，則冠一「按」字，以示區別。

校勘中底本的錯字、衍文一律保留，用小字排印，外加（ ）號；改正、增補的字，外加〔 〕號。

關於本書各部分校釋所用底本及參校版本等情況，簡述如下：

老子道德經注　以浙江書局刻明華亭張之象本爲底本（四部備要本及諸子集成本與此同。按，這一本子已據清武英殿本作了部分校訂，非張之象原本）。

參校版本有：

道德真經注（此書存明刻道藏內，較接近張之象原本——簡稱道藏本）。

道德真經集注（此書存明刻道藏內，卷末有梁迴序。據近人王重民考，此即爲宋志所載文如海之集注。書集唐玄宗、河上公、王弼、王雱四家注，王弼注全錄——簡稱道藏集注本）。

老子道德字老子道德經注（清黎庶昌據日本宇惠本，合以張之象本而成——簡稱古逸叢書本）。

集唐字老子道德經注（清四庫館臣用張之象本，據永樂大典本校訂。然永樂大典本只存上篇而無下篇——簡稱武英殿本或永樂大典本）。

用以參校的各種徵引王弼老子道德經注注文的書籍有：

道德真經藏室纂微篇（書存明刻道藏內，宋陳景元著——簡稱道藏藏室纂微本）。

道德真經集注雜說（書存明刻道藏內，宋彭耜著——簡稱道藏集注雜說本）。

道德經集解（書存明刻道藏內，宋董思靖著——簡稱道藏集解董本）。

道德經集解（書存明刻道藏內，元趙秉文著——簡稱道藏集解趙本）。

道德經取善集（書存明刻道藏內，元李霖著——簡稱道藏取善集本）。

道德真經集義（書存明刻道藏內，元劉惟永著——簡稱道藏集義本）。

列子注（晉張湛著）。

世說新語注（宋劉孝標著）。

文選注（唐李善著）。

經典釋文（唐陸德明著）。

初學記（唐徐堅著）。

老子翼（明焦竑著）。

老子道德經批（明歸有光著）。

老子衍（清王夫之著）。

用以參校及釋義的前人著述有：

老子評議（清俞樾著——見諸子評議）。

讀老札記（清易順鼎著——見寶瓠齋雜俎）。

讀老子札記附王弼注勘誤（陶鴻慶著——見讀諸子札記）。

老子校詁（馬敍倫著）。

老子王弼注校記（劉國鈞著——見圖書館學季刊第八卷第一期）。

王注老子道德經（日本宇佐美灊水〔宇惠〕著——見老子諸注大成）。

老子王注標識(日本東條一堂(東條弘、號蕭爽子)著——見老子諸注大成)。

老子王注校正(日本波多野太郎著——見橫濱市立大學紀要(人文科學)第八、十五、二十七期)。

帛書老子甲、乙本(一九七三年長沙馬王堆三號漢墓出土。此書無王弼注文,然對校勘王弼注文多有參考價值)。

老子指略(何劭王弼傳言:「弼注老子,爲之指略,致有理統」因以定名) 以王維誠輯校本爲底本,並據雲笈七籤中老子指歸略例和道藏中老子微旨例略等重加校訂,改正了王維誠輯校本中的某些錯誤。

周易注 以清阮元刻十三經注疏本爲底本。

參校版本有:

周易校勘記(清阮元著。 其用以校勘的版本有:岳本、古本、足利本、宋本、十行本、閩本、監本、毛本等,詳見阮元校勘記序——簡稱校勘記)。

周易注(四部叢刊影印宋本—— 阮元校勘記未收入)。

敦煌古寫本周易王注校勘記(清羅振玉著——見廣倉學宭叢書)。

用以參校的各種徵引王弼周易注注文的書籍有:

周易正義（唐孔穎達著——簡稱孔穎達疏）。

周易集解（唐李鼎祚著——簡稱集解本。此書所收王弼注文，阮元校勘記多有遺漏）。

周易舉正（唐郭京著。此書作者自稱得王弼注古本，用以訂正周易經注之誤，然後人考訂皆以爲是後人僞託，多不取用。但朱熹著周易本義時已有所取用。今觀其所舉正之處，頗有可取，不失爲前人對周易及王弼注文較好之校勘本，故本書擇其善者以備參考）。

文選注（唐李善著）。

困學紀聞（宋王應麟著）。

周易拾補（清盧文弨著——見羣書拾補）。

周易補疏（清焦循著）。

經義述聞（清王引之著）。

經義叢鈔（清洪頤煊著）。

六十四卦經解（清朱駿聲著）。

用以參校與釋義的前人著作有：

周易略例 以明汲古閣毛晉本爲底本。參校以四部叢刊影印宋本、漢魏叢書本、津逮叢書本等。

論語釋疑　由皇侃論語義疏（知不足齋叢書本）及邢昺論語正義（阮元十三經注疏本）中輯出。以

武英殿皇疏本及馬國翰玉函山房輯佚書作校訂。

以上所列僅爲校釋時所參考的部分主要書目，尚有一些參考書籍則不一一列舉了。

老子道德經注

上篇

一章

道可道，非常道；名可名，非常名。

可道之道，可名之名，指事造形〔一〕，非其常也。故〔二〕不可道，不可名也。

無名天地之始，有名萬物之母。

凡有皆始於無〔三〕，故未形無名之時〔四〕，則爲萬物之始。及其有形有名之時，則長之、育之、亭之、毒之，爲其母也〔五〕。言道以無形無名始成萬物，〔萬物〕以始以成而不知其所以〔然〕〔六〕，玄之又玄也〔七〕。

故常無欲，以觀其妙；

妙者，微之極也。萬物始於微而後成，始於無而後生。故常無欲空虛〔八〕，可以觀其始物之妙。

常有欲，以觀其徼。

徵，歸終也。凡有之爲利，必以無爲用；欲之所本，適道而後濟〔九〕。故常有欲，可以觀其終物之徼

也〔一〇〕。

此兩者同出而異名，同謂之玄，玄之又玄，衆妙之門。

兩者，始與母也〔二〕。同出者〔三〕，同出於玄也。異名，所施不可同也。在首則謂之始，在終則謂之

母〔四〕。玄者，冥（也）默（然）無有也〔五〕。始，母之所出也。不可得而名，故不可言同名曰玄。而言

〔同〕〔一五〕謂之玄者，取於不可得而謂之然也。〔不可得而〕〔一六〕謂之然，則不可以定乎一玄而已。〔若

定乎一玄〕〔一七〕，則是名〔一八〕則失之遠矣。故曰「玄之又玄」也〔一九〕。衆妙皆從〔同〕〔玄〕〔二〇〕而出，故曰

「衆妙之門」也〔二一〕。

校釋

〔一〕「指事」，許慎説文解字論六書篇説：「指事者，視而可識，察而見意，上下是也」。「造」爲。
「形」，周易繫辭上：「在天成象，在地成形」。韓康伯注：「象況日月星辰，形況山川草木也」。「指事造
形」，此處借以指可識可見有形象之具體事物。

〔二〕「故」，道藏集注本作「其」字。

〔三〕「有」，指可識可見有形象之具體事物。「無」，指道。四十章：「天下萬物生於有，有生
於無」。王弼注：「天下之物，皆以有爲生。有之所始，以無爲本。將欲全有，必反於無」。

〔四〕「未形無名」指沒有具體形象，不可名狀之無，也就是道。二十五章：「有物混成……吾不知其名」。王弼注：「名以定形，混成無形，不可得而定，故曰不知其名也」。又三十二章：「道常無名」。王弼注：「道，無形不繫，常不可名。以無名爲常，故曰道常無名也」。

〔五〕見五十一章：「故道生之，德畜之，長之、育之、亭之、毒之、養之、覆之」。王弼注：「〔亭謂品其形，毒〕謂成其〔實〕〔質〕，各得其庇蔭，不傷其體矣」。此句意爲，當已成爲具體事物後，又得到道的生長、養育，所以道是萬物之母。

〔六〕「萬物」及「然」字均據陶鴻慶説補。陶説：「『萬物』二字當疊『所以』下奪『然』字。……二十一章云：『以無形始物，不繫成物；萬物以始以成，而不知其所以然』。與此同」。

〔七〕「玄」下文王弼注：「玄者，冥(也)默(然)無有也」。

〔八〕「常無欲空虛」，道藏集注本及道藏集義本於「空虛」下均多「其懷」二字，則此句當讀作「故常無欲，空虛其懷」。又，波多野太郎説，據下節注：「常有欲，可以觀其終物之徼也」文例，疑此注「空虛」二字爲衍文，且「妙」字下當有一「也」字。按，波多野太郎説近是。「常無欲」即「空虛」或「空虛其懷」之意，亦即虛静而無思無欲之意。十六章王弼注：「以虛静觀其反復。凡有起於虛，動起於静，故萬物雖並動作，卒復歸於虛静，是物之極篤也」。又説：「窮極虛無，得道之常」。王弼以「無」爲天地萬物之「本」、「體」，天地萬物的生成是自然無爲的，所以説，只有從「常無欲」去觀察天地萬物的生成，才能了解「始物之妙」。注中「空虛」或「空虛其懷」疑均爲讀者釋「常無欲」之注文而誤竄入注文者。

〔九〕十一章:「有之以爲利,無之以爲用」。王弼注:「言無者,有之所以爲利,皆賴無以爲用也」。

「利」用之善。十九章:「絶巧棄利」王弼注:「巧利」用之善也」。「適」,從。「道」,指無。「濟」,止。此

句意爲,有欲必須不離於無,然後才能有所歸止。

〔一○〕「常有欲」,指萬有和思慮。王弼以爲「有」必須以「無」爲「本」,以「無」爲「用」,思慮亦必須不

離於「無」,然後才能有所歸止。所以,他認爲通過「常有欲」,即可以了解到天地萬物的最終歸結。這

也就是他「夫無不可以無明,必因於有,故常於有物之極,而必明其所由之宗也」(韓康伯繫辭注引王弼

大衍義)的意思。

〔一一〕「母」,道藏本及永樂大典本均作「無」。

〔一二〕「同出者」,道藏集注本作「出者」。

〔一三〕「母」,道藏本及道藏集注本均作「毋」。文選遊天台山賦李善注引此節注文作:「兩者,謂始

與母也」,同出於玄也。異名,所施不同也。在首則謂之始,終則謂之母也」。按,「異名所施不可同也」

句,疑當作「異名,所施不同也」,於上下文義方安。

〔一四〕此句據文選遊天台山賦李善注引文校改。易順鼎説:「文選遊天台山賦注引王弼注云:『玄,

冥嘿無有也』。據此,則今本『冥』下衍『也』字;『嘿』下衍『然』字」。

〔一五〕「同」字據陶鴻慶説校補。陶説詳見本章校釋〔二一〕。按,據經文作「同謂之玄」,此處當有一

「同」字。

〔六〕「不可得而」四字，據陶鴻慶說校補。陶說詳見本章校釋〔二〕。按，此處爲重言上文「不可得

而謂之然」，若作「謂之然」則於文義不可通。

〔七〕「若定乎一玄」五字，據道藏集注本校補。按，據上下文義當有此五字，否則下文「則是名則

失之遠矣」句文義不暢矣。此句意爲「玄」只是形容一種冥默無有的狀態，而不是一個確定的名稱。如

果把「玄」作爲這種狀態的確定名稱，那麼這個名稱就「失之遠矣」，即不足以表達冥默無有的狀態了。

〔八〕「則是名」，道藏集注本作「則是其名」。道藏集義本「則」字作「謂」。又，字惠說：「則」字衍。

〔九〕「則」疑爲「具」字之誤。波多野太郎說：「則」當作「制」字，形似而誤。

東條弘說：「則」疑爲「名」字之誤。

〔一〇〕「故曰玄之又玄也」，王弼認爲，「玄」是形容一種「冥默無有」的狀態，是不可稱謂之稱謂。

「玄」不同於某一具體事物之名稱，而只是對「無」、「道」的一種形容。王弼在老子指略中說：「然則道、

玄、深、大、微、遠之言，各有其義，未盡其極者也。然彌綸無極，不可曰細；微妙無形，不可名大。是以

篇云『字之曰道』，謂之曰『玄』而不名也」。又說：「故名號則大失其旨，稱謂則未盡其極。是以謂『玄』則

『玄之又玄』，稱『道』則『域中有四大』也」。

〔一一〕「玄」字，據陶鴻慶說改。陶說詳見本章校釋〔二〕。按，上文說「同出於玄」，可證此當作

「皆從玄而出」方是。又，道藏集注本「從同」作「從門」。

〔一二〕此節注文陶鴻慶說：「自『不可得而名』以下，謬誤幾不可讀。今以義改之，原文當云：『不可

得而名，故不言同名曰玄。而言同謂之玄者，取於不可得而謂之然也。不可得而謂之然，則不可定乎

一玄而已。故曰玄之又玄也。則是名則失之遠矣。衆妙皆從玄而出，故曰衆妙之門也」。注意謂經文

不言同名曰玄，而言同謂之玄者，若不可得而謂之者然，猶言無以稱之而已。既無稱而強

以此稱，則不可定乎一玄。玄且不可定，況可以始與母者名之乎？故曰名則失之遠矣。『從同』當爲

『從玄』，涉上文而誤」。按，據上校釋〔一九〕所引王弼老子指略之思想，陶說有可取之處，但也不盡然，因

而此節注文未悉遵陶說校改。

二章

天下皆知美之爲美，斯惡已；皆知善之爲善，斯不善已。故有無相生，難易相成，長短相

較，高下相傾，音聲相和，前後相隨。

美者，人心之所進樂也〔一〕；惡者，人心之所惡疾也。美惡猶喜怒也，善不善猶是非也。喜怒同根，

是非同門，故不可得而偏舉也〔二〕。此六者，皆陳自然〔三〕，不可偏舉之（明）〔名〕數也〔四〕。

是以聖人處無爲之事，

自然已足〔五〕，爲則敗也。

行不言之教，萬物作焉而不辭，生而不有，爲而不恃，

智慧自備，爲則僞也〔六〕。

功成而弗居。

因物而用〔七〕，功自彼成，故不居也。

夫唯弗居，是以不去。

使功在己，則功不可久也。

校釋

〔一〕「進樂」，古逸叢書本作「樂進」。按，據下文「惡疾」句例，此處似作「樂進」於義爲長。

〔二〕「不可得而偏舉也」，古逸叢書本、道藏本及道藏集義本「得」下均無「而」字。道藏集注本無「得而」二字。又，道藏本「偏」字誤作「徧」，下文「偏」亦誤。道藏集義本「舉」字作「廢」。

〔三〕道藏集注本於「自然」下多一「而」字。

〔四〕「名」字，據宇惠等說校改。按，此處意爲「有無」、「難易」、「長短」、「高下」、「音聲」、「前後」等六者之名都是相對相依而言者，不可單獨偏舉，所以「明數」當作「名數」於文義方安。

〔五〕「足」字，永樂大典本作「定」。

〔六〕波多野太郎引一說：「王注『智慧』云云，是解『行不言之教』一句也，則『爲』疑當作『言』」。

〔七〕「用」字，道藏集注本作「明」。

三章

不尚賢，使民不爭；不貴難得之貨，使民不爲盜；不見可欲，使民心不亂。

賢，猶能也。尚者，嘉之名也。貴者，隆之稱也〔一〕。唯能是任，尚也曷爲〔二〕？唯用是施，貴之何爲〔三〕？尚賢顯名，榮過其任，爲而常校能相射〔四〕。貴貨過用，貪者競趣，穿窬探篋〔五〕，没命而盜。

故可欲不見，則心無所亂也。

是以聖人之治，虛其心，實其腹；

心懷智而腹懷食，虛有智而實無知也〔六〕。

弱其志，強其骨。

骨無知以幹，志生事以亂〔七〕。（心虛則志弱也）〔八〕

常使民無知無欲，

守其真也〔九〕。

使夫智者不敢爲也。

智者，謂知爲也〔一〇〕。

爲無爲，則無不治。

王弼集校釋

八

校釋

〔一〕「隆之稱也」之「稱」字，釋文：「一本作『號』」一本作『名』。

〔二〕「尚也」，道藏集注本作「尚之」。「曷」，何。

〔三〕道藏集注本於「唯用是施」上多一「而」字，「貴之何爲」之「何」字作「曷」。

〔四〕「爲而常校能相射」，陶鴻慶說：「自『唯能是任』以下十二句，句皆四字。『能相射』三字上當有脫文。陸氏釋文以「爲而常校能相射」七字連文，是其誤已久。或「能」上仍是「校」字，以重文而誤奪歟？「相射」猶言相勝。文子上德篇：「凶凶者獲，提提者射」，列子楊朱篇：「樓上慱者射」，釋文：「食亦反」，張注云：「凡戲爭能取中，皆曰射」。又，道藏集注本及道藏集注義本此七字均作「下奔而競，効能相射」。按「校能相射」爲一句，意爲相互比較才能以爭勝。「爲而常」三字當有脫誤。

〔五〕「穿窬探篋」道藏集注本作「穿窬睹齎篋」。「窬」，傍門。「篋」，箱子。

〔六〕陶鴻慶說：「『懷食』讀如『士而懷居』之『懷』，言以稽事爲急也。」疑此注本作「心棄智」。「懷智」則爲不辭，且與老子「絕聖棄智」之旨達戾。十章注云：「治國無以智，猶棄智也」。疑此注本作「心棄智」。下文「心虛則志弱」，正申言棄智之義。「虛有智」則沿「懷智」之誤而誤者。疑本作「虛無欲」。經下文云：「使民無知無欲」，注義本之，故云：「虛無欲，而實無知也」。「虛無欲」，如「不識不知，順帝之則」是也。「實無知」，如「鑿井而飲，耕田而食」是也。按，陶說「虛有智」當爲「虛無欲」是也。然說「心懷智」爲不辭，當作「心

棄智」，則不盡然也。觀王弼釋經文「虛其心，實其腹」句之義，先釋明心爲懷智之物，而腹爲懷食之具，因而説：「心懷智而腹懷食」。然則，能虛其心則無所欲，唯實其腹則無所知。故而説：「虛無欲，而實無知也」。注文作「虛有智」者誤。

〔七〕此句注文焦竑老子翼引作「骨無知以幹，故強之，志生事以亂，故弱之」。

〔八〕「心虛則志弱也」六字，據道藏本、道藏集注本及道藏集義本校删。按，此六字文義與以上注文不合。明張之象本原亦無此六字。清四庫館臣誤據釋文校補入殿本。釋文出老子經文「弱其志」三字，而下注:「心虛則志弱也，本無『爲』字」。觀此，則「心虛則志弱也」爲陸德明釋「弱其志」之意，並非王弼之注文甚明。又，字惠本此六字亦爲釋文之注。

〔九〕「真」，即樸。二十八章王弼注:「樸，真也」。「樸」也就是無、道。三十二章王弼注:「樸之爲物，憒然不偏，近於無有」。

〔一〇〕「智」字，古逸叢書本、道藏本及道藏集注本均作「知」。又，道藏集注本無「也」字。

四章

道沖而用之或不盈，淵兮似萬物之宗。挫其鋭，解其紛，和其光，同其塵。湛兮似或存，吾不知誰之子，象帝之先。

夫〔一〕執一家之量者，不能全家；執一國之量者，不能成國；窮力舉重，不能爲用〔二〕。故人雖知萬物

治也〔三〕。治而不以二儀之道〔四〕，則不能瞻也〔五〕。地雖形魄，不法於天則不能全其寧，天雖精象，

不法於道〔六〕則不能保其精〔七〕。沖而用之〔八〕，用乃不能窮。滿以造實〔九〕，實來則溢。故沖而用之

又復不盈，其爲無窮亦已極矣〔一〇〕。形雖大，不能累其體〔一一〕；事雖殷〔一二〕，不能充其量。萬物舍此而求

主其安在乎？不亦淵兮似萬物之宗乎？銳〔一四〕挫而無損，紛〔一五〕解而不勞，和光而不汙其

體〔一六〕，同塵而不渝其真〔一七〕，不亦湛兮〔一八〕似或存乎〔一九〕？地守其形，德不能過其載；天慊其象〔二〇〕，

德不能過其覆。天地莫能及之，不亦似帝之先乎〔二一〕？帝，天帝也。

校釋

〔一〕道藏集注本無此「夫」字。

〔二〕此句意爲，一家、一國之量都是有窮的，拘執於有窮之量，即使竭盡全部之力量，也是不能全

自身之用的。因而下文説要以天地爲法，以道爲法。

〔三〕按「人雖知萬物治也」，文義不暢，疑當作「人雖知治萬物也」。波多野太郎説「萬物」下當補

一「之」字，亦可。

〔四〕「二儀之道」，即指天地之道。二十五章：「人法地，地法天，天法道，道法自然」。

〔五〕「瞻」，玉篇：「周也」。周全、充足之意。

〔六〕「不法於道」，道藏集注本「法」字誤作「能」。

〔七〕二十五章王弼注：「地不違天，乃得全載，法天也。天不違道，乃得全覆，法道也」。又說：「用智不及無知，而形魄不及精象；精象不及無形，有儀不及無儀，故轉相法也」。按，或疑「精」字爲「清」字之訛。三十九章：「天得一以清，地得一以寧」。「清」與「寧」對文。此注上文說：「地雖形魄，不法於天則不能全其寧」，故「天雖精象，不法於道則不能保其精」之「精」字當爲「清」字於義爲長。因「清」、「精」二字形近，又涉上文「精象」一詞而誤。

〔八〕「沖」，俞樾說：「説文皿部：『盅器虛也。老子曰：道盅而用之』。作『沖』者，假字也」。按，王弼此處以「沖」與「滿」、「實」對言，是以「沖」爲「虛」之義。湯用彤魏晉玄學流別略論以爲「沖而用之」卽「以無爲用」之意，則亦釋「沖」爲「虛」。

〔九〕「滿以造實」，道藏集注本「造」字作「迫」。

〔一〇〕「亦已極矣」，道藏集注本「極」字誤作「抑」。

〔一一〕「累」，繫累，束縛之意。

〔一二〕「殷」，衆多。道藏集注本「殷」字作「繁」。

〔一三〕「求主」，道藏集注本及道藏集義本均作「求其主」，與永樂大典本同。又，道藏集義本「舍」字，作「捨」。

〔一四〕「鋭」，説文：「芒也」，引申爲鋒芒之意。

〔一五〕「紛」，爭端。五十六章王弼注「解其紛」説：「除爭原也」。

〔一六〕「汙」同「污」。

〔一七〕「渝」變污，此處亦爲污意。「真」字道藏集注本誤作「冥」字。

〔一八〕「湛」深暗不可見之貌。「不亦湛兮」，道藏集注本作「其然乎」。

〔一九〕道藏集解趙本引此段注文作：「存而不有，没而不無，有無莫測，故曰似存」。與各本迥異，不知何據。

〔二〇〕「慊」足。莊子天運：「盡去而後慊」，王先謙注：「釋文：李云，慊，足也」。又「慊」字道藏集注本作「嗛」。

〔二一〕以上意爲，就天地之德性而言，也均有所止，而不能超過載、覆，然而道則淵兮、湛兮，天地都不能及之，所以説，道似天帝之先。

五章

天地不仁，以萬物爲芻狗，

天地任自然，無爲無造，萬物自相治理，故不仁也。仁者必造立施化，有恩有爲〔一〕。造立施化，則物失其真〔二〕。有恩有爲，則物不具存〔三〕。物不具存，則不足以備載〔四〕。（矣）〔天〕〔五〕地不爲獸生芻，而獸食芻；不爲人生狗，而人食狗〔六〕。無爲於〔七〕萬物而萬物各適其所用，則莫不贍矣。若慧由己樹，未足任也〔八〕。

聖人不仁，以百姓爲芻狗。

聖人與天地合其德，以百姓比芻狗也。

天地之間，其猶橐籥乎？虛而不屈，動而愈出。

橐，排橐也。籥，樂籥也〔九〕。橐籥〔一〇〕之中空洞，無情無爲，故虛而不得窮屈，動而不可竭盡也。天地之中，蕩然任自然，故不可得而窮，猶若橐籥也。

多言數窮，不如守中。

愈爲之則愈失之矣。物樹其〔惡〕〔慧〕〔一一〕，事錯其言〔不慧〕〔一二〕不濟，不言必窮之數也〔一三〕。橐籥而守數中〔一四〕，則無窮盡。棄己任物，則莫不理〔一五〕。若橐籥有意於爲聲也，則不足以共〔一六〕吹者之求也〔一七〕。

校　釋

〔一〕「造立施化」，指有所作爲。「有恩有爲」，指有所好惡。又「造立施化」，道藏集注本誤作「造立無施」。「有恩有爲」，道藏集義本誤作「有思有爲」。

〔二〕「真」，即樸。說見三章校釋〔九〕。

〔三〕「具」，皆。「則物不具存」之「則」字，古逸叢書本誤作「列」。

〔四〕「備載」，陶鴻慶説，當爲「被載」之誤，「被」，「覆也」。波多野太郎説：「備載」即「全載」之意。又，道藏集注本「載」作「哉」。

〔五〕「天」字，據道藏集注本校改。按，老子經文作「天地不仁，……」，此處注文當亦作「天地不爲獸生芻，……」。

〔六〕道藏集注本脱「而人食狗」四字。

〔七〕「於」字，道藏集注本作「然」。

〔八〕「慧」，古通「惠」。此處爲惠義。按，道藏集注本「樹」字作「猶」，則此句當讀作：「若慧由己，猶未足任也」。又，道藏集注本此節注文並誤作「河上曰」。

〔九〕「籥」字，文選文賦李善注引作「器」字。

〔一〇〕「橐籥」，俗稱風箱，橐是外櫝，籥是内管。然王弼此處以籥爲樂籥，則籥指似笛之樂器。「排橐」之「橐」，釋文釋爲「無底囊」。又，易順鼎説：「王注之義雖亦可通，而一爲吹火囊，一爲樂器，殊不相類。橐，當爲囊橐之橐，籥當爲管籥之籥。管籥或作鑰，或作籥。……蓋橐所以緘縢物者，籥所以閉關物者。『虚而不屈』正謂橐；『動而愈出』，正謂鑰耳。天地之門猶橐鑰者，橐主入物，故曰闔戶，謂之乾；鑰主出物，故曰闢戶，謂之坤矣。」

〔一一〕「慧」字，據陶鴻慶説校改。陶説：「『惡』爲『慧』字之誤，『慧』與『惠』同。上文云『若慧由己樹』，未足任也」。是其證」。

〔二〕「錯」，置。「不慧」二字，據陶鴻慶說校補。陶說：「『不濟』上當奪『不慧』二字。『不慧不濟，不言不理』，即承上兩句（「物樹其慧」「事錯其言」）而言。」又，波多野太郎說：「『不濟不言不理』當作『其惠不濟，其言不理』。「不濟」之「濟」字，道藏集注本作「齊」。

〔三〕「濟」，成。「理」，治。「必窮之數也」之「數」讀作「速」。此句意爲，由於對物實行了施惠，對事設置了名言，因而使得事物無施惠則不成，無名言則不治，所以說「必窮之數（速）也」。

〔四〕波多野太郎說：「守數中」之「數」字衍。按，老子經文說：「不如守中」王弼上節注說：「橐籥之中，空洞無情無爲，……」則此處言「橐籥而守數中」，亦當作「橐籥而守中」。「數」字乃涉上文「必窮之數也」而衍。「中」，即守其空虛無爲之意。

〔五〕「棄己任物」，即無爲無造，無施無惠，而任物自然之意，所以說「莫不理」。

〔六〕「共」，通「供」。道藏集注本及道藏集義本均作「供」。

〔七〕按，道藏取善集引此節注文作「若不法天地之虛靜，同橐籥之無心，動不從感，言不會機，動與事乖，故曰數窮；不如内懷道德，抱一不移，故曰守中」。疑非王弼注文。

六章

谷神不死，是謂玄牝，玄牝之門，是謂天地根。緜緜若存，用之不勤。

谷神〔一〕，谷中央無〔谷〕〔者〕〔二〕也。無形無影，無逆無違，處卑不動，守靜不衰，〔谷〕〔物〕〔三〕以之

成〔四〕而不見其形，此至物也〔五〕。處卑（而）〔守靜〕不可得（而）名，故謂〔之玄牝〕。（天地之根縣縣若存

用之不勤〔六〕。門，玄牝之所由也〔七〕。本其所由〔八〕，與（太）〔大〕極同體，故謂之「天地之根」也。無物不成（用）〔二〕而不勞

欲言存邪，則不見其形；欲言亡〔一〇〕邪，萬物以之生。故「縣縣若存」也。

也，故曰用而不勤也〔三〕。

校　釋

〔一〕「谷」，河上公注：「谷，養也」。高亨老子正詁：「谷神者，道之別名也。『谷』讀爲『縠』。爾雅釋言：「縠，生也」。廣雅釋詁：「縠，養也」。「谷神者，生養之神」。按，觀王弼釋「谷」字，似借爲山谷之谷，而其意爲虛無，如「虛懷若谷」之「谷」義。因而王弼說：「谷神，谷中央〔谷〕〔者〕也」，無形無影，無逆無違，……」。此均爲形容「谷」是虛無而不可名狀。又四十一章經文「上德若谷」，王弼注：「不德其德，無所懷也」。以「無所懷」釋「谷」，正爲虛無之意。又，列子天瑞引老子此章「谷神不死」，張湛注亦說：「夫谷虛而宅有，亦如莊子之釋「環中」。至虛無物，故謂谷神，本自無生，故曰不死。

〔二〕「者」字，據釋文及易順鼎說校改。釋文出「中央無」三字，下注「一本作空」。又在「谷」字下注：「古木反」，中央無者也。河上本作浴，浴者，養也」。此處「中央無者也」，正爲引王弼注文以釋「谷」字之義。故原注文當作「谷中央無者也」。又，于省吾讀此句以「谷中央無」爲句，「谷也」屬下讀。

〔三〕「物」字，據陶鴻慶說校改。陶說：「『谷以之成』，當作『物以之成』。下文云：『欲言存邪，則不

見其形，欲言亡邪，『萬物以之生』，即承此言。今誤作『谷』則不成義」。按，陶説是，當作「物」字。此處

意爲物由谷神而成，然不見谷神之形。如作「谷」則不可解。又，四十一章王弼注釋「大象」也説：「物以

之成，而不見其成形」可爲此佐證。

〔四〕道藏集注本脱「以之成」之「之」字。

〔五〕「此至物也」，石田羊一郎老子王弼注刊誤作「此物也」，並屬下讀。

〔六〕此句注文據列子天瑞篇張湛注引及易順鼎、陶鴻慶等説校改。列子天瑞篇注引作：「處卑而
不可得名，故謂之玄牝。陶鴻慶説：「『處卑守静』承上文『處卑不動，守静不衰』而言，今奪『守静』二
字，則文義不備。『不可得而名』見一章注，此注『而』字誤奪在上耳。『天地之根』以下十二字，分見下
文，則此爲複衍無疑。列子天瑞篇張注引此文『處卑』句誤同。惟『故謂之玄牝』不誤」。

〔七〕「玄」，物之極也」。「牝」，雌性動物之統稱。「玄牝」，借以形容萬物最初之
生養者。此也是對「道」、「無」產生萬物的一種形象比喻。「由」，經從。「所由」所通過之處。

〔八〕波多野太郎説：「『慧琳』一切經音義載王弼注老子曰：『根，始也』，今世行本均無，宜在此條『本
其所由』上」。

〔九〕「太」字，據列子天瑞篇注引校補。「太極」，據王弼思想也爲虛無之意。可參看王弼對周易繫
辭「大衍之數」節之解釋。韓康伯承王弼思想釋繫辭「易有太極」説：「太極者，無稱之稱，不可得而名」。

〔10〕「亡」，通「無」。

〔二〕「用」字，據易順鼎説校删。易説：「列子天瑞篇注引作『無物不成，而不勞也』。『而不勞』上本無『用』字，當據以訂正。蓋以『無物不成』解『用』，以『不勞』解『不勤』，後人加入『用』字，則『無物不成』爲贅語矣。

〔三〕「用而不勤也」，道藏集義本引作「用之不勤也」。又列子天瑞篇張湛注引此段注文略有不同，録以參考：「門，玄牝之所由，與太極同體，故謂之天地之根也。欲言存邪，不見其形；欲言亡邪，萬物以生。故曰：綿綿若存。無物不成，而不勞也，故曰：不勤」。

七章

天長地久。天地所以能長且久者，以其不自生，

自生則與物争，不自生則物歸也〔一〕。

故能長生。是以聖人後其身而身先，外其身而身存。

無私者，無爲於身也。

身先身存，故曰「能成其私」也。

非以其無私邪？故能成其私。

校釋

〔一〕「自生」，意爲只求自身之生，即所謂「先其身」、「存其身」、「私其身」、「有爲於身」，亦即如五十章王弼注所説之「生生之厚」。「不自生」，意爲不求自身之生，即所謂「後其身」、「外其身」、「無私

其身」「無爲於身」亦卽如五十章王弼注所說之「善攝生者，無以生爲生」。

八章

上善若水。　水善利萬物而不争，處衆人之所惡，

人惡卑也。

故幾於道。

道無水有，故曰「幾」也〔一〕。

居善地，心善淵，與善仁，言善信，正善治〔二〕，事善能，動善時。　夫唯不争，故無尤。

言〔人〕〔水〕皆應於〔治〕此道也〔三〕。

校　釋

〔一〕「幾」，近。　此句意爲，水雖然善利萬物而處卑下，但還是「有」，而道則是「無」。　所以説水只是近於道之善而已。　又，道藏集注本「幾」字下無「也」字。

〔二〕道藏取善集於「正善治」下引王弼注：「爲政之善，無穢無偏，如水之治，至清至平」。　不知何本。

〔一三〕此節注文據道藏集注本及道藏集義本校改。永樂大典本同。按，此章經文全以水爲譬喻，注文之意正說明水之利物而居卑下，符合於「居善地」之道，故據改。

九章

持而盈之，不如其已。

持，謂不失德也。既不失其德，又盈之〔一〕，勢必傾危。故不如其已者〔二〕，謂乃更不如無德無功者也〔三〕。

揣而梲之，不可長保。

既揣〔四〕末令尖，又銳之令利，勢必摧衄〔五〕，故不可長保也。

金玉滿堂，莫之能守。

不若其已。

富貴而驕，自遺其咎。

不可長保也。

功遂身退，天之道。

四時更運，功成則移。

校釋

〔一〕「盈」，滿。

〔二〕「已」，去、棄。波多野太郎說：『「已」字下宜補「也」，不如其已』五字。下注：『既揣末令尖，又銳之令利，勢必摧衂，故不可長保也』，句法相同』。

〔三〕王弼、老子均認爲持德不如無德。三十八章說：「上德不德，是以有德；下德不失德，是以無德」。王弼注說：「上德之人，唯道是用，不德其德，無執無用，故能有德而無不爲。不求而得，不爲而成，故雖有德而無德名也」。反復申述此意。

〔四〕「揣」，說文：「揣，一曰捶之」，卽鍛擊之意。

〔五〕「摧衂」，挫折。

十章

載營魄抱一，能無離乎？

載，猶處也。營魄〔一〕，人之常居處也。一，人之真也〔二〕。言人能處常居之宅，抱一清神〔三〕能常無離乎？則萬物自賓也〔四〕。

專氣致柔，能嬰兒乎？

專，任也。致，極也。言任自然之氣，致至柔之和，能若嬰兒之無所欲乎？則物全而性得矣。

滌除玄覽，能無疵乎？

玄，物之極也。言能〔五〕滌除邪飾，至於極覽〔六〕，能不以物介〔七〕其明，疵〔之〕〔八〕其神乎？則終與玄同也。

愛民治國，能無知乎？

任術以求成，運數以求匿者，智也〔九〕。玄覽無疵，猶絕聖也。治國無以智，猶棄智也〔一〇〕。能無以智乎？則民不辟而國治之也〔一一〕。

天門開闔，能無雌乎？

天門，謂〔一二〕天下之所由從也。開闔，治亂之際也。或開或闔，經通於天下，故曰「天門開闔」也。雌，應而不（倡）〔唱〕〔一三〕，因而不為。言天門開闔能為雌乎〔一四〕？則物自賓而處自安矣。

明白四達，能無為乎？

言至明四達，無迷無惑〔一五〕，能無以為乎？則物化矣〔一六〕。

生之、

自化〔一七〕。所謂道常無為，侯王若能守，則萬物〔將〕自化〔一七〕。

不塞其原也。

畜之，
不禁其性也。

生而不有，為而不恃，長而不宰，是謂玄德。

不塞其原，則物自生，何功之有？ 不禁其性，則物自濟，何為之恃〔八〕？ 物自長足，不吾宰成，有德無主，非玄而何〔九〕？ 凡言玄德，皆有德而不〔一○〕知其主，出乎幽冥〔一一〕。

校　釋

〔一〕「營魄」，楚辭遠遊王逸注「營魄」爲「靈魂」。河上公注：「營魄，魂魄也」。

〔二〕「真」，自樸。參看三章校釋〔九〕。

〔三〕「抱一」，即抱樸。「清」，靜。「清神」，即保持虛靜，不使物欲累害其精神。三十二章王弼注說：「抱樸無爲，不以物累其真，不以欲害其神，則物自賓而道自得也」。

〔四〕「賓」，歸附。

〔五〕「自賓」，即自來歸附。

〔六〕陶鴻慶說：此「能」字當爲衍文。

〔七〕「覽」，見、觀。「極覽」，即經文所謂「玄覽」，指一種排除一切物欲障礙之神祕的精神境界。

所以說最終能「與玄同也」。按，『老子「玄覽」一詞歷來說者紛紜。一說「覽」借爲「鑑」，鏡也。長沙馬王堆三號漢墓出土之帛書老子乙本經文正作「監」。然王弼注以「極覽」釋「玄覽」，則「覽」不得借爲「鑑」。故此處以王弼義釋「覽」爲「見」、「觀」之意。

〔七〕「介」，陶鴻慶説：「讀爲界，限也」。波多野太郎説：「介讀爲疥」，與下「疵」同爲「病」義。

〔八〕「之」字，據道藏集義本及易順鼎、陶鴻慶、宇惠等説校删。按「疵其神」與「介其明」同義，如有「之」字，則爲不辭。又，陶鴻慶説：「疵、額（絲節）也」。

〔九〕「任術以求成」，意爲任用法術或權術以求得成就。「運數以求匿」，意爲運用術數或權術去探察别人隱匿之事。

〔一〇〕見十九章：「絶聖棄智，民利百倍」。

〔一一〕「辟」，借爲「避」。「民不辟」，意爲民不知有所避匿。四十九章王弼注：「無所察焉，百姓何避」，意與此同。又，「國治之也」，道藏集義本無「之」字。陶鴻慶説：當作「國自治」。

〔一二〕古逸叢書本無此「謂」字。

〔一三〕「唱」字，據道藏集注本及道藏集義本校改。道藏本作「昌」。按，作「唱」字是。六十八章王弼注：「凡陽唱而陰和，陰非先唱者也」。又，周易訟卦初六爻辭王弼注也説：「後而不先，應而不唱」。周易訟卦初六爻辭注：「陰之爲物，不能先唱，順從者也」均作「唱」可爲證。

〔一四〕按，此句爲復述經文，然經文「能爲雌乎」誤作「能無雌乎」。古逸叢書本、道藏本、道藏集注

本及長沙馬王堆三號漢墓出土帛書老子乙本經文均作「能爲雌乎」可證。

〔一五〕道藏集注本於「無迷」下誤重「無迷」二字。

〔一六〕「物化」，萬物自然變化生成。語出莊子齊物論：「昔者莊周夢爲胡蝶，栩栩然胡蝶也，自喻適志與！不知周也。俄然覺，則蘧蘧然周也。不知周之夢爲胡蝶與？胡蝶之夢爲周與？周與胡蝶則必有分矣，此之謂物化」。

〔一七〕「將」字，據三十七章經文校補。三十七章說：「道常無爲而無不爲，侯王若能守之，萬物將自化」。又，道藏集義本「自化」作「自賓也」。

〔一八〕「濟」，成。「恃」，依靠，道藏集注本誤作「情」字。

〔一九〕「而何」，古逸叢書本、道藏本及道藏集注本均作「如何」，永樂大典本同。「如」、「而」古通。

〔二〇〕「不」字，道藏集注本誤作「又」。

〔二一〕王弼老子指略說：「玄也者，取乎幽冥之所出也」。故而此處說：「玄德……出乎幽冥」。又，文選東京賦李善注引此段注文作：「玄德者，皆有德不知其至，出於幽冥者也」。道藏藏室纂微篇引作：「玄德者，有德而不知其主，出乎幽冥者也」。

十一章

三十輻共一轂，當其無，有車之用。

毂〔一〕所以能統三十輻者，無也。以其無能受物之故，故能以〔實〕〔寡〕〔二〕統衆也。

埏埴以爲器，當其無，有器之用。鑿户牖以爲室，當其無，有室之用。故有之以爲利，無之以爲用也。

木、埴〔三〕、壁所以成三者，而皆以無爲用也。言無者，有之所以爲利，皆賴無以爲用也〔四〕。

校釋

〔一〕「毂」，車輪中間湊輻貫軸部件。說文：「毂，輻所湊也」。六書故：「輪之正中爲毂。空其中，軸所貫也」，輻湊其外」。

〔二〕「寡」字，據陶鴻慶說校改。陶說：「『實』爲『寡』字之誤。此釋三十共一之義」。按，陶說是。王弼之意正謂毂雖爲一，然由於其以無爲用，故雖少而能統衆。如作「實」字則與義乖違。「以寡統衆」爲王弼重要思想之一。他在周易略例明象中說：「夫衆不能治衆，治衆者至寡也」。「夫少者，多之所貴也」；寡者，衆之所宗也」。

〔三〕「埴」，說文：「黏土也」。又「木」字，波多野太郎說爲「車」之壞字。

〔四〕波多野太郎説：「言無者……」句中衍「無者」二字。本句當作：「言有之所以爲利，皆賴無以爲用也」。

十二章

五色令人目盲，五音令人耳聾，五味令人口爽，馳騁畋獵令人心發狂，

爽，差失也。失口之用，故謂之爽。夫耳、目、口、心[一]，皆順其性也。不以順性命，反以傷自然，故

曰盲、聾、爽、狂也[二]。

難得之貨令人行妨。

難得之貨塞人正路，故令人行妨也。

是以聖人爲腹不爲目，故去彼取此。

爲腹者以物養己，爲目者以物役己[三]，故聖人不爲目也。

校　釋

〔一〕道藏集注本「口、心」二字倒乙。

〔二〕古逸叢書本「盲、聾」二字倒乙。

〔三〕「以物役己」之「物」字，道藏集注本誤作「目」。

十三章

寵辱若驚，貴大患若身。何謂寵辱若驚？寵，爲下得之若驚，失之若驚〔一〕，是謂寵辱若驚。

寵必有辱，（驚）〔寵〕〔二〕辱等，榮患同也。爲下得寵辱榮患若驚〔三〕，則不足以亂〔四〕天

下也。

何謂貴大患若身？

大患，榮寵之屬也。生之厚必入死之地〔五〕，故謂之大患也。人迷之於榮寵，返之於身，故曰「大患

若身」也〔六〕。

吾所以有大患者，爲吾有身，

由有其身也。

及吾無身，

歸之自然也。

吾有何患！故貴以身爲天下，若可寄天下；

無（物可）〔七〕以易其身，故曰「貴」也。如〔八〕此乃可以託天下也〔九〕。

愛以身爲天下，若可託天下。

無物可以損其身，故曰「愛」也。如此乃可以寄天下也。不以寵辱榮患損易其身，然後乃可以天下付

之也〔一〇〕。

校釋

〔一〕「寵，爲下得之若驚，失之若驚」句，可讀爲：「寵爲下，得之若驚，失之若驚」。此據王弼注「爲下得寵辱榮患若驚」之意句讀。

〔二〕「寵」字，據陶鴻慶説校改。按，下文均以「寵辱」與「榮患」並提，此處「驚辱」爲「寵辱」之誤無疑。

〔三〕「爲下得寵辱榮患若驚」句，石田羊一郎老子王弼注刊誤本校改爲：「辱生於寵，故曰寵爲下，得寵辱榮患若驚，……」。按，經文句讀本可不同（見校釋〔一〕）原注亦可通，不必如石田羊一郎改。

〔四〕「亂」字惠説，當作「治」字乃通。波多野太郎説：「『亂』疑爲『託』之譌」。按，此「亂」字當讀作論語泰伯「吾有亂臣十人」之「亂」，義即爲「治」。

〔五〕五十章王弼注：「生生之厚」。又説：「蚖蟺以淵爲淺，而鑿穴其中；鷹鸇以山爲卑，而增巢其上。矰繳不能及，網罟不能到，可謂處於無死地矣。然而卒以甘餌，乃入於無生之地，豈非生生之厚乎？」此均爲明「生之厚」與「榮寵之屬」，會使人入「死之地」。又，波多野太郎説：「生之厚」當如五十章王弼注作「生生之厚」。

〔六〕「故曰大患若身也」，一字惠説：「大患」上奪一「貴」字。按，此句爲釋經文「何謂貴大患若身」，似以有「貴」字爲長。

〔七〕「物可」二字，據道藏集注本及陶鴻慶說校補。道藏集注本、道藏取善集及道藏藏室纂微本於「無」下均有一「物」字。陶說：「下句注云：『無物可以損其身，故曰愛也。』此注當云：『無物可以易其身，故曰貴也。如此乃可以託天下也。』十七章：『悠兮其貴言』，注云：『無物可以易其言』，釋『貴』字與此同，是其證也」。

〔八〕「如」字，道藏集注本奪。

〔九〕莊子讓王：「夫天下至重也，而不以害其生，又況他物乎？惟無以天下爲者，可以託天下也」。又「託」字，陶鴻慶說，當與下節注之「寄」字互易。按，陶說非。此非注文竄易，而是今本老子經文竄易。據長沙馬王堆三號漢墓出土帛書老子甲、乙本此節經文均作「可以託天下」，而下節經文則作「可以寄天下」，可證此注文不誤。

〔一〇〕「付之」之「付」字，道藏集注本作「傳」字。

十四章

視之不見名曰夷，聽之不聞名曰希，搏之不得名曰微。此三者不可致詰，故混而爲一。

無狀無象，無聲無響，故能無所不通，無所不往。不得而知〔一〕，更以我耳、目、體不知爲名，故不可致詰〔二〕混而爲一也。

其上不皦，其下不昧，繩繩不可名，復歸於無物，是謂無狀之狀，無物之象。

欲言無邪，而物由以成。欲言有邪，而不見其形。故曰：「無狀之狀，無物之象」也。

是謂惚恍。

不可得而定也〔三〕。

迎之不見其首，隨之不見其後。執古之道，以御今之有，

有，有其事〔四〕。

能知古始，是謂道紀。

無形無名者，萬物之宗也〔五〕。雖今古不同，時移俗易，故〔六〕莫不由乎此以成其治者也。故可執古之道以御〔七〕今之有。上古雖遠，其道存焉，故雖在今可以知古始也〔八〕。

校　釋

〔一〕「不得而知」，道藏集注本作「不得知」。波多野太郎引一說謂：「『得』上疑脫『可』字」。

〔二〕「致詰」，推問。

〔三〕「定」，確定、固定。此處指沒有固定之形象。二十一章王弼注：「恍惚，無形不繫之歎」。

〔四〕道藏取善集引此節注文作：「古今雖異，其道常存，執之者方能御物」。與各本均異，不知所本。

〔五〕「無形無名者」，即指道。「宗」，始、根之意。一章王弼注：「故未形無名之時，則爲萬物之始」，「言道以無形無名始成萬物」。

〔六〕「故」，此處當讀爲「固」，本然之辭。

〔七〕「御」，治。按，長沙馬王堆三號漢墓出土帛書老子甲、乙本經文均作：「執今之道，以御今之有，以知古始，是謂道紀」。未知孰是。

〔八〕此句意爲，常道古今是不變的。四十七章王弼注：「事有宗而物有主，途雖殊而〔同〕〔其〕歸〔同〕也，慮雖百而其致一也。道有大常，理有大致。執古之道，可以御今，雖處於今，可以知古始」。意與此同。

十五章

古之善爲士者，微妙玄通，深不可識。夫唯不可識，故強爲之容。豫焉若冬涉川，

冬之涉川，豫然〔一〕若〔二〕欲度，若不欲度，其情不可得見之貌也〔三〕。

猶兮若畏四鄰，

四鄰合攻中央之主，猶然不知所趣向者也〔四〕。上德之人，其端兆〔五〕不可覩，（德）〔意〕〔六〕趣不可見，亦猶此也。

儼兮其若容，渙兮若冰之將釋，敦兮其若樸，曠兮其若谷，混兮其若濁。

凡此諸若，皆言其容象不可得而形名也〔七〕。

孰能濁以靜之徐清？孰能安以久動之徐生？

夫晦以理〔八〕，物則得明；濁以靜，物則得清；安以動，物則得生。此自然之道也。孰能者，言其難也。

徐者，詳愼也。

保此道者不欲盈，

盈必溢也〔九〕。

夫唯不盈，故能蔽不新成。

蔽，覆蓋也〔一〇〕。

校　釋

〔一〕「豫然」，遲疑不決貌。

〔二〕「若」，道藏本作「者」字。

〔三〕「情」，實，道藏集注本無「貌也」之「也」字。此節注文釋經文「微妙玄通，深不可識」，就如同

〔四〕「猶然」，遲疑不決貌。道藏集注本無「趣向者也」之「者」字。

冬天渡河者，既像欲渡，又像不欲渡，其實情不可得而見。

〔五〕「端兆」，細微之迹象。此處指表露在外部之聲色動作。

〔六〕「意」字，據陶鴻慶說校改。陶說：「十七章注云：『自然，其端兆不可得而見也，其意趣不可得而覩也』。與此同」。「意趣」，此處指内心之活動。

〔七〕此句意爲，「凡此諸若（如同）」，均說明「古之善爲士者」之「深不可識」，其聲色動作、内心意趣，不能給以確定之形容或名稱。又，道藏取善集引此節注作：「藏精匿炤，外不異物，混同波塵，故曰若濁」。疑非王弼注文。

〔八〕「晦以理」，意爲雖晦暗不可見，然而自有明晰之條理。下文「濁以静」、「安以動」義同。

〔九〕道藏集注本脱此句注。

〔一〇〕道藏集注本脱此句注。

十六章

致虛極，守静篤〔一〕，

言致虛，物之極篤；守静，物之真正也〔一〕。

萬物並作，

動作生長。

吾以觀復。

以虛靜觀其反復。凡有起於虛,動起於靜,故萬物雖並動作,卒復歸於虛靜,是物之極篤也〔二〕。

夫物芸芸,各復歸其根。

各返其所始也。

歸根曰靜,是謂復命。復命曰常,

歸根則靜,故曰「靜」。靜則復命,故曰「復命」也。復命則得性命之常,故曰「常」也〔三〕。

知常曰明,不知常,妄作,凶。

常之爲物,不偏不彰〔四〕,無皦昧之狀〔五〕,溫涼之象〔六〕,故曰「知常曰明」也〔七〕。唯此復,乃能包通萬物〔八〕,無所不容。失此以往,則邪入乎分〔九〕,則物離其分,故曰不知常則妄作凶也。

知常容,

無所不包通也。

容乃公,

無所不包通,則乃至蕩然公平也。

公乃王,

蕩然公平,則乃至於無所不周普也。

王乃天，

無所不周普，則乃至於同乎天也。

天乃道，

與天合德，體道大通〔一〇〕，則乃至於〔窮〕〔一一〕極虛無也。

道乃久。

窮極虛無，得道〔一二〕之常，則乃至於不窮極也〔一三〕。

沒身不殆。

無之為物，水火不能害，金石不能殘。用之於心〔一四〕，則虎兕〔一五〕無所投其〔齒〕〔爪〕〔一六〕角，兵戈無所容其鋒刃，何危殆之有乎！

校釋

〔一〕陶鴻慶說：『「物之極篤」疑涉下節注文「是物之極篤也」而誤衍。原文當云：「致虛守靜，物之真正也」。「真正」即釋「極」、「篤」之義』。石田羊一郎老子王弼注刊誤本改此注為：「言致虛，物之正極；守靜，物之真篤也」。波多野太郎引一說：「『極篤』之『篤』恐衍，『真正』二字當作『篤』」。按，此節注文恐有衍誤，據文選華林園集詩李善注引王弼釋「致虛極」注作：「言至虛之極也」。則疑此節注文當作：「言

至虚之極也，守静之真也」。「真」，即釋經文「篤」義。

[二]「篤」，真實、樸實。老子指略説：「未若抱素樸以全篤實」，即「篤」爲「實」義。又，文選雜體詩李善注引此節注最後一句「是物之極篤也」作「各反其始，歸根則静也」與今本異。

[三]「常」，久。王弼以「静」爲萬物之根本、長久之道。周易恆卦上六王弼注：「安者，上之所處也」；「静者，可久之道也」。

[四]「偏」，偏愛。「不偏」，即無所偏私。此處與「不彰」對文，意爲没有暗地裏之活動。

「彰」明白可見。

[五]「皦」，光明。「昧」，昏暗。十四章：「其上不皦，其下不昧」。又，「皦」字，道藏本誤作「皦」字。

[六]「温」，有「善」、「柔」、「厚」等義。廣雅釋詁一：「温，善也」。詩小宛：「飲酒温克」，王肅注：「柔也」。枚乘七發：「飲食則温淳甘膬」，注「凡味之厚也」。「涼」，有「不善」、「剛」、「薄」等義。小爾雅廣言：「涼，薄也」。左傳魯閔公二年「龍涼」，朱駿聲説文通訓定聲：「不善也」。老子指略説：「無形無名者，萬物之宗也。不温不涼，不宫不商」。又三十五章王弼注：「大象，天象之母也」〈不炎〉不寒、不温不涼……」。此處「不偏不彰，無皦昧之狀，温涼之象」，均爲説明「常」是無，是包通萬有而没有任何具體事物那種偏於一方之屬性。

[七]「知常曰明」，五十五章王弼注：「不皦不昧，不温不涼，此常也。無形不可得而見，曰明也」。

[八]「包通」，覆蓋，貫通。永樂大典本無「乃」字。又，波多野太郎説：「『乃能』之『乃』字衍。

『乃』、『能』相通，校者旁注誤入」。

〔九〕「物離其分」，道藏本及道藏集注本均無「其」字。陶鴻慶說:「則邪入乎分，則物離其分」句意義不明，疑有誤。陶說:「釋文出注:『則物離乎分』五字」云:『扶問反』，則上句『分』爲誤字無疑。以義求之，疑當作『知』。其文云:『失此以往，邪入乎知，則物離乎分』，故曰不知常，妄作凶也」。音末兩『則』字皆誤衍。按，『邪入乎分』之『分』字無誤。疑『物離其分』之『分』爲『真』字之誤。王弼在老子指略中說:『名必有所分』，『有分則有不兼』，又說:『不知常』，『妄作凶』。兩『則』字不必爲誤衍。又按，『物離其分』之「離」字或當釋爲「離禍」之「離」，即「罹」，義爲「遭受」、「陷入」。如此則「分」字不必誤，而上下文義也可通。「物離其分」，意即物陷入於分而不知反「常」。然不如作「物離其真」於注義爲長。

〔一〇〕「體道大通」，意爲體現出道包通萬物，無所不容之品德。

〔一一〕「窮」字，據陶鴻慶說校補。下文「窮極虛無，得道之常」即承此言，所以當有「窮」字。

〔一二〕「道」字，道藏集注本與永樂大典本均作「物」字。

〔一三〕「不窮極也」，古逸叢書本與道藏本均作「不有極也」。作「窮」者爲清四庫館臣據永樂大典本校改。又，道藏集注本脫「不」字。

〔一四〕「用之於心」，意爲以「無」用之於心，即使心無思慮、無欲求，如此才能無危殆。五十章王弼

注：「善攝生者，無以生爲生，故無死地也。器之害者，莫甚乎（戈兵）〔兵戈〕；獸之害者，莫甚乎兕虎。而令兵戈無所容其鋒刃，虎兕無所措其爪角，斯誠不以欲累其身者也，何死地之有乎？……故物，苟不以求離其本，不以欲渝其真，雖入軍而不害，陸行而不〔可犯〕〔犯〕〔可〕也」。

〔一五〕「兕」，說文：「如野牛，青色」，其皮堅厚可制鎧」。「虎兕」道藏集注本作「兕虎」。

〔一六〕「爪」字，據道藏集注本及永樂大典本校改。按，五十章王弼注：「虎兕無所措其爪角」同此。

十七章

太上，下知有之。

太上，謂大人也。大人在上，故曰「太上」。大人在上 居無爲之事，行不言之教，萬物作焉而不爲始〔一〕，故下知有之而已。言從上也。〔二〕

其次，親而譽之。

不能以無爲居事，不言爲教，立善行施〔三〕，使下得親而譽之也。

其次，畏之。

其次，侮之。

不復能〔四〕以恩仁令物，而賴威權也。

不能〔法〕以正齊民〔五〕，而以智治國，下知避之，其令不從，故曰：「侮之」也〔六〕。

信不足，焉有不信焉。

夫御體失性〔七〕，則疾病生；輔物失真，則疵釁作〔八〕。信不足焉，則有不信〔九〕，此自然之道也。已處不足，非智之所〔齊〕〔濟〕也〔一〇〕。

悠兮其貴言。功成事遂，百姓皆謂我自然。

自然，其端兆不可得而見也，其意趣不可得而覩也。無物可以易其言，言必有應，故曰「悠兮其貴言」也〔一一〕。居無為之事，行不言之教，不以形立物〔一二〕，故功成事遂，而百姓不知其所以然也。

校　釋

〔一〕　按「萬物作焉而不為始」之「始」字，疑當作「施」字，音近而誤。下文注說：「不能以無為居事，不言為教，立善行施，……」正承此言，可為證。又，五章王弼注：「天地任自然，無為無造，萬物相治理，故不仁。仁者必造立施化，有恩有為。……」意與此同，亦可為「始」當作「施」之證。

〔二〕　「言從上也」四字，道藏本與道藏集注本均在下節經文「信不足，焉有不信焉」句注文之首。按，張之象本原與道藏本同，清四庫館臣據永樂大典本校改於此。按，當從道藏本等。此節注文至「故下知有之而已」文義已足，不必更有「言從上也」以為蛇足。然「言從上也」四字在下節「信不足，焉有不

信焉」句注文之首，則正爲釋因在上者信不足，於是下從上而亦有不信，並與下文「夫御體失性，……」文義相接。

〔三〕波多野太郎說：「不言爲教」上宜補一「以」字。「行施」，道藏集注本作「施化」。

〔四〕「復能」，古逸叢書本、道藏本、道藏集注本均作「能復」。

〔五〕「法」字，據陶鴻慶說校刪。又陶說：「以正齊民」之「正」當爲「法」字之誤。其說：「『法』字古文作『佱』，遂誤爲『正』，後人輒增『法』字以足義耳」。按，「法」爲衍文當刪。「正」不必爲「法」字之誤。「正」通「政」。「以正齊民」即如論語爲政：「道之以政，齊之以刑」之意。亦即上節注文所謂之「賴威權」。

〔六〕六十五章王弼注：「民之難治，以其多智也。當務塞兌閉門，令無知無欲。而以智術動民，邪心既動，復以巧術防民之僞，民知其術，（防隨）〔隨防〕而避之，思惟密巧，奸僞益滋，故曰：『以智治國，國之賊也』」。

〔七〕「御」，治。「御體失性」，意爲調理身體而不合身體之自然本性，所以說「則疾病生」。

〔八〕「疊」，瑕。「疵疊」瑕疵、污點，也爲有毛病之意。

〔九〕按，經文「信不足，焉有不信焉」句，據馬敍倫說句讀。馬引王念孫說：「上『焉』字，『於是』也」。王弼注「信不足，則有不信」，是王弼不明「焉」字當作「於是」義解，故增「則」字解之。馬說是。又說，王弼注「信不足，則有不信」句，而王弼注作：「忠信不足於下，焉有不信焉」則王然觀二十三章經文末亦有「信不足焉，焉有不信焉」句，而王弼注作：「忠信不足於下，焉有不信焉」則王

粥釋經文之意並不誤,此處「則」字恐爲衍文。又按,馬敍倫説,疑此(指二十三章「信不足」句)爲「十七

章錯簡在此,校者不敢删,因複記之成今文矣」。錄以參考。

〔一〇〕「濟」字,據道藏本與道藏集注本校改。「濟」,賙救。「非智之所濟也」,意爲既已處於不足,則

不是用智所能救助而成的。

〔一一〕「悠」,閒暇貌,無所作爲之意,道藏集注本作「猶」字。「貴言」,意爲不輕易立言。

〔一二〕「形」,通「刑」。「不以形立物」,即不「賴威權」,不「以正(政)齊民」之意。

十八章

大道廢,有仁義;

失無爲之事,更以施慧立善〔一〕,道進物也〔二〕。

慧智出,有大僞;

行術用明〔三〕,以察姦僞,趣覩形見〔四〕,物知避之〔五〕。故智慧〔六〕出則大僞生也。

六親不和,有孝慈;國家昏亂,有忠臣。

甚美之名,生於大惡,所謂美惡同門〔七〕。六親,父子、兄弟、夫婦也。若六親自和,國家自治,則孝

慈、忠臣不知其所在矣。 魚相忘於江湖之道,則相濡之德生也〔八〕。

校釋

〔一〕「更」，「説文」：「改也」。「慧」，通「惠」。道藏集注本正作「惠」。又，「施慧」，道藏本誤作「於慧」。宇惠據此以爲當作「智慧」。

〔二〕「道進物也」，意爲失道之純樸而進於有形之物。卽如二十八章所説之「樸散則爲器」，三十八章所説之「失道而後德」。

〔三〕「行術用明」，任用法術和智慧。

〔四〕「趣」，意趣。「形」，指聲色動作。「趣覩形見」，意爲如果任用法術智慧，那末統治者的内心活動及聲色就都暴露出來了。十五章王弼注説：「上德之人，其端兆不可覩，〔德〕〔意〕趣不可見」。十七章王弼注也説：「自然，其端兆不可得而見也，其意趣不可得而覩也。……故功成事遂，而百姓不知其所以然也」。

〔五〕「物知避之」，意爲統治者之意趣、端兆都暴露出來，萬物就知道如何防備、躲避了。六十五章王弼注：「民知其術，〔防隨〕〔隨防〕而避之」。

〔六〕「智慧」，道藏集注本作「智惠」。

〔七〕二章王弼注：「美惡猶喜怒也，善不善猶是非也。喜怒同根，是非同門，故不可得而偏舉也」。

又，「同門」，道藏集注本誤作「同内」。

〔六〕「魚相忘於江湖之道」，語出莊子大宗師：「泉涸，魚相與處於陸，相呴以溼，相濡（或作濡）以

沫，不如相忘於江湖」。（又見莊子天運）按「魚相忘於江湖之道，則相濡之德生也」，文義不通，疑有脫

誤。陶鴻慶說：「『之道』上奪『相忘』二字，下奪『失』字。其文云：『魚相忘於江湖，相忘之道失，則相濡

之德生也』。『魚相忘於江湖』，語出莊子，而莊子天運篇郭注云：『失於江湖，乃思濡沫』，義與此同」。

陶說可通。然細玩王弼注文之意，於前文說：「六親自和，國家自治，則孝慈忠臣不知其所在矣」。則此

處似當作「魚相忘於江湖之道，則相濡之德〔不知其所〕生也」。其以「魚相忘於江湖之道」，承「六親自

和，國家自治」之義，以「則相濡之德〔不知其所〕生也」，與「則孝慈忠臣不知其所在矣」對文。其意謂因

「六親自和，國家自治」，則不須有「孝慈忠臣」之名。因「魚相忘於江湖之道」，則不須有「相濡之德」。然

因「相濡之德」下誤奪「不知其所」四字，以致文義不暢。

十九章

絕聖棄智，民利百倍；絕仁棄義，民復孝慈；絕巧棄利，盜賊無有。此三者，以爲文不足，

故令有所屬，見素抱樸，少私寡欲。

聖智，才之善也；仁義，〔人〕〔行〕〔一〕之善也；巧利，用之善也。而直云絕〔二〕。文甚不足〔三〕，不令之

有所屬〔四〕，無以見其指〔五〕。故曰此三者以爲文而未足，故令人有所屬〔六〕，屬之於素樸寡欲。

校釋

〔一〕「行」字，據易順鼎及字惠說校改。按，作「行」字是。釋文正作「行」字。「行」與上文「才」，下文「用」相對，從三方面說明人之最善者。

〔二〕「而直云絕」，道藏集注本重一「云」字。又，波多野太郎說，據經文「絕」下當有一「棄」字。

〔三〕「文」，文飾，引申爲示範或教育之意。波多野太郎引一說，以爲：「文甚」恐爲「文而」之誤。

〔四〕「屬」足。與上「不足」對言。左傳昭公二十八年：「願以小人之腹爲君子之心，屬厭而已」。杜預注：「屬，足也。言小人之腹飽猶知厭足，君子之心亦宜然」。又，道藏集注本無「不令之」之「之」字。

〔五〕「指」，通「旨」，宗旨。

〔六〕波多野太郎引一說，以爲：「故曰此三者以爲文而未足」之「而」爲衍文。「故令人有所屬」之「人」字當作「之」。

二十章

絕學無憂。唯之與阿，相去幾何？善之與惡，相去若何？人之所畏，不可不畏。

下篇〔云〕〔一〕：「爲學者日益，爲道者日損〔二〕。然則學求益所能〔三〕，而進其智者也。若將無欲而足，

衆人熙熙，如享太牢，如春登臺。

何求於益？不知而中〔四〕，何求於進？夫燕雀有匹，鳩鴿有仇〔五〕，寒鄉之民，必知旃裘〔六〕。自然已足，益之則憂。故續鳧之足，何異截鶴之脛〔七〕；畏譽而進，何異畏刑〔八〕？唯（阿）〔訶〕美惡〔九〕，相去何若〔一〇〕。故人之所畏，吾亦畏焉。未敢恃之以爲用也。

荒兮其未央哉！

歎與俗相（返）〔反〕之遠也〔一二〕。

衆人熙熙，如享太牢，如春登臺。

衆人迷於美進，惑於榮利，欲進心競，故熙熙〔一三〕如享太牢，如春登臺也〔一四〕。

我獨泊兮其未兆，如嬰兒之未孩。

言我廓然〔一五〕無形之可名，無兆之可舉，如嬰兒之未能孩也〔一六〕。

儽儽兮若無所歸。

若無所宅。

衆人皆有餘，而我獨若遺。

衆人無不有懷有志，盈溢胸心，故曰「皆有餘」也。我獨廓然無爲無欲，若遺失之也。

我愚人之心也哉！

絕愚之人，心無所別析，意無所（好欲）〔美惡〕〔一七〕，猶然其情不可覩〔一八〕，我頹然若此也〔一九〕。

沌沌兮！

無所別析，不可爲（明）〔名〕〔二〇〕。

俗人昭昭，

耀其光也。

我獨昏昏；俗人察察，

分別別析也〔二一〕。

我獨悶悶。澹兮其若海，

情不可覩。

飂兮若無止。

無所繫縶〔二二〕。

衆人皆有以，

以，用也。皆欲有所施用也。

而我獨頑似鄙。

無所欲爲，悶悶昏昏，若無所識，故曰「頑且鄙」也〔二三〕。

我獨異於人，而貴食母。

食母，生之本也〔四〕。 人〔者〕〔三五〕皆棄生民之本，貴末飾之華〔三六〕，故曰「我獨欲異於人」〔三七〕。

校釋

〔一〕「云」字，據道藏集注本校補。

〔二〕語見四十八章：「爲學日益，爲道日損，損之又損，以至於無爲」。

〔三〕「然則學求益所能」，道藏集注本作「然則學者之求益所能」。

〔四〕「中」，當也。

〔五〕「仇」，爾雅釋詁：「合也」，匹配之意。 又「燕雀」之「燕」，原作「鷰」，清四庫館臣據永樂大典本校改。

〔六〕「旆」，通「旎」，「裘」，皮衣。

〔七〕語出莊子駢拇：「長者不爲有餘，短者不爲不足。是故鳧脛雖短，續之則憂；鶴脛雖長，斷之則悲。故性長非所斷，性短非所續，無所去憂也」。 又，周易損卦象辭王弼注也說：「自然之質，各定其分；短者不爲不足，長者不爲有餘，損益將何加焉」。 又，「脛」字，古逸叢書本作「頸」。

〔八〕此句意爲，畏懼榮譽之增添如同畏懼刑罰加身一樣。 字惠說：「譽」字當作「學」。

〔九〕「唯」，唯諾。 「訶」，說文：「大言而怒也」。 原爲「阿」，據劉師培，易順鼎說校改。 易說：「唯」、「阿」義同，於文不合，疑「阿」當作「呵」。 按，劉、易之說是。 據長沙馬王堆三號漢墓出土帛書老子甲本

經文作「訶」，乙本經文作「呵」。「呵」乃「訶」之俗文。又，老子經文「善之與惡」當如注作「美之與惡」，帛書老子甲乙本均作「美」可證。

〔一〇〕「何若」何如。幾許。意爲「美」與「惡」相去無幾。十八章王弼注：「甚美之名，生於大惡，所謂美惡同門」。

〔一一〕「反」字，據宇惠說校改。按，據文義，此處爲「相反」義，當作「反」。古文「返」可作「反」，然未有「反」作「返」者。

〔一二〕「熙熙」，悅樂貌。

〔一三〕「享」通「饗」，祭祀。「太牢」呂氏春秋仲春紀高誘注：「三牲（牛、羊、豕）具曰太牢」。又，河上公注：「淫放多情欲也」。「如享太牢」之「如」字，道藏本及道藏集注本均作「若」。「如」、「若」義通。

〔一四〕「如春登臺」，成玄英老子道德經疏：「又如春日登臺，眺望村野」。河上公注：「春時陰陽交通，萬物感動，登臺觀之，意志淫淫然」。

〔一五〕「廓然」，空廣貌。

〔一六〕「孩」借作「咳」。長沙馬王堆三號漢墓出土帛書老子乙本經文正作「咳」字。說文：「咳，小兒笑也」。又，「之」字，據古逸叢書本校改。按，「好欲」當作「美惡」，「意無所美惡」，正與上文「心無所別析」文義相應。又，宇惠本作「好惡」，義亦可通。

〔一七〕「美惡」二字，據道藏本無「之」字，作「嬰兒未能孩也」。

〔一八〕「其情不可覩」，見十五章王弼注：「上德之人，其端兆不可覩，〔德〕〔意〕趣不可見」。

〔一九〕「穨然」，順從貌。

疏：「穨然，不逆之意也」。

弼注：「名以定形。混成無形，不可得而定，故曰不知其名」；三十八章王弼注：「名則有所分，形則有所止」。又，王弼老子指略：「名必有所分，稱必有所由；有分則有不兼，有由則有不盡」。「名也者，定彼者也」。據此，知「名」爲有所別析之意。此注說：「無所別析」，則當作「不可爲名」爲是。再則，「名」不當爲「明」，亦可由十六章「知常曰明」注文之意證之。十六章王弼注說：「常之爲物，不偏不彰，無曒昧之狀，溫涼之象，故曰知常曰明」。「常」，即「無所別析」，亦即「知常」，可稱爲「明」。此注既說「無所別析」，則不當說是「不明」，亦顯而易見者。

〔二〇〕「名」字，據古逸叢書本、道藏本、道藏集注本校改。按，「明」當是「名」字之音誤。二十五章王

〔二一〕「分別別析也」，陶鴻慶說，當作「有所別析也」，「此章經文以『有爲』、『無爲』對擧成義，上文注兩言『無所別析』，疑此注『分別』卽『有所』二字之誤」。又，宇惠說：「『分別別析也』下『別』字，恐爲『剖』字之誤」。

〔二二〕「縶」，連。道藏集注本「繫繫」作「繫繫」。

〔二三〕「頑」，愚鈍。又，左傳僖公二十四年：「心不則德義之經爲頑」。「鄙」，樸野、不仁之義。

礼記檀弓上：「拜而後稽顙，穨乎其順也」。鄭玄注：「穨，順也」，孔穎達

〔二四〕「食母」，指道。按「生」字下疑脱一「民」字。此注當作：「食母，生民之本也」。下文「棄生民之本」句，正承此言。

〔二五〕「者」字，據易順鼎、陶鴻慶說校删。陶說：「『人』下不當有『者』字，卽『皆』字之誤而衍者。或當在『食母』下」。

〔二六〕「本」，指道、母、樸。「末」，指仁、義、禮、智。又「末飾」，道藏集注本誤作「未飾」。

〔二七〕按，此句疑當作「故曰我欲獨異於人」。長沙馬王堆三號漢墓出土帛書老子甲乙本經文均作：「我欲獨異於人，而貴食母」可證。

二十一章

孔德之容，惟道是從。

孔，空也。惟〔一〕以空爲德，然後乃能動作從道〔二〕。

道之爲物，惟恍惟惚。

恍惚，無形不繫之歎〔三〕。

惚兮恍兮，其中有象；恍兮惚兮，其中有物。

以無形始物，不繫成物，萬物以始以成，而不知其所以然。故曰「恍兮惚兮，〔其中有物〕」〔四〕；「惚兮恍兮，其中有象」也〔五〕。

窈兮冥兮，其中有精；

窈冥，深遠之歎〔六〕。深遠不可得而見，然而萬物由之。（其）〔不〕〔七〕可得見，以定其真〔八〕，故曰「窈

兮冥兮，其中有精」也。

其精甚真，其中有信。

信，信驗也。物反窈冥，則真精之極得，萬物之性定，故曰「其精甚真，其中有信」也。

自古及今，其名不去，

至真之極〔九〕不可得名。無名，則是其名也。自古及今，無不由此而成，故曰「自古及今〔一〇〕」其名不

去」也。

以閱衆甫。

衆甫，物之始也，以無名（説）〔閲〕〔一二〕萬物始也〔一三〕。

吾何以知衆甫之狀哉？以此。

此，上之所云也。言吾何以知萬物之始於無哉〔一三〕？以此知之也。

校 釋

〔一〕「惟」道藏本及道藏集注本均作「唯」。「唯」、「惟」古通。

〔二〕「空」，虛無，無爲。十六章王弼注：「凡有起於虛，動起於靜，故萬物雖並作，卒復歸於虛靜，是物之極篤也」。

〔三〕道藏集注本脫此節注文。

〔四〕「其中有物」四字，據俞樾說校補。俞說：『恍兮惚兮』下當有『其中有物』四字。注乃全舉經文」。

宇惠說：『「其中有象」之『象』上疑脫『物』字」。

〔五〕此處所講「有物」、「有象」均爲「恍惚」之物象，亦即所謂「無狀之狀，無物之象」。十四章王弼注：「欲言無邪，而物由以成。欲言有邪，而不見其形，故曰無狀之狀，無物之象也」。

〔六〕「之欸」二字，文選鍾山詩應西陽王教李善注引作「貌」。易順鼎說，據此，「欸」字當爲「狀」字之誤。上「恍惚，無形不繫之欸」之「欸」亦當作「狀」。又，「欸」字，道藏集注本誤作「欸」。按作「貌」或「狀」於義爲長。

〔七〕「不」字，據文選鍾山詩應西陽王教李善注引校改。按，據上下文義當作「不」字。此作「其」者，易順鼎說涉下文之「其」字而誤。

〔八〕「真」，實，「以定其真」意爲道雖窈冥深遠不可見，但萬物根據它才得定其實在。即下節注所謂：「物反窈冥，則真精之極得，萬物之性定」。

〔九〕「至真之極」，即指道、無、樸、常。三十二章王弼注：「道，無形不繫，常不可名。以無名爲常，故曰道常無名也」。

〔一0〕「故曰自古及今」，道藏集注本及老子經文及注均作「故曰自今及古」。按，長沙馬王堆三號
漢墓出土帛書老子甲乙本經文均作「自今及古」，據此，此段王弼注文兩處「自古及今」，當均爲「自今及
古」之誤。

〔一一〕「閱」字，據宇惠說校改。按，此爲釋經文「以閱衆甫」，當作「閱」。作「說」者音同而誤。道藏
取善集正作「閱」。

〔一二〕此節注文林羅山老子經抄、歸有光批閱老子道德經本及王夫之老子衍均引作「閱自門出
者，一一而數之，言道如門，萬物皆自此以往也」。按，此皆據焦竑老子翼注：「王輔嗣曰：信，驗也。閱
自門出者，一一數之，言道如門，萬物皆自此以往也」誤抄。其實，自「閱自門出者」以下非王注。

〔一三〕「言吾何以知萬物之始於無哉」句，道藏集注本作：「言吾何以知萬物之始，皆始於無哉」。波
多野太郎說，疑集注「皆」上衍「始」一字，諸本「始」上均脫一「皆」字。

二十二章

曲則全，

〔不自見，〔則〕其明〔則〕全也。〕〔一〕

枉則直，

〔不自是，則其是彰也。〕

窪則盈，

（不自伐，則其功有也。）

敝則新，

（不自矜，則其德長也。）

少則得，多則惑。

自然之道，亦猶樹也。轉多轉遠其根〔二〕，轉少轉得其本。多則遠其真〔三〕，故曰「惑」也。少則得其

本，故曰「得」也。

是以聖人抱一，爲天下式。

一，少之極也。式，猶則〔之〕也〔四〕。

不自見故明，不自是故彰，不自伐故有功，不自矜故長。夫唯不争，故天下莫能與之争。

古之所謂曲則全者，豈虛言哉！誠全而歸之。

校　釋

〔一〕　此句據易順鼎、陶鴻慶説校改。按，下各節注作「不自是，則其是彰也」、「不自伐，則其功有

也」、「不自矜，則其德長也」，均爲同一句法，此句「則」字誤在「明」字下，爲傳抄而誤，故據改。道藏集注

本「明」誤作「名」。清四庫館臣亦說：「明」原誤作「名」，據《永樂大典》本校。又按，此節注並下「不自是，則

其是彰也」「不自伐，則其功有也」「不自矜，則其德長也」三節注文，據易順鼎說移至二十四章，說見

該章校釋〔二〕。

〔一〕「轉」，愈也。四十二章王弼注：「以一爲主，一何可舍，愈多愈遠，損則近之，損之至盡，乃得

其極」，義與此同。

〔二〕「真」，即本也。

〔三〕「之」字，據文選養生論李善注引校刪。波多野太郎說：「『也』、『之』形似而衍也。……『也』、

『之』誼相通。」四十二章王弼注：「萬物萬形，其歸一也」，「以一爲主」所以此處以「一」爲天下萬事萬物

之法則。按，二十八章王弼注：「式，模則也」正可證此處「之」字爲衍文。

二十三章

希言自然。

聽之不聞名曰希〔一〕。下章言，道之出言，淡兮其無味也，視之不足見，聽之不足聞〔二〕，乃是自然之至言也。

故飄風不終朝，驟雨不終日。孰爲此者？天地。天地尚不能久，而況於人乎？然則無味不

足聽之言〔三〕，乃是自然之至言也。

言暴疾美興不長也〔四〕。

故從事於道者，道者同於道，

從事，謂舉動從事於道者也。道以無形無爲成濟萬物，故從事於道者以無爲爲君〔五〕，不言爲教，縣

縣若存，而物得其真。與道同體，故曰「同於道」。

德者同於德，

得，少也。少則得，故曰得也。

失者同於失。

失，累多也。累多則失，故曰「失」也。

同於道者，道亦樂得之；同於德者，德亦樂得之；同於失者，失亦樂得之。

行得則與得同體，故曰「同於得」也〔六〕。

行失則與失同體，故曰「同於失」也〔七〕。

言隨（行）其所〔行〕，故同而應之〔八〕。

信不足，焉有不信焉。

忠信不足於下，焉有不信焉〔九〕。

校　釋

〔一〕　見十四章：「視之不見名曰夷，聽之不聞名曰希，搏之不得名曰微」。

〔二〕　「下章」，指三十五章。三十五章說：「道之出（口）〔言〕，淡乎其無味，視之不足見，聽之不足

聞，用之不足既』。

〔三〕 按，『不足聽之言』，疑當作「不足聞之言」。前文兩處均說：「聽之不聞」、「聽之不足聞」。

〔四〕 波多野太郎引一說：「『步』疑『譽』之誤」。又，石田羊一郎老子王弼注刊誤改此節注爲：「言暴興疾步不長也」。並說：「『步』本作『美』，不知何義，因改『暴興』與『疾步』對。『暴興』以訓『飄』，『疾步』以釋『驟』」。按，「疾美」二字疑衍。此句原當作：「言暴興不長也」。三十章王弼注：「飄風不終朝，驟雨不終日，故暴興必不道」早已也」。義正與此相同。

〔五〕 蔣錫昌老子校詁以爲「以無爲爲君」之「君」字，疑當作「居」字。按，作「居」爲是。如十七章王弼注：「大人在上，居無爲之事，行不言之教」。六十三章王弼注：「以無爲爲居，以不言爲教，以恬淡爲味，治之極也」。七十二章王弼注：「清（淨）〔静〕無爲謂之居」。並可爲證。「居」，處也，安也。

〔六〕 此節注文陶鴻慶說：「『得，少也』義不可通。『德』、『得』二字古雖通用，而經文自作『德』。此注當云：『德，得也。少則得，故曰德也。行得則與德同體，故曰同於得也。』；『失，累多也』相對。『少則得，多則惑』本上章經文」。波多野太郎說：「陶說非是，此注與下注相對爲句。『得，少也』；『失，累多也』相對。『少則得，故曰得也』；『行得則與得同體，故曰同於得也』；『行失則與失同體，故曰同於失也』亦相應，乃知此注本無誤。按，注文義無誤，不必如陶說改。『得』、『德』古通，道藏集注本「少則得」之「得」字正作「德」。又，易順鼎、劉師培據王注均作「得」，並以爲老子經文「德者同於德」兩「德」字均當作「得」。與下文「失者同於失」對。

〔七〕此節注文陶鴻慶説：「此當云『失，累也。多則累，行累則與失同體，故曰同於失也』。『累』，讀如莊子『有人者累』之『累』。」波多野太郎説：「陶説臆改甚矣，此注與上注相對爲句，無誤」。按，此節注文義自可通，且與上節注文相對，不必如陶説改。又，道藏集注本「則與失同體」句於「則」下衍一「失」字。

〔八〕此節注文據陶鴻慶説校改。陶説：「『隨行其所』當作『隨其所行』，承上文『行得』、『行累』而言。『故』字疑衍」。按，陶説是。此節注文意爲，道隨物所行而應之。因此節經文已誤，故注文難解。

〔九〕按，此節經文與注均爲十七章文而誤衍於此。長沙馬王堆三號漢墓出土帛書老子甲乙本此章均無此節經文可證。參看十七章校釋〔九〕。

二十四章

企者不立，

物尚進則失安，故曰「企者不立」〔一〕。

跨者不行，

自見者不明，

〔不自見，則其明全也。〕

自是者不彰,

〔不自是,則其是彰也。〕

自伐者無功,

〔不自伐,則其功有也。〕

自矜者不長。

〔不自矜,則其德長也。〕〔二〕

其在道也,曰餘食贅行。

其唯於道而論之,若郤至之行〔三〕,盛饌之餘也。本雖美,更可薉也〔四〕。本雖有功而自伐之,故更爲肬贅者也〔五〕。

物或惡之,故有道者不處。

校　釋

〔一〕「企」同「跂」,「進」進也。此句意爲,物尚進於榮利則失安,所以説尚進者不得久立。

〔二〕以上四節注文據易順鼎説由二十二章校移至此。易説:「二十二章『曲則全』注云:『不自見,則其明全也』;『枉則直』注云:『不自是,則其是彰也』;『窪則盈』注云:『不自伐,則其功有也』;『敝則新』

注云：『不自矜，則其德長也』。注與經文全不相合，蓋本係此四句之注，不知何時奪誤，移注於彼耳。

〔三〕『郤至之行』，『郤至』，春秋時晉大夫。左傳成公十六年載，晉與楚鄢陵之戰，楚敗，『晉侯使郤至獻楚捷於周，與單襄語，驟稱其伐。單子語諸大夫曰：『溫季（卽郤至）其亡乎？位於七人之下，而求掩其上。怨之所聚，亂之本也。多怨而階亂，何以在位。夏書曰：怨豈在明，不見是圖，將慎其細也。今而明之其可乎』！杜預注：『言郤至顯稱己功，所以明怨咎』。王弼引此以說明經文『自見者不明，……自矜者不長』之所以爲『餘食贅行』之意。

〔四〕『蘬』，荒蕪，引申爲惡義。

〔五〕『故更爲肬贅者也』，文選奏彈王源李善注引此句無『者』字。又，此節注文陶鴻慶說：『「唯律』。『論』謂言說。『論』與『自伐』，皆承經文『自見』、『自是』、『自伐』、『自矜』而言也。『本雖美而論之』二句，釋經文『餘食』；『本雖有功而自伐之』二句，釋經文『贅行』。波多野太郎說：『陶說非是。夫惟云之，故是老子句法，弼效之曰『其惟』云故也。而『其唯於道而論之』，釋經文『其在道也』四字。『且自伐之』四字涉經文『自伐者』而衍。『者』字亦衍，『故』字應在『贅』字下，此下宜補『曰餘食贅行』五字。其文云：『其唯於道而論之，若郤至之行，盛饌之餘也。本雖美，更可蘬也，本雖有功更爲肬贅，故曰餘食贅行』。然陸氏（釋文）既出『更爲肬』三字，其誤久矣』。按，注文文義自可通，不必如陶說、波說改易。又按，此章經文長沙馬王堆三號漢墓出土帛書老子甲乙本均在今本二十一章後，二十二章前，與今本

章次異。

二十五章

有物混成，先天地生，

混然不可得而知，而萬物由之以成，故曰「混成」也。不知其誰之子，故〔一〕先天地生。

寂兮寥兮，獨立不改，

寂寥〔二〕，無形體也。無物（之匹）〔匹之〕〔三〕，故曰「獨立」也。返化〔四〕終始，不失其常，故曰「不改」也。

周行而不殆，可以為天下母。

周行無所不至而（免）〔不危〕殆〔五〕，能生全大形也〔六〕，故可以為天下母也〔七〕。

吾不知其名，

名以定形。混成無形，不可得而定，故曰「不知其名」也。

字之曰道，

夫名以定形，字以稱可〔八〕。言道取於無物而不由也，是混成之中，可言之稱最大也。

強為之名曰大。

吾所以字之曰道者，取其可言之稱最大也。責其字定〔九〕之所由，則繫於大。（大）〔夫〕〔一〇〕有繫則必有分，有分則失其極矣〔二一〕，故曰「強爲之名曰大」〔二二〕。

大曰逝，

逝，行也。不守一大體而已〔二三〕，周行無所不至，故曰「逝」也。

逝曰遠，遠曰反。

遠，極也。周〔行〕〔二四〕無所不窮極，不偏於一逝〔二五〕，故曰「遠」也。不隨於所適〔二六〕，其體獨立，故曰「反」也〔二七〕。

故道大，天大，地大，王亦大。

天地之性人爲貴，而王是人之主也，雖不職〔二八〕大，亦復爲大。與三匹〔二九〕，故曰「王亦大」也。

域中有四大，

四大，道、天、地、王也。凡物有稱有名，則非其極也〔三〇〕。言道則有所由，有所由〔三一〕然後謂之爲道，然則（是道）〔道是〕〔三二〕稱中之大也。不若無稱之大也〔三三〕。無稱不可得而名，（故）〔三四〕曰域也。道、天、地、王皆在乎無稱之內，故曰「域中有四大」者也〔三五〕。

而王居其一焉。

處人主之大也。

人法地，地法天，天法道，道法自然。

法，謂法則也。人不違地，乃得全安，法地也。地不違天，乃得全覆，法天也。天不違道，乃得全載，法道也。道不違自然，乃得其性〔法自然也〕〔二六〕。法自然者，在方而法方，在圓而法圓，於自然無所違也〔二七〕。自然者，無稱之言，窮極之辭也〔二八〕。用智不及無知〔二九〕，而形魄不及精象，精象不及無形，有儀不及無儀〔三〇〕，故轉相法也〔三一〕。道〔順〕〔法〕〔三二〕自然，天故資焉。天法於道，地故則焉。地法於天，人故象焉。〔王〕所以爲主，其〔一〕〔主〕之者〔主〕〔一〕也〔三三〕。

校釋

〔一〕宇惠説：『故』字下當有『日』字。

〔二〕寂寥，宇惠本作「寂寞」。

〔三〕「匹之」，據陶鴻慶説校改。「無物匹之」意爲，無物可與「無」相匹敵。按，陶説是。六十二章王弼注説：「言道無所不先，物無有貴於此也。雖有珍寶璧焉，無以匹之。」可證此處之「之匹」當作「匹之」。

〔四〕「返」，歸。「化」，變。波多野太郎引一説：「返」當作「變」。

〔五〕「而不危殆」，據陶鴻慶説校改。陶説：「『而危殆』當作『而不危殆』。『危』，而奪去『不』字。後人輒改『危』爲『免』，非注意也」。按，陶説是。王弼此句爲釋經文「而不殆」，〈永樂大典本『免』正作

「殆」，危也，所以説「而不危殆」。

王弼之意，道不僅是「免殆」，而是根本「不危殆」，若作「免殆」，則於王弼之意不合。

〔六〕「大形」，即無形，指道。波多野太郎説：「『生』字疑涉『全』字而衍。按，此句疑當作『能全大形也』。意爲，道周行無所不至而不危殆，不拘守於一體，所以能全其大形，爲天下母。又，波多野太郎説：『免殆』二字應移置『能』字下，其文云：『周行無所不至，而能免殆，全大形也』」。

〔七〕「天下母」，道藏集注本作「天地母」。

〔八〕「可」，説文：「肯也」。「字以稱可」，意爲「字」是對物有所肯定的稱號。

〔九〕「字定」，波多野太郎説：「『定』字衍，宜删。『字』、『定』形似，一本或作『定』，校者旁注，後轉寫攙入也。『字』者，承上注『所以字之曰道』之『字』。

〔一〇〕「夫」字，據陶鴻慶説校改。按，此處重「大」字無義，乃涉上一「大」字而誤，故當改。

〔一一〕「極」，即二十一章所謂之「真精之極」，指混然不分之道。

〔一二〕「強爲之名曰大」，道藏本作「強之爲名曰大」。

〔一三〕「不守一大體而已」，陶鴻慶説：「『大』字當在『不守』上，乃疊經文」。按，注文自可通，不必如陶説改。此句釋經文「大曰逝」，即明「大」之特性爲「逝」，而不以「大」爲一體而固守不行。所以説：「不守一大體而已」。

〔一四〕「行」字，據陶鴻慶説校補。按，以上兩節注均作「周行無所不至」，可見此處「周」下當有一

「行」字。

〔一五〕「不偏於一逝」，道藏集注本作「不偏於一所」。此句意爲，「道」不偏於一方之行，而是周行無所不窮極。

〔一六〕「適」，往，止。「不隨於所適」，意爲「道」有獨立之本體，卽「混然」、「無形體」，而不隨其所化生之萬物而止於「有分」、「有形體」。

〔一七〕「其體獨立」，道藏集注本作「其志獨立」。又，「反」作「返」。

〔一八〕「職」，主。

〔一九〕「指」，「道」、「天」、「地」。下節經文説：「域中有四大」，注：「四大，道、天、地、王也」。「亦復爲大」，與三匹。陶鴻慶説：「當作『亦復與三大爲匹』」。

〔二0〕王弼老子指略説：「名號生乎形狀，稱謂出乎涉求。名不虛生，稱謂不虛出。故名號則大失其旨，稱謂則未盡其極」。「然則，道、玄、深、大、微、遠之言，各有其義，未盡其極者也。……然則言之者失其真，名之者離其真，……不以言爲主，則不遠其常，不以名爲常，則不離其真」。此均爲説明有稱有名不可得道之極、真。道之極、真不可名稱。故下文説，道雖爲稱中之大者，猶不如「無稱」之大。

〔二一〕「有所由」三字，宇惠本不重。

〔二二〕「道是」，據陶鴻慶説校改。按，上文説「然後謂之爲道」，此處按語氣當作「然則道是稱中之大也」方順，作「是道」者，誤倒。

〔二三〕「無稱」,道藏集注本誤作「無自」。

〔二四〕「故」字,據陶鴻慶説校補。按,據文例重言經文當有作「故曰」。又,宇惠説:「而名」下恐有脱誤。東條弘説:「恐脱『故亦字之』四字」。波多野太郎説:「『日域也』三字宜刪,疑涉下注而衍」。

〔二五〕波多野太郎説:「『有四大者也』之『者』字疑衍,或宜移置『故』字上」。王弼老子指略説:「故名號則大失其旨,稱謂則未盡其極。是以謂玄則『玄之又玄』,稱道則『域中有四大』也」。

〔二六〕「法自然也」四字,據陶鴻慶説校補。陶説:當「與上文『法地也』、『法天也』、『法道也』一律。因下有複句而誤奪之」。又,道藏集注本於「乃得其性」上衍一「方」字。

〔二七〕古逸叢書本「違」下無「也」字。

〔二八〕文選游天台山賦李善注引此句作「自然,無義之言,窮極之辭也」。又,洪頤煊讀書叢録説:「言天地之道,並不相違,故稱法也。自然無稱窮極之辭,道是智慧靈巧之號」。與今本王弼注不同。今本王弼注明代始出,或後人掇拾爲之」。

〔二九〕「用智」,波多野太郎説:「『用』字爲『有』字之訛。此注有無相對,下注『有儀不及無儀』亦可證。」「有」、「用」聲同而誤也」。

〔三〇〕「形魄」,指明白顯見之器物。周易繫辭上:「形乃謂之器」,孔穎達疏:「體質成器,是謂器物,故曰:形乃謂之器。言其著也」。

〔三一〕「精象」,指物體尚只有微小的端兆。周易繫辭上:「見乃謂之象」,韓康伯注:「兆見曰象」。孔穎達疏:「見乃謂之象者,前往來不窮,據其氣也。氣漸積聚,露見萌兆,乃謂之

象。言物體尚微也」。「儀」,容。「有儀」,指各種有具體形狀之物體。〈周易繫辭上〉:「易有太極,是生兩儀」,孔穎達疏:「不言天地而言兩儀者,指其物體。下與四象相對,故曰兩儀,謂兩體容儀也」。或說,「形魄」指地,「精象」指天,「無形」指道。「有儀」指天地萬物,「無儀」指自然。又,「有儀不及無儀」,道藏集注本作「有儀不如無儀」。

〔三一〕「轉相法也」,道藏集注本作「道相法也」。

〔三二〕「法」字,據道藏集注本校改,與下文一律。

〔三三〕此句注文據陶鴻慶說校改。陶說:「上節注云:『天地之性人為貴,而王是人之主也』。此承『人故象焉』而言,故曰『王所以為主』。四十二章王弼注云:『故萬物之生,吾知其主,雖有萬形,沖氣一焉。百姓有心,異國殊風,而王侯得一者主焉,以一為主,一何可舍』云云。故曰『其主之者一也』。道藏集注本無『一之者』之『之』字。波多野太郎說,末十字「宜作『所以其法之者一也』」八字。〈禮記•中庸〉:「凡為天下國家有九經,所以行之者一也」。又,波多野太郎引一說:「『所以為主』四字疑衍,而『主也』之『主』想是『王』之謬」。又引一說:「改兩『主』字為『王』」。

二十六章

重為輕根,靜為躁君,

凡物,輕不能載重,小不能鎮大。不行者使行,不動者制動。是以重必為輕根,靜必為躁君也〔一〕。

是以聖人終日行不離輜重。

以重爲本，故不離〔二〕。

雖有榮觀，燕處超然，

不以經心也〔三〕。

奈何萬乘之主，而以身輕天下？輕則失本，躁則失君。

輕不鎮重也〔四〕。失本，爲喪身也。失君，爲失君位也〔五〕。

校　釋

〔一〕「躁」，借爲「趮」，説文：「趮，疾行也」。躁動對静而言。周易恒卦上六爻辭王弼注：「夫静爲躁君，安爲動主。故安者，上之所處也；静者，可久之道也」。義與此同。

〔二〕「故不離」，道藏集注本無「故」字。

〔三〕道藏集注本於「心」字下多一「之」字。

〔四〕「鎮」字，道藏集注本作「真」。

〔五〕「爲」字，道藏集注本、永樂大典本均作「謂」。「謂」「爲」古通，此處爲「謂」義。

二十七章

善行無轍迹，

順自然而行，不造不〔始〕〔施〕〔一〕，故物得至，而無轍迹也。

善言無瑕讁，

順物之性，不別不析〔二〕，故無瑕讁可得其門也〔三〕。

善數不用籌策，

因物之數，不假形也〔四〕。

善閉無關楗而不可開，善結無繩約而不可解。

因物自然，不設不施，故不用關楗、繩約〔五〕，而不可開解也。此五者〔六〕，皆言不造不施，因物之性，不以形制物也〔七〕。

是以聖人常善救人，故無棄人；

聖人不立形名以檢於物〔八〕，不造進向以殊棄不肖〔九〕。輔萬物之自然而不為始〔一〇〕，故曰「無棄人」也。不尚賢能，則民不爭；不貴難得之貨，則民不為盜；不見可欲，則民心不亂。常使民心無欲無惑，

則無棄人矣〔一一〕。

常善救物，故無棄物，是謂襲明。故善人者，不善人之師；

舉善以〔師〕〔齊〕〔三〕不善，故謂之師矣。

不善人者，善人之資。

資，取也。善人以善齊不善〔二〕〔三〕以善棄不善也〔四〕，故不善人，善人之所取也。

不貴其師，不愛其資，雖智大迷，

雖有其智，自任其智。不因物，於其道必失〔五〕，故曰「雖智大迷」。

是謂要妙。

校　釋

〔一〕「施」字，據陶鴻慶說校改。下節注：「此五者，皆言不造不施，因物之性......」可證。又，石田羊一郎老子王弼注刊誤本改「始」爲「治」。

〔二〕「不析」，道藏集注本誤作「不折」。

〔三〕「瑕」，釋文：「疵過」。「謫」，讁責。道藏集注本「瑕」字作「取」。又，波多野太郎引一說：「『可得其門也』之『門』，疑當作『所』。」又引一說：「『可得其門也』五字，當移至『善閉』之注末」。石田羊一郎老子王弼注刊誤本改「可得其門也」爲「可得而問也」。

〔四〕「假」，通「借」。「不假形」，不借助於形器（指「籌策」——古代一種計數之竹簽）。又，「因物之數」，道藏集注本作「因是乎數」。

繩約」。

〔五〕「約」，説文：「纏束也」。「無繩約」意爲不用繩縛結。

〔六〕「此五者」，即指「善行無轍迹」、「善言無瑕讁」、「善數不用籌策」、「善閉無關楗」、「善結無

〔七〕王弼思想以虛無爲本，以形器爲末。故此處説：「不以形制物」。

物之累，故此處説：「不以形制物」。

〔八〕「形」通「刑」。王弼老子指略説：「夫形（刑）以檢物，巧僞必生；名以定物，理恕必失」。周易乾卦象辭王弼注：「夫形也者，物之累也」。以形爲

〔九〕「向」字疑爲「尚」字之誤。「進尚」即「進其智」、「尚賢能」之意。下文説：「不尚賢能」則

民不争」，正承此言。又三十八章王弼注：「載之以大道，鎮之以無名」，亦可爲證。此句

意爲，不設智慧，賢能以爲分別，而棄其不肖之人。

〔10〕按，「而不爲始」之「始」字，疑亦當作「施」。此即上節注所説：「順自然而行，不造不施」，此五

者，皆言不造不施」之義。

〔一一〕「無棄人矣」之「矣」字，道藏集注本作「心」。

〔一二〕「齊」字，據陶鴻慶説校改。按，如作「師」字，則與下文「故謂之師矣」重複不辭。又，下節注：

「善人以善齊不善」即承此而言，故此處文當作「舉善以齊不善」。

〔一三〕「不」字，據易順鼎、陶鴻慶説校補。「不以善棄不善」，即所謂「無棄人」之意，如無「不」字，則

義不可通。

〔一四〕 古逸叢書本「善」字下無「也」字。

〔一五〕 陶鴻慶説:「『物於』二字誤倒,『不因於物』四字爲句」。按,不必如陶説改亦可通。上文言「雖有其智,自任其智」即所謂「因物自然」之意。「不因物」,則其道必失。「於」字作「則」解,屬下讀。

二十八章

知其雄,守其雌,爲天下谿。爲天下谿,常德不離,復歸於嬰兒。

雄,先之屬也。雌,後之屬也。知爲天下之先〔也〕〔者〕必後也〔一〕。是以聖人後其身而身先也。谿不求物,而物自歸之〔二〕。嬰兒不用智,而合自然之智。

知其白,守其黑,爲天下式。

式,模則也。

爲天下式,常德不忒,

忒,差也。

復歸於無極。

不可窮也。

知其榮,守其辱,爲天下谷。

爲天下谷,常德乃足,復歸於樸。

此三者〔三〕，言常反終〔四〕，後乃德全其所處也。下章云，反者道之動也〔五〕。功不可取，常處其母也〔六〕。

樸散則為器，聖人用之則為官長。

樸，真也。真散則百行出，殊類生，若器也〔七〕。聖人因其分散，故為之立官長。以善為師，不善為資〔八〕，移風易俗，復使歸於一也〔九〕。

故大制不割。

大制者，以天下之心為心，故無割也〔10〕。

校　釋

〔一〕「者」字，據道藏集注本校改。陶鴻慶說：「『知為天下』以下十字，文有脫誤。『必』蓋『心』字之誤。意蓋謂，知為天下之先，心居天下之後。按，據道藏集注本改上「也」字為「者」字，則文義自通，且與下文相應，不必如陶說改「必」為「心」而解。七章經文說：「天長地久。天地所以能長且久者，以其不自生，故能長生。是以聖人後其身而身先，外其身而身存。……」。王弼此處注文正據七章之意。

〔二〕「谿」與「谷」同義。爾雅釋水疏李巡曰：「水出於山，入於川曰谿」。宋均曰：「有水曰谿，無水曰谷」。「谿」，地勢底窪，水自然趨歸之，所以說：「谿不求物，而物自歸之」。

〔三〕「此三者」，即指「知其雄，守其雌」「知其白，守其黑」「知其榮，守其辱」。

改「終」字爲「然」字,並屬下讀。

〔四〕 「反終」指「復歸於嬰兒」、「復歸於無極」、「復歸於樸」而言。石田羊一郎老子王弼注刊誤本本無「云」字。

〔五〕 「下章」指四十章:「反者,道之動;弱者,道之用。天下萬物生於有,有生於無」。又,道藏集注

〔六〕 此句意爲,不可有爲,身先,不可求仁、義、禮、敬之功,而要常守於無爲之母。這樣才能全、足,而復歸於「嬰兒」、「無極」、「樸」。三十八章王弼注:「故仁德之厚,非用仁之所能也;行義之正,非用義之所成也;禮敬之清,非用禮之所濟也。載之以道,統之以母,故顯之而無所尚,彰之而無所競。……」故母不可遠,本不可失」。

〔七〕 「百行」泛指衆多的道德品行。「殊類」泛指各種事物。「器」,周易繫辭上:「形乃謂之器」,韓康伯注:「成形曰器」。(按,文選三國名臣序贊李善注引此注作「王輔嗣曰」。)

〔八〕 文見二十七章經文。

〔九〕 「復使歸於一」,道藏集注本無「使」字。

〔十〕 「大」,即二十五章所説:「强爲之名曰大」之「大」,指道、樸。「制」,説文:「裁也」。「大制」,意爲以道制裁萬物。道制裁萬物是順萬物自然之性,所以説「以天下之心爲心」,是「裁」而「無割」。

二十九章

將欲取天下而爲之〔一〕，吾見其不得已。天下神器，神，無形無方也〔二〕。器，合成也。無形以合，故謂之神器也。不可爲也。爲者敗之，執者失之，萬物以自然爲性，故可因而不可爲也，可通而不可執也〔三〕。物有常性，而造爲之，故必敗也。物有往來，而執之，故必失矣。

故物或行或隨，或歔或吹，或强或羸，或挫或隳。凡此諸或，言物事逆順反覆，不施爲執割也。聖人達自然之〔至〕〔性〕〔四〕，暢萬物之情，故因而不爲，順而不施。除其所以迷，去其所以惑〔五〕，故心不亂而物性自得之也。是以聖人去甚，去奢，去泰。

校　釋

〔一〕　道藏集注本於經文此句下有王弼注「爲造爲也」四字。

〔二〕　「方」。

〔三〕　「通」，行。卽二十七章王弼注：「順自然而行」之意。所以下文說：「物有往來，而持之，故必失矣」。

〔四〕　「性」字，據陶鴻慶説校改。按「性」、「情」對文，下文作「暢萬物之情」，此處當作「性」字。又，「執」，拘、塞，此處與「通」相反爲「不通」之意。

以上各節注均謂「萬物以自然爲性」亦可爲證。作「至」者形近而誤。

老子道德經注　上篇

七七

〔五〕「除迷」、「去惑」，指除去美進、榮利之心。二十章王弼注：「眾人迷於美進，惑於榮利」。

三十章

以道佐人主者，不以兵強天下，

以道佐人主，尚不可以兵強於天下，況人主躬於道者乎〔一〕？

其事好還。

爲〔始〕〔治〕〔三〕者務欲立功生事，而有道者務欲還反無爲，故云「其事好還」也。

師之所處，荊棘生焉。

言師〔二〕凶害之物也。無有所濟〔四〕必有所傷，賊害人民，殘荒田畝，故曰「荊棘生焉」〔五〕。

大軍之後，必有凶年。

善有果而已，不敢以取強。

果，猶濟也。言善用師者，趣〔六〕以濟難而已矣，不以兵力取強於天下也〔七〕。

果而勿矜，果而勿伐，果而勿驕，

吾不以師道爲尚，不得已而用，何矜驕之有也〔八〕。

果而不得已，果而勿強。

言用兵雖趣功(果)濟難，然時故不得已(當復)〔後〕用者，但當以除暴亂，不遂用果以爲強也〔九〕。

物壯則老，是謂不道，不道早已。

壯，武力暴興〔一〇〕喻以兵強於天下者也。飄風不終朝，驟雨不終日〔一一〕，故暴興必不道，早已也〔一二〕。

校　釋

〔一〕「躬於道者」，指身體力行於道者。

〔二〕「治」字，據道藏集注本校改。按，「始」字於此無義。易順鼎說，當爲「治」字之誤，釋文亦作「治」。「爲治」與「有道」相對。又，陶鴻慶說：「始」爲「強」字之誤，「強」承上「強兵」而言。義亦可通。

〔三〕「師」，軍旅。此處指戰爭。

〔四〕「濟」，成功。

〔五〕「爲」字，道藏本及道藏集注本均作「也」。

〔六〕「趣」，通「趨」，往也。波多野太郎引一說，「趣以」之「以」疑爲「功」字之誤。

〔七〕「也」字，道藏本及道藏集注本均作「矣」。

〔八〕陶鴻慶說：「不」爲「本」字之誤，「師」字當在「用」字下。其文云：『吾本以道爲尚，不得已而用師，何矜驕之有也』。按，陶說雖於文義較勝，然臆改太多。此注文義本自可通，不必如陶說改。

〔九〕此節注文據陶鴻慶說校改。陶說：「『果』字涉經文而衍。『當復用』，『當』字涉下文而衍，

『復』爲『後』字之誤。其文云:『言用兵雖趣功濟難,然時故不得已後用者』。又說:『『時』與『是』,『故』與『固』皆通用』。按『果』字、『當』字衍,『復』爲『後』之形誤,陶說是。又,疑『趣功』之『功』字爲『以』字之誤。上節注文:『言善用師者,趣以濟難』可證。王弼前節注:『言師凶害之物也。無有所濟,……』明言用師無功,故用師只是不得已而『濟難』者也,非爲『趣功』。所以當以作『趣以濟難』方合王注之義。

〔一〇〕道藏本及道藏集注本於『暴興』下均有一『也』字。

〔一一〕文見二十三章:『希言自然。故飄風不終朝,驟雨不終日』。

〔一二〕陶鴻慶說:『故暴興必不道早已也』句中『『必』字當在『早已』上』,則文作『故暴興不道,必早已也』。按,此節注文釋經文:『物壯則老,是謂不道,不道早已』。『暴興』即指『物壯』,所以說『必不道,早已也』。文義自可通,不必如陶說改。又,道藏集注本誤以此節注文爲王雱注。

三十一章

夫佳兵者,不祥之器。物或惡之,故有道者不處。君子居則貴左,用兵則貴右。兵者,不祥之器,非君子之器。不得已而用之,恬淡爲上,勝而不美。而美之者,是樂殺人。夫樂殺人者,則不可以得志於天下矣。吉事尚左,凶事尚右。偏將軍居左,上將軍居右,言以喪禮處之。殺人之衆,以哀悲泣之。戰勝,以喪禮處之〔一〕。

〔一〕道藏集注本於本章末引王弼注説：「疑此非老子之作也」。宋晁説之題王弼注道德經也説：「弼知『佳兵者不祥之器』至於『戰勝以喪禮處之』非老子之言」。又，據馬敍倫老子校詁引李慈銘、陶學紹説，均以爲此章文字有以王弼注文混爲經文者，並作詳細訂正。按，今據長沙馬王堆三號漢墓出土帛書老子甲乙本考之，均有此章文字，並無王弼注文混入。

三十二章

道常無名，樸雖小，天下莫能臣也。侯王若能守之，萬物將自賓。

道，無形不繫，常不可名〔一〕。以無名爲常，故曰「道常無名」也。樸之爲物，以無爲心也，亦無名〔二〕。故將得道，莫若守樸。夫智者，可以能臣也；勇者，可以武使也〔三〕；巧者，可以事役也；力者，可以重任也〔四〕。樸之爲物，憒然〔五〕不偏，近於無有，故曰「莫能臣」也。抱樸無爲〔六〕不以物累其真，不以欲害其神，則物自賓而道自得也〔七〕。

天地相合以降甘露，民莫之令而自均。

言天地相合，則甘露不求而自降。我守其真性無爲，則民不令而自均也。

始制有名，名亦既有，夫亦將知止。知止可以不殆。

始制，謂樸散始爲官長之時也〔八〕。始制官長，不可不立名分以定尊卑，故始制有名也。過此以往，將爭錐刀之末〔九〕。故曰「名亦既有，夫亦將知止」也。遂任名以號物，則失治之母也〔一〇〕，故「知止所以不殆」也〔一一〕。

譬道之在天下，猶川谷之於江海。

川谷之〔求〕〔與〕江〔與〕海〔一二〕，非江海召之，不召不求而自歸者〔世〕〔也〕〔一三〕。行道於天下者，不令而自均，不求而自得，故曰「猶川谷之與江海」也〔一四〕。

校釋

〔一〕道藏取善集引此注無「不繫常」三字，而作「道，無形不可名」。

〔二〕此句注文清四庫館臣説：「一本或作：『樸之爲物無心，故無名』。」焦竑老子翼引作「物無心也」。

〔三〕「武使」道藏集注本作「武君」。

〔四〕以上四句意爲，有所偏者，如有智、勇、巧、力者，均爲有所爲，所以皆可以設法使之臣服、役使，唯有樸之爲物，不偏於一事而近於無有，所以「莫能臣也」。

〔五〕「憒」為煩惱之意，於此義不可通。易順鼎引釋文「憒」作「隤」，並說「憒」之為「隤」

柔貌。按，周易繫辭下：「坤，隤然示人簡矣」，韓康伯注：「隤，柔貌也。」此意較「憒」為接近。又，疑

「憒」或為「遺」之誤。「遺」，若二十章：「眾人皆有餘，而我獨若遺」之「遺」。「遺」，失也。王弼注說：

「眾人無不有懷有志，盈溢胸心，故曰皆有餘也。我獨廓然無為無欲，若遺失之也」。觀此處注文亦說：

「憒然不偏，近於無有」，意為樸之於智、勇、巧、力均若遺失之，故不偏於一事，而近於無有。義與二十

章「我獨若遺」之「遺」義近。

〔六〕「抱樸無為」，道藏本作「抱樸為無」。

〔七〕「也」字，道藏集注本作「矣」。

〔八〕「始為官長之時」，即二十八章王弼注所謂：「真散則百行出，殊類生，……聖人因其分散，故

為之立官長」之意。

〔九〕「錐刀之末」，意即所謂「利」也。

〔一〇〕「遂」，竟。此句意為，如果竟自用名字來稱呼物，則物將離真、樸而陷於形器、名分，而失其

無為之治之本了。

〔一一〕「故知止所以不殆也」，為復述經文，經文作「知止可以不殆」，「可」字誤。道藏本、古逸叢書

本及長沙馬王堆三號漢墓出土帛書老子甲乙本經文「可」均作「所」可證。

〔一二〕此句注文據陶鴻慶說校改。陶說：「『求』字不當有。本作『川谷之與江海』。因『與』字誤倒

在下，後人妄增『求』字以足句耳」。按，據下文說：「不召不求而自歸者」之意，此處若有「求」字則義不

可通。又，「古逸叢書本及道藏本此句注文均作「川谷之以求江與海」，道藏集注本則作：「川谷之不求江

與海」，似據下文「不召不求」之意補「不」字。焦竑老子翼引作「川谷求於江與海」。

〔三〕「也」字，據陶鴻慶說校改。陶說：『「自歸者」下當有「也」字，「世」即「也」字之誤。隸書「世」、

『也』二字極相似」。

〔四〕宇惠說：「與」當作「於」，此爲重疊經文言之。按，宇惠說誤。此爲老子經文傳誤，而非注誤。

長沙馬王堆三號漢墓出土帛書老子甲乙本經文均作「猶小浴(谷)之與江海也」。此節經文及注文是以

川谷與江海之關係比喻萬物與道之關係，故作「與」字比「於」字義爲長。

三十三章

知人者智，自知者明。

知人者，智而已矣〔一〕。未若自知者，超智之上也。

勝人者有力，自勝者強。

勝人者，有力而已矣，未若自勝者，無物以損其力。用其智於人，未若用其智於己也。用其力於人，

明用於己，則物無避焉，力用於己，則物無改焉〔二〕。

知足者富，

　知足〔者〕〔一〕，自不失，故富也。

强行者有志，

　勤能行之〔四〕，其志必獲，故曰「强行者有志」矣。

不失其所者久，

　以明自察，量力而行，不失其所，必獲久長矣。

死而不亡者壽。

　雖死而以爲生之，道不亡乃得全其壽。身没而道猶存，況身存而道不卒乎〔五〕。

校　釋

〔一〕「智而已矣」，道藏集注本作「自智而已矣」。

〔二〕「則物無改焉」之「改」字，於此不可解，疑誤。波多野太郎引一説：「『改』疑當作『攻』」，又一

　說：「『改』疑當作『敗』」。按，作「攻」於義較長。

〔三〕「者」字，據道藏集注本校補。按，當有一「者」字，與上兩節注「知人者」、「勝人者」文一律。

〔四〕「勤能」，勤奮勉力，釋經文「强」字。

〔五〕「卒」止。道藏集注本「卒」誤作「存」。

三十四章

大道氾兮,其可左右。

言道氾濫無所不適,可左右上下周旋而用,則無所不至也〔一〕。

萬物恃之而生而不辭,功成不名有,衣養萬物而不爲主。

萬物皆由〔二〕道而生,既生而不知其所由〔三〕。故天下常無欲之時,萬物各得其所,若道無施〔四〕於物,故名於小矣。

常無欲,可名於小;

萬物歸焉而不爲主,可名爲大。

萬物皆歸之以生,而力使不知其所由。此不爲小,故復可名於大矣〔五〕。

以其終不自爲大,故能成其大。

爲大於其細,圖難於其易〔六〕。

校釋

〔一〕此注之意如同莊子所説「道」「無所不在」之意。莊子知北遊:「東郭子問於莊子曰:『所謂道,

惡乎在』？莊子曰：『無所不在』。東郭子曰：『期而後可』。莊子曰：『在螻蟻』。曰：『何其下邪』？曰：『在稊稗』。曰：『何其愈下邪』？曰：『在瓦甓』。曰：『何其愈甚邪』？曰：『在屎溺』。東郭子不應。莊子曰：『……物物者，與物無際，而物有際者，所謂物際者也；不際之際，際之不際者也』。波多野太郎引一説：『或曰：『用則』二字衍』。

〔二〕「由」字，文選劉孝標辨命論李善注引作「得」。

〔三〕「不知其所由」，古逸叢書本作「不知所由」，道藏本誤作「不知其由所」。

〔四〕道藏集注本脫「無施於物」之「施」字。

〔五〕此句意爲，道無爲而無不爲，冥冥中主宰一切，所以既可名爲小，又可名爲大。大者「取乎彌綸（充滿）而不可極」；小者（微）「取乎幽微而不可覩」（老子指略）。道藏集注本脫此節注文。又，波多野太郎引一説：『力』字可疑，似衍』。一説：『小恐當作『主』。一説：『力』恐『亦』之誤。或云『小』疑『主』。一説：『不』下恐脫『可』字，又改『於』作『爲』』。

〔六〕語見六十三章：『圖難於其易，爲大於其細。天下難事必作於易，天下大事必作於細，是以聖人終不爲大，故能成其大』。

三十五章

執大象，天下往；

大象〔一〕，天象〔二〕之母也。〔不炎〕〔三〕不寒，不溫不涼，故能包統萬物，無所犯傷。主若執之，則天下往也。

往而不害，安平太。

無形無識，不偏不彰〔四〕，故萬物得往而不害妨也。

樂與餌，過客止。道之出口，淡乎其無味，視之不足見，聽之不足聞，用之不足既。

言道之深大。人聞道之言，乃更不如樂與餌〔五〕應時感悅人心也。樂與餌則能令過客止，而道之出言淡然無味。視之不足見，則不足以悅其目；聽之不足聞，則不足以娛其耳。若無所中然〔六〕乃用之不可窮極也。

校　釋

〔一〕「大象」，無形之象，亦即道、樸、常。四十一章：「大象無象」。王弼注：「有形則有分，有分者，不溫則涼，不炎則寒。故象而形者，非大象」。

〔二〕「天象」，指日月星辰以及陰陽四時等。又，波多野太郎引一說：『「天象」疑當作「天下」』，又一說：『「天象」當作「天地」』。

〔三〕「不炎」二字，據老子指略：「五物之母，不炎不寒」等校補。陶鴻慶說：『「不涼」上奪「不炎」二

字」。按，陶説非。王弼注文均以「炎」與「寒」相對，「温」與「涼」同言。如十六章王弼注「温涼之象」等可證。

〔四〕十六章王弼注：「常之爲物，不偏不彰，無皦昧之狀，温涼之象」。「大象」亦卽「常」，所以也以「無形無識，不偏不彰」形容它。又，道藏本「偏」字誤作「徧」。

〔五〕「樂」，指音樂。「餌」，〈玉篇〉：「餅也」。此處比喻美食。

〔六〕「中」，射中之中，意爲達到一定目的。「若無所中然」，意爲如同得不到任何滿足的樣子。

三十六章

將欲歙之，必固張之；將欲弱之，必固強之；將欲廢之，必固興之；將欲奪之，必固與之，是謂微明。

將欲除強梁，去暴亂，當以此四者。因物之性，令其自戮，不假刑爲大，以除將物也〔一〕。故曰「微明」也。足其張〔二〕，令之足，而又求其張，則衆所歙也〔三〕。與其張之不足，而改其求張者〔四〕，愈益而已反危。

柔弱勝剛強。魚不可脱於淵，國之利器不可以示人。

利器，利國之器也〔五〕。唯因物之性，不假刑以理物。器不可覩，而物各得其所〔六〕，則國之利器也。

示人者，任刑也。刑以利國〔七〕，則失矣。魚脫於淵，則必見失矣〔八〕。利國〔之〕〔九〕器而立刑以示

人，亦必失也〔一〇〕。

校釋

〔一〕道藏集注本無「不假刑爲大，以除將物也」句。又，宇惠說：「『將物』之『將』字誤衍。波多野太

郎說：「『將』當作『戕』」，「音形相近耳。《公羊傳》曰：『君親無將』，則『戕』、『將』古字通用，審矣」。

〔二〕陶鴻慶說：「足其張」三字上疑當重經文「固張」二字。

〔三〕「衆」字，道藏集注本誤作「象」字。「歙」收歙。

〔四〕「與其張之不足，而改其求張者」，疑有錯亂。陶鴻慶說：「『而改』有誤，未詳所當作」。宇惠

說：「與」字誤衍。波多野太郎引一說：「『與』當作『於』」，音之誤也。『改』當作『攻』。又一說：「『與』讀

爲『於』，『改』疑當作『歙』」。又一說：「『與』衍字，『改』疑『攻』」。按，「而改」無誤，疑「其求」二字誤倒，

其文當作：「與其張之不足」。「與」作「以」（由）解。此句意爲，由於其張之不足，因而

改求其張者」，則不是因物之性了。所以下文說：「愈益而已反危」。此正與上文：「令之足」，而又求其張，

則衆所歙也」之意相對。

〔五〕「利國之器也」，道藏集注本「也」字誤作「以」字。

〔六〕「各得其所」之「所」字，永樂大典本作「性」字。

〔七〕波多野太郎引一説:「刑以利國」上疑脱一「任」字。是承上句。

〔八〕波多野太郎説:「『見失』之『見』疑衍」。又一説:「『見失』之『見』衍」。又引一説:「『見失』恐爲『見製』。蓋『製』字脱『刀』、「衣」爲「韦」,與「失」相混耳。

〔九〕「之」字,據上文「利國之器」之意校補。

〔一0〕「必失也」之「也」字,道藏集注本作「矣」。

三十七章

道常無爲
　順自然也。

而無不爲,
　萬物無不由爲以治以成之也〔一〕。

侯王若能守之,萬物將自化。化而欲作,吾將鎮之以無名之樸。
　化而欲作,作欲成也。吾將鎮之無名之樸〔二〕不爲主也。

無名之樸,夫亦將無欲。
　無欲競也。

不欲以静，天下將自定。

校　釋

〔一〕　此節注文疑有錯亂。陶鴻慶説：「古逸叢書本注文無『之』字。然此注之文實有錯亂。原文當云：『無不爲，萬物由之以始以成也』。乃先疊文，而後釋其義。『由之』蒙上文『無爲』而言，萬物之始成由於無爲，故曰：『無爲而無不爲也』。句中『之』字非衍，但誤倒耳。古逸本删『之』字，文雖較順而實非其旨。一章及二十一章注皆云：『萬物以始以成』，而不知其所以然」，明『治』爲『始』字之誤」。波多野太郎説：「『爲』字涉經文而衍，『之』字應在『由』下」。據此，則此節注文當作「萬物無不由之以始以成也」。按，陶説及波多野太郎説均可通。

〔二〕　宇惠説：「『無名』上當有一『以』字」。

下篇

三十八章

上德不德，是以有德；下德不失德，是以無德。上德無爲而無以爲，下德爲之而有以爲。上仁爲之而無以爲，上義爲之而有以爲，上禮爲之而莫之應，則攘臂而扔之。故失道而後德，失德而後仁，失仁而後義，失義而後禮。夫禮者，忠信之薄而亂之首。前識者，道之華而愚之始。是以大丈夫處其厚，不居其薄，處其實，不居其華。故去彼取此。

德者，得也。常得而無喪，利而無害〔一〕，故以德爲名焉。何以得德？由乎道也。何以盡德？以無爲用〔二〕。以無爲用，則莫不載也〔三〕。故物，無焉，則無物不經；有焉，則不足以免其生〔四〕。是以天地雖廣，以無爲心；聖王雖大，以虛爲主〔五〕。故曰以復而視，則天地之心見〔六〕；至日而思之，則先王之至覩也〔七〕。故滅其私而無其身，則四海莫不瞻，遠近莫不至〔八〕；殊其已而有其心，則一體不能自全，肌骨不能相容〔九〕。是以上德之人，唯道是用，不德其德，無執無用，故能有德而無不爲〔一〇〕。不求而得，不爲而成，故雖有德而無德名也。下德求而得之，爲而成之，則立善以治物，故德名有焉。求而得之，必有失焉；爲而成之，必有敗焉。善名生，則有不善應焉〔一一〕。故下德爲之而

有以爲也〔一二〕。無以爲者，無所（徧）〔偏〕爲也〔一三〕。凡不能無爲而爲之者，皆下德也，仁義禮節是也。將明德之上下，輒舉下德以對上德。至於無以爲〔一四〕，極下德（下）〔一五〕之量，上仁是也。足〔一六〕及於無以爲而猶爲之焉。爲之而無以爲〔一七〕，故有爲爲之患矣〔一八〕。本在無爲，母在無名。棄本捨母，而適其子〔一九〕，功雖大焉，必有不濟，名雖美焉，僞亦必生〔二0〕。不能不爲而成，不興而治〔二一〕，則乃爲之，故有宏普博施仁愛之者。而愛之無所偏私，故上仁爲之而無以爲也〔二二〕。愛不能兼，則有抑亢正（真）〔直〕而義理之者〔二三〕。忿枉祐直，助彼攻此〔二四〕，物事而有以心爲矣〔二五〕。故上義爲之而有以爲也。直不能篤〔二六〕，則有游飾修文禮敬之者〔二七〕。尚好修敬，校責往來〔二八〕，則不對之閒忿怒生焉〔二九〕。故上（德）〔禮〕爲之而莫之應，則攘臂而扔之〔三0〕。夫大之極也，其唯道乎〔三一〕！自此已往，豈足尊哉！故雖（德）〔禮〕盛業大，富（而）〔有〕萬物〔三二〕，猶各得其德〔三三〕，而未能自周也。故天不能爲載，地不能爲覆，人不能爲贍。萬物〔三四〕雖貴，以無爲用，不能捨無以爲體也〔三五〕。（不能）捨無以爲體，則失其爲大矣〔三六〕，所謂失道而後德也〔三七〕。以無爲用，（則）〔德〕得其母〔三八〕，故能己不勞焉而物無不理。下此已往，則失用之母。不能無爲，而貴博施；不能博施，而貴正直；不能正直，而貴飾敬。所謂失德而後仁，失仁而後義，失義而後禮也。夫禮也，所始首於忠信不篤〔三九〕，通簡不陽〔四0〕，責備於表，機微爭制〔四一〕。夫仁義發於內，爲之猶僞，況務外飾而可久乎〔四二〕！故夫禮者，忠信之薄而亂之首也。前識者，前人而識也，即下德之倫也〔四三〕。竭其聰明以爲前識，役其智力以營庶事〔四四〕，雖（德）〔得〕其情〔四五〕，姦巧彌密，雖豐其譽，愈喪篤實。勞而事昏，務而治藏〔四六〕，雖竭聖智，而

九四

民愈害〔四八〕。舍己任物，則無爲而泰〔四九〕。守〔故前〕識〔者〕，道之華而愚之首。故苟得其爲功之母〔五三〕，則萬事存焉而不勞也。用不以形，御不以名，故〔名〕〔五五〕仁義可顯，禮敬可彰也。夫載之以大道〔五六〕，鎮之以無名〔五七〕，則物無所尚，志無所營〔五八〕。各任其貞事〔五九〕，用其誠，則仁德厚焉，行義正焉，禮敬清焉。棄其所載，舍其所生，用其成形，役其聰明，仁則〔誠〕〔尚〕〔六○〕焉，義〔其〕〔則〕〔六一〕競焉，禮〔其〕〔則〕〔六二〕爭焉。故仁德之厚，非用仁之所能也；行義之正，非用義之所成也；禮敬之清，非用禮之所濟也。載之以道，統之以母，故顯之而無所尚，彰之而無所競。用夫無名，故名以篤焉；用夫無形，故形以成焉。守母以存其子，崇本以舉其末，則形名俱有而邪不生，大美配天而華不作。故母不可遠〔六三〕，本不可失。仁義，母之所生，非可以爲母。形器，匠之所成，非可以爲匠也。捨其母而用其子，棄其本而適其末，名則有所分〔六四〕，形則有所止〔六五〕。雖極其大，必有不周；雖盛其美，必有患憂〔六六〕。功在爲之，豈足處也〔六七〕。

校釋

〔一〕「喪」，失。「常得而無喪，利而無害」，意爲經常能把「德」保持住而不喪失，則有利而無害。

五十一章：「萬物莫不尊道而貴德」，王弼注：「道者，物之所由也；德者，物之所得也。由之乃得，故不得不尊；失之則害，故不得不貴」。

老子道德經注　下篇

九五

〔一〕 此句意爲，要得到「德」和盡「德」之用，都不能離開「道」、「無」。「德」爲具體事物所有，只有不離開「道」才能盡「德」之利。十一章王弼注説：「木、埴、壁所以成三者，而皆以無爲用也。言無者，有之所以爲利，皆賴無以爲用也」。

〔二〕 「載」，國語韋昭注：「成也」。「莫不載也」，意卽萬物莫不由之以成。波多野太郎説：「『則莫不載也』之『則』下應有『物』字，今脱在下注『無爲』之上」。

〔三〕 「經」，由。二十五章王弼注：「道取於無物而不由也」。「無爲」，卽形容道，所以説：「則無物不經」。「生」，通「身」。「不足以免其生」，卽不能免去有身之累害，亦卽下文所謂「一體不能自全，肌骨不能相容」之意。「有爲」，卽形容具體器物，所以説：「則不足以免其生」。

〔四〕 此句意爲，天地雖廣，聖王雖大，但都是涉於有形有爲，離開了道就沒有聖王、天地之道。所以此處説天地、聖人必須法於天則不能全其寧；天雖精象，不法於道則不能保其精（疑當作「清」）。

〔五〕 王弼注：「故人雖知萬物治也（疑當作「治萬物也」）治而不以二儀之道，則不能贍也。地雖形魄，不法於天則不能全其寧；天雖精象，不法於道則不能保其精（疑當作「清」）。」所以此處説天地、聖人必須

〔六〕 語出周易復卦象辭：「復，其見天地之心乎」。王弼注：「復者，反本之謂也。天地以本爲心者也。凡動息則靜，靜非對動者也；語息則默，默非對語者也。然則天地雖大，富有萬物，雷動風行，運化萬變，寂然至無是其本矣。故動息地中，乃天地之心見也。若其以有爲心，則異類未獲具存矣」。王弼此處所謂「復者，反本之謂也」之「本」，卽指道，亦卽十六章所謂：「夫物芸芸，各復歸其根。歸根曰靜，

是謂復命」。〈復卦卦象震（雷）下、坤（地）上，雷動地靜，所以説:「雷動風行，……寂然至無是其本矣。故動息地中，乃天地之心見也」。此爲對上文「天地雖廣，以無爲心」之補充。

〔七〕「至日」，冬至日和夏至日。周易復卦象辭:「雷在地中，復。先王以至日閉關，商旅不行，后不省方」。王弼注:「方，事也」。冬至，陰之復也；夏至，陽之復也。故爲復，則至於寂然大靜，先王則天地而行者也。動復則靜，行復則止，事復則無事」。此爲對上文「聖王雖大，以虛爲主」之補充。又「至覩」，道藏集注本誤作「主觀」。波多野太郎説:「『天地之心』，即上文『以無爲心』也。『至覩』之『至』疑爲『志』之譌。『天地之心』與『先王之志』相對，『見』『觀』互文。『天地之心』，即上文『以無爲心』也。『先王之志』，即『以虛爲主』也。言冬至與夏至陰陽之復而寂然虛靜也，乃見天地之原理。以是考之，先王以復卦爲天地之心見，則聖人以天地虛無爲其志」。按，波多野太郎説是「至」當作「志」，於文義爲長。

〔八〕「瞻」，仰望。「至」，來歸順。七章:「聖人後其身而身先，外其身而身存，非以其無私邪？故能成其私」。

〔九〕「殊其己」，即所謂「有身」。「有其心」，即所謂「有私」。道藏集注本脱「有其心」之「其」字。王弼注:「無私者，無爲於身也。身先身存，故曰能成其私也」。可作此注之參考。

〔十〕「唯道是用」，即上文所謂「何以盡德？以無爲用」之意。「無執無用」，意爲不執着德之名，不用德之「德」。「故能有德而無不爲」之「有德」，即指「唯道是用」之「德」，亦即下文所説「雖有德，而無德之名」之「德」。

〔一一〕「善名生」則有不善應也」二章:「天下皆知美之爲美，斯惡已；皆知善之爲善，斯不善已」。王

弼注：『美惡猶喜怒也，善不善猶是非也。喜怒同根，是非同門，故不可得而偏舉也』。

〔二〕「有以爲」三字疑有誤。陶鴻慶說：經文『下德爲之而有以爲』，『以』字亦當作『不』，與上句反正互明。他書雖無可印證，然可以注義推之。注云：『下德求而得之，爲而成之，則立善以治物，故德名有焉。求而得之，必有失焉；爲而成之，必有敗焉。善名生，則有不善應焉。故下德爲之而有以（以）亦當作『不』）爲也』。此正釋經文『有不爲』之義。注文又云：『凡不能無爲而爲之者，皆下德也，仁義禮節是也』。然則經云『下德』，即包上仁、上義、上禮言之。下文云：『上仁爲之而無以爲，上義爲之而有以爲，上禮爲之而莫之應，則攘臂而扔之』三句義各有當，若此句作『有以爲』，則與『上義爲之而有以爲』句無區別，而與『上仁』、『上禮』諸句不相融貫矣。注末又云：『名則有所分，形則有所止。雖極其大，必有不周；雖盛其美，必有患憂。功在爲之，豈足處也』。此皆申言上德所以有德者，以其無不爲；下德所以無德者，以其有不爲也。疑王氏所見本正作『有不爲』。今作『有以爲』者，涉『上義』句而誤，注又沿經文之誤也』。波多野太郎說：『「有以爲」之「有」，當作『無』字。范應元此條經文作『下德爲之而無以爲』，曰王弼云：『下德爲之而無以爲者，無所偏爲也』。按，此條經文本作『無以爲』，後人以河上本改『無』作『有』，與注『下德爲之而無以爲者』提舉經文，且據下注：『下德下之量，上仁是也』，足及於無爲而猶爲之焉，故有爲爲之患矣』。其改攛之跡昭然，范氏所據亦可證』。按，此節注文及經文疑均有衍誤或後人增改，故不可讀。據長沙馬王堆三號漢墓出土帛書〈老子〉甲乙本經文均無『下德爲之而有（無）以爲』句。觀王弼注文上下之義，似以范應元引王注之文義爲長。下注說：『至於無以

爲，極下德（下）之量，上仁是也……」可證。

〔一三〕「偏」字，據古逸叢書本、道藏本及道藏集注本校改。按，作「偏」者非。下文說：「愛之無所偏私，故上仁爲之而無以爲也」，正明「無以爲」爲「無所偏私」之意。故當作「偏」字。「無所偏爲」，意卽不偏私於某一方。

〔一四〕「至於無以爲」，按，疑「至於」下脫「爲之而」三字。上文說：「不能無爲而爲之者，皆下德也」。下文說：「上仁爲之而無以爲」。經文也說：「上仁爲之而無以爲」。此處既爲說明上仁是極下德之量者，似當作「至於爲之而無以爲」，於義爲長。

〔一五〕「下」字，據道藏集注本及陶鴻慶說校刪。陶說：『「之量」上不當有「下」字。言至於上仁之無以爲，已極下德之量也』。

〔一六〕「足」字，道藏集注本作「是」。

〔一七〕「爲之而無以爲」，按，疑當作「無以爲而猶爲之」，是重述上文而明「故有有爲之患」。此涉下文「上仁爲之而無以爲」而誤。

〔一八〕「故有有爲爲之患矣」，語不可通，疑有誤。按，據下文「本在無爲，……」之意，此處似當作「故有有爲爲之患矣」。「有爲」與「無爲」相對。文本重「有」字，而傳抄誤重「爲」字。又，或說據上文「不能無爲而爲之」、「足及於無以爲而猶爲之」、「爲之而無以爲」等，疑當作「故有爲之之患矣」，文原重「之」字，亦可通。

〔一九〕「本」、「母」指「無名」、「無爲」。「子」指美名、大功。五十二章:「天下有始,以爲天下母。既得其母,以知其子;既知其子,復守其母,沒身不殆」。王弼注:「母,本也;子,末也。得本以知末,不舍本以逐末也」。又,陶鴻慶說:「『棄本捨母,而適其子』,當作『棄本而適其末,捨母而用其子』,見下文」。

〔二〇〕此句意爲,有所爲則必有所不足。十八章王弼注:「故智慧出則大僞生也」、「甚美之名生於大惡」。

〔二一〕「興」,舉。「不興而治」,意爲不舉刑罰,不起仁義而使民自然而治。

〔二二〕此句意爲,「上仁」雖已有「宏普博施仁愛」,但尚屬「無所偏私」,所以說「上仁」爲「極下德之量」。

〔二三〕「直」字,據道藏集注本校改。按,下文說:「忿枉祐直」、「而貴正直」等,均承此而言,足證此處當作「直」。「抑」,退。「抗」,進。後漢書班固傳論:「固之序事,不激詭、不抑抗」。李賢注:「抑,退也;抗,進也」。此句意爲,愛有所偏,則就會產生專門講求進退、正直等義理之人。波多野太郎說:「⋯⋯抑,舉也,言舉善也」。石田羊一郎老子王弼注刊誤本改「抑抗正真」爲「抑抗枉直」。又「抑」字道藏集注本誤作「折」。

〔二四〕「攻此」,道藏集注本作「功此」。

〔二五〕「有以心爲矣」,道藏集注本作「有心以爲矣」。此句意爲,若如上述,則事事物物都將用心計智慧於作爲了。又,石田羊一郎老子王弼注刊誤本改此句作:「而物事有以心爲矣」。

〔二六〕「直」，正直。即上文「抑抗正直」、「忿枉祐直」之「直」。「篤」，實。「直不能篤」，意爲不能篤守正直。亦即下文所謂「忠信不篤」之意。又「篤」字，道藏集注本作「信」。

〔二七〕「游飾」，浮華之外表。「修文」，追求禮敬等外表形式。

〔二八〕「校」，計較。「責」，責備。「校責往來」，意爲互相計較責備。

〔二九〕「對」，應酬。「閒」，通「間」。「不對之閒」，意爲得不到相應的禮節往來。亦即下文所說：「莫之應」。

〔三〇〕「禮」字，據古逸叢書本、道藏本、道藏集注本及陶鴻慶說校改。按，下文說：「失德而後仁，失仁而後義，失義而後禮也」，此處正承「上義」之後而言，當作「上禮」才是。

〔三一〕「攘臂」，捋臂。「扔」，拉引。此處形容氣勢洶洶，强迫人遵守禮節。「扔」字，道藏集注本作「仍」。

〔三二〕二十五章王弼注：「道，……是混成之中，可言之稱最大也」。

〔三三〕「德」字，據古逸叢書本、道藏本及道藏集注本校補。「而」字，據道藏集注本校删。按，此語出周易繫辭上：「盛德大業，至矣哉！富有之謂大業，日新之謂盛德」。

〔三四〕「猶各得其德」之「得」字，道藏集注本作「有」。

〔三五〕此二十四字原脫，故文義不暢。今據道藏本及道藏集注本校補。按，釋文於「敬校」和「治藏」兩條之間出「爲贍」二字並注音，可證陸德明所見本當有此二十四字。

〔三六〕「〔萬物〕雖貴,以無爲用」,陶鴻慶說,當作「雖貴無以爲用」。按,陶未見奪文而據意改之,雖亦可通,然觀本注前文說:「何以盡德,以無爲用,才能盡其德,不能離開無而自以爲用,亦即不能「棄本捨母,而適其子」之意。

〔三七〕「不能」二字涉上文而衍,故刪。按,「不能捨無以爲體,則失其爲大矣」,義不可通。觀王弼注文之意,「萬物雖貴,以無爲用」,故當言「捨無以爲體,則失其爲大矣」,故此處不當有「不能」二字甚明。或說,二「捨」字,當作「舍」,意爲居守。此說於此句雖可通,而於上句則不可通。又,「則」字道藏集注本作「也」,屬上讀。

〔三八〕「失道」,即指上「各得其德」,「捨無以爲體」而言。

〔三九〕「則」字,據道藏集注本校補。「得」字,據文義校改。「得其母」,正與下文「失用之母」對文。又,東條弘說,「以無爲用」上當有「萬物」二字。

〔四〇〕「篤」,實。此句之意即如十八章所謂:「六親不和有孝慈,國家昏亂有忠臣」,說明禮乃起於樸實之忠信喪失之後。又,波多野太郎引一說,「夫禮也」之「也」字疑作「之」字。

〔四一〕「通簡不陽」意義不明,疑有誤。「陽」字,道藏集注本作「暢」。按,「陽」字疑當作「暢」。「通」,即「暢」義,此「通」字疑當作「易」字。此句疑當作「易簡不暢」。淮南子詮言:「非易不可以治大,非簡不可以合衆,大樂必易,大禮必簡;易故能天,簡故能地」。「易簡」一詞爲魏晉間人常用以表達「無爲」之思想,如嵇康聲無哀樂論說:「古之王者,承天理物,必崇易簡之教,御無爲之治;君靜於上,臣順於

下......」。即以「易簡之教」與「無爲之治」相提並論。又，阮籍樂論說：「言正樂通平易簡，心澄氣

清，......夫雅樂周通則萬物和，質靜則聽不淫，易簡則節制全神，靜重則服人心，......」等等。「易簡」一

詞原出周易繫辭，如「乾以易知，坤以簡能」，「易簡而天下之理得矣」，「易簡之善配至德」等。韓康伯

注：「天地之道不爲而善始，不勞而善成，故曰易簡」。「天下之理莫不由於易簡而各得順其分位也」。

「易簡不暢」意謂天地不爲，不勞之至德不通暢，故曰易簡。且作「易簡不暢」正與上文「忠信不篤」文句相順，意義

一致。而下文所說「責備於表，機微爭制」也正是由於「易簡之道」不暢」而引起者。

〔四二〕「表」，外表，即指禮節等游飾。「機」當作「幾」，細小。「制」，通「執」。「機微爭制」，意爲極

微小之事，也要爭執。

〔四三〕「外飾」，指禮節等儀式。相對於「發於內」之仁義而言，故說「外飾」。

〔四四〕「前人而識」，意爲先於人而認識。「倫」，類。

〔四五〕「營」，謀求。「庶事」，衆事。

〔四六〕「得」字，據道藏集注本校改。「得其情」，即得事物之實情。

〔四七〕「務」，努力。「薉」，同「穢」，荒蕪。

〔四八〕五十六章說：「故以智治國，國之賊也」。此句意爲，如能捨棄己之「聰明」、「智力」而任物自然之性，則無爲

〔四九〕「舍」，通「捨」。「泰」，安。

而安泰。

〔五〇〕「順」，循。「典制」指刑法制度。宇惠説：「不順典制」恐有誤。東條弘以爲「守夫素樸」之「夫」爲「失」字之誤。

〔五一〕「耽」字，據釋文校改。釋文出「耽」字，並音「都南反」。「耽」爲嗜、樂之意。「耽彼所獲」意爲，沈溺於其「竭聰明」、「役智力」而獲得之「情」。「棄此所守」，即棄「素樸」。

〔五二〕「故前」二字及「者」字，均據東條弘説校補。東條弘説：「識」字前疑脱「故前」二字，則此句當爲覆述經文。又，或説「識」字爲「誠」字，義亦可通，然不及作「故前識者，……」於義爲長。

〔五三〕「苟」，如果。「爲功之母」，「母」即指「無爲無用」。「無爲無用」有生物、成物之功。王弼老子指略：「功不可取，美不可用，故必取其爲功之母而已矣」。

〔五四〕語見二章：「是以聖人處無爲之事，行不言之教，萬物作焉而不辭，……」。

〔五五〕「名」字誤衍，據古逸叢書本、道藏本及道藏集注本校刪。

〔五六〕「載」，承受。「載之以大道」，意爲用無爲之大道來承載天地萬物。淮南原道：「夫道者，覆天載地」。莊子天地：「夫道，覆載萬物者也，洋洋乎大哉」。

〔五七〕「無名」，即樸。三十七章：「化而欲作，吾將鎮之以無名之樸」。

〔五八〕「尚」，崇尚，求美之意。三十七章王弼注：「尚者，嘉之名也」。

〔五九〕「貞」，正。即下章所説：「侯王得一以爲天下貞」。宇惠、東條弘、波多野太郎等都以爲「貞」爲「真」之誤。又，波多野太郎引一説以爲「貞」爲「責」之誤。

〔六〇〕「尚」字，據上文「物無所尚」、下文「顯之而無所尚」之文義校改。宇惠説：「誠」當作「僞」字。

又，道藏集注本此句作「仁則失誠焉」。是知「誠」字於此義不可通，故增「失」字以解之。

〔六一〕「則」字，據古逸叢書本校改。

〔六二〕此「則」字據上兩句之例校改。

〔六三〕「母不可遠」之「遠」字，《釋文》：「一本作『棄』」。波多野太郎説，作「棄」是。按，作「遠」，作「棄」

於此義均可通。

〔六四〕「分」份位。二十五章王弼注：「夫名以定形」。老子指略：「名也者，定彼者也」。均説「名」

爲有一定之份位局限者。

〔六五〕「止」限止。「形則有所止」意爲有形之物是有局限者。所以下文説：「雖極其大」必有

不周」。

〔六六〕「患憂」，古逸叢書本作「憂患」。

〔六七〕「處」居守。「豈足處也」，意爲豈能以「名」、「形」爲可居守者。

三十九章

昔之得一者，

昔，始也。一，數之始而物之極也。各是一物之生，所以爲主也〔一〕。物皆〔二〕各得此一以成，既成而

舍〔一〕以居成〔三〕居成則失其母，故皆裂、發、歇、竭、滅、蹶也〔四〕。

天得一以清，地得一以寧，神得一以靈，谷得一以盈，萬物得一以生，侯王得一以爲天下貞。其致之。

各以其一，致此清、寧、靈、盈、生、貞〔五〕。

天無以清將恐裂，

一以致清耳，非用清以清也。守一則清不失，用清則恐裂也。故爲功之母不可舍也〔六〕。是以皆無用其功，恐喪其本也。

地無以寧將恐發，神無以靈將恐歇，谷無以盈將恐竭，萬物無以生將恐滅，侯王無以貴高將恐蹶。故貴以賤爲本，高以下爲基。是以侯王自謂孤寡不穀。此非以賤爲本邪？非乎？故致數輿無輿。不欲琭琭如玉，珞珞如石。

清不能爲清，盈不能爲盈，皆有其母，以存其形。故清不足貴，盈不足多，貴在其母，而母無貴形。貴乃以賤爲本，高乃以下爲基。故致數輿乃無輿也〔七〕。玉石琭琭、珞珞〔八〕體盡於形〔九〕，故不欲也〔一〇〕。

校　釋

〔一〕「各是一物之生，所以爲主也」，文義不通，疑有誤。世説新語言語篇注引作：「各是一物，所以爲主也」。意謂，物均是由一（卽道）而生，所以一是萬物之主。下文「物皆各得此一以成，……」正申此義。又，王弼二十五章王弼注：「道法自然，天故資焉。天法於道，地故象焉。地法於天，人故象焉。王所以爲主，其主之者一也」。並可爲此句之詮釋。波多野太郎説：「此句宜作『一物之主，所以爲生也』。『各是』二字恐衍」。石田羊一郎説：「生」字衍。

〔二〕道藏集注本無此「皆」字。

〔三〕「一」字，據道藏集注本校補。「舍」通「捨」。舍〔一〕以居成」，意爲捨棄一（卽道，卽所謂生物之母）而守其已成之具體形器。亦卽三十八章王弼注所謂「舍其母而用其子，棄其本而適其末」之意。

〔四〕「發」，通「廢」。

〔五〕「蹶」，敗也。道藏集注本無「滅」字。周易略例：「夫動不能制動，制天下之動者，貞夫一也」。又，「貞」字，道藏集注本在「靈」字之下。

〔六〕「舍」通「捨」。「爲功之母不可舍」，卽三十八章王弼注所謂「母不可遠，本不可失」之意。

〔七〕「輿」，借爲「譽」。道藏集注本經文、注文四「輿」字均作「譽」，長沙馬王堆三號漢墓出土帛書老子甲本經文作「與」，乙本經文作「輿」，傅奕注本亦作「譽」，釋文出「譽」字，注「段爲「譽」之借字。

譽也」，均可爲證。馬敍倫老子校詁說：「莊子知北遊篇曰：『至譽無譽』，……然此文當作『致譽無譽』。

『致』有誤作『數』者，校者彼此旁注，後人傳寫誤入正文耳。按，據長沙馬王堆三號漢墓出土帛書老子甲乙本經文均有「數」字，則可證經文、注文之「數」字不爲衍文。「致數輿」，意爲屢得高貴之稱譽。

〔八〕「珞珞」，道藏集注本作「落落」。馬敍倫老子校詁引畢沅說：「案，古無『珞』、『碌』、『珞』三字，『珞』應作『落』。按，長沙馬王堆三號漢墓出土帛書老子甲本經文「珞珞」二字殘缺，「珞珞」二字殘，乙本經文「珞珞」作「禄禄」。慧琳一切經音義引老子經文作「硌硌」，與乙本同。韻會：「硌硌，石堅不相容貌」。後漢書馮衍傳引「不欲碌碌如玉，落落如石」，李賢注：

「玉貌碌碌爲人所貴，石形落落爲人所賤」。晏子春秋內篇問下：「堅哉石乎，落落視之則堅，無以爲久，是以速亡」。又，朱駿聲說文通訓定聲需部附録：「珞，老子：『不欲珞珞如玉』，注：『喻少』」。豫部附録：「硌，西山經上」『申之山多硌石』，注：『磊硌大石貌』。楚辭：『憫上山畠兮硌硌』。」可供參考。

據此，則是後人以「落落」代「珞珞」、「硌硌」。可見非古無此字也。

〔九〕「體盡於形」，意爲玉石堅硬之質全部表露於其外形上，而不能深藏，因而貴賤、毀譽一目了然。此也是捨母用子之結果，所以下文說「不欲」。

〔一〇〕倫案：右文舊爲第三十九章，然此章與四十二章互有錯誤，王弼注因此也有錯誤。今將馬敍倫之考證録於後。「倫案：右文舊爲第三十九章，然此章與四十二章頗有錯誤。姚鼐曰：四十二章『道生一』至『沖氣以爲和』二十五字，應在此章『昔之得一者』上（陶紹學曰：文選天台山賦注引老子曰：『道生一』」，

王弼曰：『一，數之始而物之極也』。而今本弼注見上章『昔之得一者』句下，則姚說可信）。『故貴以賤爲本』，『故』字衍。『貴以賤爲本』至『非乎』二十九字，應在四十二章『人之所惡』之上。因『侯王』字，誦者誤記於此。倫謂姚說是也。四十二章弼注曰：『萬物萬形，其歸一也。何由致一？由於無也。由無乃一、一可謂無？已謂之一，豈得無言乎？有言有一，非二如何？有一有二，遂生乎三。從無之有，數盡乎斯，過此以往，非道之流。故萬物之生，吾知其主，雖有萬形，沖氣一焉。百姓有心，異國殊風，而得一者，王侯主焉。以一爲主，一何可舍？愈多愈遠，損則近之，損之至盡，乃得其極。既謂之一，猶乃至三。況本不一，而道可近乎！損之而益，豈虛言也』。玩弼注意，似今本四十章之『天下萬物生於有，有生於無』兩句及四十二章『道生一』至『或益之而損』王本實爲一章。尋陶舉文選注引證『道生一』至『沖氣以爲和』當移入此章。此章之『故貴以賤爲本』至『落落如石』當移至四十二章。』按，據長沙馬王堆三號漢墓出土帛書老子甲乙本考之，本章並無錯誤，而是今本四十章與四十一章章次顛倒，致使原本互相啣接之文義割裂而生疑問。

當在『昔之得一者』上固塙。……則四十章之『天下萬物生於有，有生於無』兩句及四十二章之『道生

四十章

反者，道之動；

高以下爲基，貴以賤爲本〔一〕，有以無爲用〔二〕，此其反也。

動皆知其所無，則物通矣〔三〕。故曰「反

者,「道之動」也。

弱者,道之用。

柔弱同通,不可窮極〔四〕。

天下萬物生於有,有生於無。

天下之物,皆以有爲生。有之所始,以無爲本。將欲全有,必反於無也〔五〕。

校　釋

〔一〕語見三十九章:「故貴以賤爲本,高以下爲基」。

〔二〕語見十一章:「有之以爲利,無之以爲用」。

〔三〕「通」,包通。「之」,往也。「之」,「所」,作處所解。「所無」,即居處於無。此句意爲,萬物動作如能知道其根本是無,就可包通萬物了。按,「知」字道藏集注本作「之」。下章云,反者道之動也。功不可取,常處其母也」。三十章王弼注:「爲〔始〕〔治〕者,乃德全其所處也。下章云,反者道之動也。功不可取,常處其母也」。三十章王弼注:「爲〔始〕〔治〕者,務欲立功生事,而有道者務欲還反無爲」。十六章王弼注:「常之爲物,不偏不彰,無皦昧之狀,温涼之象,故曰知常曰明也。唯此復,乃能包通萬物,無所不容」。據此,此句意當爲,如果萬物動作而都能返還其根本,居處於無,就可包通萬物了。此義似更長。

〔四〕三十六章「柔弱勝剛強」。四十三章王弼注:「虛無柔弱,無所不通。無有不可窮,至柔不可折」。均與此同,爲說明道以柔弱、虛無爲用,所以能無所不包通而不可窮極。

〔五〕三十八章王弼注:「用夫無名,故名以篤焉;用夫無形,故形以成焉。守母以存其子,崇本以舉其末,則形名俱有而邪不生,大美配天而華不作。故母不可遠,本不可失」。 按,據長沙馬王堆三號漢墓出土帛書老子甲乙本之次序本章當在四十一章之後。

四十一章

上士聞道,勤而行之;

有志也。

中士聞道,若存若亡;下士聞道,大笑之,不笑不足以爲道。故建言有之:

建,猶立也〔一〕。

明道若昧,

光而不耀〔二〕。

進道若退,

後其身而身先,外其身而身存〔三〕。

夷道若纇。

纇，坳也〔四〕。大夷之道，因物之性，不執平以割物〔五〕。其平不見，乃更反若纇坳也。

上德若谷，

不德其德，無所懷也。

大白若辱，

知其白，守其黑〔六〕，大白然後乃得。

廣德若不足，

廣德不盈，廓然無形，不可滿也。

建德若偷，

建德者，因物自然，不立不施，故若偷匹。

質真若渝。

偷，匹也〔七〕。

質真者，不矜其真，故〔若〕渝〔八〕。

大方無隅，

方而不割，故無隅也〔九〕。

大器晚成，

大器，成天下不持全別，故必晚成也〔一〇〕。

大音希聲，

聽之不聞名曰希。〔大音〕〔一一〕，不可得聞之音也。有聲則有分，有分則不宫而商矣〔一二〕。分則不能統衆〔一三〕，故有聲者非大音也。

大象無形。

有形則有分，有分者，不温則〔炎〕〔涼〕〔一四〕，不炎則寒。故象而形者，非大象〔一五〕。

道隱無名，夫唯道善貸且成。

凡此諸善，皆是道之所成也〔一六〕。在象則爲大象，而大象無形；在音則爲大音，而大音希聲。物以之成，而不見其〔成〕形〔一七〕。故隱而無名也。貸之非唯供其乏而已〔一八〕，一貸之則足以永終其德，故曰「善貸」也。成之不如機匠之裁〔一九〕，無物而不濟其形〔二〇〕，故曰善成。

校　釋

〔一〕「猶」字，道藏集注本作「由」。

〔二〕五十八章：「光而不燿」注：「以光鑑其所以迷，不以光照求其隱慝也。所謂明道若昧也」。

〔三〕語見七章：「是以聖人後其身而身先，外其身而身存」。

〔四〕《説文》:「絲節也」,此處喻爲不平之意,與「夷」(平坦)相對。「坳」深窪,也爲形容不平。「平」字,道

〔五〕「不執平以割物」,意爲不執着平去制割萬物使其一樣而違背萬物之自然本性。

藏集注本誤作「乎」。

〔六〕二十八章:「知其白,守其黑,爲天下式」。

〔七〕「偷,匹也」,不明所義,恐有誤。蔣錫昌説:「建,立也。『偷』爲『愉』之假。……説文『愉,薄也』。『建德若偷』,言立德之人若薄而不立也。此句與上句詞異誼同。王注失之」。波多野太郎引一説:

「偷」借爲「婾」,「惰也」,與「健」相對。馬敍倫老子校詁從俞樾説,以爲老子經文「建」當讀爲「健」

「偷」、「儔」音通,王注蓋讀爲『儔』。按,傅奕注老子經文作「建德若婾」注説:「『婾』,古本作『輸』,

並引廣韻(雅):「輸,愚也」。據長沙馬王堆三號漢墓出土帛書老子甲本經文正作「建德如輸」,乙本經

文此字殘缺。觀王弼注文「建德者,因物自然,不立不施」之意,疑「偷,匹也」爲「輸(或婾),愚也」之誤。

下文「故若偷匹」,疑當作「故若輸(或婾)愚」。

〔八〕「若」字,據陶鴻慶説校補。與上「若纇坳」,「若偷匹」同。「渝」《説文》:「變汚也」。馬敍倫説:

「渝」、古書多用爲變義,此『渝』字當作汚解則通。又説:「謂『渝』借爲『諛』,言質厚之德,不立厓異,

反若詔諛也」。録之以爲參考。

〔九〕「隅」,角。五十八章王弼注:「以方導物,(舍)〔令〕去其邪,不以方割物,所謂大方無隅」。

〔一〇〕此節注文義不可通,疑有誤。陶鴻慶説:「上『成』字衍文,當云:『大器,天下大器』,乃疊經

文。「全」蓋「分」之誤。「不持分別」即「無所別析」也。波多野太郎說：「『全』宜作『分』，『分』、『全』形似而誤，陶說是也。然其他不改可也。」「持」者，猶上注「執平以割物」，四章注「執一家之量者」、「執一國之量」之「執」字。「分別」者，猶言「別析」，二十章注「心無所別析」、「無所別析不可爲名」、「分別別析也」。二十七章注「不別不析」。……弼以「大器」、「大音」、「大象」之大，爲無分也。無分絕對也，蓋「全」「分」字之誤。注：「有聲則有分」，「分則不能統衆，故有聲者非大音也」。「有形則有分」「故象而形者非大象也」。乃據波多野太郎說則此節注文作：「大器，成天下，不持分別，故必晚成也」。按，據陶說則此節注文當作：「大器，天下大器不持分別，故必晚成也」。此二說雖均可通，然均不愜意。愚謂經文「大器晚成」疑已誤。本章言：「大方無隅」、「大音希聲」、「大象無形」，二十八章言：「大制無割」等。一加「大」字則其義相反，「方」爲有隅，「大方」則「無隅」；「音」爲有聲，「大音」則「希聲」；「象」爲有形，「大象」則「無形」；「制」爲有割，「大制」則「無割」。唯此「大器」則言「晚成」，非「器」之反義。長沙馬王堆三號漢墓出土帛書老子經文此句甲本殘缺，乙本作「大器免成」。「免」或爲「晚」之借字，然據以上之分析，似非「晚」之借字，而當以「免」本字解爲是。二十九章經文：「天下神器」王弼注：「神，無形無方也；器，合成也。」無形以合，故謂之神；「器」既爲「合成」者，則「大器」則當爲「免成」者，亦即所謂「無形以合」而使之成者。如此，則與「大方無隅」、「大音希聲」、「大象無形」等文義一致。據此，疑王弼此節注文中「天下」二字，或爲「無形」二字之誤。「無」或作「无」（周易一書中「無」均作「无」），轉而誤作「天」，「下」則或爲「形」字殘缺致誤。

「全」字疑當爲「合」字，形近而誤。「成」字則當在「合」字下。「別」字、「必」字或因原文竄誤，校閱者增衍者。故此節注文疑當作：「大器無形，不持合成，故免成也」。

〔一二〕「聽之不聞名曰希」，語見十四章。「大音」二字，據陶鴻慶說校補。陶說：「『不可得而聞之音也』句上，當有『大音』二字」。按，陶說是，據文義當有「大音」二字。

〔一三〕此句意爲，音有聲則必有高低，清濁之分別，不爲宮音，即爲商音。

〔一四〕「衆」指宮、商、角、徵、羽五音。《周易略例明象說》：「夫衆不能治衆，治衆者，至寡者也」。四章王弼注：「無狀無象，無聲無響，故能無所不通，無所不往」。

〔一五〕「涼」字，據十六章王弼注：「溫涼之象」，五十五章王弼注：「不溫不涼」，老子指略「不溫不涼，不宮不商」等文義校改。陶鴻慶說：下句「不炎則寒」當作「不涼則寒」。陶說非。又，《文選顏延年詔讌曲水詩李善注》引此正作「有分者，不溫則涼」。

〔一六〕東條弘說：『「凡此諸善」之「善」當作「大」』。「諸大」指「大方無隅」、「大器晚成」、「大音希聲」、「大象無形」等。按，「善」字疑爲「言」字之誤。經文「夫唯道善貸且成」，乃總括「故建言有之」以下，自「明道若昧」……至「大象無形」，非僅指「大方無隅」等。「凡此諸言」正與經文「建言有之」相應。

〔一七〕「成」字，據道藏集注本校刪。按，六章王弼注：「(各)〔物〕以之成，而不見其形」……。十四

章王弼注：「欲言無邪？而物由以成。欲言有邪？而不見其形」。均可證此處「不見其成形」之「成」字

為衍文。又，《文選》顏延年應詔讌曲水詩李善注引此無「其成」二字。

〔一八〕「貸」，《說文》：「施也」。「乏」，缺乏。此句意為「道施予萬物者，並不是供其一時之缺乏」，而是

一旦施予，則足以使萬物永保其德。

〔一九〕「機匠」，指工匠。「機匠之裁」，指工匠製造器物時之裁割。「不如」二字，道藏本及道藏集注

本均作「不加」。

〔二〇〕「濟」，成功。

四十二章

道生一，一生二，二生三，三生萬物。萬物負陰而抱陽，沖氣以為和。人之所惡，唯孤寡不

穀，而王公以為稱。故物，或損之而益，或益之而損。

萬物萬形，其歸一也。何由致一？由於無也。由無乃一〔一〇〕，一可謂無〔二〕？已謂之一，豈得無言乎？

有言有一，非二如何？有一有二，遂生乎三〔三〕。從無之有，數盡乎斯，過此以往，非道之流。故萬

物之生，吾知其主，雖有萬形，沖氣一焉。百姓有心，異國殊風，而(得一者)王侯〔得一者〕〔五〕主

焉。以一為主，一何可舍〔六〕？愈多愈遠〔七〕，損則近之。損之至盡，乃得其極〔八〕。既謂之一，猶乃

至三〔況本不一，而道可近乎？損之而益〔益之而損〕〔九〕，豈虛言也。

人之所教，我亦教之。

我之〔教人〕，非强使〔人〕從之也〔10〕，而用夫自然。舉其至理，順之必吉，違之必凶。故人相教，違之〔必〕〔二〕自取其凶也。亦如我之教人，勿違之也。

强梁者不得其死，吾將以爲教父。

强梁則必不得其死。人相教爲强梁，則必如我之教人不當爲强梁也〔二〕。舉其强梁不得其死以教邪〔二〕，若〔四〕云順吾教之必吉也。故得其違教之徒〔五〕，適可以爲教父也。

校　釋

〔一〕「由無乃一」，道藏集注本作「因無乃一」。

〔二〕「一可謂無」句，陶鴻慶說：「『謂無』乃『無言』二字之誤。『由無乃一，一可無言？已謂之一，豈得無言』？語氣自爲呼應」。

〔三〕「遂生乎三」之「遂」，道藏集注本作「子」。莊子齊物論：「天地與我並生，而萬物與我爲一。既已爲一矣，且得有言乎？既已謂之一矣，且得無言乎！一與言爲二，二與一爲三。自此以往，巧曆不能得，而況其凡乎！故自無適有，以至於三，而況自有適有乎？」此爲王弼注文所本。

〔四〕「雖有萬形」之「萬」，道藏集注本作「主」。

〔五〕「得一者」三字，據陶鴻慶說校改。陶說：「『得一者』三字，當在『王侯』之下。三十九章經云…

『侯王得一以爲天下貞』可證。

波多野太郎從陶說，然以爲「得一者」之「者」宜作「以」字。

〔六〕「舍」通「捨」。道藏集注本誤作「今」字。

〔七〕「愈多愈遠」，指愈遠於「本」、「無」。二十二章王弼注：「自然之道，亦猶樹也。轉多轉遠其根，轉少轉得其本。」又，上「愈」字，道藏集注本誤作「先」字。

〔八〕「極」即「一」、「無」。三十九章王弼注：「一，數之始而物之極也。」四十八章：「爲學日益，爲道日損。損之又損，以至於無爲，無爲而無不爲。」

〔九〕「益之而損」四字，據陶鴻慶說校補。陶說：「此乃疊經文也」。按，陶說是。

〔一〇〕此句據陶鴻慶說校改。陶說：「我之」下奪「教」字，「人」字又誤脫在下。當云：『我之教人，非強使從之也』。

〔一一〕「必」字，據道藏集注本校補。按，當有「必」字。上文說：「順之必吉，違之必凶」可證。

〔一二〕「強梁」，強暴蠻橫。「則必如我之教人不當爲強梁也」之「則」字，陶鴻慶說：「『則』當爲『非』。作『則』者，涉上文而誤也。此章經旨，言人與我之教人，趣舍不同而歸宿則一。人相教爲強梁，我之教人不當爲強梁，此其異也。舉強梁不得其死以爲教，則強梁者適可以爲教父，此其同也。卽經所謂：「人之所教，我亦教之」也。今文以隻字之謁，使經注全文俱不明瞭，不可不正。波多野太郎說：「『則』字如字，不必改而可」。又引一說：「『必』、『如』間疑脫『凶』字」。按，陶分析經注之義是，然改「則」字爲『非』字則非。「則」字不必改而文義自通。此與上節注：「故人相教，違之（必）自取其凶也」，亦如我之教

人，勿違之也」文義一致。

〔二三〕「邪」，耶，語氣辭。道藏集注本誤作「即」。

〔二四〕「若」，如。道藏集注本誤作「吉」。

〔二五〕「違教之徒」，即所謂「强梁者」。

四十三章

天下之至柔，馳騁天下之至堅，

氣無所不入，水無所不(出於)經〔一〕。

無有入無閒，吾是以知無爲之有益。

虛無柔弱，無所不通。無有不可窮，至柔不可折〔二〕。

不言之教，無爲之益，天下希及之。

以此推之，故知無爲之有益也〔三〕。

校　釋

〔一〕「出於」二字，據易順鼎等說校刪。經文「無有入無閒」，古本、傅奕本及淮南原道訓引均作「出於無有，入於無間」。因此，劉師培、陶鴻慶、易順鼎等都以爲王弼注文中「出於」二字爲經文誤竄入

此。王弼注當作:「氣無所不入,水無所不經」。按,此説是。道藏集注本無「於經」二字,亦爲據文義而改者。

〔二〕按「至柔不可折」句,在此意義不明,且與上文「虛無柔弱,……」義重復。疑此句當在上節注文「氣無所不入」之上,誤竄於此。上節經文正説:「天下之至柔,馳騁天下之至堅」,「至柔不可折」正釋此經文。「氣」與「水」則爲進一步之比喻。

〔三〕按,此節注文,道藏中各本所引均有所不同,今録以參考。道藏集解董本引王輔嗣曰:「至柔不可折,無有不可窮。以此推之,故知無爲之道而有益於物也。夫孰能過此哉!」道藏集注彭耜和本與道藏藏室纂微本引作:「無有不可窮,至柔不可折。以此推之,故知無爲之道而(纂微本缺此「而」字)有益於物也」。道藏取善集引作:「柔弱虛無,無所不通。至柔不可折,無有不可窮。以此推之,故知無爲之道有益也」。

四十四章

名與身孰親?

尚名好高,其身必疏〔一〕。

身與貨孰多?

貪貨無厭,其身必少。

得與亡孰病？

得多〔二〕利而亡其身，何者爲病也。

是故甚愛必大費，多藏必厚亡。

甚愛，不與物通；多藏，不與物散〔三〕。

知足不辱，知止不殆，可以長久。

求之者多，攻之者衆，爲物所病，故大費、厚亡也〔四〕。

校釋

〔一〕「疏」，遠。

〔二〕波多野太郎引魏源、馬其昶説：「『多』作『名』，並説『作「名」是也，「名」、「多」形似而誤』。」按，據上兩節注文「尚名」、「貪貨」之意，此處似以作「名」字，於義爲長。

〔三〕「甚愛，不與物通」，意爲私愛名過多，則不能與萬物溝通一氣。「多藏，不與物散」，意爲私藏利過多，則不能與萬物分享所有。

〔四〕「大費」指過分追求名必定大費智慮。「厚亡」，指過分追求利必定喪失也多。

四十五章

大成若缺，其用不弊：

隨物而成，不爲一象〔一〕，故若缺也〔二〕。

大盈若沖，其用不窮。

大盈〔沖〕〔充〕〔三〕足，隨物而與，無所愛矜，故若沖也。

大直若屈，

隨物而直，直不在一，故若屈也〔四〕。

大巧若拙，

大巧因自然以成器，不造爲異端，故若拙也〔五〕。

大辯若訥。

大辯因物而言，己無所造，故若訥也〔六〕。

躁勝寒，靜勝熱，清靜爲天下正。

躁罷然後勝寒〔七〕，靜無爲以勝熱。以此推之，則清靜爲天下正也。靜則全物之真，躁則犯物之性，

故惟清靜，乃得如上諸大也。

校　釋

〔一〕「不爲一象」，意爲不有意去造成某一物象。

〔二〕 此節注文道藏集注本作：「學行大成，常如玷缺，謙則受益，故其材用無困弊之時」，與各本均異，疑以他人之注誤冠「王弼曰」。

〔三〕 「充」字，據道藏本及道藏集注本校改。「充」「沖」音同，疑涉經文而誤。「充足」乃釋經文「大盈」。陶鴻慶說：「『沖』，虛也，與『足』義相反。『沖足』二字，不得連文。疑當爲『常足』，乃釋『大盈』之義。下章經云：『知足之足，常足』」。按，陶說亦可通。

〔四〕 「直不在一」之「不」字，道藏集注本誤作「下」字。「一」字，道藏取善集引作「己」。五十八章王弼注：「以直導物，令去其僻，而不以直激（沸）〔拂〕於物也。所謂大直若屈也」。

〔五〕 「異端」，意爲不因自然而另起造作。「拙」，笨拙。

〔六〕 「訥」，說文：「言難也」，即言語遲鈍。

〔七〕 「躁」借爲「燥」，乾也，又陸德明詩汝墳釋文：「楚人名火曰燥」。「罷」，止。「躁罷然後勝寒」釋經文「躁勝寒」。按，老子、王弼之思想，均以寒靜比躁熱爲根本。如經文：「清静爲天下正」，注：「静則全物之真，躁則犯物之性」。馬敍倫老子校詁疑老子經文有誤，以爲據義推之當作「寒勝躁」。然因經文已作「躁勝寒」，故王弼只能曲折爲解，而說必待躁止以後才能勝寒。又，道藏集注本引此注作「躁然後能勝寒」，此爲不明王弼思想，而據經文「躁勝寒」之意而改者。

四十六章

天下有道，卻走馬以糞；

天下有道，知足知止〔一〕，無求於外，各修其內而已。故卻走馬以治田糞也〔二〕。

天下無道，戎馬生於郊。

貪欲無厭，不修其內，各求於外，故戎馬生於郊也〔三〕。

禍莫大於不知足，咎莫大於欲得，故知足之足，常足矣。

校　釋

〔一〕「知足」，如二十章王弼注所謂：「無欲而足」、「自然已足」。「知止」，如三十二章王弼注所謂：「名亦既有，夫亦將知止也。……知止所以不殆也」。

〔二〕「卻」，返、還之意。按「故卻走馬以治田糞也」句，疑當作「故卻走馬以糞田也」。文選七命篇李善注引本節注文作：「天下有道，修於內而已。故卻走馬以糞田」，亦可為證。「糞田」即治理田。「治」字疑為後人旁注「糞」字義，誤竄入者，又「糞」字誤在「田」下。

〔三〕「戎馬」，戰馬。「生於郊」意為在戰場上產駒，形容戰事頻繁不息。

四十七章

不出戶，知天下；不闚牖，見天道。

事有宗而物有主〔二〕，途雖殊而〔同〕〔其〕歸〔同〕也〔三〕，慮雖百而其致一也〔三〕。道有大常，理有大

致〔四〕。執古之道，可以御今；雖處於今，可以知古始〔五〕。故不出戶、闚牖〔六〕，而可知也。

其出彌遠，其知彌少。

無在於一，而求之於衆也〔七〕。道視之不可見，聽之不可聞，搏之不可得〔八〕。如〔九〕其知之，不須出

戶；若其不知，出愈遠愈迷也。

是以聖人不行而知，不見而名，

得物之致〔一〇〕，故雖不行，而慮可知也。識物之宗，故雖不見，而是非之理可得而名也。

不爲而成。

明物之性，因之而已，故雖不爲，而使之成矣〔一一〕。

校　釋

〔一〕「宗」、「主」即指道、一、無等。十四章王弼注：「無形無名者，萬物之宗也」。四十二章王弼注：

「萬物之生，吾知其主，……以一爲主」。

〔二〕「而其歸同也」，據道藏集注本校改。與下文「而其致一也」一致。

〔三〕「而其歸同也」，據道藏集注本校改。與下文「而其致一也」一致。

〔三〕語出周易繫辭下：「天下同歸而殊塗」一致而百慮」。

「大常」，永恒不變之道。「大致」，推而極之之理。老子指略説：「五物之母，不炎不寒，不柔不剛；五教之母，不皦不昧，不恩不傷。雖古今不同，時移俗易，此不變也，所謂『自古及今，其名不去』者也。天不以此，則物不生；治不以此，則功不成；故古今通，終始同，執古可以御今，證今可以知古始，此所謂常」。

〔五〕語見十四章：「執古之道，以御今之有，能知古始，是謂道紀」。

〔六〕「闚」「通「窺」，視也。「牖」，窗。

〔七〕此句爲釋經文所謂「其出彌遠，其知彌少」之原因所在。

〔八〕十四章：「視之不見名曰夷，聽之不聞名曰希，搏之不得名曰微」。

〔九〕「如」字，道藏集注本作「去」字。

〔一〇〕「得物之致」，即上文所謂「理有大致」之「致」。

〔一一〕二十九章王弼注：「萬物以自然爲性，故可因而不可爲也」。

四十八章

爲學日益，

務欲進其所能，益其所習。

爲道日損。

務欲反虛無也。

損之又損，以至於無爲，無爲而無不爲。

有爲則有所失，故無爲乃無所不爲也〔一〕。

取天下常以無事，

動常因也〔二〕。

及其有事，

自己造也〔三〕。

不足以取天下。

失統本也〔四〕。

校　釋

〔一〕三十八章王弼注：「上德之人，唯道是用，不德其德，無執無用，故能有德而無不爲」。「下德求而得之，爲而成之，……求而得之，必有失焉；爲而成之，必有敗焉」。

〔二〕「動」，指「取天下」。「因」，卽「因物之性」、「因物之自然」、「因而不爲」。

〔三〕「造」，即所謂「造作施爲」、「有所作爲」之意。

〔四〕「統」、「本」，即所謂「無爲」、「無事」。

四十九章

聖人無常心，以百姓心爲心。

動常因也。

善者，吾善之；不善者，吾亦善之，

各因其用，則善不失也。

德善。

無棄人也〔一〕。

信者，吾信之；不信者，吾亦信之，德信。　聖人在天下歙歙，爲天下渾其心。

各用聰明〔二〕。

聖人皆孩之。

皆使和而無欲，如嬰兒也〔三〕。夫「天地設位，聖人成能，人謀鬼謀，百姓與能」者〔四〕，能者與之，資者
取之〔五〕；能大則大，資貴則貴〔六〕。物有其宗，事有其主〔七〕。如此，則可冕旒充目而不懼於欺，黈纊

塞耳而無感於慢〔八〕。又何爲勞一身之聰明，以察百姓之情哉！夫以明察物〔九〕，物亦競以其明（應）

〔避〕〔一〇〕之，以不信（察）〔一一〕求〔一二〕物，物亦競以其不信應之〔一三〕。夫天下之心不必同，其所應不敢異，

則莫肯用其情矣〔一三〕。甚矣！害之大也，莫大於用其明矣〔一四〕。夫（在）〔任〕智則人與之訟，（在）〔任〕

力則人與之爭〔一五〕。智不出於人而立乎訟地，則窮矣〔一六〕。力不出於人而立乎爭地，則危矣。未有能

使人無用其智力（乎）〔於〕己者也，如此則己以一敵人，而人以千萬敵己也。若乃多其法網，煩

其刑罰，塞其徑路，攻其幽宅〔一八〕，則萬物失其自然，百姓喪其手足〔一九〕，鳥亂於上，魚亂於下。是以

聖人之於天下歙歙焉〔二〇〕，心無所主也〔二一〕。爲天下渾心焉〔二二〕，意無所適莫也〔二三〕。無所察焉，百姓

何避；無所求焉，百姓何應。無避無應，則莫不用其情矣〔二四〕。人無爲舍其所能，而爲其所不能〔二五〕；

舍其所長，而爲其所短〔二六〕。如此，則言者言其所知，行者行其所能，百姓各皆注〔二七〕其耳目焉，吾皆

孩之而已。

校　釋

〔一〕語見二十七章：「是以聖人常善救人，故無棄人」。

〔二〕此注與經文義不相屬。按，據古逸叢書本、道藏本及長沙馬王堆三號漢墓出土帛書老子甲

乙本等，於經文「爲天下渾其心」下均有「百姓皆注（帛書老子甲本作「屬」字）其耳目焉」一句。觀王弼

注文「各用聰明」，正爲此而設。且經文當有此句，則下文「聖人皆孩之」才有着落。又據下節注文：「百

姓各皆注其耳目焉，吾皆孩之而已」，也證明今本經文脫「百姓皆注其耳目焉」一句，以至使此注無所屬。

〔三〕十章王弼注：「任自然之氣，致至柔之和，能若嬰兒之無所欲乎？則物全而性得矣」。

〔四〕語出周易繫辭下：「天地設位，聖人成能，人謀鬼謀，百姓與能」。「人謀」，況議於眾以定失得也。「鬼謀」，況寄卜筮以考吉凶也。不役思慮，而失得自正，萬物各成其能」。「人謀，況議於眾以定失得也。鬼謀，況寄卜筮以考吉凶也。不役思慮，而失得自明；不勞探討，而吉凶自著。類萬物之情，通幽深之故，故百姓與能，樂推而不厭」。又，道藏集注本無句末「者」字。

〔五〕「能」，卽賢。三章王弼注：「賢，猶能也」。「資」，卽貨財。

〔六〕「能大則大，資貴則貴」，卽三章所謂「不尚賢，使民不爭；不貴難得之貨，使民不爲盜」之意。

〔七〕「宗」、「主」，卽道、無、一等。見四十七章校釋〔一〕。

〔八〕「冕旒」，古代帝王帽上之裝飾物，用絲繩穿玉，垂在帽前後。「充」，塞、蔽。「冕旒充目而不懼於欺」，意爲雖然目光被「冕旒」遮住，但也不怕會被別人欺瞞。「黈」，黃色。「纊」，綿絮。「黈纊」，卽用黃色綿絮做成的，垂在帽左右之裝飾物。「戚」，憂。「黈纊塞耳而無戚於慢」，意爲雖然耳被「黈纊」蔽塞，但也不擔憂會被別人欺慢。通典卷五十七引世本：「黃帝作冕垂旒，目不邪視也；充纊，耳不聽讒言也」。漢書東方朔傳：「冕而前旒，所以蔽明；黈纊充耳，所以塞聰」。顏師古注：「黈，黃色也；纊，綿也」。

以黃綿爲丸，用組懸之於冕，垂兩耳旁，亦不外聽」。又，道藏集注本「冕旒充目」之「充」作「垂」；「無戚於慢」之「戚」作「慽」。

〔九〕「以明察物」，意爲用智慮考察萬物。

〔一〇〕「避」字，據陶鴻慶說校改。按，陶說是。下文「無所察焉，百姓何避」，正承此言。此作「應」者，涉下文「不信應之」句而誤。又，十七章注：「以智治國，下知避之」。十八章王弼注：「行術用明以察姦僞，趣覩形見，物知避之」。並可爲證。

〔一一〕「求」字，據陶鴻慶說校改。按，陶說是。下文「無所求焉，百姓何應」，正承此言。此作「察」者，因上文「以明察物」句而誤。

〔一二〕「以其不信應之」，道藏本及道藏集注本均無「其」字。

〔一三〕此句意爲，天下人之心，本來是各不相同的，但由於聖人「以明察物」「以不信求物」，使得天下之人不敢以不同之意見應於聖人。如此，則天下人沒有一個肯於用其真情實意了。

〔一四〕此即六十五章所謂「故以智治國，國之賊」之意。

〔一五〕兩「任」字，據陶鴻慶引王念孫說校改。此語出淮南子詮言。王念孫校淮南子說：「『在』皆當爲『任』字之誤也。言當因時而動，不可任智任力也。上文曰：『失道而任智者必危』，又曰：『獨任其智失必多。故好智窮術也，好勇危術也』。皆其證」。

〔一六〕「窮」，困塞，束手無策之意。（見讀書雜志九之十四）

〔七〕「於」字，據道藏集注本校改。又，「道藏集注本此句注文作：「未有能使人無用智者，未有能使人無用其智力於己者」。按，此語出淮南子詮言：「〔在〕〔任〕智則人與之訟，〔在〕〔任〕力則人與之爭。未有使人無智者，有使人不能用其智於己者也；未有使人無力者，有使人不能施其力於己者也」。淮南子之意爲，任用智力則人必與之訟爭。人不能使他人無智力，然可使他人無智力施諸己身。」王弼引此作注，文義似稍有不同。其意謂，智力不出於人，而出於己，故窮危矣。即上文所謂：「夫以明察物，物亦竞以其明應之」。如此，則不僅不能阻止別人不任用智力，且不能阻止別人之智力不施加於己身。所以王弼下文又説：「己以一敵人，而人以千萬敵己也」。據此，則此注當如道藏集注本作：「未有能使人無用智〔力〕者」。據上下文義當有「力」字者，未有能使人無其智力於己者也」，於義爲長。

〔八〕「徑路」，小路。「幽宅」，意謂人之隱微之處。

〔九〕「喪」，失。「喪其手足」，即手足不知所措之意。

〔一〇〕「歙歙」，河上公本經文作「怵怵」，成玄英疏：「怵怵，勤懼之貌」。高亨説：「歙」借爲「汲」、「級」，急也。〈老子此言是説：「聖人急急使天下人心渾濁，歸於無識無知」。馬叙倫説：「歙」借爲「合」「謂聖人之治天下」，無所分別」。按，觀王弼注：「歙歙焉，心無所主也」之意，當以馬説爲長。

〔二〕「心無所主也」之「主」字，疑當作「注」，即與下文「百姓各皆注其耳目焉」之「注」字義同。「注」義詳見校釋〔二七〕。

〔三〕「渾」，渾沌、渾濁。馬叙倫説，「渾」借爲「棞」，木尚未破析也，此處借喻爲素樸完整之意。

〔三三〕「適莫」語出論語里仁:「君子之於天下也,無適(音敵)也,無莫也」。皇侃義疏:「適,厚」,

「莫,薄」。

〔三二〕「意無所適莫」,意爲心渾渾然而不分別厚薄。

〔三一〕「則莫不用其情矣」,意爲人人順其自然之性而用其真情實意。此與上文「莫肯用其情」

相對。

〔三五〕「舍」,通「捨」,棄也。「爲其所不能」之「不」字,道藏集注本作「否」。

〔三六〕「而爲其所短」,古逸叢書本無「所」字。

〔二七〕「注」河上公注:「注,用也」。高亨説:「説文:『注,灌也』。百姓用耳以聽,用目以視,卽是耳目有所灌注」。「孩之」,卽上文所謂「皆使和而無欲,如嬰兒也」。

五十章

出生入死。

出生地,入死地。

生之徒十有三,死之徒十有三。人之生動之死地,亦十有三。夫何故?以其生生之厚。蓋聞善攝生者,陸行不遇兕虎,入軍不被甲兵,兕無所投其角,虎無所措其爪,兵無所容其刃。夫何故?以其無死地。

十有三，猶云十分有三分。取其生道，全生之極，十分有三耳；取死之道，全死之極，亦十分有三耳[一]。而民生生之厚[二]，更之無生之地焉[三]。善攝生者[四]，無以生爲生[五]，故無死地也。器之害者，莫甚乎（戈兵）〔兵戈〕[六]；獸之害者，莫甚乎兕虎。而令兵戈無所容其鋒刃，虎兕無所措其爪角，斯誠不以欲累其身者也，何死地之有乎！夫蚖蟺[七]以淵爲淺，而鑿[八]穴其中；鷹鷙[九]以山爲卑，而增巢其上。矰繳[一〇]不能及，網罟不能到，可謂處於無死地矣。然而卒以甘餌，乃入於無生之地，豈非[一一]生生之厚乎？故物，苟不以求離其本，不以欲渝其真[一二]，雖入軍而不害，陸行而不（可）〔犯，可〕也[一三]。赤子之可則[一四]而貴，信矣。

校　釋

〔一〕「亦十分有三耳」，道藏本及道藏集注本均作：「十分亦有三耳」。

〔二〕「生生之厚」意爲對「生」特別看重。

〔三〕「更」，改。此句意爲，太看重「生」，反而會變成其反面「無生之地」。

〔四〕「攝」，《說文》：「引持也」。引申意爲保養。

〔五〕「無以生爲生」意爲不要把「生」看得太重。道藏本作：「無以主爲生」。陶鴻慶説：下「生」字衍，當作「無以生爲」。並舉七十五章：「唯無以生爲者，是賢於貴生」爲證。

〔六〕「兵戈」二字，據古逸叢書本校改。原倒乙，下文「令兵戈無所容其鋒刃」可證。

〔七〕「蚖」，說文：「蠑蚖」，蜥蜴之類。「蟺」，蚯蚓。

〔八〕「鑿」，易順鼎說，疑爲「襲」字之誤。易說：「釋文於「蚖蟺」下「鷹鵻」上，出「襲」字，疑「鑿」字卽「襲」字之誤。「襲穴」與「增巢」相對，意尤切近。「襲」，重也。釋文於「增」，亦重也。「襲穴」卽本易之「習坎」。蚖蟺之穴不得言鑿矣」。按，此句語本大戴禮記曾子疾病篇：「鷹鵻以山爲卑而曾（增）巢其上，魚鱉龍以淵爲淺而歷（掘）穴其中）。「鑿」卽「掘」義。

〔九〕「鷾」，爾雅釋鳥：「鷾鴯」。

〔10〕「矰繳」，帶有繩子之箭。

〔一一〕「豈非」之「非」字，道藏集注本作「弗」。

〔一二〕「渝」，污。「真」，卽樸、無、道。

〔一三〕「犯可」二字原倒乙，據易順鼎說校改。易說：『「犯」字當在「可」字之上，言「雖入軍而害，陸行而不犯，可也」。若作「不可犯」，於語氣不合矣』。

〔一四〕「則」，法則：「可則」，可以效法。「赤子」，嬰兒。五十五章：「含德之厚，比於赤子」。王弼注：「赤子無求無欲，……不犯於物，故無物以損其全也」。

五十一章

道生之，德畜之，物形之，勢成之。

物生而後畜，畜而後形，形而後成。何由而生？道也。何得而畜？德也。何（由）〔因〕〔一〕而形？物

也。何使而成？勢也。唯因也，故能無物而不形；唯勢也，故能無物而不成。凡物之所以生，功之所

以成，皆有所由。有所由焉〔二〕，則莫不由乎道也。故推而極之，亦至道也〔三〕。隨其所因〔四〕，故各

有稱焉〔五〕。

是以萬物莫不尊道而貴德。

道者，物之所由也；德者，物之所得也。由之乃得，故（曰）〔六〕不得不（失）〔尊〕；（尊）〔失〕〔七〕之則害，

〔故〕〔八〕不得不貴也。

道之尊，德之貴，夫莫之命而常自然。

（命并作爵）〔九〕。

故道生之，德畜之；長之、育之、亭之、毒之、養之、覆之。

〔亭謂品其形，毒〕謂成其（實）〔質〕，各得其庇蔭，不傷其體矣〔一○〕。

生而不有，為而不恃，

長而不宰，是謂玄德。

有德而不知其主也，出乎幽冥，（是以）〔故〕〔一一〕謂之玄德也〔一二〕。

校釋

〔一〕「因」字，據陶鴻慶說校改。陶說：「於道言『由』，於物不當言『由』，本作『何因而形？物也』。
下文云：『唯因也，故能無物而不形』，承此言」。按，陶說是，『因』、『由』形近而誤。

〔二〕道藏集注本無「有所由焉」四字。

〔三〕「亦至道也」之「至」字，道藏集注本作「志」。

〔四〕「隨其所因」之「因」字，疑當作「由」。王弼老子指略說：「稱必有所由」，義與此同。

〔五〕「故各有稱焉」之「稱」字，道藏集注本作「道」。

〔六〕「故曰」之「曰」字，道藏集注本校刪。按，此處並非復述經文，不當有「曰」字。

〔七〕「尊」、「失」二字原倒乙，文義不可通，今據陶鴻慶說校正。

〔八〕「故」字，據陶鴻慶說校補，與上文「故不得不尊」一致。

〔九〕「命並作爵」四字，據道藏集注本校刪。道藏集注本說：「明皇、王弼二本『命』並作『爵』」。此
當爲校者按語，意謂明皇、王弼兩種本子中經文「莫之命而常自然」之「命」字，均作「爵」字。非王弼注
文甚明，不知何時竄爲注文。紀昀及易順鼎均說：「此係校語誤作王弼注」。易說：「初學記卷九、文選辨
命論注並引老子曰：『亭之毒之，蓋之覆之』。王弼曰：『亭謂品其形，毒謂成其質』。今注奪去六字，又

〔一〇〕「亭謂品其形，毒謂成其質」句，據易順鼎、宇惠說增補並校改。易說：「初學記卷九、文選辨
命論注並引老子曰：『亭之毒之，蓋之覆之』。

「質」誤爲「實」，遂至不詞。按，「道藏集注本」「謂成其實」正作「謂成其質」，可見原脫「亨謂品其形，毒」

六字，後而改「質」字爲「實」。又，「各得其庇蔭」句，東條弘說，疑「各」上脫「物」字，當作「物各得其

庇蔭」。

〔一一〕馬敍倫說，此四字「蓋是經文之錯復者」，非王弼注文。

〔一二〕「故」字，據道藏本及道藏集注本校改。

〔一三〕十章王弼注：「凡言玄德，皆有德而不知其主，出乎幽冥」。

五十二章

天下有始，以爲天下母。

〔善始之，則善養畜之矣。故天下有始，則可以爲天下母矣〕〔一〕。

既得其母，以知其子；既知其子，復守其母，没身不殆。

母，本也。子，末也。得本以知末，不舍本以逐末也〔二〕。

塞其兑，閉其門，

兑〔三〕，事欲之所由生。門，事欲之所由從也。

終身不勤。

無事永逸，故終身不勤也〔四〕。

開其兌，濟其事，終身不救。

不閉其原，而濟〔五〕其事，故雖終身不救。

見小曰明，守柔曰強。

爲治之功不在大，見大不明，見小乃明。守強不強，守柔乃強也。

用其光，

顯道以去民迷〔六〕。

復歸其明，

不明察也。

無遺身殃，是爲習常。

道之常也。

校 釋

〔一〕此節注文原脱，據古逸叢書本、道藏本及道藏集注本校補。

〔二〕「舍」通「捨」，棄也。三十八章王弼注：「守母以存其子，崇本以舉其末，則形名俱有而邪不

生，大美配天而華不作。故母不可遠，本不可失」。

〔二〕「兌」，古通「隧」，道也。馬敍倫老子校詁引孫詒讓說：「『兌』當讀爲『隧』。襄二十三年左傳：『杞植、華還，載甲夜入，且于之隧』。禮記檀弓鄭注引之云：『隧或爲兌』。是『兌』、『隧』古通之證。廣雅釋室：『隧，道也』。『塞其隧』，謂塞其道也」。

〔四〕「勤」，勞。

〔五〕「濟」，成。又，馬敍倫說：「『濟』借爲『齎』。『齎』，廣雅釋詁：『持也』。『濟其事』，卽持其事。

〔六〕道藏集注本奪「迷」字。

五十三章

使我介然有知，行於大道，唯施是畏。

言若使我可介然有知〔一〕，行大道於天下，唯施爲〔之〕〔二〕是畏也。

大道甚夷，而民好徑。

言大道蕩然正平，而民猶尚舍〔三〕之而不由，好從邪徑，況復施爲以塞大道之中乎〔四〕？故曰「大道甚夷，而民好徑」。

朝甚除，

朝，宮室也。除，潔好也。

田甚蕪，倉甚虛。

朝甚除，則田甚蕪，倉甚虛〔五〕。設一而衆害生也〔六〕。

服文綵，帶利劍，厭飲食，財貨有餘，是謂盜夸。非道也哉！

凡物，不以其道得之，則皆邪也，邪則盜也〔七〕。夸〔八〕而不以其道得之，〔盜夸也〕；貴而不以其道得之〔九〕，竊位也。故舉非道以明，非道則皆盜夸也。

校釋

〔一〕「介然」，河上公釋爲「大」。馬敍倫説：「『介』借爲『哲』。説文曰：『哲，知也』。」高亨説：「『介然』猶『慧然』也。『介』讀爲『黠』。」勞健老子古本考則釋「介然」爲「堅確貌」。按，勞説義較近。

〔二〕「之」字，據道藏集注本校删。按，有「之」字於此文義不暢。下節注：「況復施爲以塞大道之中乎」，正承此言，可證不當有「之」字。

〔三〕「猶尚」尚且。「舍」通「捨」。

〔四〕「中」，正。

〔五〕道藏集注本於「倉甚虛」下有一「矣」字。

〔六〕「設一」指「朝甚除」。「衆害」指「田甚蕪」、「倉甚虛」等。

〔七〕「盜」，説文：「私利物也」。穀梁傳定公八年：「非其所取而取之，謂之盜」。

〔八〕「夸」，説文：「奢也」。荀子仲尼篇：「貴而不爲夸」楊倞注：「夸，奢侈也」。道藏集注本「夸」均作「誇」。按，舊説據韓非子解老引老子經文「盜夸」作「盜竽」，均以爲「夸」爲「竽」之借字。「盜竽」猶盜首。姚鼐説：韓非説雖古而訛。今觀王弼注文之義似亦不當作「竽」解。「夸而不以其道得之」意謂其奢侈生活是以不正當之手段（盜）得來的。

〔九〕「盜夸也」：貴而不以其道得之十一字，據道藏集注本校補。按，「夸而不以其道得之，盜夸也」，貴而不以其道得之，「竊位也」，正分別説明經文「服文綵，帶利劍」（「貴」）、「厭飲食，財貨有餘」（「夸」）」均爲以非道得之者，故爲「盜夸」爲「竊位」也。原注脱此十一字，以致文義不明。

五十四章

善建者不拔，

固其根，而後營其末，故不拔也〔一〕。

善抱者不脱，

不貪於多，齊〔二〕其所能，故不脱也。

子孫以祭祀不輟。

子孫傳此道，以祭祀則不輟也〔三〕。

修之於身，其德乃眞；修之於家，其德乃餘；

以身及人也。 修之身則眞〔四〕，修之家則有餘，修之不廢，所施轉大〔五〕。

修之於鄉，其德乃長；修之於國，其德乃豐；修之於天下，其德乃普。 故以身觀身，以家觀

家，以鄉觀鄉，以國觀國，

彼皆然也。

以天下觀天下。

以天下百姓心，觀天下之道也。 天下之道，逆順吉凶，亦皆如人之道也。

吾何以知天下然哉？ 以此。

此，上之所云也。 言吾何以得知天下乎？ 察己以知之，不求於外也。 所謂不出戶以知天下者也〔六〕

校　釋

〔一〕「根」，即母、本。「營」，治理。「拔」，去。

〔二〕「齊其所能」，意爲盡其所能而不超過其能力所及。

〔三〕「輟」，止也。

〔四〕「眞」，樸實。

〔五〕「轉大」，愈大。道藏集注本作「博大」。

〔六〕語見四十七章：「不出戶知天下，不闚牖見天道」。

五十五章

含德之厚，比於赤子。蜂蠆虺蛇不螫，猛獸不據，攫鳥不搏。

赤子，無求無欲，不犯眾物，故毒（蟲）〔螫〕之物無犯（之）〔於〕人也〔一〕。含德之厚者〔二〕，不犯於物，故

無物以損其全也。

骨弱筋柔而握固，

以柔弱之故，故握能周固〔三〕。

未知牝牡之合而全作，

作，長也。無物以損其身，故能全長也。言含德之厚者，無物可以損其德、渝其真。柔弱不爭而不摧

折，皆若此也。

精之至也。終日號而不嗄，

無爭欲之心，故終日出聲而不嗄也〔四〕。

和之至也。知和曰常，

物以和〔五〕為常，故知和則得常也。

知常曰明，

不皦不昧，不溫不涼，此常也。無形不可得而見，〔故曰：「知常」曰明〕也〔六〕。

益生曰祥，

生不可益，益之則夭也〔七〕。

心使氣曰強。

心宜無有，使氣則強。

物壯則老，謂之不道，不道早已。

校　釋

〔一〕「螫」字、「於」字，據道藏集注本校改。易順鼎説：『「無犯之人也」句有誤，疑本作「無犯之者也」』。陶鴻慶説：『「毒蟲之物，無犯之人也」當作「毒螫人之物，無犯之也」』。按，易、陶兩説均可通，然觀王弼注文之意，謂赤子不犯衆物，故毒螫之物亦無犯於人。道藏集注本文義爲長，故據改。

〔二〕「含德之厚者」，即三十八章所謂「上德不德」，亦即注所謂「上德之人，唯道是用，不德其德，無執無用」之意。

〔三〕「握」，手握物之意。「周」，道藏集注本作「堅」。波多野太郎説：『『以柔弱之故』之『故』字疑衍。下注『無爭欲之心，故終日出聲而不嗄也』『物以和爲常，故知和則得常也』可證』。又説：『『周』當作『堅』』。

〔四〕「嗄」，玉篇：「聲破也」。莊子庚桑楚篇司馬彪注：「楚人謂嗁（啼）極無聲曰嗄」。道藏集注本「嗄」作「噎」，義同。

〔五〕「和」，和諧，不分不爭之意。

〔六〕「故曰知常」四字，據字惠説校補。按，此爲重疊經文「知常曰明」，與此同。十六章「知常曰明」，注説：「常之爲物，不偏不彰，無皦昧之狀，溫涼之象，故曰知常曰明」。

〔七〕「夭」，不祥。道藏集注本作「妖」。按，老子經文「益生曰祥」之「祥」字，易順鼎説：「祥即不祥。書序云：『有祥桑共生於朝』，與此『祥』字同義」。馬敍倫説：「『祥』疑借爲『戕』」。又按，反對「益生」之思想亦見於莊子德充符：「吾所謂無情者，言人之不以好惡內傷其身，常因自然而不益生」。

〔八〕「強」，原作「彊」。「彊」，「強」之古體字。馬敍倫説：「『彊』借爲『僵』」。按，觀經文「物壯則老，……」，此「強」字，似當爲強壯之意。

五十六章

知者不言，

因自然也。

言者不知。

造事端也。

塞其兑，閉其門，挫其鋭；

含守質也。

解其分，

除争原也。

和其光，

無所特顯，則物無所偏争也〔一〕。

同其塵，

無所特賤，則物無所偏恥也。

是謂玄同。故不可得而親，不可得而疎，

可得而親，則可得而疎也。

不可得而利，不可得而害；

可得而利，則可得而害也。

不可得而貴，不可得而賤，

可得而貴，則可得而賤也。

故爲天下貴。

無物可以加之也〔二〕。

校　釋

〔一〕「則㓭無所偏争也」，道藏集注本作「則物物無偏争也」。下節注「則物無所偏恥也」，作「則物

物無偏恥也」。

〔二〕「也」字，道藏集注本作「者」。

五十七章

以正治國，以奇用兵，以無事取天下。

以道治國則國平，以正〔一〕治國則奇〔正〕〔兵〕〔二〕起也。以無事，則能取天下也。上章云，其取天下

者，常以無事，及其有事，又不足以取天下也〔三〕。故以正治國，則不足以取天下，而以奇用兵也。夫

以道治國，崇本以息末；以正治國，立辟〔四〕以攻末。本不立而末淺，民無所及，故必至於〔以〕〔五〕奇

用兵也。

吾何以知其然哉？以此。 天下多忌諱，而民彌貧，民多利器，國家滋昏；

利器，凡所以利己之器也。民強則國家弱。

人多伎巧，奇物滋起；

民多智慧，則巧偽生；巧偽生，則邪事起。

法令滋彰，盜賊多有。

立正欲以息邪，而奇兵用；多忌諱欲以恥貧〔六〕，而民彌貧；利器欲以強國者也，而國愈昏〔多〕〔弱〕〔七〕皆舍本以治末，故以致此也。

故聖人云，我無為而民自化，我好靜而民自正，我無事而民自富，我無欲而民自樸。

上之所欲，民從之速也。我之所欲唯無欲，而民亦無欲而自樸也。此四者〔八〕崇本以息末也。

校 釋

〔一〕「正」，借為「政」。指刑政、威權。參看十七章「其次畏之」、「其次侮之」句王弼注。

〔二〕「兵」字，據道藏集注本及陶鴻慶說校改。陶說：「『奇正起』當作『奇兵起』。『奇』，讀為『奇衺』之『奇』。七十四章經：『而為奇者』，注：『詭異亂羣謂之奇』是也。下節注云：『立正欲以息邪，而奇兵用』，即此義」。宇惠說：「『正』當作『兵』或『邪』」。

〔三〕「又不足以取天下也」，道藏集注本無「又」字。按，此文爲四十八章經文，本或無「又」字。考長沙馬王堆三號漢墓出土帛書老子甲乙本，此句均壞缺，然據壞缺字數計之，或當有「又」字。

〔四〕「辟」，説文：「法也」，指刑法。

〔五〕「以」字，據東條弘説校補。按，據經文「以奇用兵」，注：「以奇用兵」，此處當亦作「以奇用兵」。波多野太

〔六〕波多野太郎説：「欲以耻貧」之「耻」字恐爲「止」字之誤。

〔七〕「弱」字，據陶鴻慶説校改。陶説：「上節『國家滋昏』注云：『民強則國家弱』可證。波多野太郎引一説，「多」字疑衍。

〔八〕「此四者」，指「無爲」、「好静」、「無事」、「無欲」。

五十八章

其政悶悶，其民淳淳；

言善治政者，無形、無名、無事、無政可舉〔一〕。悶悶然〔二〕，卒至於大治。故曰「其政悶悶」也。其民無所爭競，寬大淳淳〔三〕，故曰「其民淳淳」也。

其政察察，其民缺缺。

立刑名，明賞罰，以檢姦僞，故曰「〈其政〉察察」也〔四〕。殊類分析〔五〕，民懷爭競，故曰「其民缺

缺」〔六〕。

禍兮福之所倚，福兮禍之所伏。孰知其極？其無正？

言誰知善治之極乎？唯無可正舉，無可形名〔七〕，悶悶然，而天下大化，是其極也〔八〕。

正復爲奇，

以正治國，則便復以奇用兵矣。故曰「正復爲奇」〔九〕。

善復爲妖，

立善以和萬物，則便復有妖之患也〔一〇〕。

人之迷，其日固久。

言人之迷惑失道固久矣，不可便正善治以責〔一一〕。

是以聖人方而不割，

以方〔一二〕導物，〈舍〉〔令〕〔一三〕去其邪，不以方割物。所謂大方無隅〔一四〕。

廉而不劌，

廉，清廉也〔一五〕。劌，傷也。以清廉〈清〉〔導〕〔一六〕民〈令去其邪〉（令去其邪）〔一七〕，令去其汙，不以清廉劌傷於物也。

直而不肆，

以直導物，令去其僻〔八〕而不以直激（沸）〔拂〕〔九〕於物也。所謂大直若屈也〔一0〕。

光而不燿。

以光鑑〔一一〕其所以迷，不以光照求其隱匿也。所謂明道若昧也〔一二〕。此皆崇本以息末，不攻〔一三〕而使復之也。

校　釋

〔一〕此句注文陶鴻慶說：『「無形」以下十字，疑本當作「無可形名，無可政舉」。下節注云：「言誰知善治之極乎？唯無可正舉，無可形名，悶悶然，而天下大化，是其極也」，承此言」。石田羊一郎老子王弼注刊誤本改此句作：「無形可名，無事可舉」。按，陶鴻慶說雖於文義較長，然王弼注文自可通，不必改。又，「政」字，道藏集注本作「正」。

〔二〕「悶悶然」，無所識別貌。二十章注：「無所欲爲，悶悶昏昏，若無所識」。

〔三〕「淳淳」，樸實、寬厚。

〔四〕「其政」二字，據宇惠及東條弘說校補。按，此爲重疊經文，上節注：「故曰其政悶悶也」、「故曰其民淳淳也」。本節注下文說：「故曰其民缺缺」，都可證此處奪「其政」二字。

〔五〕「殊」，別。「殊類分析」，意爲分別上下，賢愚、貴賤等。

〔六〕「缺缺」，昏暗不明貌。馬敘倫說：「『缺』借爲『映』，說文：『映，明也』，蓋目有蔽垢，不明

之義」。

〔七〕「唯無可正舉，無可形名」，道藏集注本作：「唯無正可舉，無刑可名」。

〔八〕此節注文道藏集注本誤作王雱注。

〔九〕道藏集注本無此「曰」字。

〔一〇〕波多野太郎引一說，「以和萬物」之「和」，疑當作「利」字。道藏集注本無「萬物」之「萬」字。

又「妖」下復有「妖妄」二字。

〔一一〕波多野太郎說：「不可便正善治以責」中「便」字，當在「不可」之上。並引一說，「正善」以下，疑有脫誤。

〔一二〕「方」，正直。

〔一三〕「令」字，據陶鴻慶說校改。陶說：「據以下兩節注（『令去其污』、『令去其僻』），此處當作『令去其邪』」。

〔一四〕「大方無隅」句，見四十一章。

〔一五〕「廉，清廉也」，易順鼎說：「王注曰『廉，清廉也』非是。鼎按，『廉』卽古之『矜廉』之『廉』，謂『廉隅也』。禮聘義：『廉而不劌』，疏云：『廉，棱也』正與此同。有棱角，則易致劌傷，故惟聖人『廉而不劌』。淮南子『金積折廉』之『廉』亦如此解。『折』卽『劌』矣」。

〔一六〕「導」字，據陶鴻慶說校改。陶說：「上節注云：『以方導物，令去其邪』下節注云：『以直導物，

令去其僻」。故知此亦爲「導」也。

〔一七〕「令去其邪」四字，據道藏集注本校删。陶鴻慶説，此爲涉上文而衍。

〔一六〕「僻」，邪僻。

〔一五〕「拂」字，據釋文及道藏取善集校改。按，當作「拂」。「拂」，逆也。「激拂」卽違逆。「不以直激拂於物」，卽四十五章王弼注所謂「隨物而直，直不在一」故若屈也」之意。

〔一四〕「大直若屈」，語見四十五章。道藏本奪「大」字。

〔一三〕「鑑」，照。

〔一二〕「明道若昧」，語見四十一章。

〔一一〕「攻」，作。詩經大雅靈臺：「庶民攻之」，鄭箋：「攻，作也」。「不攻而使復之也」，意爲不使萬物有所作爲，而使其復歸根本。

五十九章

治人事天莫若嗇。

莫若〔一〕猶莫過也。嗇，農夫。農人之治田，務去其殊類，歸於齊一也。全其自然，不急其荒病，除其所以荒病〔二〕。上承天命，下綏〔三〕百姓，莫過於此。

夫唯嗇，是謂早服。

早服，常也〔四〕。

早服謂之重積德，

唯重積德，不欲銳速，然後乃能使早服其常。故曰「早服謂之重積德」者也。

重積德則無不克，無不克則莫知其極，

道無窮也。

莫知其極，可以有國。

以有窮而茝〔五〕國，非能有國也。

有國之母，可以長久。

國之所以安，謂之母。重積德，是唯圖其根，然後營末，乃得其終也。

是謂深根固柢，長生久視之道。

校　釋

〔一〕「莫若」之「若」字，道藏本及道藏集注本均作「如」。或說王弼注原作「莫如」，後人據經文改。

〔二〕此句意爲，田之所以荒病，是由于田中有「殊類」，如「去其殊類」，則卽爲「除其所以荒病」，如此，卽能「全其自然」，而不爲「荒病」所窘困。「急」窘也。

〔三〕「綏」，安。

〔四〕「早服」之「服」字，道藏集注本作「復」，下節注文中「服」字亦均作「復」。釋文亦出「早復」，注「音服」。俞樾、易順鼎、劉師培等均引韓非子解老以為經文及注「早服」無誤，「服」不當作「復」。劉師培說：「解老述下文『早』，嗇義曰：『夫能嗇也，是從於道而服於理者也』。又曰：『聖人雖未見禍患之形，虛無服從於道理，以稱蚤服』。則訓服從道理早，即先幾之義矣。王訓『早服』為『常』。後儒又改『服』為『復』，見於釋文，宋人均從之，此均昧於古訓者也」。馬敘倫、范應元、蔣錫昌、奚侗等均以為經文及注之「早服」當為「早復」，『早服道』與『重積德』句法相同，文意相因。高亨校經文說：「『早服』，意不完足，……竊疑『服』下當有『道』字，『早服道』、『早復道』謂早返於道。按，據長沙馬王堆三號漢墓出土帛書老子乙本經文作「夫唯嗇，是以蚤服。蚤服是謂重積〔德〕」。與韓非子解老篇引同。甲本此句經文壞缺。是知經文及注「早服」均無誤。王弼此句注文疑於「早服」下奪一「其」字，文當作「早服其常」。是為釋經文「是謂早服」之意為「早服」於「其常」也。下節注：「唯重積德不欲銳速，然後乃能使早服其常」，正承此言。

六十章

治大國若烹小鮮。

〔五〕「苙」釋文：「古無此字，說文作『莅』」。按，「莅」、「苙」均為臨、治之意。

不擾也。躁則多害，靜則全真〔一〕。故其國彌大，而其主彌靜，然後乃能廣得衆心矣〔二〕。

以道莅天下，其鬼不神。

治大國則若烹小鮮〔三〕，以道莅天下，則其鬼不神也。

非其鬼不神，其神不傷人；

神不害自然也。物守自然，則神無所加。神無所加〔四〕，則不知神之爲神也。

非其神不傷人，聖人亦不傷人。

道洽〔五〕，則神不傷人。神不傷人，則不知神之爲神。道洽，則聖人亦不傷人，聖人不傷人，則〔亦〕〔六〕不知聖人之爲聖也。猶云〔非獨〕〔七〕不知神之爲神，亦不知聖人之爲聖也。夫恃威網以使物者，治之衰也。使不知神聖之爲神聖，道之極也。

夫兩不相傷，故德交歸焉。

神不傷人，聖人亦不傷人；聖人不傷人，神亦不傷人，故曰「兩不相傷」也。神聖合道，交〔八〕歸之也。

校釋

〔一〕「躁」，動、擾。四十五章王弼注：「靜則全物之真，躁則犯物之性」。

〔二〕「衆」字，道藏集注本作「感」。

〔三〕「鮮」，河上公注：「『鮮』，魚也。烹小魚不去腸，不去鱗，不敢撓，恐其糜也」。

〔四〕道藏集注本無下「神之所加」之「所」字。

〔五〕「洽」，合、通、和合之意。

〔六〕「亦」字，據道藏集注本校補。按，據上文「聖人亦不傷人」下文「亦不知聖人之爲聖也」，此處亦當有一「亦」字。

〔七〕「非獨」二字，據道藏本及道藏集注本校補。按，據經文「非其神不傷人，……」，注當有「非獨」二字，於義爲長。

〔八〕「交」俱、共。

六十一章

大國者下流。

江海居大而處下，則百川流之；大國居大而處下，則天下流之〔一〕，故曰「大國〔者〕〔二〕下流」也。

天下之交，

天下〔之〕所歸會〔者〕也〔三〕。

天下之牝。

静而不求，物自歸之也〔四〕。

牝常以静勝牡，以静爲下。

以其静，故能爲下也。牝，雌也。雄躁動貪欲，雌常以静，故能勝雄也。以其静復能爲下，故物歸之也。

故大國以下小國，

大國以下，猶云以大國下小國。

則取小國；

小國則附之。

小國以下大國，則取大國。

大國納之也。

故或下以取，或下而取。

言唯修卑下，然後乃各得其所〔欲〕〔五〕。

大國不過欲兼畜人，小國不過欲入事人，夫兩者各得其所欲，大者宜爲下。

小國修下，自全而已，不能令天下歸之。大國修下，則天下歸之。故曰「各得其所欲，則大者宜爲下」也。

校釋

〔一〕「則天下流之」之「流」，道藏取善集引作「歸」。

〔二〕「者」字，據東條弘説校補。按，此處爲重疊經文，當有「者」字。

〔三〕「之」、「者」二字，據道藏集注本校補。按「天下所歸會也」文義不足，經文「天下之交」，正指上文「大國」而言，故當言「天下之所歸會者也」。

〔四〕道藏集注本無「也」字。

〔五〕「欲」字，據陶鴻慶説校補。陶説：『「各得其所」下，當有「欲」字。下節經注皆云：『各得其所欲』。

六十二章

道者萬物之奧，

奧，猶曖也〔一〕。可得庇蔭之辭。

善人之寶，

寶〔二〕以爲用也。

不善人之所保。

保以全也。

美言可以市，尊行可以加人。

言道無所不先，物無有貴於此也。雖有珍寶璧馬，無以匹之〔三〕。美言之，則可以奪衆貨之賈〔四〕，故曰「美言可以市」也〔五〕。尊行之，則千里之外應之，故曰「可以加於人」也〔六〕。

人之不善，何棄之有！

不善當保道以免放〔七〕。

故立天子，置三公，

言以尊行道也。

雖有拱璧以先駟馬，不如坐進此道。

此道，上之所云也。言故立天子，置三公，尊其位，重其人，所以爲道也。物無有貴於此者，故雖有拱抱寶璧以先駟馬而進之〔八〕，不如坐而進此道也。

古之所以貴此道者何？不曰以求得，有罪以免邪？故爲天下貴。

以求則得求，以免則得免，無所而不施〔九〕，故爲天下貴也。

校　釋

之意。

〔一〕「奧」，原爲室之西南角，室中幽隱之處。「奧」與「曖」一聲之轉。「曖」，蔽障，隱翳之意。所以王弼注：「奧，猶曖也。可得庇蔭之辭。」道藏集注本「曖」作「愛」。「愛」乃「曖」之借字。

〔二〕「寶」，與六十七章所説：「我有三寶」之「寶」同義。

〔三〕「匹」，敵。道藏集注本作「正」。

〔四〕「賈」，通「價」。「奪衆貨之賈」，意爲超過一切貨物之價值。即上文所謂「物無有貴於此」之意。

〔五〕「市」，貨賣。

〔六〕波多野太郎引一説：「故曰」下，「可以加於人也」上，當補「尊行」二字。

〔七〕陶鴻慶説：「『不善人之所保』而言，『免於罪』依下節經文『有罪以免』爲説。經文：『人之不善，何棄之有』爲啓下文：『故立天子，置三公……』而此處注：『不善當保道以免於罪』，亦如二十七章所説：『聖人常善救人，故無棄人。』」按，陶説非。經文：『人之不善，何棄之有』，即如二十七章注所謂：『使民心無欲無惑，則無棄人矣。』「放」，小爾雅廣言：「放，棄也」。上經文：「不善人之所保」注：「保以全也」。故意即爲不善當全其道，而以免於棄也。波多野太郎説：「放，依也」疑此句當作：「不善當放道以免」。又，道藏集注本「放」作「倣」，古通。

〔八〕「拱」，通「珙」，大璧。王弼此處作「拱抱」解，即合抱，亦爲形容寶璧之大。「先」，疑爲「駪」之

借字。

長沙馬王堆三號漢墓出土帛書老子甲乙本「駟」字均作「四」，「四」借爲「駟」字、「先」借爲「號」字。「號」說文：「馬衆多貌」。「以」連結詞。觀上節注：「言道無所不先，物無有貴於此也。雖有珍寶璧馬，無以匹之」之意，則此句意似當爲，雖然有如同合抱大之寶璧與衆多之馬匹等貴重財物可以得到，不如⋯⋯

〔九〕「無所而不施」之「而」字，宇惠說：「疑衍」。

六十三章

爲無爲，事無事，味無味。

以無爲爲居，以不言爲教，以恬淡爲味，治之極也〔一〕。

大小多少，報怨以德。

小怨則不足以報，大怨則天下之所欲誅，順天下之所同者，德也〔二〕。

圖難於其易，爲大於其細。天下難事必作於易，天下大事必作於細，是以聖人終不爲大，故能成其大。夫輕諾必寡信，多易必多難，是以聖人猶難之。

以聖人之才，猶尚難於細易，況非聖人之才，而欲忽於此乎？故曰「猶難之」也。

故終無難矣。

〔一〕十七章王弼注：「大人在上，居無爲之事，行不言之教，萬物作焉而不爲始，故下知有之而已」。

〔二〕此處所謂之「德」，卽三十八章王弼注：「何以盡德，以無爲用」，「唯道是用，不德其德」之「德」之意。

六十四章

其安易持，其未兆易謀，

以其安不忘危，持之不忘亡〔一〕，謀之無功之勢，故曰「易」也〔二〕。

其脆易泮，其微易散。

雖失無入有，以其微脆之故，未足以興大功，故易也。此四者，皆說愼終也。不可以無之故而不持〔三〕，不可以微之故而弗散也。無而弗持則生有焉，微而不散則生大焉。故慮終之患如始之禍，則無敗事。

爲之於未有，

謂其安未兆也〔四〕。

治之於未亂。

謂〔閉〕〔五〕微脆也。

合抱之木，生於毫末；九層之臺，起於累土；千里之行，始於足下。爲者敗之，執者失之。

當以愼終除微，愼微除亂。而〔六〕以施爲治之，形名執之，反生事原，巧辟〔七〕滋作，故敗失也。

是以聖人無爲，故無敗；無執，故無失。民之從事，常於幾成而敗之。

不愼終也。

愼終如始，則無敗事。是以聖人欲不欲，不貴難得之貨。

好欲雖微，爭尚爲之興；難得之貨雖細，貪盜爲之起也。

學不學，復衆人之所過。

不學而能者，自然也。喻於〔不〕〔八〕學者過也。故學不學，以復衆人之〔所〕〔九〕過。

以輔萬物之自然，而不敢爲。

校釋

〔一〕波多野太郎說：「持之」二字，似宜作「其存」。按「持之」之「持」字，疑當作「存」，「之」字，涉下文「謀之」而衍。此語本周易繫辭下：「危者安其位者也，亡者保其存者也，亂者有其治者也。是故，

君子安而不忘危，存而不忘亡，治而不忘亂」。

〔二〕「無功之勢」，解釋經文「未兆」，亦即尚無作爲之時。道藏集注本脱此節注文。

〔三〕「不可以無之故而不持」，意爲不能因爲尚未形成，而不注意它。下文「不可以微之故而弗散

也」，義同此。

〔四〕波多野太郎説：「『其安未兆』言『其安』與『其未兆也』，承上經文」。按，「其」字疑涉經文「其

安」而衍。文當作「謂安未兆也」，釋經文「爲之於未有」之意爲「安」之於「未兆」。若作「其安未兆」則不

辭矣。又，若如波多野太郎説，則於經文「爲之於未有」之「爲之」之義有缺焉。

〔五〕「閉」字，據道藏集注本校補。按，「閉微脆」，即釋經文「治之於未亂」，與上節注「安未兆」意

同，無「閉」字，則於義不可通矣。

〔六〕此「而」字，作「若」、「如」解。

〔七〕「辟」，〈説文〉：「法也」。

〔八〕「不」字，據古逸叢書本校刪。陶鴻慶説：「『喻』蓋『踰』字之誤。『喻於不學』，謂學而後知能

者」。按，陶説雖亦可通，然不若刪「不」字於義爲長。王弼説，「不學而能者，自然也」，以此爲準，則學

者爲不能自然也，所以説是「過」（過錯之過）。文當作「喻於學者過也」。波多野太郎説：「無『不』字是

也。『自然』與『過』相對，『不學』與『學』相應。『喻』，曉也」。

〔九〕「所」字，據道藏集注本校補。按，此爲重疊經文，當有「所」字爲是。

六十五章

古之善爲道者，非以明民，將以愚之。

明，謂多〔見〕〔智〕巧詐，蔽其樸也〔一〕。愚，謂無知守真，順自然也。

民之難治，以其智多。

多智巧詐，故難治也。

故以智治國，國之賊；

智，猶治也。以智而治國，所以謂之賊者，故謂之智也。民之難治，以其多智也〔二〕。**當務塞兌閉門**〔三〕，令無知無欲。而以智術動民，邪心既動，復以巧術防民之僞，民知其術，〔防隨〕〔隨防〕〔四〕而避之。思惟密巧，奸僞益滋，故曰「以智治國，國之賊」也。

不以智治國，國之福。

知此兩者，亦稽式。常知稽式，是謂玄德。玄德深矣，遠矣，

稽〔五〕，同也。今古之所同則〔六〕不可廢。能知稽式，是謂玄德。玄德深矣，遠矣，

與物反矣，

反其真也。

然後乃至大順。

〔一〕「智」字，據陶鴻慶説校改。下兩節注文均作：「多智巧詐，故難治也」，「以其多智」可證。又，

「蔽其樸」之「蔽」字，道藏取善集引作「散」。

〔二〕此句注文多訛誤，不可讀。陶鴻慶説：「下文云：『邪心既動，復以巧術防民之僞』，又云：『思惟密巧，妍偽益滋』。疑此文當作：『智，猶巧也』。以智巧治國，乃所以賊之，故謂之賊也』。按，陶説義較勝，然亦不盡然。觀文義，波多野太郎引一説：『所以謂之賊者』六字，當移於『故謂之智也』下。「故謂之智也」五字疑衍。文當作「智，猶巧也」。以智而治國，所以謂之賊者，民之難治，以其多智也」。如此則文義自通。

〔三〕「塞兌閉門」，見五十二章王弼注：「兌，事欲之所由生。門，事欲之所由從也」。

〔四〕「隨防」原誤倒，文不可通，據陶鴻慶説校改。

〔五〕「稽」字，道藏集注本作「楷」。

〔六〕「今古之所同則」，古逸叢書本作「今古之所同而則」。「則」，法，釋經文「式」之義。二十二章：「聖人抱一爲天下式」，注：「式，猶則（之）也」。二十八章：「爲天下式」，注：「式，模則也」。此句意爲，「以智治國，國之賊」，「不以智治國，國之福」爲今古所共同之法則，不可廢棄者。故下文説：「能知稽式，是謂玄德」等等。

六十六章

江海所以能爲百谷王者，以其善下之，故能爲百谷王。 是以欲上民，必以言下之；欲先民，必以身後之。 是以聖人處上而民不重，處前而民不害，是以天下樂推而不厭。 以其不争，故天下莫能與之争。

六十七章

天下皆謂我道大，似不肖。 夫唯大，故似不肖。 若肖，久矣其細也夫。

久矣其細，猶曰其細久矣。

我有三寶，持而保之。 一曰慈，二曰儉，三曰不敢爲天下先。 肖〔一〕則失其所以爲大矣，故曰「若肖，久矣其細也夫」〔二〕。

慈，故能勇；

夫慈，以陳〔三〕則勝，以守則固，故能勇也。

儉，故能廣；

節儉愛費，天下不匱〔四〕，故能廣也。

不敢爲天下先，故能成器長。

唯後外其身〔五〕，爲物所歸，然後乃能立成器爲天下利，爲物之長也〔六〕。

今舍慈且勇，

且，猶取也。

舍儉且廣，舍後且先，死矣！夫慈，以戰則勝，

相慜而不避於難，故勝也〔七〕。

以守則固，天將救之，以慈衞之。

校　釋

〔一〕「肖」，像。像則像一定之形象，不如大道之無形，所以說「失其所以爲大矣」。

〔二〕道藏本及道藏集注本「夫」字均在「故」字下。

〔三〕「陳」，通「陣」，布陣作戰之意。即下節經文「夫慈，以戰則勝」之意。

〔四〕「匱」，乏。

〔五〕「後外其身」，即七章所謂「後其身而身先，外其身而身存」。

〔六〕陶鴻慶說：「『立成』無義。『立』疑『善』之壞字。四十一章注云：『無物而不濟其形，故曰善成』是其證也。『器』字當在『利爲天下』下」。按，陶說非。「立成器爲天下利」句無誤。王弼此注乃引周易繫辭上之語：「備物致用，立成器以爲天下利，莫大乎聖人」。此注上文「唯後外其身，爲物所歸」，

一七一

老子道德經注　下篇

正指「聖人」而言。七章經文：「是以聖人後其身而身先，外其身而身存」。故此注文義自可通。

〔七〕「慇」通「憫」憐憫，相愛之意。此句意若六十九章王弼注所謂：「哀者必相惜而不趣利避害，故必勝」。

六十八章

善爲士者不武，

士，卒之帥也。武尚先陵〔一〕人也。

善戰者不怒，

後而不先，應而不唱，故不在怒。

善勝敵者不與，

（不）與，爭也〔二〕。

善用人者爲之下。

是謂不爭之德，是謂用人之力，

用人而不爲之下，則力不爲用也〔三〕。

是謂配天古之極。

校 釋

〔一〕「陵」侵犯。

〔二〕「不」字,據陶鴻慶說校刪。陶說:「王注云:『不與爭也』,『不與爭』而但云『不與』,不辭甚矣。『與』即『爭』也。墨子非儒下篇云:『若皆仁人也』,則無說而相與』,與下文『若兩暴交爭』云云,文義相對。是『相與』即『相爭』也。王氏引之經義述聞謂:古者『相當』、『相敵』,皆謂之『與』,疏證最詳。『當』、『與』、『敵』,並與『爭』義近。疑注文本作『與,爭也』。後人不達其義,臆增『不』字耳。按,陶

說是。

〔三〕此即六十六章所謂:「欲上民,必以言下之」之意。

六十九章

用兵有言,吾不敢爲主而爲客,不敢進寸而退尺。是謂行無行,

(彼)〔進〕〔一〕遂不止。

攘無臂,扔無敵,

行,謂行陳也〔二〕。 言以謙退哀慈,不敢爲物先。 用戰猶行無行,攘無臂,執無兵,扔無敵也〔三〕。 言

無有與之抗也。

執無兵〔四〕。 禍莫大於輕敵,輕敵幾喪吾寶。

言吾哀慈謙退，非欲以取强無敵於天下也。不得已而卒至於無敵，斯乃吾之所以爲大禍也〔五〕。寶，三寶也〔六〕。故曰「幾亡吾寶」。

故抗兵相加，哀者勝矣。

抗，舉也。〔加〕〔若〕〔七〕當也。哀〔八〕者必相惜而不趣利避害，故必勝。

校釋

〔一〕「進」字，據陶鴻慶說校改。陶說：「『彼』疑當爲『進』。『進遂不止』釋經文『不敢進寸而退尺』之義」。波多野太郎說：「彼遂不止」，疑爲河上公注混入，非弼注。按，陶說是。又此注文四字疑當移至經文「是謂行無行」句上。下節注首言：「行，謂行陳也」，即釋經文「行無行」。故經文「是謂行無行」當與「攘無臂，……」相聯。

〔二〕東條弘說：「『行，謂行陳也』五字，當移至上注『彼遂不止』四字前。按，東條弘說非，說見前。

〔三〕「攘」，馬敍倫說：「借爲『纕』。說文：『纕，援臂也』。「扔」，道藏集注本作「仍」。馬敍倫說：「『扔』、『仍』音義同，説文曰：『扔，捆也』，『捆』，『就也』。據馬說，則「行無行」意爲，欲行陣相對而無陣可行。「攘無臂」意爲，欲援臂相鬥而無臂可援。「執無兵」意爲，欲執兵相戰而無兵可執。「扔無敵」意爲，欲就敵相争而無敵可就。此均爲說明，由於「謙退」、「不敢爲物先」，因而使得他人欲戰、欲鬥、欲用兵、欲爲敵而都找不到對立之一方。按「扔」字，疑當作「乃」。長沙馬王堆三號漢墓出土帛書老子甲

乙本經文均作「乃」。觀王弼注說:「言無有與之抗也」之意，正釋經文「乃無敵」之義。故似作「乃無敵」於義爲長。作「扔」者，因經文「執無兵」三字誤在下（當在「攘無臂」下，「乃無敵」上），又因三十八章「則攘臂而扔之」句，不明其義者妄改也。三十八章「攘臂而扔之」之「扔」字，長沙馬王堆三號漢墓出土帛書老子甲乙本經文亦均作「乃」，此「乃」字爲「扔」之借字，而本章注「乃無敵」當以「乃」本字用。

〔四〕按「執無兵」三字，據王弼注文次序當在「攘無臂」下。長沙馬王堆三號漢墓出土甲乙本經文「執無兵」三字均在「攘無臂」下可證。

〔五〕陶鴻慶說，此節注文當作:「言吾哀慈謙退，非欲以兵取強於天下，不得已也。無敵而卒至於輕敵，斯乃吾之所以爲大禍也」傳寫錯誤，遂不可通。按，陶說非。據馬敍倫遵傅奕本校定老子經文，傅奕本老子經文及長沙馬王堆三號漢墓出土帛書老子甲乙本亦均作「無敵」。又，觀王弼上節注:「言無有與之抗也」也爲「無敵」之意。則此節注文無誤可知也。此注之意爲，我之所以用「哀慈謙退」，原不爲「取強無敵於天下」者，然終而至於「無敵」，此乃我之所以視爲「大禍」者。

〔六〕「三寶」指「慈」、「儉」、「不敢爲天下先」。文見六十七章。

〔七〕「若」字，據道藏集注本校改。按，「加」字無「當」義，「當」作「若」。傅奕本老子經文及長沙馬王堆三號漢墓出土帛書老子甲乙本經文「相加」均作「相若」。可見，注文「若」誤作「加」，乃因經文之誤而誤。

〔八〕「哀」，憐惜之意。勞健說:「王弼注云云，後人相承，多誤解『哀』字，如哀傷之義，大失其旨。

王弼注『慈以陳則正』句云：『相慜而不避於難，故正也』（文見六十七章。「陳」作「戰」，「正」作「勝」）。與

此句注大同小異，則王弼本意當亦以『哀』爲慈愛而非哀傷」。

七十章

吾言甚易知，甚易行，天下莫能知，莫能行。

可不出戶窺牖而知〔一〕，故曰「甚易知」也。無爲而成〔二〕，故曰「甚易行」也。惑於躁欲，故曰「莫之能知」也。迷於榮利，故曰「莫之能行」也。

言有宗，事有君。

宗，萬物之（祟）〔主〕〔三〕也；君，萬（物）〔事〕〔四〕之主也。

夫唯無知，是以不我知。

以其言有宗，事有君之故，故有知之人，不得不知之也〔五〕。

知我者希，則我者貴，

知我益希，我亦無匹〔七〕，故曰「知我者希，則我（者）貴」也〔八〕。唯深，故知之者希也〔六〕。

是以聖人被褐懷玉。

被褐者〔九〕，同其塵；懷玉者〔一〇〕，寶其真也〔一一〕。聖人之所以難知，以其同塵而不殊〔一二〕，懷玉而不

渝〔三〕,故難知而爲貴也。

校釋

〔一〕四十七章:「不出户,知天下,不闚牖,見天道」。注:「道有大常,理有大致。執古之道,可以御今;雖處於今,可知古始。故不出户闚牖,而可知也」。

〔二〕四十七章王弼注:「明物之性,因之而已,故雖不爲,而使之成矣」。

〔三〕「主」字,據陶鴻慶説校改。陶説:「宗亦主也。注釋『宗』、『君』二字義無區別。疑原文當云:『宗,萬物之主也』」。按,陶説是。四章「淵兮似萬物之宗」注:「形雖大,不能累其體;事雖殷,不能充其量。萬物舍此而求主,主其安在乎?不亦淵兮似萬物之宗乎」?亦以「主」釋「宗」可爲證。

〔四〕「事」字,據道藏集注本校改。陶鴻慶亦説當作:「君,萬事之主也」。經文及下節注文均作「事有君」可證。

〔五〕此句注文文義不明,疑有錯誤。宇惠説:「『不得不知之也』句下『不』字疑爲『而』字之誤。按,疑『有知』之『有』爲『無』之訛,『不知』之『不』爲『我』之訛。經文説:『夫唯無知,是以不我知』。注文正釋此意,故當作『無知之人,不得我知之也』。『無知之人』,指不懂得「言有宗,事有君」之道理的人,因此,也就不能懂得『吾言甚易知,甚易行』,亦即『不得我知之也』。『不得我知之』,如説:不能知道我,所以經文説:『知我者希』。注:『唯深,故知之者希也』」。

〔六〕「希」，借爲「稀」，少。

〔七〕「我亦無匹」之「亦」字，陶鴻慶説：「當作『益』」。

〔八〕「者」字，據道藏集注本校删。按，觀王弼注文之義不當有「者」字。注文之義謂，知我者愈少，於是我就貴重了。下節注文說：「聖人之所以難知，以其同塵而不殊，懷玉而不渝，故難知而爲貴也」，正申述此意。若有「者」字，則「則」字當作「效法」義解，則於上下文義不可通。注文所以衍此「者」字，乃由於老子經文：「則我者貴」句已衍「者」字而沿誤。馬敍倫據傅奕本校訂，經文「則我者貴」，無「者」字。長沙馬王堆三號漢墓出土帛書老子甲乙本經文此句亦均作「則我貴矣」可證。

〔九〕「被」，披。「褐」，黑色短衣。「被褐」，指穿着普通人的衣着，不突出，即所謂「同其塵」。

〔一〇〕「懷」，馬敍倫説：「當作『裹』，説文：『裹，褒也』。今通用『懷』」。「懷玉」，即把玉包裹起來，不使其顯露出來。按，馬説是。長沙馬王堆三號漢墓出土帛書老子甲乙本經文「懷」字，正均作「裹」。

〔一一〕「寶」，通「保」。「真」，樸、無。

〔一二〕「殊」，別。「不殊」，不與萬物區別，即所謂「不殊其類」。

〔一三〕「不渝」，道藏取善集引作「不顯」。按，「渝」爲變、污之義。觀此注上下文義作「不渝」不可通，而以作「不顯」義爲長。「懷玉而不顯」，意即把寶玉包裹起來，不使其顯露。又「渝」字疑爲「矜」字之誤。上文說：「懷玉者，寶其真也」。四十一章：「質真若渝」，王注：「質真者，不矜其真，故〔若〕渝」，可證此處當作「不矜」。「同塵而不殊」、「懷玉而不矜」對文同義。此處作「不渝」者，疑涉四章王弼注：「同

塵而不渝其真」句而誤。

七十一章

知不知，上；不知知，病。

不知知之不足任，則病也。

夫唯病病，是以不病。聖人不病，以其病病，是以不病〔一〕。

校　釋

〔一〕道藏集注本於此經文下有王弼注文「病病者，知所以爲病」八字。

七十二章

民不畏威，則大威至。無狎其所居，無厭其所生。

清（淨）〔靜〕〔一〕無爲謂之居，謙後不盈謂之生。離〔二〕其清（淨）〔靜〕，行其躁欲，棄其謙後，任其威權，則物擾而民僻〔三〕，威不能復制民〔四〕。民不能堪〔五〕其威，則上下大潰矣，天誅將至。故曰「民不畏威，則大威至。無狎其所居，無厭其所生〔六〕」。言威力不可任也。

夫唯不厭，

不自厭也。

是以不厭。

不自厭，是以天下莫之厭。

是以聖人自知，不自見；

不自見其所知，以耀光行威也〔七〕。

自愛，不自貴。

自貴，則(物)〔將〕狃(厭居)〔居厭〕生〔八〕。

故去彼取此。

校　釋

〔一〕「静」字，據東條弘説：「本『清浄』作『清静』」校改。按，王弼以「清静」與「躁欲」對言，以「清静」爲本。六章王弼注：「守静不衰」，十五章王弼注：「濁以静，物則得清」，四十五章王弼注：「静無爲以勝熱。以此推之，則清静爲天下正也。静則全物之真，躁則狃物之性，故惟清静，乃得如上諸大也」等，均可爲證。下「離其清静」之「静」字同此。

〔二〕「離」字，道藏本及道藏集注本均誤作「雖」。

〔三〕「擾」，亂。「僻」，邪。

〔四〕「制民」之「民」字，道藏集注本作「良」。

〔五〕「堪」，勝任。

〔六〕「狎」，近。道藏集注本作「狹」。「狎」、「狹」古通。「厭」，損。

〔七〕「耀光」，意為偵察人之隱照；五十八章：「光而不燿」注：「以光鑑其所以迷，不以光照求其隱慝也」。「耀光」即為「光而不燿」之反義。又，古逸叢書本「耀光」作「光耀」。「行威」，道藏集注本作「行藏」。

〔八〕此節注文據陶鴻慶說校改。陶說：「『物』蓋『將』字之誤。草書似之。『狎厭居生』當作『狎居厭生』。本章經云：『無狎其所居，無厭其所生』」。

七十三章

勇於敢則殺，
必不得其死也。
勇於不敢則活。

必齊命也〔一〕。

此兩者，或利或害。

俱勇而所施者異〔二〕。

天之所惡，孰知其故？是以聖人猶難之。

利害不同，故曰「或利或害」也。

執，誰也。言誰能知天（天下之所惡）意（故）邪？其唯聖人〔也〕〔三〕。 夫聖人之明，猶難於勇敢，況無聖人之明，而欲行之也。故曰「猶難之」也〔四〕。

天之道，不爭而善勝，

〔天〕〔夫〕唯不爭，故天下莫能與之爭〔五〕。

不言而善應，

順則吉，逆則凶，不言而善應也〔六〕。

不召而自來，

處下則物自歸〔七〕。

繟然而善謀。

垂象而見吉凶〔八〕，先事而設誠〔九〕，安而不忘危、未（召）〔兆〕〔一〇〕而謀之，故曰「繟然〔一一〕而善謀」也。

天網恢恢，疏而不失。

校釋

〔一〕「齊」，道藏集注本作「濟」。「齊」通「濟」，成全。「齊命」，如説「全命」。

〔二〕「所施者異」，指一則「勇於敢」，一則「勇於不敢」。

〔三〕此句注文據《列子力命篇》張湛注引校改。按，原注文義不通，當據《列子力命篇》改，義自通。

〔四〕道藏集注本脱此節注文。

〔五〕「夫」字，據道藏集注本校改。又「唯」字，道藏本誤作「雖」。按，此乃引二十二章經文：「夫唯不爭，故天下莫能與之爭」。作「天」者，形近而誤。

〔六〕「善應」，道藏集注本作「臨應」。

〔七〕六十一章王弼注：「江海居大而處下，則百川流之」；「大國居大而處下，則天下流之」。

〔八〕語出《周易繫辭上》：「天生神物，聖人則之；天地變化，聖人效之。天垂象，見吉凶，聖人象之」。

〔九〕「誠」字，宇惠説，據文義當作「誡」，形近而訛。

〔一〇〕「兆」字，據道藏集注本等校改。六十四章：「其未兆易謀」可證。

〔一一〕「繲」字，道藏集注本作「紐」。或作「墠」。按，「繲」、「紐」、「墠」音近，同借爲「坦」。「坦然」，即坦白無私。

七十四章

民不畏死，奈何以死懼之！若使民常畏死，而爲奇者吾得執而殺之，孰敢？

詭異亂羣，謂之奇也[一]。

常有司殺者殺，夫代司殺者殺，是謂代大匠斲。夫代大匠斲者，希有不傷其手矣。

爲逆，順者之所惡忿也[二]；不仁者，人之所疾也[三]。故曰「常有司殺」也。

校釋

〔一〕「羣」字，道藏取善集引作「眞」。

〔二〕字惠說：疑「順者」二字倒乙。文當爲「爲逆者，順之……」。按，又疑「忿」爲衍文，讀者以

「忿」注「惡」而誤衍入者。文當作「爲逆者，順之所惡也」，與下文「不仁者，人之所疾也」正相對應。

〔三〕「人之所疾也」之「人」字，勞健說：當爲「天」字之訛，語出前章經文「天之所惡」。

七十五章

民之饑，以其上食稅之多，是以饑。民之難治，以其上之有爲，是以難治。民之輕死，以其

求生之厚，是以輕死。夫唯無以生爲者，是賢於貴生。

言民之所以僻〔一〕，治之所以亂，皆由上，不由其下也〔二〕。民從上也〔三〕。

校　釋

〔一〕「僻」，邪。

〔二〕此句注文陶鴻慶說：『皆由上，不由其下也』，『其』字誤奪在下，當云：『皆由其上，不由下也』。『其上』二字乃舉經文』。

〔三〕道藏集注本於「民從上也」句下，尚有「此疑非老子之所作」八字。

七十六章

人之生也柔弱，其死也堅強。萬物草木之生也柔脆，其死也枯槁。故堅強者死之徒，柔弱者生之徒。是以兵強則不勝，

強兵以暴於天下者，物之所惡也，故必不得勝〔一〕。

木強則兵。

物所加也。

強大處下，

木之本也〔二〕。

柔弱處上。
　枝條是也。

校釋

〔一〕列子黃帝篇張湛注引此作：「物之所惡，故必不得終焉」。易順鼎說：列子引此注爲「兵強則滅，木強則折」二句之注，今注誤「終」爲「勝」，又誤在「兵強則不勝」之下。據張注知王弼本作「兵強則滅」，今作「兵強則不勝者」，乃後人因誤注而並改正文矣。按，易說非。據長沙馬王堆三號漢墓出土帛書老子甲乙本經文均作「兵強則不勝」，可知經文與注均不誤。

〔二〕「木」字，道藏集注本作「大」。

七十七章

天之道，其猶張弓與！高者抑之，下者舉之；有餘者損之，不足者補之。天之道，損有餘而補不足。人之道則不然，

與天地合德，乃能包之如天之道。如人之量，則各有其身，不得相均。如惟無身無私乎〔一〕？自然，然後乃能與天地合德。

損不足以奉有餘。孰能有餘以奉天下？唯有道者。是以聖人為而不恃，功成而不處，其

不欲見賢。

言(唯)(誰)(三)能處盈而全虛，損有以補無，和光同塵，蕩而均者(三)？唯(其)(有)道(者)也(四)。是以

聖人不欲示其賢，以均天下。

校　釋

〔一〕「如惟無身無私乎」句中「如」字當作「此」解。如論語憲問：「如其仁，如其仁」之「如」。「如

惟……」如同說「此只有……」。

〔二〕「誰」字，據陶鴻慶說校改。按，經文作：「孰能有餘以奉天下」可證。「孰」，誰也，作「唯」者形

近而誤。

〔三〕「蕩」，廣大。「均」，均平。

〔四〕「有」字，據陶鴻慶說校改。「者」字，據石田羊一郎說校補。按，此為復述經文「唯有道者」，

當如陶說等改。

七十八章

天下莫柔弱於水，而攻堅強者莫之能勝，其無以易之。

以,用也。其,謂冰也。言用水之柔弱,無物可以易之也〔二〕。

弱之勝强,柔之勝剛,天下莫不知,莫能行。 是以聖人云,受國之垢,是謂社稷主;受國不

祥,是爲天下王。 正言若反。

校　釋

〔一〕道藏集注本脱此節注文。

七十九章

和大怨,必有餘怨,

不明理其契〔一〕,以致大怨已至。而德〔以〕〔二〕和之,其傷不復,故〔必〕〔三〕有餘怨也。

安可以爲善? 是以聖人執左契,

左契〔四〕,防怨之所由生也。

而不責於人。 有德司契,

有德之人,念思其契,不〔念〕〔令〕〔五〕怨生而後責於人也〔六〕。

無德司徹。

徹，司人之過也〔七〕。

天道無親，常與善人。

校　釋

〔一〕「理」治理。「契」書契，指契約、法令。周易繫辭下：「上古結繩而治，後世聖人易之以書契」。韓康伯注：「書契所以決斷萬事也」。

〔二〕「以」字，據道藏本及道藏集注本校補。「德以和之」，意為用德來調和大怨。

〔三〕「必」字，據道藏本及道藏集注本校補。按，經文作「必有餘怨」可證。

〔四〕「左契」契分左右以為對質。禮記曲禮：「獻粟者，執右契」，鄭玄注：「契，券要也」，「右為尊」。商子定分：「以左券予吏之問法令者；主法令之吏，謹藏其右券木柙以寶藏之」。戰國策韓策：「操右契而為公責德於秦魏之王」。馬敍倫引王雱說：「左契乃受責者之所執」；引吳澄說：「執左契者，已不責於人，待人來責於己。有持右契來合者，即與之，無心計較其人之善否」。王弼注「左契」防怨之所由生也」正是待人來責於己，而己不責於人之意。

〔五〕「令」字，據道藏本及道藏集注本校改。作「念」者，義不可通，涉「念思其契」之「念」而誤。

〔六〕王弼周易訟卦象辭注：「聽訟，吾猶人也」，必也使無訟乎！無訟在於謀始，謀始在於作制。物有其分，職不相濫，爭何由興？訟之所以起，契之過也。故有德司契而不契之不明，訟之所以生也。

責於人」。可爲此處注文之參考。

〔七〕「徹」，通「轍」。俞樾説：『『徹』與『轍』通。二十七章：『善行無轍迹』，釋文作『徹』，引梁武帝曰：『徹』應『車』邊」。「司」，馬敍倫説：「『司』，讀爲伺察之『伺』。」「徹」、「司」人之過也」，釋經文「無德司轍」意爲，無德之人專注視人之行迹，以察他人之過錯。

八十章

小國寡民，

國既小，民又寡，尚可使反古，況國大民衆乎！故舉小國而言也。

使有什伯之器而不用，

言使民雖有什伯之器〔一〕，而無所用〔二〕，何患不足也。

使民重死而不遠徙。

使民不用，惟身是寶，不貪貨賂〔三〕。故各安其居，重死而不遠徙也。

雖有舟輿，無所乘之；雖有甲兵，無所陳之；使人復結繩而用之。

甘其食，美其服，安其居，

樂其俗。鄰國相望，雞犬之聲相聞，民至老死不相往來。

無所欲求〔四〕。

〔一〕「什伯之器」指兵器。俞樾説:「『什伯之器』,乃兵器也。」後漢書宣秉傳注曰:「軍法五人爲伍,二五爲什,則共其器。」其兼言伯者,古軍法以百人爲『伯』。周書武順篇:『五五二十五曰元卒,四卒成衞曰伯』,是其證也。什伯皆士卒部曲之名。禮記祭義篇曰:『軍旅什伍』。彼言『什伍』,此言『什伯』,所稱有大小,而無異義。徐鍇説文繫傳於人部『伯』下引『老子曰:有什伯之器。每什伯共用器,謂兵革之屬』。得其解矣。

〔二〕道藏本及道藏集注本於「無所用」下均有「之當」二字。則此注文當作「……而無所用之」當何患不足也」。

〔三〕「貨賂」,貨物。

〔四〕「欲求」道藏集注本作「求欲」。按,本章與下章經文,據長沙馬王堆三號漢墓出土帛書老子甲乙本次序,均在今本六十六章之後,六十七章之前。

八十一章

信言不美,
實在質也。

美言不信;

本在樸也。

善者不辯,辯者不善;知者不博,

極在一也〔一〕。

博者不知。聖人不積,

無私自有〔二〕,唯善是與〔三〕,任物而已。

既以為人,己愈有;

物所尊也。

既以與人,己愈多。

物所歸也。

天之道,利而不害。

動常生成之也〔四〕。

聖人之道,為而不爭。

順天之利,不相傷也。

校釋

〔一〕三十九章王弼注：「一，數之始而物之極也」。

〔二〕「無私自有」，波多野太郎說：「『自』字宜作『不』字。二章『生而不有』」。

〔三〕「與」，通「予」，給予。

〔四〕「動」，指天道之動。此句意爲，天道動而使物生之、成之。

老子指略 輯佚

夫物之所以生，功之所以成，必生乎無形，由乎無名〔一〕。無形無名者，萬物之宗也〔二〕。不溫不涼，不宮不商〔三〕。聽之不可得而聞，視之不可得而彰，體之不可得而知，味之不可得而嘗〔四〕。故其為物也則混成〔五〕，為象也則無形〔六〕，為音也則希聲〔七〕，為味也則無呈〔八〕。故能為品物之宗主，苞通天地，靡使不經也〔九〕。若溫也則不能涼矣，宮也則不能商矣。形必有所分，聲必有所屬。故象而形者，非大象也；音而聲者，非大音也。

然則，四象不形，則大象無以暢；五音不聲，則大音無以至〔一〇〕。四象形而物無所主焉，則大象暢矣；五音聲而心無所適焉，則大音至矣〔一一〕。故執大象則天下往，用大音則風俗移也〔一二〕。無形暢，天下雖往，往而不能釋也；希聲至，風俗雖移，移而不能辯也〔一三〕。是故天生五物，無物為用〔一四〕。聖行五教，不言為化〔一五〕。是以「道可道，非常道；名可名，非常名」也〔一六〕。五物之母，不炎不寒，不柔不剛〔一七〕；五教之母，不皦不昧〔一八〕，不恩不傷。雖古今不同，時移俗易，此不變也，所謂「自古及今，其名不去」者也〔一九〕。天不以此，則物不生；治不以此，則功不成。故古今通，終始同；執古可以御今，證今可以知古始〔二〇〕，此所謂「常」者也〔二一〕。

無皦昧之狀，溫涼之象，故「知常曰明」也〔二二〕。物生功成，莫不由乎此，故「以閱眾甫」也〔二三〕。

夫奔電之疾猶不足以一時周，御風之行猶不足以一息期〔二四〕。善速在不疾，善至在不行。故可道之

盛,未足以官天地;有形之極,未足以府萬物〔二四〕。是故歎之者不能盡乎斯美,詠之者不能暢乎斯弘〔二五〕。

名之不能當,稱之不能既〔二六〕。名必有所分,稱必有所由〔二七〕。夫「道」也者,有分則有不兼,有由則有不盡〔二八〕;不兼

則大殊其真,不盡則不可以名,此可演而明也〔二九〕。夫「道」也者,取乎萬物之所由也;「玄」也者,取乎

幽冥之所出也;「深」也者,取乎探賾而不可究也〔三〇〕;「大」也者,取乎彌綸而不可極也〔三一〕;「遠」也者,取乎

綿邈而不可及也〔三二〕;「微」也者,取乎幽微而不可覩也。然則「道」、「玄」、「深」、「大」、「微」、「遠」

之言〔三三〕,各有其義,未盡其極者也。然彌綸無極,不可名細;微妙無形,不可名大。是以篇云:「字之曰

道」,「謂之曰玄」,而不名也〔三四〕。然則,言之者失其常,名之者離其真,為之者則敗其性,執之者則失

其原矣〔三五〕。是以聖人不以言為主,則不違其常;不以名為常,則不以名為事;不以為為事,則不敗其性;

不以執為制,則不失其原矣〔三六〕。然則,《老子》之文〔三七〕,欲辯而詰者,則失其旨也;欲名而責者,則違其

義也。故其大歸也〔三八〕,論太始之原以明自然之性,演幽冥之極以定惑罔之迷〔三九〕。因而不為,損而不

施〔四〇〕;崇本以息末,守母以存子〔四一〕;賤夫巧術,為在未有〔四二〕;無責於人,必求諸己〔四三〕;此其大要也。

而法者尚乎齊同,而刑以檢之〔四四〕。名者尚乎定真,而言以正之〔四五〕。儒者尚乎全愛,而譽以進之〔四六〕;

墨者尚乎儉嗇,而矯以立之〔四七〕。雜者尚乎眾美,而總以行之〔四八〕。夫刑以檢物,巧偽必生;名以定物,

理恕必失;譽以進物,爭尚必起;矯以立物,乖違必作;雜以行物,穢亂必興。斯皆用其子而棄其母。

物失所載,未足守也。然致同塗異,至合趣乖;而學者惑其所致,迷其所趣。觀其齊同,則謂之法;

覩其定真,則謂之名;察其純愛,則謂之儒;鑒其儉嗇,則謂之墨;見其不係,則謂之雜。隨其所鑒而正

名焉，頰其所好而執意焉。故使有紛紜憒錯之論〔五〇〕，殊趣辯析之爭〔五一〕，蓋由斯矣。又其爲文也，舉終以證始，本始以盡終〔五二〕；開而弗達，導而弗牽〔五三〕。尋而後既其義，推而後盡其理，善發事始以首其論，明夫會歸以終其文〔五四〕。故使同趣而感發者〔五五〕，因而演焉；異旨而獨構者〔五六〕，莫不說其會歸之徵，以爲證焉。夫途雖殊，必同其歸；慮雖百，必均其致。而舉夫歸致以明至理，故使觸類而思者，莫不欣其思之所應，以爲得其義焉。

凡物之所以存，乃反其形；功之所以剋，乃反其名〔五七〕。夫存者不以存爲存，以其不忘亡也；安者不以安爲安，以其不忘危也。故保其存者亡，不忘亡者存；安其位者危，不忘危者安。善力舉秋毫，善聽聞雷霆，此道之與形反也〔五八〕。安者實安，而曰非安之所安；存者實存，而曰非存之所存；侯王實尊，而曰非尊之所爲〔五九〕；天地實大，而曰非大之所能；聖功實存，而曰絕聖之所立；仁德實著，而曰棄仁之所存〔六〇〕。故使見形而不及道者，莫不忿其言焉〔六一〕。夫欲定物之本者，則雖近而必自遠以證其始。夫欲明物之所由者，則雖顯而必自幽以敘其本。故取天地之外，以明形骸之內；明侯王孤寡之義，而從道一以宜其始〔六二〕。故使察近而不及流統之原者，莫不誕其言以爲虛焉〔六三〕。是以云云者，各申其說，人美其亂〔六四〕。或迁其言，或譏其論，若曉而昧，若分而亂〔六五〕，斯之由矣。

名也者，定彼者也，稱也者，從謂者也〔六六〕。名生乎彼，稱出乎我。故涉之乎無物而不由，則稱之曰道〔六七〕：「求之乎無妙而不出，則謂之曰玄〔六八〕。妙出乎玄，衆由乎道。故「生之畜之」，不雍不塞，通物之性，道之謂也。「生而不有，爲而不恃，長而不宰」，有德而無主，玄之德也〔六九〕。「玄」，謂之深者也〔七〇〕；

「道」，稱之大者也。名號生乎形狀，稱謂出乎涉求。名號不虛生，稱謂不虛出。故名號則大失其旨，稱

謂則未盡其極〔七一〕。是以謂玄則「玄之又玄」，稱道則「域中有四大」也〔七二〕。

老子之書，其幾乎可一言而蔽之。噫！崇本息末而已矣。觀其所由，尋其所歸，言不遠宗，事不失

主〔七三〕。文雖五千，貫之者一；義雖廣瞻，眾則同類。解其一言而蔽之，則無幽而不識；每事各為意，則

雖辯而愈惑〔七四〕。嘗試論之曰：夫邪之興也，豈邪者之所為乎？淫之所起也，豈淫者之所造乎？故閑邪

在乎存誠，不在善察；息淫在乎去華，不在滋章〔七六〕；絕盜在乎去欲，不在嚴刑；止訟存乎不尚，不在

善聽〔七七〕。故不攻其為也〔七五〕，使其無心於為也；不害其欲也，使其無心於欲也。謀之於未兆，為之於未

始〔七八〕，如斯而已矣。故竭聖智以治巧偽，未若見質素以靜民欲〔七九〕；興仁義以敦薄俗，未若抱樸以全

篤實；多巧利以興事用，未若寡私欲以息華競〔八〇〕。故絕司察〔八一〕，潛聰明，去勸進，翦華譽〔八二〕，棄巧

用，賤寶貨。唯在使民愛欲不生，不在攻其為邪也〔八三〕。故見素樸以絕聖智〔八四〕，寡私欲以棄巧利，皆

崇本以息末之謂也。

夫素樸之道不著，而好欲之美不隱〔八五〕，雖極聖明以察之，竭智慮以攻之，巧愈思精，偽愈多變，攻

之彌甚，避之彌勤。則乃智愚相欺，六親相疑，樸散真離，事有其奸。蓋舍本而攻末，雖極聖智，愈致斯

災，況術之下此者乎！夫鎮之以素樸，則無為而自正〔八六〕；攻之以聖智，則民窮而巧殷〔八七〕。故素樸可

抱，而聖智可棄。夫察司之簡，則避之亦簡；竭其聰明，則逃之亦察〔八八〕。簡則害樸寡，密則巧偽深矣。

夫能為至察探幽之術者，匪唯聖智哉？其為害也，豈可記乎！故百倍之利未渠多也〔八九〕。

夫不能辯名，則不可與言理；不能定名，則不可與論實也〔九〇〕。凡名生於形，未有形生於名者

也〔九一〕。故有此名必有此形，有此形必有其分。仁不得謂之聖，智不得謂之仁，則各有其實矣。夫察

見至微者，明之極也；探射隱伏者〔九二〕，慮之極也。能盡極明，匪唯聖乎？能盡極慮，匪唯智乎？校實定

名，以觀絕聖，可無惑矣〔九三〕。夫敦樸之德不著，而名行之美顯尚，則修其所尚而望其譽，修其所道而

冀其利。望譽冀利以勤其行，名彌美而誠愈外，利彌重而心愈競。父子兄弟，懷情失直，孝不任誠，慈

不任實，蓋顯名行之所招也。患俗薄而名興行〔九四〕，崇仁義，愈致斯偽，況術之賤此者乎？故絕仁棄義

以復孝慈，未渠弘也〔九五〕。

夫城高則衝生〔九六〕，利興則求深。苟存無欲，則雖賞而不竊〔九七〕，私欲苟行，則巧利愈昏。故絕巧

棄利，代以寡欲，盜賊無有〔九八〕，未足美也。夫聖智，才之傑也；仁義，行之大者也；巧利，用之善也。本

苟不存，而與此三美〔九九〕，害猶如之，況術之有利，斯以忽素樸乎〔一〇〇〕！故古人有歎曰：甚矣，何物之難

悟也！既知不聖為不聖，未知聖之不聖也；既知不仁為不仁，未知仁之為不仁也。故絕聖而後聖功全，

棄仁而後仁德厚。夫惡强非欲不强也，為强則失强也；絕仁非欲不仁也，為仁則偽成也。有其治而乃

亂，保其安而乃危。後其身而身先，身先非先身之所能也；外其身而身存，身存非存身之所為也〔一〇一〕。

功不可取，美不可用。故必取其為功之母而已矣〔一〇二〕。篇云：「既知其子」，而必「復守其母」〔一〇三〕。尋

斯理也，何往而不暢哉！

校釋

〔一〕老子一章王弼注：「道以無形無名始成萬物」。「夫物」之「夫」字，微旨例略誤作「天」。「無形」下，指歸略例衍一「形」字。

〔二〕「無形無名」指道。「宗」，老子十四章：道「其上不皦，其下不昧，繩繩不可名，復歸於無物，是謂無狀之狀，無物之象，是謂恍惚，……」王弼注：「無形無名者，萬物之宗也」。

〔三〕「不溫不涼，不宮不商」，意爲「道」不是某一種具體事物，沒有任何具體之屬性，因此也沒有任何局限性。老子十六章王弼注：「常之爲物，不偏不彰，無皦昧之狀，溫涼之象」。三十五章王弼注：「大象，天象之母也。〔不〕炎不寒，不溫不涼，故能包統萬物，無所犯傷。主若執之，則天下往也」。「宮」、「商」，各是五音之一。「溫」、「涼」，參看老子注十六章王弼注校釋〔五〕。

〔四〕老子十四章：「視之不見名曰夷，聽之不聞名曰希，搏之不得名曰微。此三者不可致詰，故混而爲一」。王弼注：「無狀無象，無聲無響，故能無所不通，無所不往。不得而知，更以我耳、目、體，不知爲名，故不可致詰，混而爲一也」。

〔五〕老子二十五章：「有物混成，先天地生」。王弼注：「混然不可得而知，而萬物由之以成，故曰混成也」。

〔六〕老子四十一章：「大象無形」。王弼注：「有形則有分，有分者，不溫則（炎）〔涼〕，不炎則寒。故

象而形者，非大象」。

〔七〕老子四十一章：「大音希聲」。王弼注：「聽之不聞名曰希。〔大音〕，不可得聞之音也。有聲則有分，有分則不宮而商矣。分則不能統衆，故有聲者非大音也」。

〔八〕「呈」通「程」。說文：「品也」。「無呈」無可品嘗。

〔九〕「品」，說文：「衆遮也」。「品物」，即萬物。「苞通天地」之「苞」，指歸略例作「包」。「苞」通「包」。

〔十〕「四象」，孔穎達周易繫辭疏：「四象者，謂金、木、水、火」。「暢」，通達。「五音」，宮、商、角、徵、羽。「至」，達。此句意爲，然而沒有具體的「四象」、「五音」，那末「大象」、「大音」的作用也無從體現出來。

微旨例略脫「天地」二字。「靡使不經」，即老子二十五章王弼注所謂「無物而不由也」之意。

〔一一〕此句意爲，雖然萬物通過「四象」顯現出來，但不以「四象」爲宗主。如此，「大象」即可通達無阻。雖然聲音通過「五音」表達出來，但並不執着於「五音」。如此，「大音」才能通達。

〔一二〕「用大音則風俗移也」，指歸略例無「也」字。

〔一三〕「釋」、「辯」，均爲明白之意。「不能釋」、「不能辯」，意爲不知其所以然。

〔一四〕「五物」，金、木、水、火、土。此句意爲，雖然天生「五物」以構成萬物，然而必須以無爲用。此即老子十一章王弼注所謂：「有之以爲利，皆賴無以爲用也」。又如老子三十八章王弼注所謂：「何以盡德？以無爲用。以無爲用，則莫不載也。故物，無焉，則無物不經；有焉，則不足以免其生」。

〔一五〕「五教」，五倫之教。孟子滕文公：「使契爲司徒，教以人倫：父子有親，君臣有義，夫婦有別，長幼有序，朋友有信」。「不言爲化」，卽老子十七章王弼注所謂：「居無爲之事，行不言之教」。亦卽老子十章王弼注所謂：「道常無爲，侯王若能守，則萬物〔將〕自化」。

〔一六〕語出老子一章。王弼注：「可道之道，可名之名，指事造形，非其常也」。

〔一七〕「昧」，暗。

〔一八〕「皦」，明。

〔一九〕語出老子二十一章。王弼注：「至真之極，不可得名。無名，則是其名也。自古及今，無不由此而成，故曰自古及今，其名不去」。

〔二○〕「證今」之「證」字，微旨例略作「御」。老子十四章王弼注所謂：「無形無名者，萬物之宗也。雖今古不同，時移俗易，故莫不由乎此以成其治者也。故可執古之道以御今之有。上古雖遠，其道存焉，故雖在今可以知古始也」。

〔二一〕老子十六章：「復命曰常」。王弼注：「復命則得性命之常，故曰常也」。然此處王弼以「古今通，終始同，執古可以御今，證今可以知古始」，爲「所謂『常』者也」，則此「常」是指老子十四章所謂之「道紀」。

〔二二〕語出老子十六章。王弼注：「常之爲物，不偏不彰，無皦昧之狀，溫涼之象，故曰知常曰明也」。

〔二三〕語出老子二十一章。王弼注：「衆甫，物之始也，以無名〔說〕〔閱〕萬物始也」。

〔二三〕「周」，周遍。「期」，達到。「一時」、「一息」，均指時間之短暫。此句意爲，雖如閃電、疾風之迅速，也不可能在極短暫之時間內周遍所有的地方，達到預定的地點。

〔二四〕「官」，統御。「府」，包括。此句意爲，可以表述的和有形可見的最盛大的事物，也不能統御和包括天地萬物。

〔二五〕「斯」，此指「道」。「弘」，大。此句意爲，不管如何讚歎、歌頌，也不能表達盡「道」的美德和博大。又，「斯美」之「美」，微旨例略誤作「羨」。

〔二六〕「當」，恰當，適合。「既」，盡。

〔二七〕「分」，別。「由」，因，憑借。

〔二八〕「不兼」、「不盡」均爲不能完全包容，而有局限之意。

〔二九〕「演」，推演，推論。

〔三〇〕「賾」，幽深。「究」，窮盡。

〔三一〕「彌綸」，充滿。「極」，窮盡。

〔三二〕「綿邈」，久遠。「及」，達到。又，指歸略例「綿」作「緬」。

〔三三〕「然則道、玄、深、大、微、遠之言」中，「微」字指歸略例作「妙」。

〔三四〕語本老子二十五章：「吾不知其名，字之曰道，強爲之名曰大」。又，一章：「此兩者(始與母)同出而異名，同謂之玄」。王弼注：「不可得而名，故不可言同名曰玄。而言〔同〕謂之玄者，取於不可得而

謂之然也」。又，「是以篇云」之「篇」字，指歸略例作「經」字。

〔三五〕語本老子二十九章：「爲者敗之」，執者失之」。又，「爲之者敗其性，執之者則失其原」中二

「者」字，指歸略例均脱。「敗」作「室」。

〔三六〕語本老子二章：「是以聖人處無爲之治，行不言之教」。三十二章：「道常無名」。六十四章：

「爲者敗之，執者失之，是以聖人無爲故無敗，無執故無失」。

〔三七〕「老子之文」之「子」字，指歸略例作「君」字。

〔三八〕「大歸」，根本之歸旨，卽中心思想。

〔三九〕「太始」，萬物之始。列子天瑞：「有太易，有太初，有太始，……太始者，形之始也」。「定」，

糾正。

〔四0〕老子十章：「天門開闔，能無（按，當作「爲」）雌乎」！王弼注：「雌應而不（倡）〔唱〕，因而不爲。

言天門開闔能爲雌乎？則物自賓而處自安矣」。按，「損而不施」義不可通，疑「損」當爲「順」，音近而

誤，句當作「順而不施」。老子二十九章：「故物或行或隨，或歔或吹，或強或羸，或挫或隳」。王弼注：「凡

此諸或，言物事逆順反覆，不施爲執割也。聖人達自然之（至）〔性〕，暢萬物之情，故因而不爲，順而不

施。除其所以迷，去其所以惑，故心不亂而物性自得之也」。此節注文之意，正與此同，而文正作「因而

不爲，順而不施」。

〔四一〕語本老子五十二章：「天下有始，以爲天下母。既得其母，以知其子；既知其子，復守其母」。

王弼注：「母，本也。子，末也。得本以知末，不舍本以逐末也」。又三十八章注：「守母以存其子，崇本以舉其末，則形名俱有而邪不生，大美配天而華不作。故母不可遠，本不可失」。

〔三〕「賤夫巧術」，意爲以巧術爲低賤，亦即老子十九章：「絕巧棄利」之意。「爲在未有」，一說即老子六十四章「爲之於未有，治之於未亂」之意。一說「未有」爲「未亂」之誤，意爲所以輕賤巧術，其原因是只在「末有」上下功夫。此二說於此均可通。

〔三〕老子七十九章：「和大怨，必有餘怨，安可以爲善？是以聖人執左契，而不責於人」。

〔四〕「法者」，指法家學派。「檢」，檢查、約束。「刑以檢之」，用刑法來檢查、約束一切。「刑」字，指歸略例作「形」。

〔五〕「名者」，指名家學派。「定真」，即指名實相符。「言以正之」之「言」字，微旨例略作「名」。

〔六〕「儒者」，指儒家學派。「譽以進之」，意爲用各種美譽來誘進人們。

〔七〕「墨者」，指墨家學派。「矯以立之」，意爲強制自己情欲去過儉嗇的生活。又，「矯」字，指歸略例作「智」。

〔八〕「雜者」，指雜家學派。「總以行之」，意爲兼收並用各家學說。

〔九〕語本周易繫辭：「天下同歸而殊塗，一致而百慮」。又，此句指歸略例作：「然致同塗而異至，合旨而趣乖」。以下文中「趣」字，指歸略例均作「趣」。

〔五〇〕「憤」，亂。「紛紜憤亂之論」，意爲衆多雜亂之論說。「憤」字，指歸略例誤作「憤」。

老子指略

二〇五

〔五一〕「辯析」之「析」，〈微旨例〉作「拆」。

〔五二〕「本始以盡終」，〈微旨例〉略作：「不述始以盡終」。

〔五三〕語本〈禮記・學記〉：「故君子之教，喻也。道而弗牽，強而弗抑，開而弗達。道而弗牽則和，強而弗抑則易，開而弗達則思。和易以思，可謂善喻矣」。「開而弗達」，意爲注重啓發而不事事都告訴他。

〔五四〕此句意爲，善於揭示事物之根源，作爲論述的開始，能夠抓住事物之要領來得出其結論。

〔五五〕「同趣而感發者」，指觀點、議論相同者。指歸略例於「感發」下有「於事」二字。

〔五六〕「異旨而獨構者」，指觀點不同，有獨自見解者。

〔五七〕「尅」同「克」，成功。「反」，相反。

〔五八〕此處「道」與「形」對言，「道」爲本，有本質之意。「形」爲末，有現象之意。「秋毫」，極細微的毫毛，比喻最輕的東西。「雷霆」，比喻最響的聲音。此句意爲，「秋毫」、「雷霆」是一般人都能舉起和聽到的。然而「善力」者也恰恰表現在他能舉起「秋毫」，「善聽」者也恰恰表現在他能聽到「雷霆」，這說明「善力」與「善聽」的本質和他們「舉秋毫」、「聞雷霆」的現象是互相相反的。

〔五九〕「非尊之所爲」之「爲」字，〈指歸略例〉作「尊」。又，〈指歸略例〉由此下至「道，稱之大者也」，脫。

〔六〇〕以上各句意爲，只執守於事物本身，反而不能保存自身。亦即上文所謂：「用其子而棄其母，

物失所載，未足守也」。

〔六一〕「念」，怨恨，不滿。此句意爲，只看到具體事物，而不懂得「道」的人，對以上所説之道理是不滿意的。

〔六二〕「孤寡」，侯王自稱之辭。「道一」，王維誠説：「疑作『得一』」。按，王説是。老子三十九章：「昔之得一者，天得一以清，地得一以寧，神得一以靈，谷得一以盈，萬物得一以生，侯王得一以爲天下貞」。

〔六三〕「焉」字，王維誠輯校本誤作「言」字。

〔六四〕「云云者」，指各種説法之學派。「申」，申述。按，「人美其亂」之「亂」字，疑爲「辭」字之誤。「各申其説，人美其辭」，文義通順，意爲各學派各自申述其學説，皆以自己之論説爲最好。

〔六五〕「迂」，迂腐，不合時宜。「若分而亂」，意爲好像分明，其實混亂。

〔六六〕此句意爲，「名」是確定外界事物的，「稱」是隨從説話人之意向的。

〔六七〕此句意爲，「名」以事物爲依據而產生的，「稱」則由主觀給予的。

〔六八〕老子二十五章：「字之曰道」。王弼注：「言道，取於無物而不由也，是混成之中，可言之稱最大也」。老子一章：「玄之又玄，衆妙之門」。王弼注：「衆妙皆從（同）〔玄〕而出，故曰衆妙之門也」。

〔六九〕語出老子十章：「生之畜之，生而不有，爲而不恃，長而不宰，是謂玄德」。王弼注：「物自長足，不吾宰成，有德無主，非玄而何？凡言玄德，皆有德而不知其主，出乎幽冥」。

〔七〇〕「謂之深者也」，王維誠輯校本脱「者」字。

認識的要求產生的。因此，就名號和稱謂來講是不能表達「道」、「玄」所包含的根本含義和作用的。

的一種描述，它同具體事物的名號、稱謂不同。因為名號是根據事物的形狀確定的，稱謂是根據人們

〔七一〕「旨」、「宗旨」、本義。此句意爲「道」、「玄」等都是對「無物而不由」、「無妙而不出」的萬物本原

而終。

〔七二〕「玄之又玄」，語出老子一章。「域中有四大」，語出老子二十五章。按，指歸略例文至此

〔七三〕語本老子七十章：「吾言甚易知，甚易行。……言有宗，事有君」。此句意爲，若能懂得「崇本息末」這一根

本道理，則任何幽深之事都能認識；如果就事論事，各執己見，則愈辯而愈迷惑。

〔七四〕「無幽而不識」之「識」字，王維誠輯校本誤作「失」。此句意爲，言論、行事都不

能離開「道」。

〔七五〕「閑」，隔，防止。「不在善察」之「善察」二字，王維誠輯校本誤倒。

〔七六〕「茲」，通「滋」，繁殖、增長。「章」，明。

〔七七〕「善聽」，指善於決斷訟事。

〔七八〕語本老子六十四章：「其未兆易謀」、「爲之於未有」。

〔七九〕「質素」，即素樸。老子五十七章：「我無爲而民自化，我好靜而民自正，我無事而民自富，我

無欲而民自樸」。

〔八〇〕「華競」，競尚浮華。

〔八一〕「司」同「伺」。「司察」，偵察。

〔八二〕「翦」，除去。「華譽」，浮華之名譽。

〔八三〕以上各句之意，即老子十九章所謂「絕聖棄智，民利百倍；絕仁棄義，民復孝慈；絕巧棄利，盜賊無有」之意。

〔八四〕「見素樸以絕聖智」，王維誠輯校本於「素」字下衍一「抱」字。

〔八五〕「好欲之美」，意爲以「好欲」爲美德。

〔八六〕語本老子三十七章：「化而欲作，吾將鎮之以無名之樸」。

〔八七〕「殷」，大，多。

〔八八〕「簡」，省略。「察」，明察。「逃之亦察」，意爲逃避之法亦愈加巧妙。

〔八九〕「渠」，借爲「遽」。「未渠多」，不算過分。此句意爲，聖智之害，不可記數，所以「絕聖棄智，民利百倍」（老子十九章）之論，並不算過分之言。

〔九〇〕「不可與論實也」之「與」字，王維誠輯校本誤作「以」。

〔九一〕「凡名生於形，未有形生於名者也」，句中兩「名」字，微旨例略均誤作「民」。

〔九二〕「探」，偵察。「射」，射覆，古代一種猜謎遊戲，此處爲猜測之意。「探射隱伏」，偵察、猜測隱匿之事。

〔九三〕此句意爲，如果從聖智之名的實際情況來考核一番的話，那末「絕聖棄智」的論斷，是無可懷

疑的了。

〔九四〕「名與行」三字疑有誤。據上下文義似當作:「與名行」。「與名行」,正與上文「顯名行」、「名行之美顯」等義同。「與名顯」、「崇仁義」文義亦一致。

〔九五〕「弘」,大。「未渠弘」,不算過分誇大。「絕仁棄義,以復孝慈」語出老子十九章。

〔九六〕「衝」,古時攻城用的一種戰車,其上築有樓臺,以便攀登城牆。

〔九七〕語本論語顏淵:「季康子患盜,問於孔子。孔子對曰:苟子之不欲,雖賞之不竊」。

〔九八〕「盜賊無有」之「賊」字,微旨例略誤作「則」。

〔九九〕「而與此三美」之「與」字,王維誠輯校本誤作「用」。

〔一○○〕「利」,用。「斯」,此,指「聖智」、「仁義」、「巧利」三者。此句意為,聖智、仁義、巧利三者,雖為最美者,但是「本」(道)如果不存而舉此三美,其害已如上述。何況專用此三者以為行事之准則,而根本拋掉素樸(道)者。老子十九章王弼注:「此三者以為文而未足,故令人有所屬,屬之於素樸寡欲」。

〔一○一〕語本老子七章:「後其身而身先,外其身而身存」。

〔一○二〕此即所謂「崇本息末」之意。

〔一○三〕語本老子五十二章:「既得其母,以知其子;既知其子,復守其母,沒身不殆」。

周易注

上經

乾

䷀乾下乾上。乾。元亨利貞。

初九，潛龍，勿用。

〈文言備矣〔一〕。

九二，見龍在田，利見大人。

出潛離隱，故曰「見龍」；處於地上，故曰「在田」〔二〕。德施周普，居中不偏，雖非君位，君之德也。初則不彰，三則乾乾，四則或躍〔三〕。上則過亢。利見大人，唯二、五焉。

九三，君子終日乾乾，夕惕若厲，无咎。

處下體之極，居上體之下〔四〕，在不中之位，履重剛之險〔五〕。上不在天，未可以安其尊也；下不在田，

未可以寧其居也。純修下道,則居上之德廢;純修上道,則處下之禮曠〔六〕。故終日乾乾,至于夕惕猶若厲也〔七〕。居上不驕,在下不憂,因時而惕,不失其幾〔八〕,雖危而勞,可以无咎〔九〕。處下卦之極,愈於上九之亢〔一0〕。故竭知力而後免於咎也。 乾三以處下卦之上,故免亢龍之悔;坤三以處下卦之上,故免龍戰之災〔一一〕。

九四,或躍在淵,无咎。

去下體之極,居上體之下,乾道革之時也〔一二〕。上不在天,下不在田,中不在人〔一三〕。履重剛之險,而无定所處〔一四〕。斯誠進退无常之時也。近乎尊位〔一五〕,欲進其道,迫乎在下,非躍所及;欲靜其居,居非所安,持疑猶豫,未敢決志。用心存公,進不在私,疑以為慮,不謬於果〔一六〕,故「无咎」也。

九五,飛龍在天,利見大人。

不行不躍,而在乎天,非飛而何〔一七〕?故曰「飛龍」也。龍德在天,則大人之路亨也〔一八〕。夫位以德興,德以位敍〔一九〕。以至德而處盛位,萬物之覩〔二0〕,不亦宜乎!

上九,亢龍,有悔。

九,天之德也〔二一〕。能用天德,乃見羣龍之義焉。夫以剛健而居人之首,則物之所不與也;以柔順而

用九,見羣龍无首,吉。

故乾吉在无首,坤利在永貞〔二二〕。

為不正,則佞邪之道也〔二三〕。

象曰：大哉乾元，萬物資始，乃統天。 雲行雨施，品物流形；大明終始，六位時成，時乘六龍，以御天。 乾道變化，各正性命。

天也者，形之名也；健也者，用形者也〔二四〕。夫形也者，物之累也〔二五〕。有天之形，而能永保无虧，爲物之首，統之者豈非至健哉〔二六〕！大明乎終始之道〔二七〕，故六位不失其時而成。升降无常，隨時而用〔二八〕。處則乘潛龍，出則乘飛龍，故曰「時乘六龍」也。乘變化而御大器〔二九〕。靜專動直，不失大和，豈非正性命之情者邪〔三〇〕？

保合大和，乃利貞。

不和而剛暴〔三一〕。

首出庶物，萬國咸寧。

萬國所以寧，各以有君也。

象曰：天行健，君子以自强不息。

潛龍勿用，陽在下也；見龍在田，德施普也；終日乾乾，反復道也；或躍在淵，進无咎也；以上言之則不驕，以下言之則不憂，反覆皆道也〔三二〕。飛龍在天，大人造也；亢龍有悔，盈不可久也；用九，天德不可爲首也。

{文言}曰：元者，善之長也；亨者，嘉之會也；利者，義之和也；貞者，事之幹也。君子，體仁足以長人，嘉會足以合禮，利物足以和義，貞固足以幹事。君子，行此四德者，故曰：{乾}，元亨利貞。

初九曰：潛龍勿用，何謂也？子曰：龍德而隱者也。不易乎世，不成乎名，遯世无悶，不見是而无悶。樂則行之，憂則違之，確乎其不可拔，潛龍也。

九二曰：見龍在田，利見大人，何謂也？子曰：龍德而正中者也。庸言之信，庸行之謹，閑邪存其誠，善世而不伐，德博而化。{易}曰：見龍在田，利見大人，君德也。

九三曰：君子終日乾乾，夕惕若厲，无咎，何謂也？子曰：君子進德修業。忠信，所以進德也；修辭立其誠，所以居業也。知至至之可與幾也，知終終之可與存義也。是故居上位而不驕，在下位而不憂。

不爲世俗所移易也。

處一體之極〔是至也〕，居一卦之盡〔是終也〕。處事之至而不犯咎，知至者也，故可與成務矣〔三三〕。處終鮮克有終〔三四〕。夫可與存義者，其唯知終者乎〔三六〕。夫進物之速者，義不若利；存物之終〔者〕〔者〕，利不及義〔三四〕。故「靡不有初，鮮克有終」〔三四〕。夫可與存義者，其唯知終者乎〔三六〕。

是故居上位而不驕，在下位而不憂。

居下體之上，在上體之下，明夫終敝，故不驕也；知夫至至〔三二〕，故不憂也。

故乾乾，因其時而惕，雖危无咎矣。

惕，休惕之謂也〔三八〕。

九四曰：或躍在淵，无咎，何謂也？處事之極，失時則廢，懈怠〔三九〕則曠，故「乾乾」，因其時而惕，雖危无咎〔四〇〕。子曰：上下无常，非爲邪也；進退无恒，非離羣也。君子進德修業，欲及時也，故无咎。

九五曰：飛龍在天，利見大人，何謂也？子曰：同聲相應，同氣相求。水流濕，火就燥，雲從龍，風從虎。聖人作而萬物覩，本乎天者親上，本乎地者親下，則各從其類也。

上九曰：亢龍有悔，何謂也？子曰：貴而无位，高而无民。

下无陰也〔四一〕。

賢人在下位而无輔，

賢人雖在下而當位，不爲之助〔四二〕。

是以動而有悔也。

處上卦之極而不當位，故盡陳其闕也〔四三〕。獨立而動，物莫之與矣！乾〔四四〕文言首不論乾，而先説元，下乃曰乾，何也？夫乾者，統行四事〔四五〕者也。君子以自强不息行此四者，故首不論乾，而下曰：乾，元亨利貞〔四六〕。餘爻皆説龍，至於九三獨以君子爲目，何也？夫易者，象也。象之所生，生於義也。有斯義，然後明之以其物，故以龍敍乾，以馬明坤〔四七〕，隨其事義而取象焉。是故初九、九二龍德皆應

其義，故可論龍以明之也。至於九三「乾乾夕惕」，非龍德也，明以君子當其象矣。統而舉之，乾體皆龍，別而敍之，各隨其義〔四八〕。

潛龍勿用，下也；見龍在田，時舍也；終日乾乾，行事也；或躍在淵，自試也；飛龍在天，上治也；亢龍有悔，窮之災也；乾元用九，天下治也。

此一章全以人事明之也。九，陽也。陽，剛直之物也。夫能全用剛直，放遠善柔，非天下至〔理〕〔治〕，未之能也〔四九〕。故乾元用九，則天下治也。夫識物之動，則其所以然之理皆可知也。龍之爲德，不爲妄者也〔五0〕。潛而勿用，何乎？必窮處於下也。見而在田，必以時之通舍也〔五一〕。以爻爲人，以位爲時，人不妄動，則時皆可知也。文王明夷，則主可知矣〔五二〕；仲尼旅人，則國可知矣〔五三〕。

潛龍勿用，陽氣潛藏；見龍在田，天下文明；終日乾乾，與時偕行；

與天時俱不息〔五四〕。

或躍在淵，乾道乃革；飛龍在天，乃位乎天德；亢龍有悔，與時偕極；

與時運俱終極〔五五〕。

乾元用九，乃見天則。

此一章全說天氣以明之也。九，剛直之物，唯乾體能用之〔五六〕。用純剛以觀天，天則可見矣〔五七〕。

乾元者，始而亨者也；利貞者，性情也。

不爲乾元，何能通物之始？不性其情，何能久行其正[五八]？是故始而亨者，必乾元也；利而正者[五九]，必性情也。

乾始能以美利利天下，不言所利，大矣哉！大哉乾乎！剛健中正，純粹精也；六爻發揮，旁通情也；時乘六龍，以御天也；雲行雨施，天下平也。

君子以成德爲行，日可見之行也。潛之爲言也，隱而未見，行而未成，是以君子弗用也。

君子學以聚之，問以辨之，寬以居之，仁以行之。{易}曰：見龍在田，利見大人，君德也。

九三重剛而不中，上不在天，下不在田，故乾乾，因其時而惕，雖危无咎矣。

九四重剛而不中，上不在天，下不在田，中不在人，故或之。或之者，疑之也，故无咎。

夫大人者，與天地合其德，與日月合其明，與四時合其序，與鬼神合其吉凶。先天而天弗違，後天而奉天時。天且弗違，而況於人乎？況於鬼神乎？

亢之爲言也，知進而不知退，知存而不知亡，知得而不知喪。其唯聖人乎！知進退、存亡，而不失其正者，其唯聖人乎！

以君德而處下體，資納於物者也[六〇]。

校釋

〔一〕孫星衍周易集解說，此注應爲卦辭「乾，元亨利貞」句之注文。意爲，對「元亨利貞」之意義在乾卦文言中有詳細闡述。

〔二〕「故曰『在田』」下，校勘記：「古本有一『也』字。」

〔三〕六十四卦每卦有六爻組成，自下而上稱爲「初」、「二」、「三」、「四」、「五」、「上」。「彰」，顯明，乾文言釋「或」爲「疑」，孔穎達疏「或躍」爲「進退懷疑」，王弼九四注亦釋爲：「持疑猶豫，未敢決志」，則「或」字當作「惑」解。「亢」，高。

〔四〕六十四卦每卦都是由八卦重疊而成，所以每卦都包含兩個單卦，稱爲上下體或內外體。此處「下體」指下乾卦，「上體」指上乾卦。「下體之極」，指九三所處位置爲下乾卦最上一爻。

〔五〕上下體之中間一爻（二、五）稱爲中。此爲九三爻，所以說「在不中之位」。「履重剛之險」，指九三爻下二爻均爲陽爻（重剛），所以其地位險難。

〔六〕九三位居下體之極而又在上體之下，所以說：「純修下道，則居上之德廢，純修上道，則處下之禮曠」。此處意在說明，應按位盡德盡禮，不得踰越。九三之位既不能「純修下道」，又不能「純修上道」，必須慎重對待。所以下文說：「終日乾乾，至于夕惕猶若屬也」。

〔七〕「乾乾」，自强不息。「至于夕惕猶若厲」，郭京周易舉正説：「定本『猶』字在『惕』字上，則『夕』字爲絶句。今則『惕』字在『猶』字上，則『惕』字爲絶句。『若』字宜爲語辭。『若』字爲語辭則與周公爻辭體同，亦與夫子文言義合，又與注意相順。……若訓爲『如』，則與周公爻辭體背，又與夫子文言義乖，亦與注意不順。足明轉寫誤爲顛倒矣」。按，據郭説，此句當作：「至于夕，猶惕若厲」。盧文弨説，古本作「至于夕，猶惕若厲」，與郭説，則此句意爲，整天自强不息，以至於到傍晚，一天將要過去之時，仍然小心翼翼（「惕」），如有危險（「厲」）。

〔八〕「幾」，微。「不失其幾」，意爲即使極細微之事，極短促之時也不解怠。

〔九〕「咎」，災，過。

〔一〇〕「愈」，勝。此句意爲，九三雖爲下卦之極，但與上體相比，仍爲下位。就此而言，則勝於上九之亢，而可免亢龍之悔。

〔一一〕此句意爲，坤卦六三亦處下體之極，所以亦得免於坤卦上六「龍戰於野，其血玄黄」之災。「龍戰之災」下，校勘記：「古本有一『也』字」。

〔一二〕「革」，變。指由下體變至上體。

〔一三〕古代解釋易卦者，以六爻分別代表天、地、人。初爻、二爻爲地，三爻、四爻爲人，五爻、六爻爲天。因此，此處解説九四之位「上不在天」，「下不在田」。注説「中不在人」者，孔穎達疏：「易之爲體，三與四爲人道，人近在下，不近於上，故九四云『中不在人』，異於九三也」。此文見乾文言：「九四重剛而

不中，上不在天，下不在田，中不在人，故或之。或之者，疑之也。故无咎。

〔一四〕「定位」，指天、地、人之位。「所」，校勘記：「足利本『所』作『可』。釋文『所處』，一本作『可處』」。

〔一五〕「尊位」，指九五。

〔一六〕「謬」，錯誤。「果」，果斷。此句意爲，由於九四「用心存公，進不在私」，雖然「持疑猶豫，未敢決志」而反復思慮，不至於陷於錯誤的決斷，所以下文説「无咎」也。

〔一七〕「非龍而何」之「而」字，校勘記：「岳本、宋本、古本、足利本『而』作『如』」。

〔一八〕「龍德在天」，郭京周易舉正作：「龍得在天」。並説：「『得』字誤作德行之『德』」。龍若在九四之位，或跳躍未得在天，則喻大人路未通也。今居九五之位，則是飛騰驤翥，得在於天，乃喻大人路通達。

〔一九〕「位以德興」，意爲九五之君位，有賴於有德之人才能充分顯示其尊貴。「德以位敍」，意爲有德之人要依靠九五之君位，才能充分發揮其高尚品德。

〔二〇〕「之」，往。「覯」，仰望。

〔二一〕「九」，代表陽爻，乾卦六爻都是九，乾卦又代表天，所以説「九，天之德也」。

〔二二〕「剛健」，爲乾卦之特點。「柔順」，爲坤卦之特點。「首」，先，上。「與」，通「予」，肯定之意。

此句意爲，處於上位者用剛健而居人之上，則萬物不會順從他的；處於下位者用柔順而行爲不正，則必

定入於邪道。此爲王弼發揮老子「後其身而身先」、「貴以賤爲本」之思想。老子二十八章王弼注：「知爲天下之先〈者〉必後也。是以聖人後其身而身先也。谿不求物，而物自歸之」。又，校勘記：「古本、足利本於『以柔順而爲不正』下復有『之主』二字」。

〔二三〕「无首」，即不爲先，不「居人之首」。比卦上六王弼注：「无首，後也」。「貞」，正。又「坤利在永貞」下，校勘記：「古本有一『也』字」。

〔二四〕「健也者，用形者也」。郭京周易舉正作：「乾也者，用形者也」。疏云：『天是定體之名，乾是體用之稱』。體即形也，足明用形是『乾』，不合作『健』。按，郭說是。坤卦象辭王弼注作：「地也者，形之名也；坤也者，用〈地〉〔形〕者也」。與此同。其「不」不作「柔」，正可證此「健」當作「乾」。

〔二五〕老子三十八章王弼注：「名則有所分，形則有所止。雖極其大，必有不周，雖盛其美，必有患憂」。

〔二六〕王弼以無形爲本，有形爲末，所以此處說：「夫形也者，物之累也」。

〔二七〕郭京周易舉正於「豈非至健哉」句下，復有「萬物資始，而生雲施雨，潤品類之物，各得流布其形」二十字。並說：「脫『萬物資始』四句，詳審經文，細尋注文，足明轉寫脫遺也」。

〔二八〕「終始之道」，指乾卦初九爻「潛龍勿用」至九五「飛龍在天」、上九「亢龍有悔」的變化。「大明乎終始之道」，意爲觀看乾卦初九至上九之變化過程，即可明瞭萬物由始至終發展變化的普遍道理。

〔二九〕「六位」，指六爻之位。此句意爲，六爻之地位隨其所遇之時而形成，又隨地位之變化而發揮

其作用。又，「故六位不失其時而成」下，校勘記：「古本有一『也』字」。

〔二九〕「乘」，運用。「御」，控制。「大器」，指天。

〔三〇〕語出繫辭上：「夫乾，其靜也專，其動也直，是以大生焉」。韓康伯注：「專，專一也」；直，剛直

也。意謂，乾之變化，靜時則專一而不轉易，動時則剛正而不傾邪。「大和」，即象辭所謂「保合大和」，

不剛不暴，和順之道。「正性命之情」，即以乾（天）的「大和」之道，端正萬物之情。

〔三一〕校勘記：「古本、足利本『暴』上有『則』字，下有『也』字」。按，此注「而」字當作「乃」，「則」義

解。「不和而剛暴」，即「不和則剛暴」之意，與所注象辭：「保合大和乃利貞」之意相合，不必在「剛」與

「暴」之間加「則」字。

〔三二〕「反覆皆道也」，校勘記：「古本、足利本均作『反覆皆合道也』」。

〔三三〕「務」，事。「可與成務矣」，釋文言：「可與幾也」。繫辭上說：「夫易，聖人之所以極深而研幾

也。……唯幾也。故能成天下之務」。王弼注文本此。

〔三四〕「者」字，據校勘記說校改。困學紀聞引此亦作「存物之終者」可證。此句意爲，使事物進行

得快，用義去引導不如用利；然而使事物能堅持到底，那麼用利去引導就不如用義了。

〔三五〕「靡不有初，鮮克有終」語出詩經大雅蕩之什蕩。意爲，萬事莫不有其開始，但很少能有堅

持到底者。

〔三六〕「其唯知終者乎」下，校勘記：「古本有一『也』字」。

〔三七〕「敝」,敗。此處比喻卑下。「至至」,即上節注所説:「處一體之極」,是至也,……處事之至而

不犯咎,知至者也」之意。

〔三八〕「惕,怵惕之謂也」句,集解本無「之謂」二字。

〔三九〕「懈怠」,校勘記:「釋文出『解怠』」。

〔四〇〕「乾乾」二字,據校勘記引集解本補。按,此爲複述文言之文,當有「乾乾」二字。又「雖危无

咎」下,校勘記:「古本有一『也』字」。

〔四一〕此句意爲,乾卦上九之下五爻全爲陽爻,而無陰爻,即没有與他相應者。所以文言説:「貴而

无位,高而无民」。

〔四二〕「不爲之助」,指不輔助上九。

〔四三〕「陳」,呈現。「闕」,空。

〔四四〕郭京周易舉正説:「今本『文言』上誤增『乾』字。既在乾文言,注義不合更舉『乾文言』」,既與

王氏理殊,又乖易簡之體」。

〔四五〕「四事」,即指元、亨、利、貞四德。

〔四六〕「乾,元亨利貞」下,校勘記:「古本有一『也』字」。

〔四七〕「以馬明坤」之「明」字,校勘記:「錢本作『敍』字」。

〔四八〕「各隨其義」下,校勘記:「古本有一『也』字」。王弼講易象之意義不同於漢易象數家。他反

對把卦象與某些物類作固定不變的牽強比合。他認為,象生於義,所以解釋爻辭應當「各隨其義」。他

在周易略例明象篇說:「義苟在健,何必馬乎?類苟在順,何必牛乎?爻苟合順,何必坤乃為牛?應苟

義健,何必乾乃為馬」?

〔四九〕 「治」字,據校勘記說校改。校勘記:「古本作『治』字。又集解本此句作『非天下之至治』。

按:「治」,唐朝避高宗諱,「治」改為「理」。「放遠」,拋棄、遠離之意。「善柔」,孔穎達疏說:指「善能

柔諂,貌恭心狠,使人不知其惡」的人。

〔五〇〕 此句孔穎達疏引張氏釋云:「識物之動,謂龍之動也。則其所以然之理皆可知者,謂識龍之

所以潛,所以見,然此之理皆可知也。龍之為德,不為妄者,言龍靈異於他獸,不妄舉動,可潛則潛,可

見則見,是不虛妄也」。又「龍之為德,不為妄者也」,集解本無「者」字。

〔五一〕 「通舍」,即通也。王弼以「通」釋文言「舍」字之義。

〔五二〕 「夷」,傷、滅。「明夷」,即暗晦之意。明夷卦象辭:「內文明而外柔順,以蒙大難,文王以之」。

此處「文王明夷,則主可知矣」,意為,像周文王這樣的人都蒙受暗晦,遭到大難,則當時之君主(指殷紂

王)如何,也就可知了。

〔五三〕 「仲尼」,即孔丘。「旅人」,旅行於外的人,比喻不能安居。「國」,指春秋時魯國。此句意為,

像孔丘這樣的人都不能安居而到處奔波,則當時魯國的情況也就可知了。以上兩句借文王、孔丘的遭

遇以說明「龍潛」「龍見」都有一定之時機。

〔五四〕「與天時俱不息」下，校勘記：「古本有一『也』字。」

〔五五〕「與時運俱終極」下，校勘記：「古本有一『也』字。」

〔五六〕「唯乾體能用之」下，校勘記：「古本有一『也』字。」

〔五七〕「則」，法則、常道。「天則」指天之常道、法則。

〔五八〕「性其情」意爲以性約束其情。此句意爲，不以性約束其情，怎麼能久行地保持其情符合於正道呢？王弼在論語釋疑中對「性相近也，習相遠也」句注說：「不性其情、焉能久行其正，此是情之正也。若心好流蕩失真，此是情之邪也。……」。可作此注參考。

〔五九〕「利而正者」之「正」字，釋文言「利貞者」之「貞」字之義。

〔六〇〕「以君德而處下體」，指九二爻位雖爲君德，但處於下卦。乾卦九二爻注說：「雖非君位，君之德也」。「資納」，依靠、接受。此釋文言「學以聚之，問以辯之」，意爲君子下學好問，是有所依靠和接受它物之幫助。

坤

≡≡坤下坤上

坤。元亨，利牝馬之貞。

坤貞之所利，利於牝〔一〕馬也。馬，在下而行者也〔二〕，而又牝焉，順〔三〕之至也。至順而後乃亨，故唯利於牝馬之貞。

君子有攸往,先迷後得主;利西南得朋,東北喪朋,安貞吉。

西南,致養之地〔四〕,與坤同道者也,故曰「得朋」。東北,反西南者也,故曰「喪朋」。陰之爲物,必離其黨,之於反類,而後獲安貞吉〔五〕。

象曰:至哉坤元,萬物資生,乃順承天。坤厚載物,德合无疆,含弘光大,品物咸亨。牝馬地類,行地无疆。

地之所以得无疆者,以卑順行之故也。乾以龍御天,坤以馬行地。

柔順利貞,君子攸行,先迷失道,後順得常。西南得朋,乃與類行;東北喪朋,乃終有慶,安貞之吉,應地无疆。

地也者,形之名也;坤也者,用地者也〔六〕。

夫〔用〕〔兩〕〔七〕雄必争,二主必危。有地之形,與剛健爲耦,而以永保无疆。用之者,不亦至順乎?若夫行之不以牝馬,利之不以永貞,方而又剛,柔而又圓,求安難矣〔八〕。

象曰:地勢坤,

地形不順,其勢順〔九〕。

君子以厚德載物。

初六,履霜,堅冰至。

王弼集校釋

二二六

始於履霜，至于堅冰，所謂至柔而動也剛[一○]。陰之爲道[二一]，本於卑弱而後積著者也，故取履霜以明其始[二二]。陽之爲物，非基於始以至於著者也，故以出處明之，則以初爲潛[二三]。

象曰：履霜，陰始凝也。

馴致其道，至堅冰也。

六二，直方大，不習无不利。

居中得正，極於地質[二四]。任其自然，而物自生；不假修營，而功自成[二五]，故不習焉，而无不利[二六]。

象曰：六二之動，直以方也；

動而直方，任其質也。

不習无不利，地道光也。

六三，含章可貞，或從王事，无成有終。

處下卦之極，而不疑於陽，應斯義者也[二七]。不爲事始，須唱乃應，待命乃發。含美而可正者也[二八]，故曰「含章可貞」也。有事則從，不敢爲首，故曰「或從王事」也。不爲事主，順命而終，故曰「无成有終」也[二九]。

象曰：含章可貞，以時發也；或從王事，知光大也。

知慮光大，故不擅其美。

六四，括囊，无咎无譽。

處陰之卦，以陰居陰〔三〇〕。履非中位，无直方之質，不造陽事〔三一〕，无含章之美。括結否閉〔三二〕，賢人乃隱，施慎則可，非泰之道〔三三〕。

象曰：括囊无咎，慎不害也。

六五，黃裳，元吉。

黃，中之色也；裳，下之飾也〔三四〕。坤爲臣道，美盡於下。夫體无剛健，而能極物之情，通理者也。以柔順之德，處於盛位，任夫文理者也〔三五〕。垂黃裳以獲元吉〔三六〕，非用武者也。極陰之盛，不至疑陽，以文在中，美之至也〔三七〕。

象曰：黃裳元吉，文在中也。

上六，龍戰于野，其血玄黃。

陰之爲道，卑順不盈，乃全其美，盛而不已，固陽之地〔三八〕，陽所不堪，故戰于野。

象曰：龍戰于野，其道窮也。

用六，利永貞。

用六之利，利永貞也。

象曰：用六永貞，以大終也。

王弼集校釋

二二八

能以永貞，大終者也。

文言曰：坤，至柔而動也剛，至靜而德方；

動之方直〔二九〕不爲邪也；柔而又圓，消之道也〔三〇〕；其德至靜，德必方也〔三一〕。

後得主而有常，舍萬物而化光。坤道其順乎？承天而時行。

積善之家，必有餘慶；積不善之家，必有餘殃。臣弑其君，子弑其父，非一朝一夕之故，其

所由來者漸矣；由辯之不早辯也。易曰：履霜堅冰至，蓋言順也。

直，其正也；方，其義也。君子敬以直內，義以方外，敬義立而德不孤。直、方、大，不習无不

利，則不疑其所行也。陰雖有美，含之以從王事，弗敢成也；地道也，妻道也，臣道也。地

道无成，而代有終也。天地變化，草木蕃；天地閉，賢人隱。易曰：括囊，无咎无譽，蓋言謹

也。君子黃中通理，正位居體；美在其中，而暢於四支，發於事業，美之至也。

陰疑於陽必戰，

辯之不早，疑盛乃動。故必戰。

爲其嫌於无陽也。

爲其嫌於非陽而戰。

故稱龍焉，猶未離其類也。

猶未失其陰類，爲陽所滅〔三〕。

故稱血焉。

猶與陽戰而相傷，故稱血。

夫玄黃者，天地之雜也，天玄而地黃。

校　釋

〔一〕「牝」，雌。「牝馬」，母馬。

〔二〕「馬，在下而行者也」，盧文弨説：「古本『行』下有『地』字」。

〔三〕「順」，柔順，順從。

〔四〕西南方是坤位，爲陰地。「致養」，得到養育。説卦：「坤也者，地也，萬物皆致養焉」。所以注説：「西南，致養之地，與坤同道者也」。

〔五〕「黨」，朋黨，同類。此句意爲，陰這類東西，必須離開其同類，而前往與它相反的類（陽）結合，然後才能獲得「安貞吉」。

〔六〕「坤也者，用地者也」，郭京周易舉正作「坤也者，用形者也」。按，郭説是，乾象辭王弼注作：「乾也者，用形者也」可證。參看乾卦校釋〔二四〕。

〔七〕「兩」字，據校勘記引岳本、監本、毛本等校改。

〔八〕「方而又剛」，意爲既方正又剛強。「柔而又圓」，意爲既柔順又圓曲，此爲過柔。

前文説：「有地之形，與剛健爲耦，而永保无疆」，意爲必須剛柔相配，才能永保無疆，若此過剛、過柔則「求安難矣」。

〔九〕此句意爲，地形方直，所以不柔順，然而地在下，其趨勢則是柔順的。又，此句集解本作：「地形不順矣」。

〔10〕此句意爲，從有些微霜開始，然而終至於凝成堅冰，這就是所謂從柔弱開始，逐漸積累而至於剛強。

〔一一〕按「陰之爲道」之「道」字，疑當作「物」字，下文「陽之爲物」正與此相對。又，前節注文作「陰之爲物，必離其黨，……」亦可爲證。

〔二〕「著」，顯明。「積著」，由積累而由微至顯。郭京周易舉正據定本於「故取履霜以明其始」句下，復有「象曰履霜陰始凝也」八字。並説：「通行本於『陰始凝也』四字上誤增『堅冰』二字」。

〔三〕此句意爲，陰是由卑弱始而積累至於顯著。陽則不同於陰，不是由弱漸漸至於顯，而是以「出」(顯現)或「處」(隱伏)來表示，所以乾卦初九稱爲「潛龍」。

〔四〕此句意爲，六二爻位居於下卦之中，得位之正，所以最充分地體現了地的品質——「直、方、大」。

〔五〕「假」，通「借」。「修」，整治。「營」，謀求、作爲。老子五章王弼注：「天地任自然，無爲無造」。

〔一六〕「習」，說文：「鳥數飛也」，比喻為動。此處「不習」，比喻為靜，亦即上文「不假修營」「任其自然」之意。

〔一七〕此句意為，六三爻雖處於下體之極（高位）然而能夠不被陽所懷疑，是由於它用柔順之義。

〔一八〕「含美而可正者」，釋爻辭「含章可貞」。意為六三把坤的美德含蓄在內，不為先而應於陽，這樣就可以獲得正道。老子十章王弼注：「雌應而不〔倡〕〔唱〕因而不為」。

〔一九〕「无成」，指無所作為。

〔二○〕六四為陰爻而又居坤卦上體之下位，所以說是以陰居陰。

〔二一〕「造」，就。「不造陽事」，意為六四不像六三那樣「或從王事」，而是不去就陽以從事。

〔二二〕「括結」，「結」釋「括」，以釋爻辭「括囊」，即把囊（袋）結扎起來。此處「括結否閉」之意為，把知慮和作為都收斂起來，不要隨意使用知慮，隨便動作。「否閉」，閉塞，指天地陰陽二氣不相交通。

〔二三〕「施」，用。「慎」，謹慎。「泰」，通。此句意為，只有智慮行動十分謹慎，才可无咎，但也不是通泰之道。此為釋爻辭「无咎无譽」。

〔二四〕語本左傳昭公十二年：「故曰：黃裳元吉。黃，中之色也。裳，下之飾也。元，善之長也」。孔穎達疏：「內有文德，通達物理，故象

〔二五〕「文」，文飾，指柔順等品德。「理」，指事物的法則。

〔二六〕「垂」，垂拱，「無為而治」之意。「元吉」，大吉。

云：『文在中也』」。

〔二七〕此句意爲，以六五居陰之極盛地位，而不遭到陽的疑忌，是由於它具有中和的品德，這是至美之德。

〔二八〕「固」，居守、佔據。「固陽之地」，意爲佔據陽的地位。

〔二九〕「動之方直」之「直」字，四部叢刊影印宋本作「正」字。

〔三〇〕「消」，借爲「削」，弱也。「柔而又圓」，即所謂「至柔」。「消之道也」，即上節注所謂「陰之爲道（疑當作「物」）」，本於卑弱」之意。

〔三一〕「其德至静」，坤爲地，地在古人看來是不動的，所以説「至静」。「方」，方正。「德必方」，指地以至静（無爲）生長、養育萬物，無偏無私，所以説其品德方正。

〔三二〕此句意爲，上六處坤卦之最高位，似陽，但乃未離開其陰類的性質，所以終究爲陽所滅。郭京《周易舉正》「失」字作「去」字。並説：「『去』本解『離』，義在去離，非在失却，形似而誤」。

屯

<small>震下</small>屯。元亨，利貞。
<small>坎上</small>

勿用有攸往，剛柔始交〔一〕，是以屯也〔二〕。不交則否，故屯乃大亨也〔三〕。大亨則无險，故利貞〔三〕。

往益屯也。

利建侯。

得〔王〕〔主〕則定〔四〕。

〈彖〉曰:屯,剛柔始交而難生。動乎險中,大亨,貞。

始於險難,至於大亨而後全正,故曰「屯」「元亨,利貞」〔五〕。

雷雨之動,滿盈。

雷雨之動,乃得滿盈〔六〕,皆剛柔始交之所爲。

天造草昧,宜建侯而不寧。

屯體不寧,故利建侯也〔七〕。屯者,天地造始之時也。造物之始,始於冥昧,故曰「草昧」也〔八〕。處造始之時,所宜之善,莫善建侯也。

〈象〉曰:雲雷,屯。君子以經綸。

君子經綸之時〔九〕。

初九,磐桓,利居貞,利建侯。

處屯之初,動則難生。不可以進,故「磐桓」也〔一〇〕。處此時也,其利安在?不唯居貞、建侯乎!夫息亂以靜,守靜以侯;安民在正,弘正在謙。屯難之世,陰求於陽,弱求於強,民思其主之時也。初處其

首，而又下焉，爻備斯義，宜其得民也。

象曰：雖磐桓，志行正也。

不可以進，故磐桓也，非爲宴安棄成務也〔二〕。故「雖磐桓」，志行正」也。

以貴下賤，大得民也。

陽貴而陰賤也〔三〕。

六二，屯如邅如，乘馬班如，匪寇婚媾。女子貞不字，十年乃字。

志在乎五，不從於初〔三〕。屯難之時，正道未行，與初相近而不相得，困於侵害，故屯邅也〔四〕。時方屯難，正道未通，涉遠而行，難可以進，故曰「乘馬班如」也〔五〕。寇，謂初也。无初之難，則與五婚矣，故曰「匪寇婚媾」也〔六〕。志在於五，不從於初，故曰「女子貞不字」也〔七〕。屯難之世，勢不過十年者也，十年則反常，反常則本志斯獲矣，故曰「十年乃字」〔八〕。

象曰：六二之難，乘剛也；十年乃字，反常也。

六三，卽鹿无虞，惟入于林中。君子幾，不如舍。往，吝。

三既近五而无寇難，四雖比〔九〕五，其志在初，不妨己路，可以進而无屯邅也。見路之易，不揆其志〔一0〕，五應在二，往必不納，何異无虞以從禽乎〔二〕？雖見其禽，而无其虞，徒入于林中，其可獲乎？幾，辭也〔三〕。夫君子之動，豈取恨辱哉？故不如舍。往，吝窮也〔三〕。

校釋

象曰：卽鹿无虞，以從禽也。君子舍之，往，吝窮也。

六四，乘馬班如，求婚媾。往，吉。无不利。

二雖比初，執貞不從，不害己志者也。求與合好，往必見納矣〔三四〕。故曰「往，吉。无不利」。

象曰：求而往，明也。

見彼之情狀也。

九五，屯其膏，小貞吉，大貞凶。

處屯難之時，居尊位之上，不能恢弘博施，无物不與，拯濟微滯〔三五〕，亨于羣小，而繫應在二，屯難其膏，非能光其施者也〔三六〕。固志同好，不容他間〔三七〕，小貞之吉，大貞之凶〔三八〕。

象曰：屯其膏，施未光也。

上六，乘馬班如，泣血漣如。

處險難之極，下无應援，進无所適，雖比於五，五屯其膏，不與相得〔三九〕。居不獲安，行无所適，窮困闉厄〔四〇〕，无所委仰，故「泣血漣如」〔四一〕。

象曰：泣血漣如，何可長也。

〔一〕「交」，交接，相通。屯卦爲乾坤兩卦之後的第一個卦，意味着天地開始相合，陰陽開始交通，剛柔始交而難生，初相逢遇，故云屯難也。所以說「剛柔始交」。「屯」，序卦傳說：「屯者，盈也。屯者，物之始生也」。孔穎達疏：「屯，難也。剛柔

〔二〕「否」，塞，不通。「屯乃大亨」，孔穎達疏：「以陰陽始交而爲難，因難，物始大通」。

〔三〕「故利貞」下，校勘記：「古本有一『也』字」。

〔四〕「主」字，據岳本等校改。校勘記：「『王』『主』之誤。岳本、閩監毛本不誤」。又，「則定」，釋文：「本亦作『則寧』」。古本於「定」字下有一「也」字。

〔五〕「屯，元亨利貞」下，校勘記：「古本有一『也』字」。

〔六〕屯卦震下坎上，震爲雷，坎爲雨（水），所以說：「雷雨之動」。「滿盈」，指充滿天地之間。「乃得滿盈」下，校勘記：「古本有一『也』字」。下文「皆剛柔始交之所爲」下，同。

〔七〕「不寧」，不安。此句意爲，屯卦是有險難之體，所以必須確立一個主，使萬物得以安定。亦即上節注「得〔王〕〔主〕則定」之意。

〔八〕「冥昧」，幽暗，指渾沌不分之狀態。「草」，草創，初、始之意。

〔九〕「經綸」，原指織布之經緯，引伸爲治理，建立秩序之意。「經綸之時」下，校勘記：「古本有一『也』字」。

〔十〕「磐桓」，徘徊不進之貌。

〔二一〕「宴安」，求安逸。「棄成務」，放棄應當從事之工作。

〔二〇〕初九是陽，而處於陰爻之下，陽貴而陰賤，所以〈象辭〉說：「以貴下賤」。

〔一九〕此句意爲，六二是與九五相應，而不是與初九相應，所以說：「志在乎五，不從於初」。

〔一八〕「邅」，迴，難行而不進之貌。

〔一七〕「班如」，孔穎達疏：「子夏傳云：『班如者，謂相牽不進也』。馬季長云：『班，班旋不進也』」。

〔一六〕「媾」，會。孔穎達疏引馬季長云：「重婚曰媾」。

〔一五〕「字」，女子許嫁。孔穎達疏：「『字』訓『愛』也」。

〔一四〕「故曰十年乃字」下，〈校勘記〉：「〈古本有一『也』字」。

〔一三〕「比」，鄰近。

〔一二〕「揆」，揣度。「不揆其志」，指六三不去揣度九五的意思。

〔一一〕「虞」，掌管山澤之官。「從」，就。「何異无虞以從禽乎」，意爲這就如同沒有虞官的引導，就想到山林中去逐獵一樣。

〔一〇〕「幾」，「辭也」，意爲「幾」字只是語氣辭，沒有別的意義。

〔九〕「舍」，止，不動。「往」，〈校勘記〉：「〈古本作『完』」。此句意爲，既然六三去就九五而不會被九五所接納，那不如止而不往，如往，則必然有悔吝，遭困窮。

〔八〕此句意爲，六四如果去求與初九合好，一定會被接納。

象曰：蒙，山下有險，險而止，蒙。

利貞。

　　蒙之所利，乃利正也。夫明莫若聖，昧莫若蒙，蒙以養正，乃聖功也〔五〕；然則養正以明，失其道矣。

蒙

三三 坎下艮上 蒙。亨。匪我求童蒙，童蒙求我。初筮告，再三瀆，瀆則不告。

　　筮者，決疑之物也〔一〕。童蒙〔二〕之來求我，欲決所惑也，決之不一，不知所從，則復惑也。故初筮則告，再三則瀆，瀆蒙也〔三〕。能爲初筮，其唯二〔四〕乎。以剛處中，能斷夫疑者也。

〔三一〕「漣如」，哭泣貌。「泣血漣如」下，《校勘記》：「古本有一『也』字」。

〔三〇〕「闉厄」，堵塞。

〔二九〕「不與相得」下，《校勘記》：「古本有一『也』字」。

〔二八〕「大貞之凶」下，《校勘記》：「古本有一『也』字」。

〔二七〕「固志」，堅定之志向。「同好」，指六二。「間」，孔穎達疏：「間者，厠也」阻隔之意。

〔二六〕「膏」，膏澤，指恩惠。「光」，光大，指普遍。「施」，施恩惠。

〔二五〕「與」，施予。「无物不與」，意爲對萬物普遍施予恩惠。「微」，小、弱。「滯」，阻塞，不通達。

退則困險，進則閡山，不知所適，蒙之義也〔六〕。

蒙，亨。以亨行，時中也。

時之所願，惟願亨也，以亨行之，得時中也〔七〕。

匪我求童蒙，童蒙求我，志應也。

我，謂非童蒙者也。非童蒙者，即陽也。凡不識者求問識者，識者不求所告；暗者求明，明者不諮於暗。故蒙之爲義，匪我求童蒙，童蒙求我也。童蒙之來求我，志應故也。

初筮告，以剛中也。

謂二也。二爲衆陰之主也〔八〕。无剛失中〔九〕，何由得初筮之告乎。

再三瀆，瀆則不告，瀆蒙也。蒙以養正，聖功也。

君子以果行育德。

山下出泉〔一〇〕，未知所適，蒙之象也。

象曰：山下出泉，蒙。

果〔一一〕行者，初筮之義也；育德者，養正之功也。

初六，發蒙。利用刑人，用說桎梏。以往，吝。

處蒙之初〔一二〕照其上，故蒙發也〔一三〕。蒙發疑明，刑說當也〔一三〕。以往，吝，刑不可長〔一四〕。

象曰：利用刑人，以正法也。

刑人之道，道所惡也〔一四〕。以正法制，故刑人也。

九二，包蒙，吉。納婦吉，子克家。

以剛居中，童蒙所歸，包而不距，則遠近咸至〔一六〕，故「包蒙，吉」也。婦者，配己而成德者也。體陽而能包蒙，以剛而能居中，以此納配，物莫不應，故「納婦吉」也。處于卦內，以剛接柔，親而得中，能幹其任，施之於子，克家之義〔一七〕。

象曰：子克家，剛柔接也。

六三，勿用取女。見金夫，不有躬，无攸利。

童蒙之時，陰求於陽，晦求於明，各求發其昧者也。六三在下卦之上，上九在上卦之上，男女之義也。上不求三，而三求上，女先求男者也。女之為體，正行以待命者也，見剛夫而求之，故曰「不有躬」也。施之於女，行在不順，故勿用取女，而无攸利〔一八〕。

象曰：勿用取女。行不順也。

六四，困蒙，吝。

獨遠於陽，處兩陰之中，暗莫之發，故曰「困蒙」也。困於蒙昧，不能比賢以發其志，亦以鄙矣，故曰「吝」也〔一九〕。

象曰：困蒙之吝，獨遠實也。

陽稱實也。

六五，童蒙，吉。

以夫陰質，居於尊位，不自任察，而委於二。付物以能，不勞聰明，功斯克矣，故曰「童蒙，吉」。

象曰：童蒙之吉，順以巽也。

委物以能，不先不爲，順以巽也[二〇]。

上九，擊蒙，不利爲寇，利禦寇。

處蒙之終，以剛居上，能擊去童蒙，以發其昧者也。故曰「擊蒙」也。童蒙願發，而己能擊去之，合上下之願，故莫不順也。爲之扞禦[二]，則物咸附之；若欲取之，則物咸叛矣。故「不利爲寇，利禦寇」也。

象曰：利用禦寇，上下順也。

校　釋

〔一〕「筮」，鄭康成説：「『筮』，問也」。卽用蓍草占卦，以問吉凶的一種方法。所以説：「筮者，決疑之物」。

二四二

王弼集校釋

〔二〕「童」，童子，小孩。「蒙」矇昧。孔穎達疏：「蒙者，微昧暗弱之名」。

〔三〕「再」，次。「三」第二次之意。「瀆」，慢，褻瀆。此句意爲，童蒙第一次問卜則告訴他，再次、三次地問卜則是不嚴肅，這樣反而會使童蒙思想混亂。

〔四〕「二」指九二爻，下文「以剛處中」正指此。

〔五〕此句意爲，聖人應當以蒙養正，而不應當顯露自己的智慧（明），這才是所謂「聖功」，否則卽失其爲聖之道矣。老子十五章王弼注：「上德之人，其端兆不可覩，德趣不可見」。十八章注：「行術用明，以察姦僞，趣覩形見，物知避之，故智慧出則大僞生也」。又，明夷象辭注：「故以蒙養正，以明夷莅衆」，「藏明於內，乃得明也，顯明於外，巧所避也」，均爲此意。

〔六〕「閡」，止。蒙卦坎（水）下，艮（山）上，因此說：「退則困險（被水所困），進則閡山（被山所阻）」。此爲釋蒙卦所以稱爲「蒙」之時。

〔七〕「時」，指處於蒙昧之時。「中」，正。「適」，往。

〔八〕「二」指九二。九二既是蒙卦下體坎卦中唯一之陽爻，同時又是六五所委任者（參看六五注），所以說是「衆陰之主」。

〔九〕「无剛失中」，指如果沒有九二。九二陽爻爲剛，位二爲中。

〔一〇〕「山下出泉」，蒙卦卦象艮（山）上，坎（水）下，所以說「山下出泉」。

〔一一〕「果」，果斷。

〔一二〕「照」，照明、照耀。「發」，啓發、覺悟。

〔一三〕「說」，借爲「脫」，解脫。「當」，恰當。

〔一四〕「咎」，孔穎達疏釋爲「鄙吝」之「吝」。孫星衍說：「說文引作『以往遴』，『遴』，行難也。凡易內『往咎』、「往見咎」、「以往咎」，皆當從此，非『悔咎』之字也」。按，孫說是。「刑不可長」，意爲刑法不可長用。

〔一五〕校勘記：「古本『刑』上有『利』字。此句意爲，對人用刑罰，是不符合「道」的。老子三十六章王弼注：「因物之性，不假（借）刑以理物。……刑以利國，則失矣」。四十九章注：「多其法網，煩其刑罰，……則萬物失其自然，百姓喪其手足，……」。

〔一六〕「包」，容納。「咸」，皆、全。

〔一七〕「幹」，廣雅釋詁三：「幹，事也」。「能幹其事」，即能勝任其事。「克」，說文：「肩也」，徐鍇說：「肩，任也」。孔穎達疏：「克，荷」。均爲勝任，擔負之意。

〔一八〕「攸」，所。

〔一九〕「比」，鄰近。「比賢」，與賢者爲鄰。「亦以鄙矣，故曰咎也」，集解本無「以」字「也」字。

〔二〇〕「不先不爲」，老子二十八章王弼注：「雖，後之屬也。知爲天下之先（也）〔者〕必後也。是以聖人後其身而身先也」。十章注：「雌應而不（倡）〔唱〕，因而不爲」。「巽」，順。「順以巽」，指思想和行爲都順從。故褚氏云：順者，心不違也」；巽者，外迹相卑下也」。孔穎達疏：「謂貌順。

需

三三 乾下 需。有孚。光亨，貞吉。利涉大川。
坎上

象曰：需，須也，險在前也。 剛健而不陷，其義不困窮矣。 需，有孚，光亨，貞吉，位乎天位，以正中也。

謂五〔一〕也。 位乎天位，用其中正，以此待物，需道畢矣，故「光亨，貞吉」〔二〕。

利涉大川，往有功也。

乾德獲進，往輒亨也〔三〕。

象曰：雲上於天，需。 君子以飲食宴樂。

童蒙已發，盛德光亨，飲食宴樂，其在茲乎！

初九，需于郊，利用，恒无咎。

象曰：需于郊，不犯難行也。利用，恒无咎，未失常也。

居需之時，最遠於難〔四〕，能抑其進。 以遠險待時，雖不應幾，可以保常也〔五〕。

九二，需于沙，小有言，終吉。

轉近於難，故曰「需于沙」也〔六〕，不至致寇，故曰「小有言」也〔七〕。近不逼難，遠不後時，履健居中，以待其會，雖小有言，以吉終也。

象曰：需于沙，衍在中也；雖小有言，以吉終也。

九三，需于泥，致寇至。

以剛逼難，欲進其道，所以招寇而致敵也。猶有須焉〔八〕不陷其剛。寇之來也，自我所招，敬慎防備，可以不敗。

象曰：需于泥，災在外也。自我致寇，敬慎不敗也。

六四，需于血，出自穴。

凡稱血者，陰陽相傷者也。陰陽相近，而不相得，陽欲進而陰塞之，則相害也。穴者，陰之路也。處坎之始〔九〕居穴者也。九三剛進，四不能距，見侵則辟，順以聽命者也〔一〇〕。故曰「需于血，出自穴」也〔一一〕。

象曰：需于血，順以聽也。

九五，需于酒食，貞吉。

需之所須，以待達〔一二〕也。己得天位，暢其中正，无所復須，故酒食而已，獲貞吉也。

象曰：酒食，貞吉，以中正也。

上六，入于穴，有不速之客三人來，敬之，終吉。

六四所以出自穴者，以不與三相得而塞其路，不辟則害，故不得不出自穴而辟之也。至於上六，處卦之終[三]，非塞路者也。與三爲應，三來之己，乃爲己援，故无畏害之辟，而乃有入穴之固也。三陽所以不敢進者，須難之終也，難終則至[四]不待召也。己居難終，故自來也。處无位之地，以一陰而爲三陽之主，故必敬之而後終吉[五]。

象曰：不速之客來，敬之，終吉。雖不當位，未大失也。

處无位之地，不當位者也。敬之則得終吉，故「雖不當位，未大失」也。

校釋

[一]「五」，指九五爻。

[二]「光亨貞吉」，孔穎達疏：「需之道光明，物得亨通於正，則吉」。

[三]「乾德」，指需卦下體之乾卦。「輙」，每。「輙亨」，無不亨通之意。

[四]「需卦上體是坎卦，爲險難之義」；初九離上體坎卦尚遠，所以說：「最遠於難」。又，「最遠於難」之「難」字，集解本作「險」字。

[五]「抑」，止。「幾」，危。「常」，釋經文「恆」，「保常」，即保持常態。又，「以遠險待時」，集解本作：「不犯難行」。「雖不應幾，可以保常也」，作：「雖不應機，可以保常，故无咎」。

〔六〕「需于沙」，孔穎達疏：「沙是水傍之地，去水（坎）漸近，待時於沙，故難稍近」。

〔七〕「致寇」，招來寇敵。「小有言」，意爲稍有責難之言。

〔八〕「須」，待。「猶有須焉」，意爲還有時機可待。

〔九〕「處坎之始」，集解本作：「四處次始」。

〔10〕「辟」通「避」，集解本正作「避」。此句意爲，避開九三剛陽的侵攻，而順從地聽命。

〔一一〕「出自穴」，離開自己所居之地。即上文「四不能距，見侵則辟」之意。

〔一二〕「達」，通達，顯達。

〔一三〕「終」，極，結束。

〔一四〕「難終」，上六處坎卦之終，比喻險難之時已告結束。

〔一五〕「處无位之地」，指上六不處於君位、尊位之地。「三陽」，指初九、九二、九三。此三陽欲進而畏於險難，至上六而險難結束，三陽不召自來，所以說上六「以一陰而爲三陽之主」。「故必敬之而終吉」，指上六必須恭敬以待三陽，然後才能吉祥。

訟

三二　坎下
　　　乾上　訟。有孚，窒惕，中吉，室，謂窒塞也。（皆）能〔惕〕〔一〕，然後可以獲中吉〔二〕。

終凶。利見大人，不利涉大川。

彖曰：訟，上剛下險，險而健。訟，訟有孚，窒惕，中吉，剛來而得中也。終凶，訟不可成
也。利見大人，尚中正也。不利涉大川，入于淵也。

凡不和而訟，无施而可，涉難特甚焉〔二〕。唯有信而見塞懼者，乃可以得吉也。猶復不可終，中乃吉
也〔三〕。不閉其源，使訟不至〔五〕，雖每不枉，而訟至終竟，此亦凶矣〔六〕。故雖復有信而見塞懼，猶
不可以爲終也。故曰「訟，有孚，窒惕，中吉，終凶」也。无善聽者，雖有其實，何由得明，而令有信塞
懼者得其中吉〔七〕？必有善聽之主焉，其在二乎〔八〕？以剛而來，正夫羣小，斷不失中，應斯任也〔九〕。

象曰：天與水違行，訟。君子以作事謀始。

「聽訟，吾猶人也」〔一0〕。无訟在於謀始，謀始在於作制〔一二〕。契之不明，訟之所以生，
物有其分，（〈起契之過〉）〔一三〕，職不相（監）〔濫〕〔一四〕，爭何由興？訟之所以起，契之過也。故有德
司契而不責於人〔一五〕。

初六，不永所事，小有言，終吉。

處訟之始，訟不可終，故不永所事然後乃吉〔一六〕。凡陽唱而陰和，陰非先唱者也〔一七〕。
處訟之始，不爲訟先，雖不能不訟而了〔一八〕，訟必辯明矣。

象曰：不永所事，訟不可長也。雖小有言，其辯明也。

九二，不克訟，歸而逋，其邑人三百戶，无眚。

以剛處訟，不能下物，自下訟上，宜其不克〔三〇〕。若能以懼，歸竄〔三一〕其邑，乃可以免災。邑過三百〔三二〕，非爲竄也，竄而據强，災未免也。

象曰：不克訟，歸逋竄也。自下訟上，患至掇也。

六三，食舊德，貞厲，終吉。或從王事，无成。

體夫柔弱，以順於上，不爲九二，自下訟上。不見侵奪，保全其有，故得食其舊德而不失也〔三三〕。居爭訟之時，處兩剛之間，而皆近不相得，故曰「貞厲」〔三四〕。柔體不爭，繫應在上，衆莫能傾，故曰「終吉」〔三五〕。上壯爭勝，難可忤也。故或從王事，不敢成也〔三六〕。

象曰：食舊德，從上吉也。

九四，不克訟，

初辯明也〔三七〕。

復卽命。渝，安貞，吉。

處上訟下，可以改變〔三八〕者也，故其咎不大。若能反從本理，變前之命〔三九〕，安貞不犯，不失其道，爲仁〔由〕己〔四〇〕，故吉從之。

象曰：復卽命。渝，安貞不失也。

九五，訟，元吉。

處得尊位，爲訟之主。用其中正，以斷枉直。中則不過，正則不邪，剛无所溺，公无所偏，故「訟，元吉」〔二〕。

象曰：訟，元吉，以中正也。

上九，或錫之鞶帶，終朝三褫之。

處訟之極，以剛居上，訟而得勝者也。以訟受錫，榮何可保？故終朝之間，褫帶者三也〔三〕。

象曰：以訟受服，亦不足敬也。

校　釋

〔一〕「能」字，據孫星衍周易集解本校改。按，作「皆」字義不可通。焦循周易補疏引此注亦作「能惕」。孔穎達疏：「凡訟之體，不可妄興，必有信實。被物止塞而能惕懼，中道而止，乃得吉也」。

〔二〕此節注文釋文說：「王注或在『惕』上，或在下，皆可通，在『中吉』下者非」。郭京周易舉正說：注當在「中吉」下，「若注在『中吉』之上，卽背夫子意義，又是隔注爲句，古今注書無此體例」。亦可證注文當作「能惕」。「惕」，懼。

補疏說：「然則注中『獲中吉』之『中吉』非解經文『中吉』二字。因考象傳注云：『唯有信而見塞懼者，乃

可以得吉也」。此『得吉』二字解傳文『得中』二字，即前注所云『獲中吉』。『獲中』即是『得中』。王注每

於經下入傳義，於傳下申經義。此於經下云『獲中吉』，明傳文『得中』之義也。傳注文又云『猶復不可

終，中乃吉也』，此『中乃吉』三字，明經文『中吉』之義也。……『得中』之『中』，爲中正之中，『中吉』之

『中』爲中止之中。言雖有孚窒惕，而得中正，亦必中止乃吉，終訟則凶也。『窒』，謂窒塞也」。「雖復有

窒惕』爲句。按，焦説是。王弼於象辭注中兩處説：「唯有信而見塞懼者，乃可以得吉也」。「猶復有

『惕』字上『能惕然後可以獲中吉』九字，宜在『惕』字下。……王注既明云『有信塞懼者』，則讀『有孚

信而見塞懼」。均以「有孚窒惕」爲句而作注釋。又兩處説：「猶復不可終，中乃吉也」。「猶不可以爲

終也」。均以「中吉，終凶」爲句作注釋。故此節注如在「中吉」下，則爲破句而注，並違王弼之意。

〔三〕「施」設施、措施。此句意爲，凡由於不和而引起争訟者，其所有設施無一行得通者，這是因

爲所遇到的困難太大了。

〔四〕「猶復不可終」，集解本作「猶復不可以終」。「中乃吉」，孔穎達疏：「此訟事以中途而止乃得

吉也」。

〔五〕「使訟不至」，郭京周易舉正説，當作「使訟得至」。郭説：『得』字，誤作『不』字。若閉其訟

源，訟則不至；不閉訟源，則訟得至。……『不至』則與『不閉』義弗合」。按，郭説得注文之意。然「不」

字不必改作「得」字。「不閉其源，使訟不至」，猶如説，不能閉其源而使訟事不至。反言之，即開其源而

使訟事得至。

〔六〕「枉」，曲，不正。此句意爲，如果不能閉塞産生訟事之根源，而使訟事發生，則卽使其理由條

條正確，而訟到最後，亦仍然是凶。

〔七〕「得其中吉」上集解本有一「乃」字。

〔八〕「二」，指九二爻。盧文弨說：「古本同」。盧文弨引李氏說：「傳寫誤以五爲二」，意謂當指九五。按，孔穎達九五爻

辭疏說：「上注云：『善聽之主，其在二乎』，是二爲主也。此注又云：『爲訟之主，用其中正』，以斷枉直」，

是五又爲主也。一卦兩主者，凡諸卦之中，如此者多矣。五是其卦尊位之主，餘爻是其卦爲義之主。猶

若復卦，初九是復卦之主，九五亦居復之尊位，爲復卦尊位之主。如此之例，非一卦

也」。又說：「上象辭『剛來而得中』，今九五象辭云：『訟，元吉，以中正也』，知象辭『剛來得中』非據九

五也。輔嗣必以爲九二者，凡上下二象，在於下象者，則稱來。……」。

〔九〕「應斯任也」，集解本「斯」作「其」。

〔一〇〕文見論語顏淵：「子曰：聽訟，吾猶人也，必也使無訟乎」！意爲，雖然我判斷訟事不比別人

差，但最好是使訟事無從發生。

〔一一〕「謀」，慮。「始」，初。「作制」，訂立制度。

〔一二〕「契」，契約。「制度」，制度。此句意爲，訟事之所以産生，是由於契約、制度之不明確。老子七十九章

〔一三〕「起契之過」四字，據校勘記說校删。校勘記：「宋本、古本、足利本無此四字」。按，此四字於

此無義，乃涉下文「訟之所以起，契之過也」句而衍。「物有其分，職不相〔監〕〔濫〕，爭何由興」文義貫通。

〔一四〕「濫」字，據校勘記説校改。校勘記：「岳本、監毛本、釋文『監』作『濫』」。按，四部叢刊影印宋本亦作「濫」。「濫」，僭越。

〔一五〕「有德司契」，語出老子七十九章。王弼注：「有德之人，念思其契，不令怨生而後責於人也」。

〔一六〕「永」，長。「事」，指訟事。「不永所事」，意爲不可把爭訟之事進行到底。

〔一七〕參見老子十章王弼注：「雌應而不唱」。

〔一八〕「見犯」指九四來犯初六。此句意爲，初六爲陰，只能應而不能唱，只能等待九四相召，才能去相應。然而九四先來，這是有犯於己，於是就發生爭訟。

〔一九〕「處訟之始」之「訟」，指訟卦。「不爲訟先」之「訟」，指爭訟。「了」，終了，了結。

〔二〇〕「自下訟上」，指與九五相敵。「克」，勝。

〔二一〕「竄」，釋文辭「逋」逃也。

〔二二〕「三百」三百户。孔穎達疏引：「鄭注禮記云：小國下大夫之制」。此處表示少、弱，所以可以逃歸隱匿，如果超過三百户之邑，則爲強大之國，不可隱匿。

〔二三〕「食其舊德」，指能保持享受其原有之禄位。

〔二四〕「貞」，正。「厲」，危。此句意爲，六三處上下體交接之時（「居爭訟之時」），上下兩爻又都是

陽爻（「處兩剛之間」），不能與上下相得，所以說正是危險之時。

〔二五〕此句意爲，但是，六三柔順不爭，又與上九相應，所以九二、九四等都不能壓倒它，因此說最後仍然是吉。

〔二六〕此句意爲，上九强壯，爭訟必勝，所以不敢觸犯上九之意志，只是隨從着去完成王者之事，而不敢獨自完成事業。

〔二七〕「初」，指初六。此句意爲，初六在爭訟中終能辯明道理。參看初六爻辭注。此爲說明九四爻辭「不克訟」之原因。

〔二八〕「改變」，指九四能改變其侵犯初六之行爲。即下文所謂「若能反從本理，變前之命，安貞不犯，不失其道，……」。

〔二九〕「反」，釋爻辭「復」。「從」，釋「即」。「變」，釋「渝」。

〔三〇〕「由」字，據四部叢刊影印宋本及孔穎達疏校改。校勘記：「『猶』、『由』古通」。按，「爲仁由己」語出論語顏淵：「爲仁由己，而由乎人哉」！

〔三一〕「溺」，沈緬。「元吉」，大吉。集解本於「剛」字下、「公」字下均有一「則」字。

〔三二〕「錫」，通「賜」。「褫」，解、脱。此句意爲，因爲爭訟得勝而受賞賜，這種榮譽是不可能長期保住的。因此，一日之内甚至會三次奪去賞賜給他的衣帶。

師

坎下
坤上
師。貞丈人，吉，无咎。

丈人，嚴莊之稱也〔一〕。為師之正〔二〕，丈人乃吉也。興役動衆，无功，罪也〔三〕。故吉乃无咎也〔四〕。

彖曰：師，衆也；貞，正也。能以衆正，可以王矣。剛中而應，行險而順，以此毒天下，而民從之，吉，又何咎矣。

毒，猶役也〔五〕。

象曰：地中有水，師。君子以容民畜衆。

初六，師出以律。否臧，凶。

為師之始，齊衆者也〔六〕。齊衆以律，失律則散〔七〕，故「師出以律」。律不可失，失律而臧，何異於否〔八〕？失令有功，法所不赦，故師出不以律，否臧皆凶。

象曰：師出以律，失律凶也。

九二，在師中，吉，无咎。王三錫命。

以剛居中，而應於（上）〔五〕〔九〕，在師而得其中者也。承上之寵，為師之主，任大役重，无功則凶，故吉乃无咎也〔一〇〕。行師得吉，莫善懷邦，邦懷衆服，錫莫重焉，故乃得成命〔一一〕。

象曰：在師中吉，承天寵也；王三錫命，懷萬邦也。

六三，師或輿尸，凶。

以陰處陽，以柔乘剛〔二〕，進則无應，退无所守，以此用師，宜獲輿尸〔三〕之凶。

象曰：師或輿尸，大无功也。

六四，師左次，无咎。

得位而无應。无應不可以行，得位則可以處，故左次〔二四〕之而无咎也。行師之法，欲右背高〔二五〕，故左次之。

象曰：左次，无咎，未失常也。

雖不能有獲，足以不失其常也。

六五，田有禽，利執言，无咎。長子帥師，弟子輿尸，貞凶。

處師之時，柔得尊位，陰不先唱，柔不犯物，犯而後應，往必得直〔二六〕，故「田有禽」〔二七〕也。物先犯己，故可以執言而无咎也〔二八〕。柔非軍帥，陰非剛武，故不躬行，必以授也。授不得王〔二九〕，則眾不從，故

長子帥師可也。弟子之凶，故〔三○〕其宜也。

象曰：長子帥師，以中行也；弟子輿尸，使不當也。

上六，大君有命，開國承家，小人勿用。

處師之極，師之終也。大君之命，不失功也；開國承家，以寧邦也；小人勿用，非其道也。

象曰：大君有命，以正功也；小人勿用，必亂邦也。

校釋

〔一〕校勘記：「集解本於『也』字上有『有軍正者』四字」。

〔二〕「師」，彖辭：「師，衆也」，指軍旅。周禮：「二千五百人曰師」。「正」，長。「師之正」，卽一師之長。

〔三〕「无功，罪也」，校勘記說：「集解本作『无功則罪』」。孔穎達疏：「若其不以威嚴，師必無功而獲其罪」。按，據上下文義，以作「无功則罪」爲長。

〔四〕此句意爲，有嚴莊之丈人爲師之長則吉，因而師旅得以無咎害。

〔五〕「毒」，釋文引馬云：「治也」。焦循周易補疏說：「莊子大宗師：『聶許聞之需役』，釋文引王云：『役，亨毒也』。『毒』訓爲病，『役』亦通『疫』，疫爲病，故『毒』亦爲役」。

〔六〕「齊」，整齊，齊一。此句意爲，治軍者以使軍隊整齊一致爲首要之事。

〔七〕「律」，指法令條律。「散」，渙散，混亂。

〔八〕「臧」，善，此處指有功。「否」，惡，此處指失敗。

〔九〕「五」字，據校勘記說校改。校勘記：「古本、足利本『上』作『五』」。按，二與五相應，孔穎達疏

亦說：「在師中吉者，以剛居中而應於五，是在師中吉也」。此作「上」者，涉下文「承上之寵」，爲師之主」

而誤。然此「承上」之「上」，觀象辭之意爲指天、君主，亦指五言。

〔一〇〕「故吉乃无咎」，此處「吉」字，據上文「无功則凶」之意，指有功。然象辭作：「在師中吉，承天寵也」，則爻

辭當讀爲「在師中，吉无咎」，王三錫命。又，據此句注文之意，九二爻

穎達疏：「此『吉』之一字，上下兼該，故注文屬下，象文屬上」。孔

穎達疏：「此『吉』之一字，上下兼該，故注文屬下，象文屬上」。今據注文句讀。

〔一一〕「懷」，安。「懷邦」，卽安國。「錫」，通「賜」。「成命」，指完成王所委任之事業。

〔一二〕三爲陽位，六爲陰爻，所以說六三是「以陰處陽，以柔乘剛」。

〔一三〕「輿」，車，此處指戰車。「輿尸」，戰車上載着尸體，形容戰敗。

〔一四〕「左次」，下位，此處指保持謙順，低下之意。

〔一五〕「右背高」，孫子兵法行軍篇：「平陸處易而右背高，前死後生。此處平陸之軍也」。又漢書韓

信傳：「兵法有右背山陵，前左水澤」。

〔一六〕「直」，正。此處意爲，人犯之而後應，於理正直。

〔一七〕「田有禽」，孔穎達疏：「猶如田中有禽，而來犯苗，若往獵之，則无咎過也」。

〔一八〕「故可以執言而无咎也」，郭京周易舉正「言」字作「之」字。並說：「經、注『之』字並誤作『言』

字。定本『之』字行書向下引脚，稍類行書『言』字，轉相寫仍，遂成謬」。按，郭說是。如前引孔穎達疏

亦說：「若往獵之，則无咎」，只及「獵之」，而絕無「言」之意，可知「言」爲「之」字之誤。

周易注　上經

二五九

〔一九〕「王」，校勘記：「閩監毛本『王』作『正』，岳本、宋本、古本、足利本作『主』」。按，作「王」、作「正」、作「主」於此義均可通。「授不得王」，如言軍帥之任命，不得自王。

〔二〇〕「故」，固。校勘記：「岳本、宋本、古本、足利本『故』作『固』」。

比

三三三坤下
坎上 比。吉。比，輔也。下順從也。原筮，元永貞，无咎，以剛中也。不寧方來，上下應也。後夫凶，其道窮也。

原筮，元永貞，无咎。不寧方來，後夫凶。

處比〔一〕之時，將原筮以求无咎，其唯元永貞乎〔二〕！夫羣黨相比〔三〕，而不以元永貞，則凶邪之道也。若不遇其主〔四〕，則雖永貞而猶未足免於咎也。使永貞而无咎者，其唯九五乎！

象曰：比，吉也。吉。比，輔也。下順從也。原筮，元永貞，无咎，以剛中也。

不寧方來，上下應也。

上下无陽以分其民，五獨處尊，莫不歸之〔五〕。上下應之，既親且安。安則不安者託焉，故不寧方〔六〕所以來，上下應故也。夫无者求有，有者不求所與〔七〕；危者求安，安者不求所保。火有其炎，寒者

後夫凶，其道窮也。

將合和親，而獨在後，親成則誅，是以凶也〔九〕。

附之；故己苟安焉，則不寧方來矣〔八〕。

象曰：地上有水，比。先王以建萬國，親諸侯。

萬國以比建，諸侯以比親〔一〇〕。

初六，有孚，比之无咎。有孚盈缶，終來，有它吉。

處比之始，爲比之首者也。夫以不信爲比之首，則禍莫大焉，故必有孚盈缶〔二一〕，然後乃得免比之咎，故曰「有孚，比之无咎」也。處比之首，應不在一，心无私吝〔二三〕，則莫不比之。著信立誠，盈溢乎質素之器，則物終來，无衰竭也。親乎天下，著信盈缶，應者豈一道而來〔二三〕？故必有它吉也。

象曰：比之初六，有它吉也。

六二，比之自内，貞吉。

處比之時，居中得位，而繫應在五，不能來它，故得其自内，貞吉而已。

象曰：比之自内，不自失也。

六三，比之匪人。

四自外比〔二四〕，二爲五〔應〕〔貞〕〔二五〕，近不相得，遠則无應。所與比者皆非己親，故曰「比之匪人」〔二六〕。

象曰：比之匪人，不亦傷乎。

六四，外比之，貞吉。

外比於五，履得其位，比不失賢，處不失位，故「貞吉」也。

象曰：外比於賢，以從上也。

九五，顯比。王用三驅，失前禽，邑人不誡，吉。

爲比之主，而有應在二，顯比者也。比而顯之，則所親者狹矣〔七〕。夫无私於物，唯賢是與，則去之與來皆无失也。夫三驅之禮，禽逆來趣己，則舍之；背己而走，則射之；愛其來而惡於去也；故其所施，常失前禽也〔八〕。以顯比而居王位，用三驅之道者也。故曰「王用三驅，失前禽」也。用其中正，征討有常，伐不加邑，動必討叛，邑人无虞，故不誡也〔九〕。雖不得乎大人之吉，是顯比之吉也。此可以爲上之使，非爲上〔之〕道〔也〕〔一〇〕。

象曰：顯比之吉，位正中也；舍逆取順，失前禽也；邑人不誡，上使中也。

上六，比之无首，凶。

无首，後〔己〕〔也〕〔三〕。處卦之終，是後夫也。親道已成，无所與終，爲時所棄，宜其凶也。

象曰：比之无首，无所終也。

校　釋

〔一〕「比」，親近、相輔之意。象辭：「比，輔也」。

〔二〕「原」，窮盡。「筮」，占卜。孔穎達疏：「原窮其情，筮決其意」。「元」，大。「永」，長久。

「貞」,正。

〔三〕「羣黨相比」,指初、二、三等衆陰爻親近結黨。

〔四〕「主」,指九五。

〔五〕此句意爲,比卦中只有九五一個陽爻,上下沒有與九五争奪者,所以獨處尊位而衆陰歸之。

〔六〕「方」,處所。「不寧方」,指不安寧的地方。

〔七〕「與」,通「予」,給予。

〔八〕此句校勘記説:「岳本作『則不寧之方皆來矣』。」

〔九〕「獨在後」,孔穎達疏:「此謂上六也」。「親成則誅」,參看上六注:「親道已成,无所與終,爲時所棄,宜其凶也」。

〔一〇〕此句意爲,建萬國,親諸侯,都要按比卦的原則。孔穎達疏:「地上有水 (指比卦卦象下坤爲地,上坎爲水) 猶域中有萬國,使之各相親比,猶地上有水流通相潤及物」。

〔一一〕「盈」,滿溢。「缶」,説文:「瓦器,所以盛酒漿」。秦人鼓之以節歌」。按,郭京周易舉正無此「盈缶」二字。並説:「自『處比之首,應不在一』下,始釋『盈缶』之義,此處誤增」。按,郭説是。

〔一二〕「應不在一」,孔穎達疏:「初六無應,是應不在一,故心無私吝也」。

〔一三〕「著信盈缶」,意爲信譽昭著,充滿四方。「一方」,一道。

〔一四〕卦之下體稱内,上體稱外,四與五相鄰比,所以説:「四自外比」。

〔一五〕「貞」字，據校勘記説校改。校勘記：「岳本、宋本、古本、足利本『應』作『貞』」。按，内卦爲貞，作『貞』是也。按，六二注説：「故得其自内貞吉而已」，即指六二爲九五守貞，故此處當作「二爲五貞」爲是。

〔一六〕「匪」即「非」。

〔一七〕此句意爲，九五應於六二，顯露出它的所親者，所以說九五之所親是狹隘的。

〔一八〕「三驅之禮」，古代一種狩獵的禮制。指打獵時三次驅趕禽獸，看其向背，然後射之。左傳桓公四年傳注：「王者習兵於蒐狩，驅禽而射之，三則已，法軍禮也。夫前禽者，在前者，不逆而射之；旁去又不射，唯背走者順而射之。不中則已，是皆所以失之。用兵之法亦如之。降者不殺，奔者不禦，皆爲敵不敵己，加以仁恩養威之道」。「前禽」，此處泛指在射者前面的禽獸。因爲對迎面而來之禽獸不射，只射背己而走之禽獸，而且射不中即停止不射，所以說：「常失前禽」。

〔一九〕「虞」，備。「誠」，防。

〔二〇〕此句據校勘記校改。校勘記：「岳本、錢本、宋本、足利本作『非爲上之道』」。又曰：「非爲上之道者」，古本作『非爲上之道也』。按，正義標起止作『非爲上之道』」。又：「故云非爲上之道」，則正義本作『非爲上之道』是也。按，據上下文義當作「非爲上之道」。此句意爲，九五是顯示比卦親比之道者，然而由於它所親比者極其狹隘，所以只能說是爲上役使人，而還不是達到真正的做上之道（指未能達到「无私於物，唯賢是與」）。

後夫也」可證。

「也」字，據集解本校改。校勘記：「毛本『已』作『也』。」按，當作「也」字，下文「處卦之終」，是

小畜

三三【乾下巽上】　小畜。亨。

不能畜大止健，剛志故行，是以亨〔一〕。

密雲不雨，自我西郊。

象曰：小畜，柔得位而上下應之，曰小畜。

謂六四也，成卦之義在此爻也〔二〕。 體无二陰以分其應，故「上下應之」也。既得其位，而上下應之，

三不能陵〔三〕，小畜之義。

健而巽，剛中而志行，乃亨。 密雲不雨，尚往也；自我西郊，施未行也。

小畜之勢，足作密雲，乃自我西郊〔四〕。未足以為雨也。何由知未能為雨？夫能為雨者，陽上薄陰，

陰能固之，然後烝而為雨〔五〕。今不能制初九之復自道，固九二之牽復〔六〕。九三更以不能復為劣

也〔七〕。下方尚往，施豈得行〔八〕？故密雲而不能為雨，尚往故也。何以明之？（去）〔夫〕〔九〕陰能固之，然

後乃雨乎〔一0〕。上九獨能固九三之路，故九三不可以進，而輿說輻也〔一一〕。能固其路而安於上，故得

既雨既處〔三〕。

若四五皆能若〔三〕上九之善畜，則能雨明矣。故舉一卦而論之，能爲小畜密雲而已。

陰苟不足以固陽，則雖復至盛，密雲自我西郊，故不能雨也。雨之未下，卽施之未行也。〔象〕至〔二四〕論一卦之體，故曰「密雲不雨」。〔象〕各言一爻之德，故曰「既雨既處」也。

象曰：風行天上，小畜。君子以懿文德。

未能行其施者，故可以懿〔二五〕文德而已。

初九，復自道，何其咎？吉。

處乾之始，以升巽初，四爲己應，不距己者也。以陽升陰，復自其道，順而无違〔二六〕，何所犯咎？得義之吉〔二七〕。

象曰：復自道，其義吉也。

九二，牽復，吉。

處乾之中，以升巽五，五非畜極，非固己者也。雖不能若陰之不違，可牽以獲復〔二八〕，是以吉也。

象曰：牽復在中，亦不自失也。

九三，輿說輻，夫妻反目。

上爲畜盛，不可牽征〔二九〕。以斯而進，故必說輻也〔三〇〕。己爲陽極，上爲陰長，畜於陰長，不能自復，方之夫妻，反目之義也〔三一〕。

象曰：夫妻反目，不能正室也。

六四，有孚，血去惕出，无咎。

夫言血者，陽犯陰也〔三二〕。四乘於三，近不相得，三務於進，而己隔之，將懼侵克者也〔三三〕。上亦惡三，而能制焉，志與上合，共同斯誠〔三四〕。三雖逼己，而不能犯，故得血去懼除，保无咎也。

象曰：有孚惕出，上合志也。

九五，有孚攣如，富以其鄰。

處得尊位，不疑於二，來而不距，二牽己攣，不爲專固「有孚攣如」之謂也〔三五〕。以陽居陽，處實者也。居盛處實，而不專固「富以其鄰」者也〔三六〕。

象曰：有孚攣如，不獨富也。

上九，既雨既處，尚德載，婦貞厲。月幾望，君子征凶。

處小畜之極，能畜者也。陽不獲亨，故既雨也；剛不能侵，故既處也〔三七〕。體巽處上，剛不敢犯，尚德者也；爲陰之長，能畜剛健，德積載者也〔三八〕。婦制其夫，臣制其君，雖貞近危〔三九〕，故曰「婦貞厲」也。陰之盈盛，莫盛於此，故曰「月幾望」也〔四0〕。滿而又進，必失其道；陰疑於陽，必見戰伐；雖復君子以征〔三二〕必凶，故曰「君子征凶」。

象曰：既雨既處，德積載也；君子征凶，有所疑也。

夫處下可以征而无咎者，唯泰也〔三二〕。（則然）〔然則〕〔三三〕坤本體下，又順而弱，不能敵剛，故可以全其類，征而吉也〔三四〕。自此以往，則其進各有難矣。夫巽雖不能若艮之善畜〔三五〕，猶不肯爲坤之順從也，故可得少進，不可盡陵也。是以初九、九二其復則可，至於九三，則輿說輻也。夫大畜者，畜之極也，畜而不已，畜極則通。是以其畜之盛，在於四五，至于上九，道乃大行〔三六〕。小畜積極而後乃能畜，是以四五可以進，而上九說征之輻〔三七〕。

校　釋

〔一〕「畜」，釋文：「積也，聚也，養也」。「不能畜大止健」，孔穎達疏：「若大畜，乾在於下，艮在於上，艮是陽卦，又能止物，能止此乾之剛健，所畜者大，故稱大畜。此卦則巽在於上，乾在於下，巽是陰柔，性又和順，不能止畜在下之乾，唯能畜止九三，所畜狹小，故名小畜」。「剛志故行」孔穎達疏：「初九、九二猶剛健得行，是以剛志上得亨通。

〔二〕「在此爻也」，集解本作：「在此一爻者也」。

〔三〕指九三。「陵」，侵犯。此句意爲，九四陰爻又得陰位，全卦又無別的陰爻，所以上下都與它相應。九三雖靠近它，又是陽爻性剛健，但也不能侵犯它，這就是小畜之意義。六四注：「三雖通己而不能犯」，亦即此意。

〔四〕「自」，由，從。「西郊」，比喻密雲在遠處。

〔五〕「薄」，迫，相接觸之意。「固」，凝止。「丞」，上升。

〔六〕「復」，反。「牽」，連。「初九之復自道」，「九二之牽復」，各參見初九、九二爻辭。此處均爲釋小
畜「密雲不雨」之原因。孔穎達疏：「初九既得復道，九二可牽以獲復，皆得剛健上通，則是陰不能固陽；
而九三劣弱又不能自復，則是陽不薄陰，是以皆不雨也」。

〔七〕「劣」，弱。下節九三注說：「已爲陽極，上爲陰長，畜於陰長，不能自復」。

〔八〕「下方尚往」，指初九、九二得以通往反復，而六四不能畜止。「施豈得行」，指雨不得降。

〔九〕「夫」字，據四部叢刊影印宋本校改。校勘記補案：「『去』當作『夫』，形近之譌」。又「何以明
之」句，盧文弨說：「古本無『之』字。按，當連下文讀：『何以明夫陰能固之，然後乃雨乎』十三字爲
一句」。

〔一０〕「乎」，校勘記：「監毛本『乎』改『今』屬下讀」非。

〔一一〕「輿」，車輿，指車中能裝載東西的部分。「說」，借爲「脫」，脫離。「輻」，通「輹」。釋文：「車下
縛也」，卽在車軸中央，使車輿與軸相鈎連之物，俗稱「伏兔」或「鈎心」。「輿說輻」見九三爻辭，意爲車
輿脫離其輹，形容不能行走。

〔一二〕「既雨既處」，見上九爻辭、象辭。意爲，既能降雨又能安於其位。

〔一三〕「若」，如，假設之辭。

〔一四〕「至」，統。周易略例明象：「象者，統論一卦之體」。又，校勘記：「岳本、監毛本『至』作『全』」。

〔一五〕「懿」「美」。

〔一六〕「復自其道」，順而无違」，意爲初與四相應是易之道，今初九去上升於六四，雖爲陽附陰，但符合於易道，是順而無違，所以下文說「何所犯咎？得義之吉」。

〔一七〕「得義之吉」，校勘記：「古本作『得其義之吉者也』」一本無「其」字。足利本作：『得其義之吉』」。

〔一八〕「可牽以獲復」指九二能隨着初九一起上升於九五。

〔一九〕「上」指上九。「不可牽征」孔穎達疏：「九三欲復而進，上九固而止之，不可以行」，意爲九三不能隨初九、九二一起行進。校勘記：「古本『可』下有『以』字，足利本有『不』字」。

〔二〇〕「說輻」見本章校釋〔二〕。

〔二一〕「方」，比方，比喻。「反目」，鬧翻，脫離關係。

〔二二〕參看坤卦文言注：「猶與陽戰而相傷，故稱血」。

〔二三〕「乘」，駕御。「將懼侵克者也」，意爲懼怕九三侵陵，所以阻塞之。

〔二四〕「上」指上九。此句意爲，上九亦憎惡九三，而能制止它，所以六四與上九憎惡九三之志相同，九三雖逼迫六四，但無害。

〔二五〕「二牽」，即指九二得隨初九牽連而反復上通。「攣」亦爲牽連之意。孔穎達疏釋爲「攣」。

「二牽己攣」，意爲二既牽連而來，己亦迎而援牽之。「不爲專固」，意爲並非專爲閉固九二。「有孚攣

如」，意爲既有信用又援牽之。

〔二六〕「居盛」，指九五居於盛位。「以」，通「與」，給予。「鄰」，孔穎達疏說：「鄰」，謂二也」。

〔二七〕「既」，「已」。「既雨」，指得到雨。「既處」，指得到居處。孔穎達疏：「九三欲進，己（上九）能固之，陰陽不通，故已得其雨也」。又說：「三不能侵，不憂危害，故已得其處也」。

〔二八〕「巽」，順。「積」，積聚。「載」，承載。

〔二九〕上九爲陰，九三爲陽。上九制九三，所以說「婦制其夫」，「臣制其君」。以陰制陽，所以又說「雖貞（正）近危」。

〔三〇〕「幾」，近。「望」，朔、望之「望」，指滿月。

〔三一〕「征」，行。

〔三二〕泰卦乾下坤上。泰卦象辭說：「……則是天地交而萬物通也，上下交而其志同也。內陽而外陰，內健而外順……」。泰卦初九爻辭說：「拔茅茹以其彙，征吉」。

〔三三〕「然則」，據校勘記說校改。校勘記：《釋文：一本作『然則』，讀即以『也』字絕句。古本、足利本作『然則』，采釋文」。

〔三四〕此爲釋泰卦所以處下而「征吉」之原因。泰卦初九注說：「……三陽同志，俱志在外。初爲類首，己舉則從」，若茅茹也。上順而應，不爲違距，進皆得志，故以其類征吉。

〔三五〕此指大畜卦，上卦爲艮，善畜。參看本章校釋〔一〕所引之孔穎達疏。

〔三六〕此爲釋大畜卦所以能「畜之盛」之原因。《大畜卦》上九爻辭:「何天之衢亨」注:「處畜之極則

通,大畜以至於大亨之時」。

〔三七〕「積」,積累。「小畜積極」之「極」,指上九。「說」借爲「脫」。此句意爲,大畜卦之畜,盛於四、

五兩爻,所以到上九,道就可以大行了。但小畜卦之畜則必須積累到上九才能達到盛,四、五可以通行

無阻,而到上九就不能再行進了。就象與脫離了輨,如果硬要行進,則不利。

履

三三 兌下
乾上 履虎尾,不咥人,亨。

《彖》曰:履,柔履剛也。說而應乎乾,是以履虎尾,不咥人,亨。

凡象者,言乎一卦之所以爲主也〔一〕。成卦之體,在六三也。履虎尾者〔二〕,言其危也。三爲履主,

以柔履剛〔三〕。履危者也。履虎尾有不見咥者,以其說而應乎乾也〔四〕。乾,剛正之德者也。不以說

行夫佞邪〔五〕,而以說應乎乾,宜其履虎尾不見咥而亨。

剛中正,履帝位而不疚,光明也。

言五〔六〕之德。

《象》曰:上天下澤,履。君子以辯上下,定民志。

初九，素履。往，无咎。

處履之初，爲履之始。履道惡華，故素乃无咎〔七〕。處履以素，何往不從，必獨行其願〔八〕，物无犯也。

象曰：素履之往，獨行願也。

九二，履道坦坦，幽人貞吉。

履道尚謙，不喜〔九〕處盈，務在致誠，惡夫外飾者也。而二以陽處陰，履於謙也。居内履中〔一〇〕，隱顯同也。履道之美，於斯爲盛，故履道坦坦，无險厄也〔一一〕。在幽而貞，宜其吉。

象曰：幽人貞吉，中不自亂也。

六三，眇能視，跛能履。履虎尾，咥人，凶。武人爲于大君。

居履之時，以陽處陽，猶曰不謙，而況以陰居陽，以柔乘剛者乎〔一二〕！故以此爲明，眇目者也〔一三〕；以此爲行，跛足者也〔一四〕。以此履危，見咥者也。志在剛健，不修〔一五〕所履，欲以陵武於人，爲于大君〔一六〕，行未能免于凶。而志存于五，頑〔一七〕之甚也。

象曰：眇能視，不足以有明也；跛能履，不足以與行也；咥人之凶，位不當也；武人爲于大君，志剛也。

九四，履虎尾，愬愬，終吉。

逼近至尊，以陽承陽，處多懼之地，故曰「履虎尾，愬愬」也〔一〇〕。然以陽居陰，以謙爲本〔一九〕，雖處危

懼，終獲其志，故「終吉」也。

象曰：愬愬，終吉，志行也。

九五，夬履，貞厲。

得位處尊，以剛決正，故曰「夬履，貞厲」也〔二〇〕。履道惡盈，而五處尊〔二一〕，是以危。

象曰：夬履，貞厲，位正當也。

上九，視履，考祥，其旋，元吉。

禍福之祥〔二二〕，生乎所履，處履之極，履道成矣，故可視履而考祥也。居極應說，高而不危，是其旋

也〔二三〕。履道大成，故元吉也。

象曰：元吉在上，大有慶也。

校　釋

〔一〕此句意爲，象辭是說明一卦之中代表這卦的主要的一爻（代表履卦的主要一爻是六三。

畜卦象辭注：「象，至論一卦之體」。周易略例明象：「象者，統論一卦之體」。

〔二〕「履」，釋文：「禮也」。此處注：「履虎尾」之「履」，非「禮」之意。孔穎達疏：「履，謂履踐也」。小

又，象辭孔穎達疏：「履卦名合二義。若以爻言之，則在上履踐於下，六三履九二也。若以二卦上下之象言之，則履，禮也。在下以禮承事於上」。

〔三〕「以柔履剛」，指六三陰柔而在九二剛陽之上。

〔四〕「有」，校勘記：『古本、足利本『有』作『而』』。「咥」釋文：『齧也』，咬。「說」，悅。下同。

〔五〕六三以陰柔應於陽，是正道，所以說：「不以說行夫佞邪」。

〔六〕「五」，指九五。

〔七〕「華」，浮飾。「素」，質樸。

〔八〕「願」，志向。「獨行其願」，指獨行其質樸之志向。

〔九〕「喜」，校勘記：『岳本、錢本、宋本、古本『喜』作『憙』』。釋文出『不憙』。

〔10〕「居內履中」，指九二處於內卦（下卦）之中位。

〔一一〕「坦坦」，寬平。「厄」，釋文：『又作『戹』』。「戹」、「厄」同，困塞。「險厄」，險阻。

〔一二〕三是陽位，六是陰爻，所以說六三爲「以陰居陽，以柔乘剛」。

〔一三〕「眇」，釋文：『字書云：盲也』，《說文云：小目』。

〔一四〕「跛足」，瘸子。

〔一五〕「修」，釋文：『『修』本作『循』』。

〔一六〕「大君」，君主。「爲于大君」，孔穎達疏：「欲自爲於大君」，即下文所謂：「志存於五（君位）」。

〔一七〕「頑」，「愚」。

〔一六〕「愬愬」，驚懼之貌。孔穎達疏：「危懼也」。

〔一五〕九爲陽爻而四爲陰位，所以說：「以陽居陰，以謙爲本」。

〔一四〕「夬」，「決」。「厲」，「危」。

〔一三〕「尊」，校勘記：「岳本、宋本、古本、足利本『尊』作『實』」，盧文弨云：『實謂陽也』。

〔一二〕「祥」，徵兆。

〔一一〕「旋」，孔穎達疏：「反也」。

泰

☰☷ 乾下坤上 泰。

小往大來，吉亨。

彖曰：泰，小往大來，吉亨，則是天地交而萬物通也，上下交而其志同也。內陽而外陰，內健而外順，內君子而外小人。君子道長，小人道消也。

象曰：天地交，泰。后以財成天地之道，輔相天地之宜，以左右民。

泰〔一〕者，物大通之時也。上下大通，則物失其節〔二〕，故財成而輔相，以左右民也〔三〕。

初九，拔茅茹以其彙，征吉。

茅之爲物，拔其根而相牽引者也〔四〕。茹〔五〕，相牽引之貌也。三陽同志，俱志在外〔六〕，初爲類首，己舉則從，若茅茹也〔七〕。上順而應，不爲違距，進皆得志，故以其類征〔八〕吉。

象曰：拔茅征吉，志在外也。

九二，包荒，用馮河，不遐遺。朋亡，得尚于中行。

體健居中，而用乎泰，能包含荒穢，受納馮河〔九〕者也。用心弘大，无所遐棄〔一0〕，故曰「不遐遺」也。无私无偏，存乎光大，故曰「朋亡」也〔一一〕。如此，乃可以得尚于中行。尚，猶配也〔一二〕。中行，謂五。

象曰：包荒得尚于中行，以光大也。

九三，无平不陂，无往不復。艱貞，无咎。勿恤其孚，于食有福。

乾本上也，坤本下也，而得泰者，降與升也。而三處天地之際，將復其所處。復其所處，則上守其尊，下守其卑。是故无往而不復也，无平而不陂〔一三〕也。處天地之際，將復其所處〔一四〕。平路之將陂，時將大變，世將大革，而居不失其正，動不失其應〔一五〕，艱而能貞，不失其義，故「无咎」也。信義誠著，故不恤其孚而自明也，故曰「勿恤其孚，于食有福」也〔一六〕。

六四，翩翩不富以其鄰，不戒以孚。

象曰：无往不復，天地際也。

天地將各分復之際。

乾樂上復，坤樂下復，四處坤首，不固所居，見命則退，故曰「翩翩」也〔二七〕。坤爻皆樂下，己退則從，故不待富而用其鄰也〔二八〕。莫不與己同其志願，故不待戒〔二九〕而自孚也。

象曰：翩翩不富，皆失實也；不戒以孚，中心願也。

六五，帝乙歸妹，以祉，元吉。

婦人謂嫁曰歸〔三〇〕。泰者，陰陽交通之時也。女處〔三一〕尊位，履中居順，降身應二，感以相與，用中行願〔三三〕不失其禮。帝乙歸妹〔三二〕誠合斯義。履順居中，行願以祉〔三四〕，盡夫陰陽交配之宜，故「元吉」也。

象曰：以祉元吉，中以行願也。

上六，城復于隍，勿用師。自邑告命，貞吝。

居泰上極，各反所應，泰道將滅，上下不交，卑不上承，尊不下施，是故「城復于隍」〔三五〕。卑道崩也。「勿用師」，不煩攻也。「自邑告命，貞吝」，否道已成，命不行也〔三六〕。

象曰：城復于隍，其命亂也。

校　釋

〔一〕「泰」《釋文》：「大通也」。

〔二〕「節」，有制度、秩序、節止等義，詳見節卦注。「物失其節」，孔穎達疏：「失其節則冬溫夏寒，秋生春殺」。

〔三〕「財」，「裁」，制也，節制之意。

〔四〕「茅」，草名，卽茅草。「相牽引」指茅草根互相牽連在一起。

〔五〕「茹」，借爲「挐」，說文：「挐，牽引也」。

〔六〕「外」，指外卦，卽上坤卦。

〔七〕泰卦下卦是乾，三爻都是陽，所以說：「初爲類首」。「己舉則衆從」指九二、九三隨初九而動，所以又說：「若茅茹也」。

〔八〕泰卦上卦是坤，三爻都是陰，所以對下卦乾順從而相應，不違背，不抗拒。因而初九、九二、九三都能「得志」。「類征」，意爲下卦之三陽爻連類而行。

〔九〕「馮」，通「憑」。「馮河」，徒步涉河。孔穎達疏：「無舟渡水」，意指無能之人。

〔10〕「退」，說文：「遠也」。

〔11〕「朋」，黨。「朋亡」，意爲無朋黨之私。

〔12〕「尚」，猶配也」。王引之經義述聞說：王弼釋「尚」爲「配」，古訓無徵。王引之據爾雅：「尚，右也」，以爲「尚」當釋爲佑助之意。

〔13〕「陂」，傾而不平，陰而不正。

〔一四〕「閉」，閉塞不通。

〔一五〕九三陽爻而據陽位，又與上六相應，所以說：「居不失其正，動不失其應」。

〔一六〕「恤」，憂。「孚」，信。「食」指食祿。

〔一七〕「固」，固守。「翩翩」，《釋文》：「輕舉貌」。此處爲表示輕舉而易舉之意。

〔一八〕「不待富而用其鄰」，意爲六五、上六從己而下都是出於自願，不須用財富去支使它們。

〔一九〕「戒」，通「誡」，告。

〔二〇〕語見《公羊傳·隱公二年》：「婦人謂嫁曰歸」。

〔二一〕「女處」，校勘記：「《釋文》……本亦作『爻處』」。

〔二二〕「用中行願」，意爲六五居中，用中之道，而且行其復下之志願。

〔二三〕「帝乙歸妹」之故事已失傳。據近人考證，可能是指詩經大明篇所記載之文王娶親之故事。

參看古史辨第三冊上篇周易卦爻辭中的故事。

〔二四〕「祉」，福。

〔二五〕「隍」，城下之溝。無水稱隍，有水稱池。

〔二六〕此句意爲，上下否塞之形勢已形成，命令已不能行，所以只能就自己之邑地發布命令。按，疑注文「自邑告命，貞吝」下脫一「者」字。「否道已成，命不行也」爲釋經文「自邑告命，貞吝」句，當有一「者」字文義方可通。孔穎達疏亦作：「自邑告命，貞吝者，否道已成，……」可證。

否

<small>乾上坤下</small>

三三三 否之匪人，不利君子貞，大往小來。

象曰：否之匪人，不利君子貞，大往小來，則是天地不交而萬物不通也，上下不交而天下无邦也。內陰而外陽，內柔而外剛，內小人而外君子。小人道長，君子道消也。

象曰：天地不交，否。君子以儉德辟難，不可榮以祿。

初六，拔茅茹以其彙，貞吉，亨。

象曰：拔茅貞吉，志在君也。

居否〔一〕之初，處順之始，爲類之首者也。順非健也，何可以征？居否之時，動則入邪，三陰同道，皆不可進，故茅茹以類〔二〕。貞而不諂，則吉，亨。

六二：包承，小人吉，大人否亨。

象曰：大人否亨，不亂群也。

居否之世，而得其位，用其至順，包承〔三〕於上。小人路通，內柔外剛；大人否之，其道乃亨。

六三，包羞。

俱用小道以承其上，而位不當，所以包羞也。

象曰：包羞，位不當也。

九四，有命无咎，疇離祉。

夫處否而不可以有命[四]者，以所應者小人也；有命於小人，則消君子之道者也。今初志在君，處乎窮下，故可以有命无咎，而疇麗福也[五]。疇，謂初也。

象曰：有命无咎，志行也。

九五，休否，大人吉。其亡其亡，繫于苞桑。

居尊〈得〉〔當〕[六]位，能休[七]否之時者也。施否於小人，否之休也。唯大人而後能然[八]，故曰「大人吉」也。處君子道消之時，己居尊位，何可以安？故心存將危，乃得固也[九]。

象曰：大人之吉，位正當也。

上九，傾否，先否後喜。

先傾[一〇]後通，故後喜也。始以傾爲否，後得通，乃喜。

象曰：否終則傾，何可長也。

〔一〕「否」，閉塞不通。

〔二〕「茅茹以類」，參看泰卦校釋〔四〕、〔五〕、〔七〕。校勘記：「岳本、古本、足利本『茅』上有『拔』字」。

〔三〕「包承」，包容、應承。

〔四〕「有命」，有令，指發布命令。

〔五〕「疇」，類，匹。此處指與九四相匹之初六。所以下文說：「疇，謂初也」。孔穎達疏：「疇，謂疇匹，謂初六也」。「麗」，附著。此句意爲，初六亦能依附而得福。

〔六〕「當」字，據校勘記說校改。校勘記：「岳本、宋本、古本、足利本『得』作『當』」。按，當作「當」，九五正當君位，象辭亦說：「大人之吉，位正當也」。

〔七〕「休」，美。

〔八〕「唯大人而後能然」，郭京周易舉正作「唯大人乃能然」。

〔九〕「固」，牢固。此句意爲，如能「安而不忘危，存而不忘亡，治而不忘亂」（繫辭下），則其尊位得以牢固。

〔10〕「傾」，傾覆。

同人

䷌〔乾上離下〕同人于野，亨。利涉大川，利君子貞。

彖曰：同人，柔得位，得中而應乎乾，曰同人。

二爲同人之主〔一〕。

同人曰，同人于野，亨。利涉大川，乾行也。

所以乃能同人于野，亨〔二〕，利涉大川，非二之所能也，是乾之所行，故特曰「同人曰」〔三〕。

文明以健，中正而應，君子正也。

行健不以武，而以文明用之〔四〕；相應不以邪，而以中正應之〔五〕。君子正也，故曰「利君子貞」。

唯君子爲能通天下之志。

君子以文明爲德〔六〕。

象曰：天與火，同人。

天體在上而火炎上，同人之義也〔七〕。

君子以類族辨物。

君子小人，各得所同〔八〕。

初九，同人于門，无咎。

居同人之始，爲同人之首者也。无應於上，心无係吝〔九〕，通夫大同，出門皆同，故曰「同人于門」也。

象曰：出門同人，又誰咎也！

出門同人，誰與爲咎！

六二，同人于宗，吝。

應在乎五，唯同於主，過主則否〔一0〕，用心偏狹，鄙吝之道〔二一〕。

象曰：同人于宗，吝道也。

九三，伏戎于莽，升其高陵，三歲不興。

居同人之際，履下卦之極，不能包弘上下，通夫大同；物黨相分，欲乖其道，貪於所比，據上之應〔二二〕；其敵剛健，非力所當，故「伏戎于莽」，不敢顯亢也〔二三〕。「升其高陵」，望不敢進，量斯勢也。三歲不能興者也〔二四〕。三歲不能興，則五道亦以成矣，安所行焉〔二五〕。

象曰：伏戎于莽，敵剛也。三歲不興，安行也。

安，辭也。

九四，乘其墉，弗克攻，吉。

處上攻下，力能乘墉者也〔二六〕。履非其位，以與人爭。二自五應〔二七〕，三非犯己，攻三求二，尤而效之，

違義傷理，衆所不與〔一九〕，故雖乘墉而不克也〔二九〕。不克則反，反則得吉也〔三〇〕。不克乃反，其所以得吉，困而反則者也〔三一〕。

象曰：乘其墉，義弗克也；其吉，則困而反則也。

九五，同人，先號咷而後笑。大師克，相遇。

象曰「柔得位，得中而應乎乾，曰同人」〔三二〕。然則體柔居中，衆之所與；執剛用直，衆所未從，故近隔乎二剛，未獲厭志，是以先號咷也〔三三〕。居中處尊，戰必克勝，故後笑也。不能使物自歸，而用其强直，故必須大師克之，然後相遇也。

象曰：同人之先，以中直也；大師相遇，言相克也。

上九，同人于郊，无悔。

郊者，外之極也〔三四〕。處同人之時，最在於外，不獲同志，而遠於內爭，故雖无悔吝，亦未得其志。

象曰：同人于郊，志未得也。

校釋

凡處同人而不泰焉，則必用師矣。不能大通，則各私其黨而求利焉。楚人亡弓，不能亡楚〔三五〕；愛國愈甚，益爲它災〔三六〕，是以同人不弘。剛健之爻，皆至用師也。

〔一〕「二」、「六二」。周易略例明象：「夫少者，多之所貴也；寡者，衆之所宗也。」一卦五陽而一陰，則一陰爲之主矣；五陰而一陽，則一陽爲之主矣。同人卦只有二爲陰，所以說：「二爲同人之主」。「同」，釋文：「和同也」。

〔二〕「同人」，孔穎達疏：「同人，謂和同於人」。「野」，孔穎達疏：「野是廣遠之處，借其野名，喻其廣遠。言和同於人，必須寬廣，無所不同，用心無私」。又，「所以乃能同人于野亨」，郭京周易舉正於「所以」下無「乃」字。

〔三〕此節注之意爲，同人卦所以得「同人于野，亨，利涉大川」之義，是在於六二「柔得位得中而應乎乾」（見象辭），然而同人卦所以能「同人于野，亨，利涉大川」，則不是六二所能行的，而是上卦乾之所行，因此象辭特別加上「同人曰」以資區別。

〔四〕「武」指威勢。「文明」指禮義。

〔五〕六二與九五相應，這二爻均處中位，所以說：「相應不以邪，而以中正應」。

〔六〕此節注文爲釋象辭：「唯君子爲能通天下之志」之原因，是由於君子以「文明」爲自己之德行。

〔七〕同人卦下卦爲離爲火，上卦爲乾爲天，所以說：「天體在上而火炎上，同人之義也」。

〔八〕此「同」字爲同類相聚之意。

〔九〕「係」，繫屬。「吝」，鄙吝。「心无係吝」，意爲心中無偏私吝嗇之意。

〔十〕「過」，失。「過主則否」，意爲六二應與九五相應，所以只應和同於主（九五），如果不應於主而同於宗（族），則是閉塞（否）之道了。校勘記：「『過主』之『主』，監毛本誤作『上』」。

〔一二〕「偏」,校勘記:「岳本作『褊』,釋文出『褊狹』。」此句意爲,不同於主而只同於宗族,那是用心偏狹,同下不同上,這是鄙吝之道。

〔一三〕「黨」,類。「乖」,違背。「比」,鄰。「據」,占據。此句意爲,物各按其類而相聚相分別,然而九三企圖違背這種情況,貪愛於其鄰(六二),占據九五所當應承者。

〔一四〕「其敵」,指九五。「非力所當」,指非九三之力所能抵擋。「伏」,潛。「戎」,兵。「莽」,草,鄭玄注:「叢木」。「顯」,露。「亢」,高。

〔一五〕「升」,登。「量」,估計。「斯」,此。「勢」,形勢。「斯勢」,指「其敵剛健,非力所當」之勢。「三歲」,三年。「興」,興起。

〔一六〕「五道」,指九五君主之道。「以成」,即「已成」。「安」,何。

〔一七〕「墉」,高牆。「乘墉」,登高,形容據高臨下。

〔一八〕「以與人爭」二句,校勘記:「集解本作『與三爭二』『二自應五』」。

〔一九〕「尤而效之」,意爲四也效法三去求六二。「與」,贊許。

〔二〇〕「不克」,不勝。「故雖乘墉而不克也」,集解本作:「勢雖乘墉,義弗克也」。

〔二一〕「反則得吉也」,校勘記:「釋文:一本作『反則得,得則吉也』」。

〔二二〕「困而反則得吉者也」之「則」,指法則,即指「物黨相分」之道。「其所以得吉,困而反則者也」,集解本作:「而得吉者,以困而反正則也」。

〔三〕「應乎乾」之「乎」，校勘記：「古本『乎』作『于』」。

〔二〕「剛」，指九三、九四。「厥」，其。「厥志」指九五之志。「虩虩」，哭泣。説文：「楚謂兒泣不止曰嗁咷」。

〔四〕「外之極」，此處既説明「郊」爲甚遠之處，又説明上九爲同人卦最末一爻。

〔五〕「楚人亡弓，不能亡楚」，事見説苑。「楚共王（孔子家語作『恭王』）出獵，而遺其弓（孔子家語作「亡烏嗥之弓」）。左右請求之，共王曰：止，楚人遺弓，楚人得之，又何求焉？仲尼聞之曰：惜乎其不大，亦曰人遺弓，人得之而已，何必楚也」（十四卷）。孔子家語好生篇亦記此事，文略不同。校勘記：『不能亡楚』之『亡』，監毛本誤作『忘』」。

〔六〕「益」，增加。孔穎達疏引左傳哀公六年吳伐陳，楚救陳而楚昭王輮死於城父之故事，以説明「此愛國而致它災也」。

大有

　　乾下
　　離上　大有。元亨。

不大通，何由得大有〔一〕乎？大有，則必元亨矣。

象曰：大有，柔得尊位大中，而上下應之，曰大有。

處尊以柔,居中以大,體无二陰以分其應,上下應之,靡所不納〔二〕,大有之義也。

其德剛健而文明,應乎天而時行,是以元亨。

德應於天,則行不失時矣。剛健不滯,文明不犯〔三〕,應天則大〔四〕,時行无違,是以元亨。

象曰:火在天上,大有。君子以遏惡揚善,順天休命。

大有,包容之象也。故遏〔五〕惡揚善,(成物之性順天休命順物之命)〔成物之美,順夫天德,休物之命〕〔六〕。

初九,无交害,匪咎,艱則无咎。

以夫剛健爲大有之始,不能履中,滿而不溢〔七〕,術斯以往〔八〕,後害必至,其欲匪咎,艱則无咎也〔九〕。

象曰:大有初九,无交害也。

九二,大車以載,有攸往,无咎。

任重而不危〔一〇〕。

象曰:大車以載,積中不敗也。

健不違中,爲五所任;任重不危,致遠不泥〔一一〕,故可以往而无咎也。

九三,公用亨于天子,小人弗克。

二九〇

處大有之時，居下體之極，乘剛健之上，而履得其位，與五同功，威權之盛，莫此過焉〔一二〕。公〔一三〕用斯

位，乃得通乎天子之道也。 小人不克，害可待也〔一四〕。

象曰：公用亨于天子，小人害也。

九四，匪其彭，无咎。

既失其位，而上近至尊之威，下比分權之臣，其為懼也可謂危矣。唯夫有聖知〔一五〕者，乃能免斯咎也。

三雖至盛，五不可舍，能辯斯數，專心承五〔一六〕，常匪其旁〔一七〕，則无咎矣。 旁，謂三也。

象曰：匪其彭，无咎，明辨晢也。

明，猶才也。

六五，厥孚交如，威如，吉。

居尊以柔，處大以中，无私於物，上下應之。 信以發志，故其孚交如也〔一八〕。 夫不私於物，物亦公焉；

不疑於物，物亦誠焉。 既公且信，何難何備〔一九〕？ 不言而教行，何為而不威如〔二〇〕？ 為大有之主而不以

此道，吉可得乎？

象曰：厥孚交如，信以發志也；威如之吉，易而无備也。

上九，自天祐之，吉，无不利。

象曰：大有上吉，自天祐也。

大有，豐富之世也。 處大有之上，而不累於位，志尚乎賢者也。 餘爻皆乘剛，而己獨乘柔，順也。 五

爲信德，而己履焉，履信之謂也〔二〕。雖不能體柔，而以剛乘柔，思順之義也。居豐有之世〔三〕，而不以物累其心〔三〕，高尚其志，尚賢者也。爻有三德〔四〕，盡夫助道，故繫辭具焉〔五〕。

象曰：大有上吉，自天祐也。

校　釋

〔一〕「大有」，《釋文》：「包容豐富之象」。孔穎達疏：「柔處尊位，羣陽並應，大能所有，故稱大有」。

〔二〕「靡」，「無」。「納」，受。

〔三〕「剛健不滯，文明不犯」，意爲剛健則不爲物所滯留，文明（指禮義顯明）則不犯於物。此爲以大有卦之上下卦象之義（乾爲剛健，離爲光明），解釋大有。

〔四〕「則」，法則，效法。「應天則大」，即上文所謂「德應於天」、「居中以大」之意。

〔五〕「遏」，止。

〔六〕「成物之美，順夫天德，休物之命」，據宋本等校改。校勘記：「岳本、宋本作『成物之美，順夫天德，休物之命』。古本、足利本與岳本同，唯『夫』作『奉』。一本無『奉』字。按，當如岳本、宋本等。『成物之美』指「遏惡揚善」。「順夫（奉）天德，休物之命」釋象辭「順天休命」。孔穎達疏亦說：「遏匿其惡，襃揚其善，順奉天德，休美物之性命」。

〔七〕「不能履中，滿而不溢」，孔穎達疏：「初不在二位是不能履中，在大有之初是盈滿，身行剛健

是溢也。

〔八〕「術」，法。「術斯以往」，意爲依照「不能履中，滿而不溢」去行動。

〔九〕「艱」，艱難。此句意爲，如能艱難以從事，則可以避免災咎。

〔一〇〕「任」，承受。此釋爻辭「大車以載」，意爲大車能承受重物而沒有危險。

〔一一〕「致」，往、達。「泥」，滯留。此語本論語子張：「子夏曰：雖小道必有可觀者焉，致遠恐泥，是以君子不爲也」。

〔一二〕「莫此過焉」，如說莫過於此也。

〔一三〕「公」，指諸侯、王公。

〔一四〕此句意爲，九三之位「權威之盛，莫此過焉」，所以只有諸侯、王公可用此位而小人不能勝用。小人既不能勝用此位，而如果居此位，則「害可待也」。

〔一五〕「聖知」，校勘記：「釋文出『至知』」。

〔一六〕「辯」，明辯。「數」，所，指處所。此句意爲，九四如能明白自己所處之地位，而專心追隨於六五。

〔一七〕「匪其旁」，釋爻辭「匪其彭」。焦循周易補疏：「廣雅『彭彭』，『旁旁』皆訓爲盛。……『旁』之訓爲溥，爲廣，『旁魄四塞』，故義爲盛。說文：『彭』爲鼓聲，義亦爲盛者，爲『旁』之音通相假借也。王氏（弼）訓『彭』爲盛，故云『三雖至盛』。……直以『旁』代『彭』，而云『常匪其旁』。」按，焦說是。「常匪其

旁」，意爲九四當「專心承五」，所以對至盛之九三當常非之，如此「則无咎矣」。孔穎達疏「旁」爲相旁之

旁，乃據注文「旁，謂三也」之意，義雖亦可通，然失王弼之意遠矣。

〔一八〕「孚」，信。「交」，交接。「如」，語氣辭。

〔一九〕「何難何備」，意爲有什麼困難，又有什麼需要防備。

〔二〇〕「不言而教行，何爲而不威如」，老子十七章王弼注：「大人在上，居無爲之事，行不言之教，萬物作焉而不爲始，故下知有之而已」。

〔二一〕「履信之謂也」，校勘記：「集解本『之謂』二字作『者』」。

〔二二〕「居豐有之世」，校勘記：「集解本『有』作『富』，『世』作『代』」。

〔二三〕「而不以物累其心」，校勘記：「集解本作：『物不累心』」。

〔二四〕「三德」，指「履信」、「思順」、「尚賢」三德。

〔二五〕「故繫辭具焉」，指繫辭中言及此文辭。如繫辭上：「易曰：自天祐之，吉，无不利。子曰：祐者，助也。天之所助者，順也；人之所助者，信也。履信思乎順，又以尚賢也。是以自天祐之，吉，无不利也」。

謙

三三 艮下坤上謙。亨。君子有終。

象曰：謙亨。天道下濟而光明，地道卑而上行；天道虧盈而益謙，地道變盈而流謙，鬼神害

盈而福謙，人道惡盈而好謙，謙尊而光，卑而不可踰，君子之終也。

象曰：地中有山，謙。君子以裒多益寡，稱物平施。

多者用謙以爲衰〔一〕，少者用謙以爲益，隨物而與，施不失平也。

初六，謙謙君子，用涉大川，吉。

象曰：謙謙君子，卑以自牧也。

處謙之下，謙之謙者也。能體謙謙，其唯君子，用涉大難〔二〕，物无害也。

牧，養也。

六二，鳴謙，貞吉。

象曰：鳴謙貞吉，中心得也。

鳴者，聲名聞之謂也〔三〕。得位居中，謙而正焉。

九三，勞謙，君子有終，吉。

象曰：勞謙君子，萬民服也。

處下體之極，履得其位。上下无陽以分其民，衆陰所宗，尊莫先焉〔四〕。居謙之世，何可安尊？上承

下接，勞謙匪解〔五〕，是以吉也。

六四，无不利，撝謙。

處三之上而用謙焉，則是自上下下之義也；承五而用謙順，則是上行之道也。盡乎奉上下下之道，故

无不利。指撝〔六〕皆謙，不違則也。

象曰：无不利，撝謙，不違則也。

六五，不富以其鄰，利用侵伐，无不利。

居於尊位，用謙與順，故能不富而用其鄰也。以謙順而侵伐〔七〕，所伐皆驕逆也〔八〕。

象曰：利用侵伐，征不服也。

上六，鳴謙，利用行師，征邑國。

最處於外，不與〔九〕内政，故有名而已。志功未得也。處外而履謙順，可以征邑國而已〔一０〕。

象曰：鳴謙，志未得也，可用行師，征邑國也。

夫吉凶悔吝，生乎動者也〔一一〕。動之所起，興於利者也。故飲食必有訟，訟必有衆起〔一二〕。未有居衆人之所惡，而〔一三〕爲動者所害；處不競之地，而爲爭者所奪。是以六爻雖有失位、无應、乘剛〔一四〕，而皆无凶咎悔吝者，以謙爲主也。「謙尊而光，卑而不可踰」〔一五〕，信矣哉！

校釋

〔一〕「謙」,謙下。《釋文》:「卑退爲義,屈己下物也」。「衰」,減。《玉篇》:「減也」。《釋文》引《廣雅》:「捝減

也」。孔穎達疏引《爾雅·釋詁》:「衰,聚也」,並釋《王弼注》文之意説:「於先多者,其物雖多,未得積聚以謙,

故益其物更多而積聚」。按,孔疏與謙卦之義、象辭「稱物平施」及注「隨物而與,施不失平」之意有出

入,且王注以「衰」與「益」對文,此處「衰」當爲減義。

〔二〕「涉大難」,即指爻辭「涉大川」。「涉大川」爲比喻之説。

〔三〕「鳴」,《校勘記》:「《釋文》作『名』」。又,「鳴者,聲名聞之謂也」,《釋文》説:「一讀『名者聲』絶句」。

〔四〕「宗」,主。謙卦只有九三爲陽,所以説「衆陰所宗,尊莫先焉」。

〔五〕「勞」,勤勞。「匪解」,即非懈,不懈怠。

〔六〕「指撝」,釋爻辭「撝」。《釋文》:「撝,指撝也,義與麾同」。按,《説文》:「撝,裂也。一曰手指撝

也」。「裂」與「指撝」,引申之義均爲「所到之處皆⋯⋯」之意。《説文》段玉裁注:「易『撝謙』,馬曰:『撝,

猶離也」。按,『撝謙』者,溥散其謙,無所往而不用謙,裂義之引申也」。説文通訓定聲:「撝,假借爲

麾」。《説文》:「旌旗所以指」,即指「所到之處」。王弼注爻辭「撝謙」説:「指撝皆謙」,其意爲所到之

處,無不用謙。

〔七〕「以謙順而侵伐」之「侵」字,《郭京周易舉正》作「征」。並説:「經、注、象三『征』字皆誤作『侵』

字。夫謙順之道,不妨征伐驕逆之人,⋯⋯其侵奪之義皆是越己之分,⋯⋯非君上之所行,⋯⋯侵奪誤

亦明矣」。

〔八〕「驕逆」，泛指不受約束者、叛逆者。

〔九〕「與」，參預、干預。

〔10〕「邑國」，比喻小國。

〔一一〕「吉凶悔吝，生乎動者也」，文見繫辭下。

〔一二〕參見序卦：「需者，飲食之道也。飲食必有訟，故受之以訟。訟必有衆起，……」。

〔一三〕「而爲動者所害」之「而」字，校勘記：「郭京云：『而』乃『不』字之誤。盧文弨謂『而』下脫『不』字耳」。按，郭、盧惑於象辭：「人道惡盈而好謙」之說，且未深尋王弼注文之意，因而以爲當改「而」爲「不」，或於「而」下增一「不」字。其實，王弼承老子思想，以老解易。他以爲不與人爭，處卑（即「衆人之所惡」）、守静（即「不競」）則能不爲動者，爭者所害，所奪。如老子八章：「上善若水，水善利萬物而不爭，處衆人之所惡」。王弼注：「人惡卑也」。又，六十一章注：「言唯修卑下，然後乃各得其所」。此注説「未有居衆人之所惡，而爲動者所害」。此「居衆人之所惡」即指處卑下，而非象辭所謂處「盈」而人所惡。所以本節注下文説：「是以六爻……以謙爲主也。『謙尊而光，卑而不可踰』，信矣哉」！又，此處「未有居衆人之所惡，而爲動者所害」與「（未有）處不競之地，而爲争者所奪」爲同義，反復申述，非對比而言。

〔一四〕「失位」，指六五以陰而居尊位。「無應」，指初與四、二與五本當相應，但均爲陰爻，所以説「無應」。「乘剛」，指六四在九三之上是柔乘剛。

〔一五〕「謙尊而光，卑而不可踰」，文見本卦象辭。「謙尊而光」，孔穎達疏：「尊者有謙而更光明盛

大」。「踰」，越。「卑而不可踰」指卑者堅守謙下之道則它人不可踰越。

豫

坤下
震上　豫

三三三

豫。利建侯、行師。

象曰：豫，剛應而志行，順以動，豫。豫順以動，故天地如之，而況建侯、行師乎？天地以

順動，故日月不過而四時不忒；聖人以順動，則刑罰清而民服。豫之時義大矣哉。

象曰：雷出地奮，豫。先王以作樂崇德，殷薦之上帝，以配祖考。

初六，鳴豫，凶。

處豫〔一〕之初，而特得志於上〔二〕。樂過則淫，志窮則凶，豫何可鳴〔三〕？

象曰：初六鳴豫，志窮凶也。

六二，介于石，不終日。貞吉。

處豫之時，得位履中，安夫貞正，不求苟豫者也。順不苟從，豫不違中，是以上交不謟，下交不瀆〔四〕。

明禍福之所生，故不苟說〔五〕；辨必然之理，故不改其操。介如石焉〔六〕，不終日明矣〔七〕。

象曰：不終日，貞吉，以中正也。

六三，盱豫，悔；遲，有悔。

居下體之極，處兩卦之際，履非其位，承動豫之主〔八〕。若其睢盱〔九〕而豫，悔亦生焉〔一〇〕。遲而不從，豫之所疾。位非所據，而以從豫，進退離悔，宜其然矣〔一一〕。

象曰：盱豫有悔，位不當也。

九四，由豫，大有得。勿疑，朋盍簪。

處豫之時，居動之始，獨體陽爻，衆陰所從。莫不由之以得其豫，故曰「由豫，大有得」也。夫不信於物，物亦疑焉，故勿疑則朋合疾也〔一二〕。盍，合也。簪，疾也。

象曰：由豫，大有得，志大行也。

六五，貞疾，恒不死。

四以剛動，爲豫之主。專權執制，非己所乘〔一三〕，故不敢與四爭權。而又居中處尊，未可得亡，是以必常至于貞疾，恒不死而已〔一四〕。

象曰：六五貞疾，乘剛也；恒不死，中未亡也。

上六，冥豫成。有渝，无咎。

處動豫之極，極豫盡樂，故至于冥豫成也〔一五〕。過豫不已，何可長乎，故必渝變，然後无咎〔一六〕。

象曰：冥豫在上，何可長也。

校　釋

〔一〕「豫」，指豫卦。《釋文》：「悦豫也」，「備豫也」。孔穎達疏：「豫者，取逸豫之義。以和順而動，動不

違衆，衆皆説豫，故謂之豫也」。

〔二〕「特」，獨。「上」，指上卦九四。豫卦只有九四爲陽爻，而初六得以相應，所以説：「特得志

於上」。

〔三〕「鳴」，鳥叫聲，此處形容豫樂之至，以致叫出聲來。「豫何可鳴」，意爲豫樂不能過分，過分了

就將陷於淫，得意過分就將招來凶。盧文弨説：「古本『鳴』下有『哉』字」。

〔四〕「吁」，襲瀆侮辱。「瀆」，襲瀆侮辱。此句意爲「六二中正不苟，與上交往不阿諛迎奉，與下

交往不輕蔑侮辱。

〔五〕「説」，同「悦」。「苟説」，苟且求豫悦。

〔六〕「介」，耿介，堅確貌。「介如石焉」，意爲六二的品行，正直不移，就如石頭一樣堅確。

〔七〕「不終日明矣」，孔穎達疏：「見幾（微小的苗頭）之速，不待終竟一日，去惡修善，恒守正」。此

句意爲「六二能『明禍福之所生』，『辯必然之理』，所以能迅速發現錯誤的苗頭，而且發現後立即改正，

不等到一天終了。

〔八〕九四是豫卦中唯一的陽爻，是豫卦之主。六三在九四之下，上承九四，所以説：「承動豫

周易注　上經

三〇一

之主」。

〔九〕「睢盱」，釋爻辭「盱」。説文：「睢，仰目也」；「盱，張目也」。釋文引向秀説：「睢盱，小人喜悦之貌」。孔穎達疏同。焦循周易補疏説：郭象注莊子云：「睢睢盱盱，跂屨之貌，人將畏難而疏遠」。釋文引廣雅云：「睢睢盱盱，元氣也」。……王氏之學，習於老、莊，其「睢盱」二字正本莊子。其意以九四爲動豫之主，以六三爲承動豫之主。所云『睢盱而豫』，指九四。謂九四以一陽自貴於衆陰之中，其睢盱之狀不可與居，今承之而從之，必受其辱而生悔。然既近承其下，使遞而不從，則又爲九四所疾，故云『遞而不從，豫之所疾』。何也？其人既自矜自貴，寧容近承其下者之不相從也。從之生悔，不從亦有悔，故云『進退離悔』。……向秀之注，既失王氏注易之旨，亦乖莊、列『誰與』之言。按，焦説是。此處「其」指九四而言，非指六三而言，所以「睢盱」爲形容九四跂屨之貌，而非形容九三喜悦之貌。

〔一〇〕「悔亦生焉」之「生」字，集解本作「至」。

〔一一〕「進退離悔」之「離」，當如小過卦「飛鳥離之」，詩經邶風新臺「鴻則離之」之「離」。揚雄方言：「羅謂之離」。玉篇：「離，遇也」。前漢書揚雄傳反離騷注引應劭説：「離，猶遭也」。又，「宜其然也」四字，集解本作「位不當也」，與象辭文同。

〔一二〕「朋」，黨、類。「合」，聚。「疾」，速，釋經文「簪」字。「簪」爲「撍」之借字，玉篇：「撍，急疾也」。

〔一三〕「非己所乘」，意爲不是自己（六五）所能駕御的。

〔一四〕「貞疾」，意爲雖得正位，但常受到九四之侵害而有病。

〔一五〕「冥」，暗昧。「冥豫」，指不明白豫樂之道而無節制地尋歡逐樂。

〔一六〕「渝變」，「變」釋「渝」之義。此句意爲「必須改變『冥豫』」的狀況，然後才能無咎。

隨

震下
兌上　隨。元亨，利貞，无咎。

彖曰：隨，剛來而下，柔動而說，隨。大亨，貞，无咎，而天下隨時。隨時之義大矣哉！

震剛而兌柔也。以剛下柔，動而之說，乃得隨也〔一〕。爲隨而不大通，逆於時也；相隨而不爲利正，災之道也。故大通利貞，乃得無咎也。爲隨而令大通利貞，得於時也；得時則天下隨之矣。隨之所施，唯在於時也，時異而不隨，否之道也〔二〕。故隨時之義大矣哉！

象曰：澤中有雷，隨。君子以嚮晦入宴息。

澤中有雷，動說之象也〔三〕。物皆說隨，可以无爲，不勞明鑒〔四〕，故君子嚮晦入宴息也〔五〕。

初九，官有渝，貞吉。出門交，有功。

居隨之始，上无其應〔六〕，无所偏係〔七〕，動能隨時，意无所主者也。隨不以欲，以欲隨宜者也〔八〕。故

象曰：官有渝，從正吉也；出門交有功，不失也。

官有渝變，隨不失正也。出門无違〔九〕，何所失哉！

六二，係小子，失丈夫。

陰之爲物，以處隨世，不能獨立，必有係也。居隨之時，體〔於〕〔分〕〔一○〕柔弱，而以乘夫剛動，豈能秉

志？違〔一一〕於所近，隨此失彼，弗能兼與〔一二〕。五處己上，初處己下，故曰「係小子，失丈夫」也。

象曰：係小子，弗兼與也。

六三，係丈夫，失小子。隨有求得，利居貞。

陰之爲物，以處隨世，不能獨立，必有係也。雖體下卦，二已據初，將何所附？故舍初係四，志在丈

夫。四俱无應，亦欲於己隨之，則得其所求矣〔一三〕，故曰「隨有求得」也。應非其正〔一四〕，以係於人，何

可以妄〔一五〕？故「利居貞」也。初處己下，四處己上，故曰「係丈夫，失小子」也。

象曰：係丈夫，志舍下也。

下，謂初也。

九四，隨有獲，貞凶。有孚在道，以明，何咎？

處說之初，下據二陰，三求係己，不距則獲，故曰「隨有獲」也。居於臣地，履非其位，以擅〔一六〕其民，失

於臣道，違正者也，故曰「貞凶」。體剛居說，而得民心，能幹〔一七〕其事，而成其功者也。雖違常義，志

在濟物，心存公誠，著信在道，以明其功，何咎之有！

象曰：隨有獲，其義凶也；有孚在道，明功也。

九五，孚于嘉吉。

履正居中，而處隨世，盡隨時之宜，得物之誠，故嘉〔一〇〕吉也。

象曰：孚于嘉吉，位正中也。

上六，拘係之乃從維之，王用亨于西山。

隨之爲體，陰順陽者也。最處上極，不從者也。隨道已成，而特不從，故拘繫之乃從也。「率土之濱，莫非王臣」〔一九〕而不從，「王之所討也」，故維〔二〇〕之。王用亨于西山也〔二一〕，兌爲西方，山者，途之險隔也。處西方而爲不從，故王用通于西山。

象曰：拘係之，上窮也。

處于上極，故窮也。

校　釋

〔一〕 隨卦下卦爲震，上卦爲兌，震爲剛，兌爲柔，所以說：「以剛下柔」。「說」同悅，喜悅。震表現爲動，兌表現爲喜悅，所以又說：「動而之說」。「隨」《釋文》「從也」，有隨時、隨人等義。

〔二〕 「否」，閉塞、不通。

〔三〕 說卦：「震爲雷」「兌爲澤」，又說：「動萬物者，莫疾乎雷。……說（悅）萬物者，莫說（悅）乎澤」。

所以此處説:「澤中有雷,動説之象也」。

〔四〕「明鑒」,明鏡,比喻心、思慮。

〔五〕「嚮」,對。「面臨之意。「晦」,冥,表示入晚。「宴息」,安寢、休息。此句意爲,既然可以無爲,不用操心,所以君子到了晚上就可以安心睡覺、休息。

〔六〕初應當與四相應,但四也是陽,所以説:「上无其應」。

〔七〕「係」,繫。「偏係」,意爲只與某一個爻繫屬在一起。「无所偏係」,亦卽下文「意无所主者也」之意。

〔八〕「隨不以欲,以欲隨宜者也」,進一步説明上文「意无所主」、「動能隨時」之意。意爲不以自己之欲好而隨從之,而是使自己之欲好隨從適宜之人或時機。所以下文説不管情況有怎樣的變化,而自己始終是「隨不失正也」。

〔九〕「出門无違」,釋爻辭「出門交有功」,意爲與人、事交往不會有所違礙,而可取得成功。

〔一〇〕「分」字,據校勘記説校改。校勘記:「錢本、閩監毛本『於』作『分』,是也」。按「分」爲本分之意。

〔一一〕「體分柔弱」,指六二之體本是柔弱,故「必有係也」。若作「於」字,與注文之意不合。

〔一二〕「違」,失。「違於所近」,意爲六二之過失在於它隨從所臨近之初九,因此就不能與九五相應。所以下文説「隨此失彼」,「係小子,失丈夫也」。

〔一三〕「此」,指初九,「彼」,指九五。「與」,若論語先進:「吾與點也」之「與」,作許、從之義解。

〔一三〕「四俱无應」，四本當與初相應，然初亦爲陽，所以說「无應」。「則得其所求矣」，集解本無「所」字。

〔一四〕四當與初相應，三當與上相應，然初與四均爲陽，三與上均爲陰，互不可相應。今三係於四，不是正當之應，所以說「應非其正」。

〔一五〕「妄」妄動。

〔一六〕「擅」說文：「專也」，引申爲據有。

〔一七〕「幹」任承。蠱卦初六爻辭「幹父之蠱」，王弼注說：「能承先軌，堪其任者也」。

〔一八〕「嘉」善、美。

〔一九〕文見詩經小雅北山：「溥天之下，莫非王土；率土之濱，莫非王臣」。

〔二〇〕「維」，繫，卽上文「拘繫」之意。

〔二一〕「亨」，校勘記：「古本作『通』」。「也」，校勘記：「監毛本作『者』」。按，以下文字均爲釋「王用亨于西山」之義，「也」字當以作「者」字於文意爲長。

蠱

〔三三〕巽下艮上：蠱。元亨，利涉大川。先甲三日，後甲三日。

象曰：蠱，剛上而柔下。

上剛可以斷制,下柔可以施令〔一〕。

巽而止,蠱。

既巽又止〔二〕,不競爭也。有事而无競爭之患,故可以有爲也。

蠱,元亨,而天下治也。

有爲而大亨,非天下治而何也!

蠱〔三〕者,有事而待能之時也〔四〕。

利涉大川,往有事也。先甲三日,後甲三日,終則有始,天行也。

可以有爲,其在此時矣。物已說隨,則待夫作制以定其事也;進德脩業,往則亨矣!故「元亨,利涉大川」也。甲者,創制之令也〔五〕。創制不可責之以舊〔六〕,故先之三日,後之三日,使令(治)〔洽〕〔七〕而後乃誅也。因事申令,終則復始,若天之行用四時也〔八〕。

象曰:山下有風,蠱。君子以振民育德。

蠱者,有事而待能之時也,故君子以濟民養德也。

初六,幹父之蠱。有子,考无咎。厲,終吉。

處事之首,始見任者也。以柔巽之質,幹父之事,能承先軌,堪其任者也〔九〕,故曰「有子」也。任爲事首,能堪其事,考〔一〇〕乃无咎也,故曰「有子,考无咎」也。當事之首,是以危也,能堪其事,故「終吉」。

象曰:幹父之蠱,意承考也。

九二，幹母之蠱，不可貞。

居於內中，宜幹母事，故曰「幹母之蠱」也。婦人之性，難可全正，宜屈己剛，既幹且順，故曰「不可貞」也。

象曰：幹母之蠱，得中道也。

幹不失中，得中道也。

九三，幹父之蠱，小有悔，无大咎。

以剛幹事，而无其應，故有悔也。履得其位，以正幹父，雖小有悔，終无大咎。

象曰：幹父之蠱，終无咎也。

六四，裕父之蠱，往見吝。

體柔當位，幹不以剛，而以柔和，能裕先事者也〔二〕。然无其應，往必不合，故曰「往見吝」。

象曰：裕父之蠱，往未得也。

六五，幹父之蠱，用譽。

以柔處尊，用中而應，承先以斯，用譽之道也〔三〕。

象曰：幹父用譽，承以德也。

上九，不事王侯，高尚其事。

以柔處中，不任威力也。

幹事之首，時有損益，不可盡承，故意承而已。

上九，不事王侯，高尚其事。

最處事上，而不累於位，不事王侯，高尚其事也。

〔象曰〕：不事王侯，志可則也。

校釋

〔一〕 蠱卦上卦爲艮，屬陽性剛；下卦爲巽，屬陰性柔。

〔二〕 「止」，指上卦艮。〈說卦〉：「艮，止也」。

〔三〕 「蠱」，〈釋文〉：「事也，惑也，亂也」。

〔四〕 「能」，指賢能之人。

〔五〕 「甲者，創制之令也」，孔穎達疏：「甲爲十日之首，創造之令爲在後諸令之首，故以創造之令謂之甲。故漢時謂令之重者謂之甲令，則此義也」。

〔六〕 「責」，求、追究、詰問。「舊」，指舊有之法令。

〔七〕 「洽」字，據宋本等校改。〈校勘記〉：「岳本、宋本、古本、足利本『洽』作『洽』」又〈正義序〉引注亦作『洽』。按，作「洽」字是。「洽」，協和之意。王弼注文之意爲，新創制之法令，不同於舊法令，人們開始時尚不習慣，所以不能像用人們已習慣了的舊法令那樣去追究，而必須在先三日，後三日進行宣傳，使新創制之法令與社會生活、人們習慣協調起來，然後再對違犯新法令的人治罪。

〔八〕此句意爲，對於新創制之法令，要根據事情反復加以申明，就像四時運行不息那樣。

〔九〕「承」，承「任」。「先軌」，前人之遺制。「堪」，勝。「堪其任」，能勝任。

〔一〇〕「考」，若與「父」對文而言，則生稱「父」，死稱「考」。

〔一一〕馬融注：「寬也」。孔穎達疏：「容」。「先事」，指先人之事。

〔一二〕「裕」，「寬也」。

〔一三〕「譽」，榮譽。「用譽之道」，意爲必然能獲得榮譽。

臨

三三 兌下坤上 臨。元亨，利貞，至于八月，有凶。

⟨彖⟩曰：臨，剛浸而長，説而順，剛中而應，大亨以正，天之道也。陽轉進〔一〕長，陰道日消〔；君子日長，小人日憂，大亨以正之義。

至于八月，有凶，消不久也。

八月陽衰而陰長，小人道長，君子道消也，故曰「有凶」〔二〕。

⟨象⟩曰：澤上有地，臨。君子以教思无窮，容保民无疆。

相臨〔三〕之道，莫若説順也。不恃威制，得物之誠，故物无違也。是以君子教思无窮，容保民无疆也〔四〕。

初九，咸臨，貞吉。

咸，感也；感應也。有應於四，感以臨者也。四履正位，而己應焉，志行正者也。以剛感順，志行其

正，以斯臨物，正而獲吉也。

象曰：咸臨貞吉，志行正也。

九二，咸臨，吉，无不利。

有應在五，感以臨者也。剛勝則柔危，而五體柔，非能同斯志者也；若順於五，則剛德不長，何由得

吉，无不利乎？全與相違，則失於感應。其得（感）〔咸〕〔五〕臨吉无不利，必未順命也〔六〕。

象曰：咸臨吉无不利，未順命也。

六三，甘臨，无攸利；既憂之，无咎。

甘者，佞邪說媚，不正之名也。履非其位，居剛長之世〔七〕，而以邪說臨物，宜其无攸利也。若能盡憂

其危，改脩其道，剛不害正，故咎不長。

象曰：甘臨，位不當也；既憂之，咎不長也。

六四，至臨，无咎。

處順應陽，不忌剛長，而乃應之，履得其位，盡其至者也。　剛勝則柔危，柔不失正，乃〔八〕得无咎也。

象曰：至臨无咎，位當也。

六五，知臨，大君之宜，吉。

　　處於尊位，履得其中。能納剛以禮，用建其正，不忌剛長，而能任之。委物以能，而不犯焉，則聰明者竭其視聽，知力者盡其謀能；不爲而成，不行而至矣[九]！大君之宜，如此而已；故曰「知臨，大君之宜，吉」也。

象曰：大君之宜，行中之謂也。

上六，敦臨，吉，无咎。

　　處坤之極，以敦[一〇]而臨者也。志在助賢，以敦爲德，雖在剛長，剛不害厚，故「无咎」也。

象曰：敦臨之吉，志在内也。

　　　校　釋

　〔一〕「進」字，校勘記：「古本、足利本『進』作『浸』。」按，象辭：「臨，剛浸而長」。「浸」，漸進。注文「進」正釋「浸」之義，不必如古本、足利本作「浸」。

　〔二〕「八月陽衰而陰長」，孔穎達疏：「八月者，何氏云從建子陽生至建未爲八月。褚氏云自建寅至建酉爲八月。今案此注云小人道長，君子道消，宜據否卦之時。故以臨卦建丑而至否卦建申爲八月也。自建丑之月至建申之月，凡歷八月，則成否也。否則天地

不交，萬物不通，是至于八月有凶，斯之謂也」。「小人道長，君子道消」語見否卦象辭。

〔三〕「臨」釋文引序卦説：「大也」。按，據注文之意，臨有相臨之意，如以上臨下。所以下文説「不恃威制，得物之誠」。

〔四〕此句意爲，由於「不恃威制」，「物无違也」，所以君子對百姓之教化和思念没有終止之時，容納和保撫百姓也没有止境。

〔五〕「咸」字，據四部叢刊影印宋本校改。校勘記補案：「『感』當作『咸』，此注正述經文也」，無改字之例」。

〔六〕「必未順命」指九二没有完全順從於六五。注文之意以爲「若順於五，則剛德不長，何由得吉无不利」？今二既「得咸臨吉无不利」，則「必未順命也」。

〔七〕「居剛長之世」之「世」字，校勘記：「宋本、古本『世』作『前』。按，四部叢刊影印宋本「世」不作「前」。作「世」字是。三是陽位而六是陰爻，所以説：『履非其位，居剛長之世，而以邪説臨物，……」。「世」即「時」之義，若作「前」則義不可解。

〔八〕「乃」，校勘記：「岳本、宋本、足利本『乃』作『則』」一本無『乃』字」。按，「乃」、「則」義通。

〔九〕此處乃以老釋易。老子四十七章：「是以聖人不行而知〔一作「至」〕，……不爲而成」。按，「乃」、「則」義通。王弼注：「得物之致，故雖不行而慮可知也。……明物之性，因之而已，故雖不爲而使之成矣」。又，老子三章注：「唯能是任，尚也曷爲？唯用是施，貴之何爲」？四十九章注：「是以聖人之於天下，……無所察

焉，百姓何避？無所求焉，百姓何應？無避無應，則莫不用其情矣」！

〔10〕「敦」，質樸、誠厚。

觀

三三三巽上坤下觀。盥而不薦，有孚顒若。

王道之可觀〔一〕者，莫盛乎宗廟〔二〕。宗廟之可觀者，莫盛於盥也〔三〕。至薦，簡略不足復觀，故觀盥而不觀薦也〔四〕。孔子曰：「禘自既灌而往者，吾不欲觀之矣」〔五〕！盡夫觀盛，則下觀而化矣。故觀至盥，則「有孚顒若」也〔六〕！

彖曰：大觀在上。

下賤而上貴也。

順而巽，中正以觀天下。觀盥而不薦，有孚顒若，下觀而化也。觀天之神道，而四時不忒；觀天之神道，而四時不忒〔八〕；不見天之使四時，而四時不

聖人以神道設教，而天下服矣！

統說觀之為道，不以刑制使物，而以觀感化物者也。神則无形者也〔七〕。不見聖人使百姓，而百姓自服也〔九〕。

象曰：風行地上，觀。先王以省方，觀民設教。

初六，童觀，小人无咎，君子吝。

處於觀〔鹽〕〔時〕，而最遠〔德〕〔朝〕美〔一〇〕，體於陰柔，不能自進，无所鑒見，故曰「童觀」。〔巽〕〔趣〕順而已〔一二〕，无所能爲，小人之道也，故曰「小人无咎」。君子處大觀之時，而爲童觀，不亦鄙乎〔一三〕！

象曰：初六童觀，小人道也。

六二，闚觀，利女貞。

處在於內，寡所鑒見，體於柔弱，從順而已。猶有應焉，不爲全蒙〔一三〕，所見者狹，故曰「闚觀」〔一四〕。居內得位，柔順寡見，故曰「利女貞」，婦人之道也。處大觀之時，居中得位，不能大觀廣鑒，闚觀而已，誠可醜也。

象曰：闚觀，女貞，亦可醜也。

六三，觀我生，進退。

居下體之極，處二卦之際，近不比尊，遠不童觀，觀風者也〔一五〕。居此時也，可以觀我生，進退也〔一六〕。

象曰：觀我生進退，未失道也。

〔處進退之時，以觀進退之幾，未失道也〕〔一七〕

六四，觀國之光，利用賓于王。

居觀之時，最近至尊，觀國之光〔一八〕者也。居近得位，明習國儀〔一九〕者也，故曰「利用賓于王」也。

象曰：觀國之光，尚賓也。

九五，觀我生，君子无咎。

居於尊位，爲觀之主，宣弘大化，光于四表，觀之極者也。上之化下，猶風之靡草〔二〇〕，故觀民之俗，以察己〔之〕〔道〕〔二一〕。百姓有罪，在〔于〕〔予〕〔二二〕一人，君子風著，己乃无咎。上爲化主，將欲自觀，乃觀民也〔二三〕。

象曰：觀我生，觀民也。

上九，觀其生，君子无咎。

觀我生，自觀其道〔者〕〔二四〕也，觀其生，爲民所觀者也。不在於位，最處上極，高尚其志，爲天下所觀者也。處天下所觀之地，可不慎乎？故君子德見，乃得无咎。生，猶動出也〔二五〕。

象曰：觀其生，志未平也。

〔將〕〔特〕處異地，爲衆〔所〕觀〔二六〕，不爲平易。和光流通，志未平也。

校　釋

〔一〕「觀」，釋文：「示也」，指可顯示與人觀看者。

〔二〕「宗廟」，古代天子、諸侯祭祀祖先的地方。古今注：「宗謂祖宗，廟號以祖有功而宗有德，故

統稱之曰宗廟」。

〔三〕「盥」，說文：「澡手也」，行祭禮前之洗手，表示清潔尊重，此處指祭祀時之一種儀式。朱駿聲說文通訓定聲說：「易『觀盥而不薦』」馬注：『進爵灌地，以降神也』。……按，依字當作『祼』。其實「盥」以酒澆地，以水澆手，情事略同，亦引申之誼也」。周禮春官大宗伯：「以肆、獻、祼享先王」。鄭玄注：「肆者，進所解牲體，謂薦孰時也。獻，獻醴，謂薦血腥也。祼之言灌，灌以鬱鬯（香酒）『謂始獻尸求神時也。……祭必先灌，乃後薦腥，薦孰於祫（大合祭）』。集解本「莫盛於盥」之「於」字又，文選太子釋奠會作李善注引「莫盛於盥」句於「盥」上復有一「觀」字。集解本「莫盛於盥」之「於」字作「乎」字。

〔四〕「薦」，即薦血腥，薦孰，見上注。集解本無「觀薦」之「觀」字。

〔五〕語見論語八佾。「禘」，即指禘祫之禮，五年一次之大祭。

〔六〕「顒若」，嚴正貌。

〔七〕參看繫辭上：「陰陽不測之謂神」「神無方而易無體」。

〔八〕「忒」，差錯。

〔九〕參看論語陽貨：「子曰：天何言哉，四時行焉，百物生焉。天何言哉」！王弼論語釋疑注說：「子欲無言，蓋欲明本。舉本統末，而示物於極者也。夫立言垂教，將以通性，而弊至於淫；寄旨傳辭，將以正邪，而勢至於繁。既求道中，不可勝御，是以修本廢言，則天而行化。以淳而觀，則天地之心見於不言；寒暑代序，則不言之令行乎四時，天豈諄諄者哉」！又，校勘記：「古本『之』上衍『下』字，

〔八〕『而四時』作『而時』。

〔九〕此均爲闡明「不以刑制使物，而以觀感化物」之意。老子五十七章云：「故聖人云：我無爲而民自化，我好靜而民自正，我無事而民自富，我無欲而民自樸」。王弼注：「上之所欲，民從之速也，我之所欲唯無欲，而民亦無欲而自樸也。此四者崇本以息末也」。

〔一〇〕「時」、「朝」二字，據岳本等校改。校勘記：「岳本、閩監毛本『盟』作『時』，『德』作『朝』，是也。釋文出『處於觀時，最遠朝美』。按，四部叢刊影印宋本同岳本等。又，孔穎達疏亦作：『童觀者，處於觀時，最遠朝廷之美』均可爲證。

〔一一〕「趣」字，據岳本等校改。校勘記：「岳本、閩監毛本『巽』作『趣』。釋文出『趣』字。疏云：『趣在順從而已』。作『巽』非。按，四部叢刊影印宋本同岳本等。「趣」旨趣。

〔一二〕校勘記：「集解本載此節注作：『失位處下，最遠朝美，无所鑒見，故曰童觀。處大觀之時而童觀，趣順而已。小人爲之无可咎責，君子爲之鄙吝之道』。與此文句多不同」。

〔一三〕「猶有應焉」，指六二尚有九五相應。「蒙」，蒙昧無知。

〔一四〕「闚」，同窺，小視也。「闚觀」，指見識狹小。

〔一五〕「近不比尊，遠不童觀」意爲，六三之位近不與九五爲鄰，遠又不像初九那樣處於童觀之時。

〔一六〕「可以觀我生進退」，意爲六三既居可進可退之地位，所以可以觀察自己之行動，以爲進退之「觀風者也」，指六三上則可進，下則可退，是觀風向行事者。

道。「生」上九注說：「生，猶動也」。孔穎達疏：「或動或出，是生長之義」。又，孔穎達疏釋「生」爲「道」，說：「道得名生者，道是開通生利萬物。故繫辭云：『生生之謂易』是道爲生也」。王弼上九注亦說：「觀我生，自觀其道〔者〕也」。

〔一六〕「處進退之時，以觀進退之幾，未失道也」十五字，岳本、錢本、宋本、古本、足利本並作注文。十行本以下誤爲正義，因衍『正義曰』三字〔非也〕。校勘記：案『處進』至『道也』十五字，原誤作孔穎達疏，今據宋本等補。

〔一七〕「光」，指賢能之人。虞翻注：「國之光，謂賢也」。

〔一八〕「儀」，指禮義儀容。

〔一九〕「靡」，說文：「披靡也」。「風之靡草」意爲風過之處，草隨之而倒。參看論語顏淵：「子欲善，而民善矣。君子之德風，小人之德草，草上之風必偃」。

〔二〇〕「道」字，據宋本等校改。校勘記：「岳本、宋本、古本、足利本『之』作『道』。按，正義本作『道』」。此句意爲，上之化下如風之靡草，所以觀看民之風俗，即可用以考察自己之治道如何。若作「之」字，則義不可通。

〔二一〕「予」字，據岳本等校改。校勘記：「岳本、足利本『于』作『予』，宋本、古本作『余』，監毛本作『於』。按，四部叢刊影印宋本亦作「予」，作「予」是。「百姓有罪，在（于）（予）一人」，文意見論語堯曰：「朕躬有罪，無以萬方；萬方有罪，罪在朕躬」。墨子兼愛：「萬方有罪，即當朕身；朕身有

罪，無以萬方」（孫星衍尚書今古文注疏説：『方』與『夫』聲相近，當爲『萬夫』，蓋爲民請命之詞」）。國語周語：「余一人有罪，無以萬夫；萬夫有罪，在余一人」。呂氏春秋順民：「昔者湯克夏而正天下，天大旱，五年不收，湯乃以身禱于桑林曰：余一人有罪，无及萬夫；萬夫有罪，在余一人。無以一人之不敏，使上帝鬼神傷民之命。

〔三〕按，此節注文集解本作：「觀我生，自觀其道也。爲衆觀之主，當宣文化，光于四表。上之化下，猶風之靡草；百姓有過，在予一人。君子風著，已乃无咎；欲察己道，當觀民也」，多有不同處。

〔四〕「者」字，據宋本等校補。校勘記：「岳本、宋本、古本、足利本『也』上有『者』字。孫志祖云：困學紀聞引『道』下亦有『者』字」。

〔五〕按，此節注文集解本作：「觀其生，爲人所觀也。最處上極，天下所觀者也。處天下所觀之地，其志未爲平易，不可不慎。故君子德見，乃得无咎。生，猶動出也」，多有不同處。

〔六〕「特」、「所」二字，據宋本等校改與補。校勘記：「岳本、宋本、古本、足利本『將』作『特』，『觀』上有『所』字。按，孔穎達疏亦作：「特處異地，爲衆所觀」。「特」指上九，爲獨自、挺立之意，若作「將」則文義不可通。

噬嗑

震下
離上　噬嗑。亨，利用獄。

二二三

噬，齧〔一〕也。嗑，合也。凡物之不親，由有間也；

物之不齊，由有過也〔二〕。有間與過〔三〕，齧而合

之，所以通也〔四〕。刑克以通，獄之利也。

頤〔五〕中有物，齧而合之，噬嗑之義也。

〈象曰〉頤中有物，曰噬嗑。

噬嗑而亨。

有物有間，不齧不合〔六〕，无由亨也。

剛柔分動而明，雷電合而章。

剛柔分動，不溷乃明〔七〕。雷電並合，不亂乃章〔八〕皆利用獄之義。

柔得中而上行，雖不當位，利用獄也。

謂五也。能爲齧合而通，必有其主，五則是也。上行，謂所之〔九〕在進也。凡言上行，皆所之在貴也。

雖不當位，不害用獄也。

〈象曰〉雷電，噬嗑。先王以明罰勅法。

初九，屨校滅趾，无咎。

居无位之地〔一〇〕，以處刑初，受刑而非治刑者也。凡過之所始，必始於微而後至於著；罰之所始，必始於薄而後至於誅。過輕戮薄，故屨校滅趾，桎其行也〔一一〕足懲而已，故不重也。過而不改，乃謂之

過。小懲大誡，乃得其福，故无咎也。　校者，以木絞校者也，即械也。　校者，取其通名也。

象曰：屨校滅趾，不行也。

過止於此。

六二，噬膚，滅鼻，无咎。

噬，齧也。齧者，刑克之謂也。處中得位，所刑者當，故曰「噬膚」也。乘剛而刑，未盡順道，噬過其

分，故「滅鼻」也。刑得所疾[三三]，故雖滅鼻而无咎也。膚者，柔脆[三三]之物也。

象曰：噬膚滅鼻，乘剛也。

六三，噬腊肉，遇毒。小吝，无咎。

處下體之極，而履非其位，以斯食物，其物必堅[三四]。豈唯堅乎，將遇其毒。噬，以喻刑人，腊，以喻不

服，毒，以喻怨生。然承於四，而不乘剛，雖失其正，刑不侵順，故雖遇毒，小吝，无咎。

象曰：遇毒，位不當也。

九四，噬乾胏，得金矢，利艱貞吉。

雖體陽爻，爲陰之主，履不獲中，而居(其非)〔非其〕[三五]位；以斯噬物，物亦不服，故曰「噬乾胏」

也[三六]。金，剛也；矢，直也。噬乾胏而得剛直，可以利於艱貞之吉，未足以盡通理之道也。

象曰：利艱貞吉，未光也。

六五，噬乾肉，得黃金。貞厲，无咎。

乾肉，堅也；黃，中也；金，剛也。以陰處陽，以柔乘剛，以噬於物，物亦不服，故曰「噬乾肉」也。然處

得尊位，以柔乘剛，而居於中，能行其戮者也；履不正而能行其戮，剛勝者也；噬雖不服，得中而勝，故

曰「噬乾肉，得黃金」也。已雖不正，而刑戮得當，故雖貞厲而无咎也〔七〕。

象曰：貞厲无咎，得當也。

上九，何校滅耳，凶。

處罰之極，惡積不改者也。罪非所懲，故刑及其首，至于滅耳。及首非誠，滅耳非懲，凶莫甚焉。

象曰：何校滅耳，聰不明也。

聰不明故不慮，惡積至于不可解也。

校　釋

〔一〕「齧」，咬，用齒斷物。

〔二〕「間」，間隔、隔閡。「齊」，整齊、有秩序。「過」，失錯誤。

〔三〕「與過」，校勘記：「釋文『與過』一本作『有過』」。

〔四〕「齧而合之，所以通也」，孔穎達疏：「物在於口則隔其上下，若齧去其物，上下乃合而得亨

也」。以此比喻如果人們中有間隔上下不能相通者，要用刑法去掉它，使之相親。

〔五〕「頤」，面頰、腮。此處指口內。

〔六〕「不齧不合」，校勘記：「釋文『不合』本又作『而合』，古本『齧』下有『而』字，一本下『不』作『而』」。

〔七〕「剛柔」，指本卦下震（剛）、上離（柔）。「滷」，説文：「亂也」，一曰水濁」，混雜之意。

〔八〕「雷電」，亦指震（雷）、離（電）而言。「章」，文理清晰，亦是「明」之意。

〔九〕「所之」，所往。

〔十〕「无位之地」，指初無陰陽定位。王弼周易略例辯位：「初、上者是事之終始，无陰陽定位也」。

〔一一〕「屨校」，古代一種拘鎖腳的刑具，即所爲「貫械」。「滅」，没。「趾」，足。「滅趾」，把足砍去，即所謂「刖刑」。「桎」，説文：「足械也」，引申爲行動不自由、阻礙之意。

〔一二〕「疾」，病。復卦注：「疾，猶病也」。「刑得所疾」，意爲刑法施得恰當，適中其所病。

〔一三〕「脆」，校勘記：「岳本『脆』作『脃』，釋文出『脃』字。按『脃』俗『脆』字」。

〔一四〕「其物必堅」，釋爻辭「腊肉」。「腊肉」，乾肉，其質堅硬。

〔一五〕「非其」，據宋本等校改。校勘記：「岳本、宋本、古本、足利本『其非』作『非其』。孫志祖云：據疏應作『居非其位』」。

〔一六〕「肺」，説文：「食所遺也」。或説：「脯也」，又説：「碎肉」。孔穎達疏：「乾肺是齻肉（碎肉）之

乾者」。

〔一七〕「故雖貞屬而无咎也」，集解本無「貞」字。羅振玉校本於「无咎」下有一「者」字。

賁

三三三 離下艮上賁。

賁。亨。小利有攸往。

彖曰：賁，亨。柔來而文剛，故亨。分剛上而文柔，故小利有攸往。

剛柔不分，文何由生〔一〕？故坤之上六來居二位，柔來文剛之義也。柔來文剛，居位得中，是以亨。乾之九二，分居上位〔二〕，分剛上而文柔之義也。剛上文柔〔三〕，不得中位，不若柔來文剛，故「小利有攸往」〔四〕。

天文也。

剛柔交錯而成文焉。天之文也。

文明以止，人文也。

止物不以威武，而以文明，人之文也〔五〕。

觀乎天文，以察時變；觀乎人文，以化成天下。

觀天之文，則時變可知也；觀人之文，則化成可爲也〔六〕。

象曰：山下有火，賁。君子以明庶政，无敢折獄。

處賁之時，止物以文明，不可以威刑，故君子以明庶政，而无敢折獄〔七〕。

初九，賁其趾，舍車而徒。

在賁之始，以剛處下，居於无位，棄於不義，安夫徒步以從其志者也，故飾其趾。舍車而徒，義弗乘之謂也。

象曰：舍車而徒，義弗乘也。

六二，賁其須。

得其位而无應，三亦无應，俱无應而比焉〔八〕，近而相得者也。須〔九〕之為物，上附者也。循其所履，以附於上，故曰「賁其須」也。

象曰：賁其須，與上興也。

九三，賁如濡如，永貞吉。

處下體之極，居得其位，與二相比，俱履其正，和合相潤以成其文者也。既得其飾，又得其潤，故曰「賁如濡如」也〔一〇〕。永保其貞，物莫之陵〔一一〕，故曰「永貞吉」也。

象曰：永貞之吉，終莫之陵也。

六四，賁如皤如，白馬翰如，匪寇婚媾。

有應在初,而閡於三爲己寇。雖二志相感,不獲通亨〔三〕。欲靜則疑〔三〕初之應,欲進則懼三之難。故

或飾或素〔四〕内懷疑懼也。鮮潔其馬,翰如以待〔五〕雖履正位,未敢果其志也。三爲剛猛,未可輕

犯,匪寇乃婚,終无尤〔六〕也。

象曰:六四當位,疑也;匪寇婚媾,終无尤也。

六五,賁于丘園,束帛戔戔。吝,終吉。

處得尊位,爲飾之主,飾之盛者也。施飾於物,其道害也〔七〕。施飾丘園,盛莫大焉〔八〕,故賁于束

帛〔九〕,丘園乃落。賁于丘園,帛乃戔戔〔一〇〕。用莫過儉泰而能約,故必吝焉,乃得終吉也。

象曰:六五之吉,有喜也。

上九,白賁,无咎。

處飾之終,飾終反素,故(在)〔任〕〔一一〕其質素,不勞文飾,而无咎也。以白爲飾,而无患憂〔一二〕得志

者也。

象曰:白賁无咎,上得志也。

校釋

〔一〕「剛柔」,指本卦下離(柔),上艮(剛)。「文」,文飾,釋賁卦之義。孔穎達疏:「賁,飾也,以剛柔

二象交相文飾也」。釋文：「傅氏云：『賁』，古『斑』字，文章貌。鄭云：變（宋本作『有』）也，文飾之皃（貌）。王肅云：有文飾黄白色」。

〔二〕「坤之上六來居二位」「乾之九二分居上位」兩句，說明賁卦（☲☲）是由泰卦（☷☰）變化而來。泰卦九二與上六互換爻位，即變化爲賁卦。泰卦上卦坤之上六變至下卦乾之九二爻位，所以說：「坤之上六來居二位」。坤柔而來到剛乾之中，所以又說：「柔來文剛之義也」等等。泰卦下卦乾之九二來到上卦坤之上六爻位，所以說：「乾之九二分居上位」。乾剛而來到柔坤之中，所以又說：「分剛上而文柔之義也」，等等。

〔三〕此「剛上文柔」句，羅振玉校本作「剛上而文柔」，與上句文同。

〔四〕「故小利有攸往」，郭京周易舉正「小」字作「不」字。並說：「爻、象、注三『不』字並誤作『小』字。……定本『不』字草書勢如『小』字。然九二秉中和之道，就六極无位之地，故疏云：『九二秉善從惡』。凡秉善從惡皆非人所願欲，此乃大惡，豈有小利，誤亦明矣」。又，羅振玉校本「有攸往」下有一「也」字。

〔五〕「文明」，指禮義，所以說是「人之文也」。

〔六〕此節注文中二「觀」字，校勘記說：「岳本、宋本、古本、足利本二『觀』字作『解』，釋文出『解天，音蟹，下同』。羅振玉校本同此，並說作『觀』者誤。又，「可爲也」，校勘記：「古本『爲』作『知』」。羅振玉玉校本於「爲」下有一「者」字。

〔七〕「庶政」，各種政事。「折獄」，斷獄。「无敢折獄」下，羅振玉校本有一「也」字。

〔八〕二當與五應，然二爻均爲陰爻，所以說：「无應」。三當與上應，然二爻均爲陽爻，所以說：「亦无應」。六二與九三均無應而相鄰，所以說：「俱无應而比焉」。羅振玉校本於「俱无應而比焉」上有一「二」字。

〔九〕「須」同「鬚」，鬚眉之鬚。毛在頰稱髯，在口稱髭，在頤稱鬚。

〔10〕「賁如」，文飾得極華麗之貌。「濡如」，極潤澤之貌。

〔一一〕「陵」，侵犯。羅振玉校本作「凌」。

〔一二〕「閡」，隔閡，間隔。此句集解本作：「有應在初，三爲寇難，二志相感，不獲交通」。

〔一三〕「疑」字，校勘記：「集解本『疑』作『失』，岳本、宋本、古本、足利本作『欽』」。羅振玉校本亦作「欽」。按「作『疑』、作『失』，作『欽』，於此義皆可通。然以作『欽』於義較長。「欽」，說文：「欠也」，一曰敬也。「欽」有思望之義。此句意爲，六四欲靜止而不往，則心中有欠（或思望）於初之應。

〔一四〕「素」，潔白、質樸，與「飾」相對，釋爻辭「皤如」之意。

〔一五〕「鮮潔」，釋爻辭「白馬」之「白」。「翰如」，徘徊等待之貌。釋文引鄭氏注：「翰，猶幹也」。焦循周易補疏：「王氏之意以白馬屬六四，謂六四鮮潔其馬，將以應初九，而閡於九三，內懷疑懼，馬雖備而尚待。蓋亦讀『翰』爲『幹』。廣雅：『幹，安也』。雖白其馬而尚安然未行，故云翰如以待也」。

〔一六〕「匪」，非。「寇」，難，指九三阻隔六四與初九相應之難。「婚」，指六四與初九相結合。「尤」，

過錯。

此句意爲，六四如能等待到寇難過去而再去與初九相合，則最終不會有什麼過錯。又，此句注文

集解本作：「匪緣寇隔，乃爲婚媾，則終无尤也」。

〔一七〕「其道害也」，意爲有害於「道」。又，羅振玉校本「也」作「矣」。

〔一八〕「丘園」，孔穎達疏：「丘謂丘墟，園謂園圃。唯草木所生是質素之處，非華美之所」。此句意

爲，施飾如能像丘園那樣樸素，則是飾之最盛大者。

〔一九〕「束帛」，泛指金銀珠玉等財物。「故賁于束帛」，羅振玉校本於「故」下有一「施」字。

〔二〇〕「賁于丘園，帛乃戔戔」，校勘記：「宋本『園』作『束』。古本、足利本『帛』上有『束』。按，四部

叢刊影印宋本『園』不作『束』。「帛」乃「束帛」之簡言。「戔戔」，說文：「賊也」，通作「殘」，爲隳落、毀壞

之意，又有淺小之意。王注以「丘園乃落」與「帛乃戔戔」對文，則「戔」亦爲「落」義。「故賁于束帛，丘園

乃落。賁于丘園，帛乃戔戔」，意爲，如施飾以金銀寶珠，則樸素之質就會喪失。如施飾以樸素，則那些

奢侈物就可抛棄。所以下文說：「用莫過儉泰而能約，故必奢焉，乃得終吉也」。

衆多義。並說：「若能施飾在於質素之處，不華侈費用，則所束之帛戔戔衆多也」。義亦可通。

〔二一〕「任」字，據宋本等校改。校勘記：「岳本、宋本、古本、足利本『在』作『任』是也。疏引亦當依

宋本作『任』」。羅振玉校本亦作「任」。按「任」爲聽其自然之意。「任其質素」，意爲聽其自然樸素之

質。作「在」者，形近而誤。

〔二二〕「患憂」，四部叢刊影印宋本作「憂患」。

剝

〓〓〓坤下艮上剝，不利有攸往。

象曰：剝。剝也；柔變剛也。不利有攸往，小人長也。順而止之，觀象也。君子尚消息盈虛，天行也。

坤順而艮止也，所以順而止之，不敢以剛止者，以觀其形象也〔一〕。強亢激拂，觸忤以隕身〔二〕，身既傾焉，功又不就，非君子之所尚也。

象曰：山附於地，剝。上以厚下安宅。

厚下者，牀不見剝也〔三〕。安宅者，物不失處也。厚下安宅，治剝之道也。

初六，剝牀以足，蔑貞，凶。

牀者，人之所以安也。剝牀以足，猶云削牀之足也。蔑，猶削〔四〕也。剝牀之足，滅下之道也。下道始滅，剛隕柔長，則正削而凶來也。

象曰：剝牀以足，以滅下也。

六二，剝牀以辨，蔑貞，凶。

蔑，猶甚極之辭也〔五〕。辨者〔六〕，足之上也。剝道浸長，故剝其辨也。稍近於牀〔七〕〔牀〕〔八〕轉欲滅。

物之所處，長柔而削正，以斯爲德，物所棄也。

象曰：剥牀以辨，未有與也。

六三，剥之无咎。

與上爲應，羣陰剥陽，我獨協焉，雖處於剥，可以无咎〔九〕。

象曰：剥之无咎，失上下也。

三上下各有二陰，而三獨應於陽，則失上下也。

六四，剥牀以膚，凶。

象曰：剥牀以膚，切近災也。

初、二剥牀〔一〇〕，民所以安，未剥其身也。至四，剥道浸長，牀既剥盡，以及人身〔一一〕，小人遂盛，物將失身，豈唯削正？靡所不凶〔一二〕。

六五，貫魚以宮人寵，无不利。

象曰：以宮人寵，終无尤也。

處剥之時，居得尊位，爲剥之主者也。剥之爲害，小人得寵，以消君子者也。若能施寵小人似宮人〔一三〕而已，不害於正，則所寵雖衆，終无尤也〔一四〕。貫魚，謂此衆陰也。駢頭相次〔一五〕，似貫魚也。

上九，碩果不食，君子得輿，小人剥廬。

處卦之終〔一六〕，獨全不落，故果至于碩，而不見食也〔一七〕。君子居之，則爲民覆蔭；小人用之，則剝下所庇也〔一八〕。

象曰：君子得輿，民所載也；小人剝廬，終不可用也。

校　釋

〔一〕「形象」，就卦象講。剝卦下坤爲柔爲順，上艮爲山爲止。用以比喻社會生活準則，則如孔穎達疏說：「唯望君上形象，量其顏色而止也」。

〔二〕「激」，揚。「拂」，説文：「過擊也」。「激拂」，意爲過分剛直。「觸」，犯。「忤」，逆。「隕」，落。

〔三〕「陨身」，傷害自身。「觸忤以隕身」，羅振玉校本無「以」字。

〔四〕「牀」，下節注説：「人之所以安也」。「剝」，剝落，損害之意。

〔五〕「削」，校勘記：「釋文：『削』或作『消』。羅振玉校本亦作『消』」，下並同。

〔六〕上注説：「蔑，猶削也」，此注説：「蔑，猶甚極之辭也」。意爲，此處六二爻辭所謂之「蔑」，比之初六所謂之「蔑」更甚也。

〔七〕「辨」，孔穎達疏：「辨，謂牀身之下，牀足之上，足與身分辨之處也」。「稍近於牀」之「牀」字，郭京周易舉正説：當爲「人」字之誤。並説：「既云『剝牀以辨』，何得云

「稍近於牀」，若近近於牀則不是牀也，誤亦明矣」。按，郭說是。孔穎達疏亦說：「今剝落侵上乃至於辨，是漸近人身，故云『剝牀以辨』」。

〔八〕「牀轉欲滅」之「牀」字，據羅振玉校本補。按，據文義當有此「牀」字。或說，上句「稍近於牀」之「牀」字原屬此句讀，由於上句脫「人」字（參見上注郭京說）而誤於上，以至此句「轉欲滅」文義不全。

〔九〕羅振玉校本於「可以无咎」下有一「也」字。下節注「靡所不凶」下同此。

〔一〇〕「初、二剝牀」，羅振玉校本無「牀」字。

〔一一〕此節注文郭京周易舉正有數字不同。「未剝其身」之「身」字，「牀既剝盡」之「盡」字，均作「膚」字。「以及人身」之「以」字，作「欲」字。按，王注以「身」釋經文之「膚」，故不必改「身」字為「膚」字。

〔一二〕「靡」，無。「靡所不凶」下，羅振玉校本有一「也」字。

〔一三〕「宮人」，宮中之人，指嬪妃、侍從等。

〔一四〕「尤」，過。「尤也」之「也」，羅振玉校本作「矣」。

〔一五〕「貫」，穿。「駢」，併。「相次」，一個挨着一個。

〔一六〕「處卦之終」，郭京周易舉正作「處剝之終」。

〔一七〕「碩」，大。「不見食也」，不被吃掉。羅振玉校本於「食」下有一「者」字。

〔一八〕「庇」，蔭，庇護，指爻辭所謂「廬」。

復

三三 震下 復，亨。出入无疾，朋來无咎。反復其道，七日來復，利有攸往。
坤上

復，亨。剛反，動而以順行，是以出入无疾，朋來无咎。

出入无疾，朋來无咎。

入則爲反〔一〕，出則剛長，故无疾。疾，猶病也。

朋，謂陽也。

反復其道，七日來復，

陽氣始剝盡，至來復〔二〕時，凡七日〔三〕。

天行也。

以天之行〔反（復）〔四〕不過七日，復之不可遠也。

利有攸往，剛長也。

往則小人道消也。

復其見天地之心乎！

復者，反本之謂也〔五〕。天地以本爲心者也。凡動息則靜，靜非對動者也；語息則默，默非對語者

也〔六〕。然則天地雖大，富有萬物〔七〕，雷動風行，運化萬變，寂然至无是其本矣〔八〕。故動息地中，乃

天地之心見也〔九〕。

象曰：雷在地中，復。先王以至日閉關，商旅不行，后不省

方。事也。冬至，陰之復也；夏至，陽之復也。故為復，則至於寂然大靜。先王則天地而行者也，動復

則靜，行復則止，事復則无事也。

初九，不遠復，无祗悔，元吉。

最處復初，始復者也。復之不速，遂至于迷〔一〇〕凶，不遠而復，幾〔一一〕悔而反，以此脩身，患難遠矣。錯之

於事，其殆庶幾〔一二〕乎，故「元吉」也。

象曰：不遠之復，以脩身也。

六二，休復，吉。

得位處中〔一三〕，最比於初。上无陽爻，以疑其親。陽為仁行，在初之上〔一四〕而附順之，下仁之謂也。既

處中位〔一五〕，親仁善鄰，復之休也〔一六〕。

象曰：休復之吉，以下仁也。

六三，頻復，厲，无咎。

頻，頻蹙〔一七〕之貌也。處下體之終，雖愈於上六之迷，已失〔一八〕復遠矣，是以蹙也。蹙而求復，未至於

迷，故雖危无咎也。復道宜速，蹙而乃復，義雖无咎，它來難保〔一九〕。

象曰：頻復之厲，義无咎也。

六四，中行獨復。

象曰：中行獨復，以從道也。

四，上下各有二陰，而處厥中〔二〇〕，履得其位，而應於初，獨得所復。順道而反，物莫之犯，故曰「中行獨復」也。

六五，敦復，无悔。

象曰：敦復，无悔，中以自考也。

居厚〔二一〕而履中。居厚則无怨〔二二〕，履中則可以自考〔二三〕。雖不足以及休復之吉，守厚以復，悔可免也。

上六，迷復，凶。有災眚，用行師，終有大敗。以其國君，凶。至于十年不克征。

象曰：迷復之凶，反君道也。

最處復後，是迷者也。以迷求復，故曰「迷復」也。用之行師，難用有克也，終必大敗〔二四〕。用之於國，則反乎君道也〔二五〕。大敗乃復，量斯勢也，雖復十年脩之，猶未能征也。

〔一〕「爲反」，盧文弨引：「浦云，當作『陽反』」。按，孔穎達疏作：「出則剛長，入則陽反」。

〔二〕「復」，反，指陽氣來反。

〔三〕「七日」此詞之義釋者紛紜，莫衷一是。孔穎達疏引褚、莊二氏云：「五月一陰生，至十一月一陽生，凡七月。而云七日，不云月者，欲見陽長須速，故變月言之。」孔穎達主鄭玄説。鄭云：「建戌之月（九月），以陽氣既盡，建亥之月（十月），純陰用事；至建子之月（十一月）陽氣始生。隔此純陰一卦，卦主六日七分，舉其成數言之，而云七日來復」。（所謂「六日七分」之說，孔穎達引易緯稽覽圖以說明之。大意謂：一年爲三百六十五日又四分之一日；以坎、離、震、兌各主一方；卦有六爻，爻主一氣，爲二十四節氣。其餘六十卦，每卦六爻，共三百六十爻，爻主一日，爲三百六十日。餘下五日又四分之一日，每日爲八十分，則共得四百二十分，以六十卦平分之，每卦得七分。因而，以一卦計算，每卦共占六日又七分，故稱「六日七分」）。又，有謂：由剝卦至復卦，剝卦陽盡於九月之終，至十月末爲純坤用事。坤卦將盡則陽復來。隔坤一卦爲六日，復來成震，一陽爻生，共爲七日。又有謂：本卦下震爲少陽，七爲少陽之數，故稱七日。朱駿聲六十四卦經解説：「七日者，冬至至秋分，二百七十九日七時四刻，此九個月爲萬物生成之時，人所喜悦，冀其來者。除九個月整數，餘七日奇，舉尾數而言也」。王引之説：「此與震、既濟之七日得同例，言至多不過七日。舉七日者，日之數十，不及半則稱三日，過半則言七

日，言多不至十日耳。按，觀王弼注文之意，是謂陽氣從開始剝而至於剝盡（剝卦之義），再至於反復

而來，其爲時不是太遠的，至多不過七日。下節注說：「以天之行反復，不過七日，復之不可遠也」正說

明此意。所以「七日」爲泛指時間不遠之意。又，「七日」下，羅振玉校本有一「也」字。

〔四〕「復」字，據岳本等校改。校勘記：「岳本、閩監毛本『覆』作『復』。按，據文義當作『復』。四

部叢刊影印宋本亦作「復」。孔穎達疏亦作「反復」。

〔五〕「本」，指世界萬物之根本。王弼以老解易，觀此處注文之意王弼以虛無、寂静爲世界萬物之

根本。老子十六章王弼注說：「以虛静觀其反復。凡有起於虛，動起於静，故萬物雖並動作，卒復歸於

虛静，是物之極篤也」。又三十八章王弼注：「本在無爲，母在無名」。

〔六〕此二句意爲，静、默是一切動、語之根本。静、默是絕對的、永恒的；動、語則是相對的、暫

時的。

〔七〕語出繫辭上：「易……盛德大業至矣哉！富有之謂大業，日新之謂盛德」。

〔八〕語出繫辭上：「易无思也，无爲也，寂然不動，感而遂通天下之故」。

〔九〕參見老子三十八章王弼注：「天地雖廣，以無爲心；聖王雖大，以虛爲主。……故滅其私而無

其身，則四海莫不瞻，遠近莫不至；殊其己而有其心，則一體不能自全，肌骨不能相容」。

〔一〇〕「迷」字，校勘記：「宋本『迷』作『遠』」。按，四部叢刊影印宋本作「迷」。「迷」，惑也、誤也。韓

非子解老：「凡失其所欲之路而妄行者之謂迷」。「復之不速，遂至迷凶」，是指本卦上六「迷復，凶」而

言，與初九「不遠復」相對比。

〔二〕「幾悔而反」之「幾」，釋爻辭「祗」字。「幾」、「祗」均爲語氣辭，音通相借。焦循周易補疏：「釋

〔三〕「祗，音支，辭也」……又屯卦『君子幾』，徐音祈，辭也。『幾』、『祗』皆語辭」。

〔四〕「錯」，施行。禮記仲尼燕居：「舉而錯之而已」注：「錯，施行也」。「其殆庶幾乎」語見繫辭下，釋者紛紜。王弼此處與上文「患難遠矣」對文，當爲危殆少矣之意。

〔三〕「得位處中」，集解本作「得位居中」。

〔四〕「在初之上」，集解本作「比初之上」。

〔五〕「既處中位」，羅振玉校本作「既得中位」。

〔六〕「休」，美。論語學而：「汎愛衆而親仁」，里仁：「里仁爲美」。六二近初九，初九爲陽，爲「仁行」，所以注說：「親仁善鄰，復之休也」。又，羅振玉校本於「休」下有一「者」字。

〔一七〕「頻蹙」，急迫貌。校勘記：「釋文出『頻戚』」。又，羅振玉校本「蹙」作「慼」。

〔一八〕「失」，校勘記：「岳本『失』作『去』。按『失』有『去』義。

〔一六〕「它來難保」，孔穎達疏：「謂以道自守得無咎也。若自守之外，更有它事而來，則難可保此无咎之吉也。

〔一九〕「厚」，敦厚之意，釋爻辭「敦復」之「敦」。

〔二〇〕「厥」，其。

〔二一〕故象云：『義无咎』，守常之義得无咎」。

〔二二〕「居厚則无怨」，盧文弨説：「宋本『无』作『免』，錢本同」。

〔二三〕「考」，稽察。「自考」，即自我考察。

〔二四〕「行師」，指軍事行動。「克」，勝。

〔二五〕「反乎君道」之「反」爲違反之意，非反復之意。又，羅振玉校本於「君道」下有一「者」字。

无妄

震下乾上 无妄。元亨，利貞。其匪正，有眚。不利有攸往。

彖曰：无妄，剛自外來而爲主於内。

謂震也。

動而健，

震動而乾健也〔一〕。

剛中而應，

謂五也。

大亨以正，天之命也。

剛自外來而爲主於内，動而愈健。剛中而應，威剛方正，私欲不行，何可以妄？使有妄之道滅，无

妄〔一〕之道成，非大亨利貞而何？剛自外來，而爲主於內，則柔邪之道消矣；動而愈健，則剛直之道通矣。剛中而應，則齊明之德〔二〕著矣，故「大亨以正」也。天之敎命，何可犯乎？何可妄乎？是以匪正則有眚〔四〕而不利有攸往也。

其匪正有眚，不利有攸往。无妄之往，何之矣！天命不祐，行矣哉！

匪正有眚，不求改以從正，而欲有所往。居不可以妄之時〔五〕，而欲以不正有所往，將欲何之？天命之所不祐，竟矣哉〔六〕！

象曰：天下雷行，物與无妄。

與，辭也，猶皆也。天下雷行，物皆不可以妄也〔七〕。

先王以茂，對時育萬物。

茂，盛也。物皆不敢妄，然後萬物乃得各全其性，對時育物，莫盛於斯也〔八〕。

初九，无妄往，吉。

體剛處下，以貴下賤，行不犯妄，故往得其志〔九〕。

象曰：无妄之往，得志也。

六二，不耕穫，不菑畬〔一〇〕，則利有攸往。

不耕而穫，不菑而畬〔一一〕，代終已成而不造〔一二〕也。不擅其美，乃盡臣道，故「利有攸往」。

象曰:不耕穫,未富也。

六三,无妄之災,或繫之牛。行人之得,邑人之災。

以陰居陽,行違謙順,是无妄之所以爲災也。牛者,稼穡之資也。二以不耕而穫,利有攸往。而三爲不順之行,故或繫之牛。是有司之所以爲穫,彼人之所以爲災也〔二〕,故曰「行人之得,邑人之災」〔三〕。

象曰:行人得牛,邑人災也。

九四,可貞,无咎。

象曰:可貞无咎,固有之也。

處无妄之時,以陽居陰,以剛乘柔,履於謙順,比近至尊,故可以任正,固有所守,而无咎也。

九五,无妄之疾,勿藥,有喜。

象曰:无妄之藥,不可試也。

居得尊位,爲无妄之主者也。下皆无妄,害非所致,而取藥焉,疾之甚也。非妄之災,勿治自復,非妄而藥之則凶,故曰「勿藥,有喜」〔四〕。

藥攻有妄者也〔五〕而反攻无妄,故不可試也。

上九,无妄行,有眚,无攸利。

處不可妄之極，唯宜靜保其身而已，故不可以行也。

『象曰：无妄之行，窮之災也。』

弼注。

校釋

〔一〕語出說卦：「乾，健也」、「震，動也」。

〔二〕「无妄」，没有虛妄、詐僞之意。釋文：「无妄，无虛妄也。」說文云：「妄，亂也」。馬、鄭、王蕭皆云：「妄」，猶望，謂无所希望也。按，王弼以「私欲不行」釋「无妄」，乃以老解易。參看老子十六章王弼注。

〔三〕「齊明之德」，意爲與天同德。

〔四〕「眚」，即「非」。「眚」災害。說文：「目病生翳也」。釋文：「子夏傳云：『傷害曰災，妖祥曰眚』。鄭云：『異自內生曰眚，自外曰祥，害物曰災』。

〔五〕「居不可以妄之時」，羅振玉校本無「以」字。

〔六〕「竟」，終。羅振玉校本於「竟矣哉」下有一「也」字。「竟矣哉」釋象辭「行矣哉」，意爲終于天命也不去祐助它。

〔七〕孔穎達疏說：「天下雷行者，雷是威恐之聲，今天下雷行，震動萬物，物皆驚肅，無敢虛妄。故云：天下雷行，物皆無妄也。」

〔八〕「對」，孔穎達疏：「當也。」「對時」，即當此無妄之時。「莫盛於斯也」之「也」字，羅振玉校本作「矣」。

〔九〕「故往得其志」下，羅振玉校本有一「也」字。

〔一〇〕「菑」，說文：「不耕田也」，即荒地。爾雅釋地：「田一歲曰菑，二歲曰新，三歲曰畬」，則此「菑」指初耕地。「畬」，說文：「三歲治田也」，指初熟地。又，禮記坊記引「不菑畬」，鄭注：「一歲曰菑，二歲曰畬，三歲曰新」與說文、爾雅稍異。此處「不菑而畬」，借以比喻不爲其始，唯助其成之意。

〔一一〕「造」，即造始之意。孔穎達疏：「六二處中得位，盡于臣道。不敢創首，唯守其終。猶若田農，不敢發首而耕，唯在後獲刈而已；不敢菑發新田，唯治其畬熟之地。皆是不爲其始而成其末。猶若爲臣之道，不爲事始，而代君有終也。」

〔一二〕「有司」，官吏。此句意爲，六三以陰居陽，違背謙順之道。如同用牛去開墾田地，是創始，所以遭到禁止，耕牛被繫縛帶走，其人有災。

〔一三〕「行人」，指「有司」。孔穎達疏：「行人者，有司之義也。有司繫得其牛，是行人制之得功，故曰行人之得」。「邑人之災也」句，羅振玉校本無「也」字。

〔一四〕「勿藥」，意爲不必服藥。「故曰勿藥有喜」句，羅振玉校本作「故勿藥有喜也」。

大畜

☰☳ 乾下 艮上 大畜。利貞。不家食，吉。利涉大川。

〈象〉曰：大畜，剛健篤實，輝光日新其德。

凡物既厭而退者，弱也；既榮而隕者，薄也〔一〕。夫能輝光日新其德者，唯剛健篤實也〔二〕。

剛上而尚賢，

謂上九也。處上而大通，剛來而不距，尚賢之謂也。

能止健大正也。

健莫過乾，而能止之，非夫大正，未〔三〕之能也。

不家食，吉，養賢也；利涉大川，應乎天也。

有大畜之實，以之養賢，令賢者不家食〔四〕乃吉也。尚賢制健，大正應天，不憂險難，故「利涉大川」也。

〈象〉曰：天在山中，大畜。君子以多識前言往行，以畜其德。

物之可畜於懷，令德不散盡於此也。

初九，有厲，利已。

象曰：有厲利已，不犯災也。

四乃畜己，未可犯也。故進則有厲，已則利也〔五〕。

處健之始，未果其健者，故能（利）〔已〕〔已〕〔六〕。

九二，輿說輹。

象曰：輿說輹，中无尤也。

五處畜盛，未可犯也，遇斯而進，故「輿說輹」也〔七〕。居得其中，能以其中，不爲馮河〔八〕，死而无悔；

遇難能止，故无尤也。

九三，良馬逐，利艱貞。曰閑輿衞，利有攸往。

凡物極則反，故畜極則通。初二之進，值於畜盛，故不可以升；至於九三，升于上九，而上九處天

衢〔九〕之亨，塗徑大通，進无違距，可以馳騁，故曰「良馬逐」也。履當其位，進得其時，在乎通路〔一〇〕，

不憂險厄〔一二〕，故「利艱貞」也。閑，闌也〔一三〕。衞，護也。進得其時，雖涉艱難而无患也，輿雖遇閑而

故衞也。與上合志，故利有攸往也。

象曰：利有攸往，上合志也。

六四，童牛之牿，元吉。

處艮之始，履得其位，能止健初。

距不以角，柔以止剛，剛不敢犯，抑銳之始。以息强争，豈唯獨利，

乃將有喜也。

象曰：六四元吉，有喜也。

六五，豶豕之牙，吉。

豕牙横猾，剛暴難制之物〔三〕，謂二也。五處得尊位，爲畜之主。二剛而進，能豶〔四〕其牙，柔能制

健〔五〕，禁暴抑盛，豈唯能固其位，乃將有慶也。

象曰：六五之吉，有慶也。

上九，何天之衢亨。

象曰：何天之衢，道大行也。

處畜之極，畜極則通〔六〕，大畜以至於大亨之時〔七〕。何，辭也。猶云：何畜乃天之衢亨也〔八〕。

校　釋

〔一〕「厭」，足。「既厭而退」，意爲得到一點點滿足即退而不進。這是由於它柔弱。「既榮而隕

者，薄也」，孔穎達疏：「凡物暫時榮華而卽隕落者，由體質虛薄也」。又「既厭而退」句，羅振玉校本無

「既」字。

利已。

〔二〕「唯剛健篤實也」，羅振玉校本於「篤實」下有一「者」字。

〔三〕「未」，校勘記：「古本、足利本『未』作『末』。」按，作「末」者，形近而誤。

〔四〕「不家食」，不自食於家。此句意爲，賢能者均能得到任用，而不閒居在家。

〔五〕「屬」，危險。「已」，止。「故進則有屬，已則利也」，集解本作：「進則災危有屬，則止，故能利已」。

〔六〕「故能已」，據釋文校改。校勘記：「案，釋文『利已』下云：注『能已』同。此文作『能利已』，與釋文不合」。又說：「古本『能已』下有『也』字」。按，當作「故能已」。爻辭、象辭均作「利已」，意爲利於止，而不利於進。所以上節注說：「進則有屬，已則利也」。「果」老子三十章王弼注：「果，猶濟也」爲「成」意。此節注文之意爲，初九處于剛健之始，尚未完成其剛健，所以還能夠止住不進。若作「能利已」，則與注文之意不合。「已」、「已」形近而譌，「利」則涉上節注文「已則利也」而衍。又，羅振玉校本「未果其健者」之「健」作「進」字，「者」下有一「也」字，「故能利已」下也有一「也」字。

〔七〕「與說輹」，參見小畜卦校釋〔二〕。又，羅振玉校本「與」作「車」。

〔八〕「馮河」，參見泰卦校釋〔九〕。

〔九〕「衢」，通道。釋文：「馬云：四達謂之衢。」

〔一〇〕「在平通路」之「在」字，羅振玉校本作「之」字。古本、錢本同。

〔一一〕「厄」，校勘記：「岳本『厄』作『阨』。」釋文出「險阨」，云：「本亦作『厄』。」按，「厄」借爲「阨」，

困塞。

〔一二〕「閡」，間隔。

〔一三〕「猾」，亂。「橫猾」，指猪牙縱橫交錯。「剛暴」，校勘記：「釋文『剛暴』一本作『剛突』。」

〔一四〕「豶」，釋文：「劉云：豕去勢曰豶」。孔穎達疏：「觀注意，則豶是隄防禁制損去之名。褚云：『豶，除也，除其牙也』。然『豶』之爲除，爾雅無訓。按，爾雅云『墳，大防』，則是隄防之義。此『豶其牙』，謂防止其牙。古字假借，雖豕旁土邊之異，其義亦通。『豶其牙』，謂止其牙也」。焦循周易補疏：「王氏蓋讀『豶』爲『僨』。爾雅釋言云：『僨，僵也』。左氏昭公十三年傳：『牛雖瘠，僨於豚上』，杜注云：『僨，仆也』。禮記射義：『賁軍之將』，注云：『賁讀爲僨，僨猶覆敗也』。謂豕牙橫猾剛暴，而五能覆敗之、僵仆之也」。

按，孔疏、焦說均可通。

頤

三三三 震下 頤。 貞吉。 觀頤，自求口實。
艮上

〔一五〕「柔能制健」之「健」字，羅振玉校本作「強」字。

〔一六〕「畜極則通」之「通」字，集解本作「亨」字。

〔一七〕「大亨之時」下，羅振玉校本有一「也」字。古本同。

〔一八〕「天之衢亨也」，「亨」字下集解本多「道大行」三字。羅振玉校本有一「者」字。

〈象〉曰：頤，貞吉，養正則吉也。觀頤，觀其所養也。自求口食，觀其自養也。天地養萬物，聖

人養賢，以及萬民，頤之時大矣哉。

〈象〉曰：山下有雷，頤。君子以慎言語，節飲食。

言〔語〕[一]飲食，猶慎而節之，而況其餘乎。

初九，舍爾靈龜，觀我朵頤，凶。

朵頤者，嚼也[二]。以陽處下，而爲動始，不能令物由己養，動而求養者也。夫安身莫若不競，修己莫

若自保[三]。守道則福至，求祿則辱來。居養賢之世，不能貞其所履，以全其德，而舍其靈龜之明

兆[四]，羨我朵頤而躁[五]求，離其致養之至道，闚我寵祿而競進[六]凶莫甚焉。

〈象〉曰：觀我朵頤，亦不足貴也。

六二，顛頤，拂經于丘。頤，征凶。

養下曰顛[七]。拂，違也。經，猶義也。邱，所履之常也。處下體之中，无應於上，反而養初。居下不

奉上而反養下，故曰「顛頤，拂經于邱」也[八]。以此而養，未見其福也[九]；以此而行，未見有與，故

曰「頤」，〈貞〉〔征〕凶[一〇]。

〈象〉曰：六二征凶，行失類也。

類皆上養，而二處下養初。

六三，拂頤，貞凶。十年勿用，无攸利。

履夫不正，以養於上，納上以諂者也。拂養正之義，故曰「拂頤，貞凶」也。處頤而爲此行，十年見棄者也。立行於斯，无施而利。

象曰：十年勿用，道大悖也。

六四，顛頤，吉。虎視眈眈，其欲逐逐，无咎。

體屬上體，居得其位，而應於初。以上養下，得頤之義，故曰「顛頤，吉」也。下交不可以瀆，故虎視眈眈〔二〕。威而不猛，不惡而嚴〔三〕。養德施賢，何可有利？故其欲逐逐〔三〕。尚敦實也。脩此二者，然後乃得全其吉而无咎〔四〕。觀其自養則履正，察其所養則養陽〔五〕，頤爻之貴，斯爲盛矣。

象曰：顛頤之吉，上施光也。

六五，拂經，居貞吉。不可涉大川。

以陰居陽，拂頤之義也〔六〕，行則失類，故宜居貞也。无應於下，而比於上，故可守貞從上，得頤〔七〕之吉。雖得居貞之吉，處頤違謙〔八〕，難未可涉也。

象曰：居貞之吉，順以從上也。

上九，由頤，厲，吉。利涉大川。

以陽處上，而履四陰，陰不能獨爲主，必宗於陽也〔九〕。故莫不由之〔二〇〕以得其養，故曰「由頤」。爲眾

陰之主，不可瀆也，故屬乃吉。有似家人悔厲之義〔三〕，貴而无位，是以厲也；高而有民，是以吉也。

爲養之主，物莫之違，故「利涉大川」也。

象曰：由頤厲吉，大有慶也。

校釋

〔一〕「語」字，據四部叢刊影印影宋本及羅振玉校本補。校勘記：「按，『言』下當有『語』字」。

〔二〕「朵」，動。「頤」，「頤卦之「頤」爲「養」義。此處「頤」指口下頤部。「朵頤」，頤部動作，所以注說：「嚼也」。

〔三〕「莫若自保」之「保」字，羅振玉校本作「寶」字。此句之意，即如老子七章所謂「聖人，……外其身而身存」之意。又，訟卦上六象辭注：「未有……處不競之地，而爲争者所奪」。

〔四〕「靈龜」，占卜用之龜殼。因迷信其有神靈，能啓示吉凶之兆、所以稱爲「靈龜」。

〔五〕「羡」，羡慕。「躁」，動。

〔六〕「闚我寵禄而競進」，校勘記：「釋文出『而窺』」，則其本上有『而』字」。羅振玉校本也有「而」字，且「而競進」之「而」字作「之」字。

〔七〕「顚」，倒。王弼認爲，養下是顚倒其事，所以說「養下曰顚」。

〔八〕「拂經于丘也」，意爲違背常義。

〔九〕「未見其福也」，羅振玉校本無「也」字。

〔一〇〕「以此而行」之「而」字，羅振玉校本作「爲」字。「與」，許慎贊同。「未見有與」，校勘記：「古本、足利本『有』作『其』，下有『也』字。」「征」，據羅振玉校本等改。按，此爲覆述爻辭之文，爻辭正作「頤，征凶」，當遵改。

〔一一〕「眈眈」，釋文：「馬云：下視兒。」説文：「近視而志遠。」「下交不可以瀆」，集解本作「下交近瀆」。

〔一二〕「然後乃得全其吉而无咎」下，羅振玉校本有一「也」字。

〔一三〕「逐逐」，釋文：「敦實也」。

〔一四〕「不惡而嚴」下，羅振玉校本有一「也」字。

〔一五〕「履正」之「履」字，校勘記：「集解本作『養』」。「養陽」之「陽」字，校勘記：「集解本作『賢』。按，王弼上節注：『初是陽爻，則能養陽也』。是正義本自作『陽』。」

〔一六〕「以陰居陽」，羅振玉校本作「以陰而居陽」。「拂頤之義」，郭京周易舉正作「拂經之義」。按，王弼上節注：「經，猶義也」。孔穎達疏：「經，義也。……乖違於頤養之義」。則此處當以「拂頤之義」爲是。

〔一七〕「得頤」，釋文：「一本作『得順』」。四部叢刊影印宋本及羅振玉校本亦作「得順」。「守貞從上，得頤之吉」，校勘記：「集解本作『故宜居貞，順而從上則吉』。古本下有『也』字。」又，「故可

〔一八〕「處頤違謙」之「頤」，郭京周易舉正作「順」，並說：「詳審注文，義自見」。按，觀象辭：「順以從

上」及注文「從上」，「得頤之吉」之意，似以作「處順違謙」於義爲長。

〔一九〕「必宗於陽也」，羅振玉校本於「陽」下有一「者」字。

〔二〇〕「故莫不由之」，羅振玉校本於「故」下有一「物」字。

〔二一〕見家人卦九三爻辭：「家人嗃嗃（嚴酷貌），悔厲，吉」。王弼注：「以陽處陽，剛嚴者也。處

下體之極，爲一家之長者也。行與其慢，寧過乎恭；家與其瀆，寧過乎嚴。是以家人雖嗃嗃，悔厲，猶得

其道；婦子嘻嘻，乃失其節也」。

大過

≡≡ 巽下
兌上 大過。棟橈。利有攸往，亨。

象曰：大過，

〔音相過之過〕〔一〕。

大者過也。

大者乃能過也〔二〕。

棟橈，本末弱也。

初爲本而上爲末也。

剛過而中，

謂二也。居陰，過也；處二，中也。拯弱[三]興衰，不失其中也[四]。

巽而說行，

巽而説行[五]以此救難，難乃濟也。

利有攸往，乃亨。

危而弗持，則將安用，故往乃亨[六]。

大過之時大矣哉！

是君子有爲之時也。

象曰：澤滅木，大過。君子以獨立不懼，遯世无悶。

此所以爲大過，非凡[七]所及也。

初六，藉用白茅，无咎。

象曰：藉用白茅，柔在下也。

以柔處下，過而可以无咎，其唯慎乎？

九二，枯楊生稊，老夫得其女妻，无不利。

稊者，楊之秀也〔八〕。以陽處陰，能過其本，而救其弱者也。上无其應，心无〔持〕〔特〕吝，處過以此，无衰不濟也〔九〕。故能令枯楊更生稊，老夫更得少妻〔一〇〕。拯弱興衰，莫盛斯爻，故无不利也。老過則枯，少過則稚。以老分少，則稚者長；以稚分老，則枯者榮，過以相與之謂也〔一一〕。大過至衰，而已至壯，以至壯輔至衰，應斯義也。

象曰：老夫女妻，過以相與也。

九三，棟橈，凶。

居大過之時，處下體之極，不能救危拯弱，以隆其棟〔一二〕，而以陽處陽，自守所居，又應於上，係心在一〔一三〕，宜其淹弱而凶衰也〔一四〕。

象曰：棟橈之凶，不可以有輔也。

九四，棟隆，吉，有它吝。

體屬上體，以陽處陰，能拯其弱，不爲下所橈〔一五〕者也，故「棟隆，吉」也〔一六〕。而應在初，用心不弘，故「有它吝」也。

象曰：棟隆之吉，不橈乎下也。

九五，枯楊生華，老婦得其士夫。无咎，无譽。

處得尊位，而以陽處陽，未能拯危〔一七〕。處得尊位，亦未有橈，故能生華〔一八〕。不能生稊，能得夫不能

得妻。處棟橈之世，而爲无咎无譽，何可長哉？故生華不可久，士〔一九〕夫誠可醜也。

象曰：枯楊生華，何可久也；老婦士夫，亦可醜也。

上六，過涉滅頂，凶，无咎。

處大過之極，過之甚也〔二〇〕。涉難過甚，故至於滅頂，凶〔二一〕。志在救時，故不可咎也。

象曰：過涉之凶，不可咎也。

雖凶无咎，不害義也。

校　釋

〔一九〕「音相過之過」五字，據岳本等校補。校勘記：「岳本、錢本、宋本、足利本『大過』下有注文『音相過之過』五字。古本『之過』下有『也』字。釋文出『相過之過』。」按，孔穎達疏亦出「注音過之過」，並說：「相過者，謂相過越之甚也，非謂相過從之過」。又，小過卦孔疏說：「大過卦下注云：『音相過之過』，恐人作罪過之義，故以音之」。郭京周易舉正此節注作：「音過越之過也」，義與孔疏同。又郭說：「過越之過，惟在去聲，相過之過在平聲，誤亦明矣」。據此，今本脫此節注亦明矣。

〔二〇〕「大」盛大。「過」過甚。孔穎達疏：「大過之卦有二義也。一者，物之自然，大相過越常分；……二者，大人大過越常分，以拯患難，……」。

〔三〕「弱」，校勘記：「釋文：『弱』本亦作『溺』。」下『救其弱』，『拯弱』皆同」。

〔四〕「不失其中也」，羅振玉校本於「中」下有一「者」字。

〔五〕「巽」，順。「說」，悅。「濟」，止，得救。

〔六〕「安」。何。「故往乃亨」下，羅振玉校本有一「也」字。

〔七〕「凡」，指普通人。「非凡所及也」，羅振玉校本於「及」下有一「者」字。

〔八〕「稊」，指楊柳之穗。「秀」，即花穗。

〔九〕「特」字，據岳本等校改。校勘記：「岳本、閩監毛本『持』作『特』。」釋文：「『特』或作『持』。」按，「特」爲「獨」義，若作「持」則文義不可通。又，「无衰不濟也」，羅振玉校本於「濟」下有一「者」字。四部叢刊影印宋本亦作「特」，孔穎達疏亦作「特」。

〔一〇〕「老夫更得少妻」，羅振玉校本於「得」下有一「其」字。

〔一一〕「與」，通「予」，給予。「過以相與」，意爲老、少各以自己所過多者給予對方，以補對方之不足。

〔一二〕「係心在一」之「一」，四部叢刊影印宋本作「下」字。按，當作「一」。「一」猶「己」，「係心在一」，即上文所說：「唯自守而已」之意。作「下」者，涉上文「處下體之極」而「又應於上」文義而誤。

〔一三〕「棟」，屋棟，屋脊。

〔一四〕「弱」，校勘記：「岳本、宋本、古本、足利本『弱』作『溺』。釋文出『淹溺』，乃歷反」。羅振玉校

本亦作「溺」。按，以上各節注中「拯弱」、「救其弱」等亦有作「溺」者，詳見校釋〔三〕。此處「淹弱而凶

衰」正與上文「拯弱興衰」義相反。九三「自守所居」，「係心在一」，是褊狹而不能拯救衰弱，所以注文

説：「宜其淹弱而凶衰也」。如作「溺」，義亦可通。又，「凶衰」之「衰」，羅振玉校本作「喪」字。

〔一五〕「橈」，〈説文〉：「曲木」，木曲易折，引伸爲撓折。

〔一六〕「隆」，「高。」「故棟隆，吉也」，羅振玉校本無「也」字。

〔一七〕「未能拯危」句上，羅振玉校本重「以陽處陽」四字。

〔一八〕「華」同「花」。

〔一九〕「士」，孔穎達疏爲「壯」，與「老婦」相對則爲少，所以「士夫」即少夫。又，郭京周易舉正直作

「少夫」。並説：「爻、注、〈象三『少』字，並誤作『士』。〈定本〉『少』字蟲傷類於『士』字，誤亦明矣。『士』字，

義理無取」。

〔二〇〕「過之甚也」，羅振玉校本於「甚」下有一「者」字。

〔二一〕「故至於滅頂，凶」下，羅振玉校本有一「也」字。

習坎

三三坎下坎上習坎。

坎，險陷之名也。習，謂便習之〔一〕。

有孚，維心亨，

剛正在内，有孚者也；陽不外發而在乎内，心亨者也。

行有尚。

内亨外闇，内剛外順，以此行險，行有尚也〔二〕。

象曰：習坎，重險也。

坎以險爲用，故特名曰「重險」〔三〕。言習坎者，習（重乎）〔乎重〕〔四〕險也。

水流而不盈，行險而不失其信。

險陷之（釋）〔極〕〔五〕，故水流而不能盈也。處至險而不失剛中，行險而不失其信者，習坎之謂也〔六〕。

維心亨，乃以剛中也；行有尚，往有功也。

便習於坎，而之坎地，盡坎之宜，故往必有功也。

天險，不可升也；

不可得升，故得保其威尊〔七〕。

地險山川丘陵也；

有山川丘陵也，故物得以保全也〔八〕。

王公設險，以守其國。

國之爲衛，恃於險也。言自天地以下，莫不須險也。

險之時用大矣哉。

非用之常，用有時也。

象曰：水洊至，習坎。

重險懸絕，故水洊〔九〕至也。不以坎爲隔絕，相仍而至，習乎坎也〔一〇〕。

君子以常德行，習教事。

至險未夷〔一二〕，教不可廢，故以常德行而習教事也。習於坎，然後乃能不以險難爲困，而德行不失常也。故則夫習坎〔一三〕，以常德行而習教事也。

初六，習坎，入于坎窞，凶。

習坎者，習爲險難之事也〔一三〕。最處坎底，入坎窞者也〔一四〕。處重險而復入坎底〔一五〕，其道凶也。行險而不能自濟〔一六〕，習坎而入坎窞，失道而窮在坎底，上无應援可以自濟，是以凶也。

象曰：習坎入坎，失道凶也。

九二，坎，有險，求小得。

履失其位，故曰「坎」。上无應援，故曰「有險」。坎而有險，未能出險之中也〔一七〕。處中而與初三相得，故可以求小得也。初三未足以爲援，故曰「小得」也〔一八〕。

象曰：求小得，未出中也。

六三，來之坎坎，險且枕，入于坎窞，勿用。

既履非其位，而又處兩坎之間，出則之坎，居則亦坎〔一九〕，故曰「來之坎坎」也。枕者，枕枝而不安之謂也〔二〇〕。出則无之，處則无安〔二一〕，故曰「險且枕」也。來之皆坎，无所用之，徒勞而已。

象曰：來之坎坎，終无功也。

六四，樽酒、簋貳，用缶。納約自牖，終无咎。

處重險而履正，以柔居柔，履得其位，以承於五。五亦得位，剛柔各得其所，不相犯位，皆无餘應以相承比，明信顯著，不存外飾。處坎以斯，雖復一樽之酒、二簋之食，瓦缶之器，納此至約，自進於牖，乃可羞之於王公，薦之於宗廟〔二二〕，故終无咎也。

象曰：樽酒簋貳，剛柔際〔二三〕也。

剛柔相比而相親焉，際〔二三〕之謂也。

九五，坎不盈，祗既平，无咎。

爲坎之主〔二四〕，而无應輔可以自佐，未能盈坎者也。坎之不盈，則險不盡矣。祗，辭也〔二五〕。爲坎之主，盡平乃无咎，故曰「祗既平，无咎」也。說〔二六〕既平乃无咎，明九五未免於咎也。

象曰：坎不盈，中未大也。

上六，係用徽纆，寘于叢棘，三歲不得，凶。

險陷〔二七〕之極，不可升也；嚴法峻整，難可犯也。宜其囚執，寘〔二六〕于思過之地。三歲險道之夷也，險終乃反，故三歲不得。自修三歲，乃可以求復，故曰「三歲不得，凶」也。

象曰：上六失道，凶三歲也。

校　釋

〔一〕「便習」，亦即習習，熟悉其事之意。釋文：「習，便習也，重也。」劉云：水流不休，故曰習。孔穎達疏：「習有二義：一者，習重也，謂上下俱坎，是重疊有險，險之重疊乃成險之用也；一者，人之行險，先使習其事，乃可得通，故云習也」。「便習之」下，羅振玉校本有一「也」字。

〔二〕「內亨」，即上節注所謂「陽不外發而在乎內，心亨者也」。「闇」，同「暗」。「尚」，尊貴、推重。

〔三〕「故特名曰重險」下，羅振玉校本有一「也」字。

〔四〕「平重」二字據岳本等校改。校勘記：「岳本、宋本、古本、足利本『重乎』作『平重』。按，孔穎達疏亦作：「言習坎者，習乎重險也」。本節注上文說：「坎以險為用，故特名曰重險」，則「重險」為「坎」之用的專名，故此句當作「言習坎者，習乎重險也」。

〔五〕「極」字，據岳本等校改。校勘記：「岳本、閩監毛本『釋』作『極』是也。古本下有『也』字」。按，四部叢刊影印宋本，羅振玉校本及孔穎達疏亦均作「極」字。「險陷之極」，形容「重險」危峻之貌，若作

「釋」，則於義無解。

〔六〕「行險而不失其信者」下，羅振玉校本有一「也」字。「習坎之謂也」，校勘記：「岳本、宋本『坎』作『險』。古一本作『其信習險之謂也』（羅振玉校本同此）。一本作『信習險之謂也』。按，觀注文之意，是謂象辭「行險而不失其信」句，乃釋卦辭「習坎」之意。故注文當作：「行險而不失其信者，習坎之謂也」。孔穎達疏亦說：「行險而不失其信，謂行此至險，能守其剛中，不失其信也」。此釋『習坎』及『有孚』之義也」。

〔七〕「故得保其威尊」下，羅振玉校本有一「也」字。

〔八〕「物得以保全也」之「以」字，校勘記：「足利本作『其』」。

〔九〕「洊」，或作「薦」，說文：「水至也」。爾雅釋言：「再也」。陸績：「水再至也」。

〔一○〕「仍」，重。「相仍而至」，猶言接連不斷地相重而來。又，「習乎坎也」，羅振玉校本於「坎」下有一「者」字。

〔一一〕「習爲險難之事也」，羅振玉校本於「事」下有一「者」字。

〔一二〕「則」，法。「則夫習坎」，效法「習坎」。

〔一三〕「夷」，平。

〔一四〕「最處坎底」之「坎」字，校勘記：「釋文出『處欲』，云亦作『坎』字」。「窞」，說文：「坎中小坎也，一曰旁人也」。又「入坎窞者也」，羅振玉校本無「入」字。

〔一五〕「復入坎底」，校勘記：「古本『坎』作『欲』」，其上有『失』字。足利本亦有『失』字。

〔一六〕「自濟」，自止、自救。「行險而不能自濟」，羅振玉校本無「而」字。

〔一七〕「未能出險之中也」，羅振玉校本於「中」下有一「者」字。

〔一八〕「未足以爲援，故曰小得也」，校勘記：「古本、足利本『援』上有『大』字，『小』上有『求』字」。

〔一九〕「出則之坎」，「之」，往。校勘記：「釋文曰『之』字一本誤作『亦』」。「居則亦坎」，校勘記：「古

二本『亦』作『之』，一本『亦』下有『之』字，足利本與一本同」。

〔二〇〕「枕枝而不安之謂也」，校勘記：「岳本、宋本、古本、足利本無『枕』字。羅振玉校本亦無「枕」

字。按，『枕』，釋文：「鄭注曰：木在首曰枕。陸云：閑礙險害之兒。九家作『玷』，古文作『沈』。『沈』，直

林反」。焦循周易補疏：「九家作『玷』。『玷』，當作『阽』，『阽』，危也。『阽』、『玷』形近，與『枕』音近。王

氏以『枕』爲『阽』之假借，故云：『枕枝而不安之謂也』。……『枝』與『支』通，撐持支柱，亦臨險之意也。

考文（指校勘記）謂古本無『枕』字，然正義有之」。

〔二一〕「出則无之，處則无安」，羅振玉校本於二「无」下均有一「所」字。

〔二二〕「樽」，酒器。「簋」，裝黍稷之器。「瓦缶之器」，指用陶瓦製作之「樽」、「簋」等器皿，表示儉

約。「牖」，窗戶。「羞」，說文：「進獻也」。「薦之於宗廟」，參看觀卦校釋〔二〕、〔三〕、〔四〕。又，「二簋

之「二」，羅振玉校本作「一」字。

〔二三〕「際」，交際，親比。

〔四〕「爲坎之主」，羅振玉校本「坎」作「險」。

〔五〕「祇，辭也」，意謂「祇」是語氣辭。參看復卦校釋〔二〕。

〔六〕「說」，校勘記：「古本作『謂』。」

〔七〕「陥」，校勘記：「古本作『欲』。」

〔八〕「囚執」，執而囚禁之。「真」，同「置」。

離

三三 離下 離上 離。利貞，亨。

〔一〕之爲卦，以柔爲正，故必貞而後乃亨，故曰「利貞，亨」也。

畜牝牛，吉。

柔處于内，而履正中，牝〔二〕之善也。外强而内順，牛之善也。離之爲體，以柔順爲主者也，故不可以畜猛鷙之物，而吉於畜牝牛也。

彖曰：離，麗也。

麗，猶著也，各得所著之宜〔三〕。

日月麗乎天，百穀草木麗乎土。重明以麗乎正，乃化成天下。柔麗乎中正，故亨。是以畜

牝牛吉也。

柔著于中正，乃得通也。

{象}曰：明兩作，離。大人以繼明照于四方。

繼，謂不絕也。明照相繼，不絕曠也[四]。

初九，履錯然，敬之，无咎。

錯然者，警[五]慎之貌也。處離之始，將進而盛，未在既濟，故宜慎其所履[六]，以敬爲務，辟[七]其咎也。

{象}曰：履錯之敬，以辟咎也。

六二，黃離，元吉。

居中得位，以柔處柔，履文明之盛而得其中，故曰「黃離」，元吉」也[八]。

{象}曰：黃離元吉，得中道也。

九三，日昃之離，不鼓缶而歌，則大耋之嗟，凶。

處下離之終，明在將沒，故曰「日昃[九]之離」也。明在將終，若不委之於人，養志无爲，則至於耋老有嗟，凶矣[一〇]。故曰「不鼓缶而歌，則大耋之嗟，凶」也[一一]。

{象}曰：日昃之離，何可久也。

九四，突如其來如，焚如，死如，棄如。

處於明道始變之際，昏而始曉，没而始出，故曰「突如其來如」。其明始進，其炎始盛，故曰「焚如」。逼近至尊，履非其位，欲進其盛，以炎其上，命必不終，故曰「死如」。違離之義，无應无承[三]，衆所不容，故曰「棄如」也。

~象~曰：突如其來如，无所容也。

六五，出涕沱若，戚嗟若，吉。

履非其位，不勝所履。以柔乘剛，不能制下，下剛而進，將來害己，憂傷之深，至于沱嗟也[三]。然所麗在尊，四爲逆首[四]，憂傷至深，衆之所助，故乃沱嗟而獲吉也。

~象~曰：六五之吉，離王公也。

上九，王用出征，有嘉折首，獲匪其醜，无咎。

離，麗也。各得安其所麗，謂之離。處離之極，離道已成，則除其非類，以去民害，王用出征之時也。故必有嘉折首，獲匪其醜[五]，乃得无咎也。

~象~曰：王用出征，以正邦也。

校　釋

〔一〕「離」，附著。釋文：「離，著也」。又，離卦象曰，故又有明之義。說卦：「離也者，明也」。

〔二〕「牝」，雌。

〔三〕「各得所著之宜」下，羅振玉校本有一「也」字。

〔四〕「曠」，説文：「明也」。此節注文，校勘記：「十行本止有『也照明也』四字，餘並闕。……釋文……

一本無『明照』二字。又，「曠」下，羅振玉校本有一「者」字。

〔五〕「警」，校勘記：「集解作『敬』」。

〔六〕「將進而盛」之「而」字，集解本作「其」。「既濟」已成。「故宜慎其所履」，集解本無「其」字。

〔七〕「辟」，借爲「避」。

〔八〕「黃」，噬嗑卦六五注：「黃，中也」。「黃離」指得離卦之中，亦即上文所謂「履文明而得其中」之意。郭京周易舉正此句注文作：「故曰黃離也。柔居中正，處得其位，初則尚敬而我比焉。爲卦之主，能通其道，體明履順，吉之大者，故曰元吉也」，比之今本注文多三十七字。並説：「前『黃』（即指『故曰黃離』句以前文字）解『黃離』，補文解『无吉』。今本多脱」。

〔九〕「昃」，側，日偏西。

〔一○〕「耋」，七十歲稱「耋」。或説八十歲稱「耋」。「有嗟，凶矣」，校勘記：「閩監毛本作『而有嗟，凶』」。

〔一一〕「鼓缶而歌」，敲着瓦盆歌唱。莊子至樂：「莊子妻死，惠子弔之，莊子則方箕踞，鼓盆而歌」。

此句意爲，人到了老耋，就應該把事情委託給別人去做，而自己安逸取樂（鼓缶而歌），養志無爲，否則必然會有老耋之憂慮嗟歎，而終究有凶。

〔一二〕「无應无承」之「承」字，郭京周易舉正作「乘」。並說：「四應在初，初復陽體，兩雄必爭，是无應也。」三雖在下，得位剛強，是无乘也。蓋『乘』、『承』聲同，轉寫爲誤，尋義趣可知也」。

〔一三〕「沱嗟」，垂淚歎息之貌。

〔一四〕「逆首」，校勘記：「釋文：『逆首』本作『逆道』，兩得」。

〔一五〕「嘉」，善、美。孔穎達疏「有嘉」爲：「有嘉美之功」。一說，爻辭所述「有嘉」，爲周時國名，周曾與其作戰而獲勝，此爻辭即記其事。「折」，除去。「匪」，同「非」；羅振玉校本直作「非」。「醜」，類。又「乃得无咎也」，羅振玉校本無「也」字。

中國思想史資料叢刊

王弼集校釋 下

〔魏〕王弼 著

樓宇烈 校釋

中華書局

下經

咸

䷞艮下兌上咸。亨。利貞，取女吉。

象曰：咸，感也。柔上而剛下，二氣感應以相與。

是以亨也。

止而說，

是利貞也。

男下女，

取女吉也。

是以亨，利貞，取女吉也。　天地感而萬物化生，

二氣相與，乃化生也。

聖人感人心而天下和平。　觀其所感，而天地萬物之情可見矣。

天地萬物之情，見於所感也〔一〕。凡感之爲道，不能感非類者也，故引取女以明同類之義也。同類而不相感應，以其各亢〔三〕所處也。故女雖應男之物，必下之而後取女乃吉也。

象曰：山上有澤，咸。君子以虛受人。

以虛受人，物乃感應〔二〕。

初六，咸其拇。

處咸之初，爲感之始，所感在末〔四〕，故有志而已。如其本實，末至傷靜〔五〕。

象曰：咸其拇，志在外也。

四屬外也〔六〕。

六二，咸其腓，凶。居吉。

咸道轉進，離拇升腓〔七〕，腓體動躁者也。感物以躁，凶之道也〔八〕。由躁故凶，居則吉矣。處不乘剛，故可以居而獲吉。

象曰：雖凶居吉，順不害也。

陰而爲居，順之道也，不躁而居，順不害也。

九三，咸其股，執其隨，往吝。

股〔九〕之爲物，隨足者也。進不能制動，退不能靜處〔一〇〕，所感在股，志在隨人者也。志在隨人，所執

亦以賤矣，用斯以往，咨其宜也。

象曰：咸其股，亦不處也；志在隨人，所執下也。

九四，貞吉，悔亡。憧憧往來，朋從爾思。

處上卦之初，應下卦之始，居體之中，在股之上。二體始相交感，以通其志，心神始感者也。凡物始感而不以之於正，則至於害，故必貞然後乃吉，吉然後乃得亡其悔也。始在於感，未盡感極，不能至於无思，以得其黨，故有憧憧〔一〕往來，然後朋從其思也。

象曰：貞吉悔亡，未感害也。

未感於害，故可正之得悔亡也。

九五，咸其脢，无悔。

象曰：咸其脢，志末也。

脢者〔三〕，心之上，口之下。進不能大感，退亦不爲无志，其志淺末，故无悔而已。

上六，咸其輔頰舌。

咸道轉末，故在口舌言語而已。

象曰：咸其輔頰舌，滕口說也。

輔〔三〕、頰、舌者，所以爲語之具也。咸其輔、頰、舌，則滕口說也〔四〕。憧憧往來，猶未光大，況在滕口，薄可知也。

校　釋

〔一〕「感」，交感、感應。象辭和王弼注文均以「感」釋咸卦之義。

〔二〕「兊」，高。校勘記：「釋文：『兊』一本作『有』」。

〔三〕「虛」，謙虛、謙下。此句之意即上節注所謂：「同類而不相感應，以其各亢所處也。故女雖應男之物，必下之而後取女乃吉也」。又，老子六十一章王弼注：「唯修卑下，然後乃各得其所〔欲〕」。

〔四〕「所感在末」，釋爻辭「感其拇」。「拇」爲大足指，爲一身之末。

〔五〕「本」，指整個身體。此句意爲，如果其本體堅實，則雖有所感應，而不至於損害靜的本體。

按，以上二句均爲王弼借爻辭以闡明其本末、動靜的思想。可參閱老子注。

〔六〕「四」，指九四。九四屬上卦（外卦）。「也」，校勘記：「岳本、閩監毛本『也』作『卦』」。古本上有『卦』字。

四部叢刊影印宋本同岳本。

〔七〕「腓」，說文：「脛腨也」，即小腿。

〔八〕參看老子四十五章王弼注：「靜則全物之性，躁則犯物之性」。又，六十章注：「躁則多害，靜則全真」。

〔九〕「股」,即大腿。

〔一〇〕「静處」,《校勘記》:「古本、足利本『静處』作『處静』。按,疏云:『静守其處』作『處静』非」。

〔一一〕「憧憧」,《説文》:「憧,意不定也」。「憧憧往來」,這裏有反復思求之意。

〔一二〕「脢」,《説文》:「背肉也」。鄭云:「背脊肉也」。

〔一三〕「輔」,上領。「頰」,面頰。

〔一四〕「媵」,《説文》:「水超涌也」。孔穎達疏:「媵,競與也」。「媵口説也」,意爲善於言説,競爲言説。又,「媵」或作「滕」,《釋文》:「滕,鄭云:送也」。孔穎達疏:「鄭玄又作『滕』。『滕』送也。咸道極薄,徒送口舌言語相感而已,不復有志於其間。王注義得兩通,未知誰同其旨也」。

所以王弼注説:「薄可知也」。

恒

三三 巽下震上 恒。 亨,无咎,利貞。

恒而亨,以濟三事〔一〕也。 恒之爲道,亨乃无咎也,恒通无咎,乃利正也。

利有攸往。

各得所恒,修其常道,終則有始,往而无違,故利有攸往也。

象曰:恒,久也。 剛上而柔下,

剛尊柔卑，得其序也。

雷風相與。

長陽長陰〔二〕，能相成也。

巽而動，

動无違也。

剛柔皆應，

不孤媲〔三〕也。

恒。

皆可久之道。

恒、亨、无咎，利貞。久於其道也。

道得所久，則常通无咎，而利正也。

天地之道，恒久而不已也。

得其所久，故不已也〔四〕。

利有攸往，終則有始也。

得其常道，故終則復始，往无窮（也）〔極〕〔五〕。

日月得天而能久照，四時變化而能久成，聖人久於其道而天下化成。

言各得其所恒，故皆能長久。

觀其所恒，而天地萬物之情可見矣。

天地萬物之情，見於所恒也。

象曰：雷風，恒。

長陽長陰，合而相與，可久之道也。

君子以立不易方。

得其所久，故不易也。

初六，浚恒，貞凶，无攸利。

處恒之初，最處卦底，始求深者也。求深窮底，令物无餘縕〔六〕，漸以至此，物猶不堪〔七〕，而況始求深者乎？以此爲恒，凶正害德，无施而利也。

象曰：浚恒之凶，始求深也。

九二，悔亡。

雖失其位，恆位於中，可以消悔也。

象曰：九二悔亡，能久中也。

九三，不恒其德，或承之羞，貞吝。

處三陽之中，居下體之上，處上體之下。上不全尊，下不全卑，中不在體，體在乎恒，而分无所定[八]。无恆者也。德行无恆，自相違錯，不可致詰，故「或承之羞」也[九]。施德於斯，物莫之納，鄙賤甚矣，故曰「貞吝」也。

象曰：不恒其德，无所容也。

九四，田无禽。

象曰：久非其位，安得禽也。

恒於非位，雖勞无獲也。

六五，恒其德貞，婦人吉，夫子凶。

居得尊位，爲恒之主，不能制義，而係應在二，用心專貞，從唱而已。婦人之吉，夫子之凶也。

象曰：婦人貞吉，從一而終也；夫子制義，從婦凶也。

上六，振恒，凶。

象曰：振恒在上。大无功也。

爲恒，无施而得也。

夫靜爲躁君，安爲動主[一〇]。故安者，上之所處也；靜者，可久之道也[一一]。處卦之上，居動之極，以此

〔一〕「恒」，久。「三事」，孔穎達疏：「褚氏云：『三事』謂『无咎』、『利貞』、『利有攸往』。莊氏云『三事』者，『无咎』一也，『利』二也，『貞』三也。周氏云『三事』者，一『亨』也，二『无咎』也，三『利貞』也。注不明數，故先儒各以意說。竊謂注云：『恒而亨，以濟三事』者，明用此『恒亨』濟彼『三事』，無疑『亨』字在『三事』之外。而此注云：『恒之爲道，亨乃无咎，恒通无咎，而利正』。此解皆以『利正』相將爲一事，分以爲二恐非注旨。又，注象曰：『道得所久，則常通无咎，而利正也。』此以恒亨濟『无咎』也；又云：『恒通无咎，乃利正也』，此以恒亨濟『利正』也；下注『利有攸往』云：『各得所恒，修其常道，終則有始，往而无違，故利有攸往』，此以恒亨濟『利有攸往』也。觀文驗注，褚氏爲長」。

〔二〕「長陽」，卽長男，指震卦。「長陰」，卽長女，指巽卦。說卦：「震一索而得男，故謂之長男」，巽「一索而得女，故謂之長女」。

〔三〕「媲」，說文：「配也」。

〔四〕「已」，止，无窮盡。

〔五〕「極」字，據岳本等校改。校勘記：「岳本、宋本、古本、足利本『也』作『極』。按，孔穎達疏：『人用恆久之道，會於變通，故終則復始，往無窮極，同於天地之不已……』正作『窮極』。又，老子十六

章王弼注：「得道之常，則乃至於不窮極也」，與此同，故當據改。

〔六〕「縕」，釋文引廣雅：「縕，積也」。校勘記：「岳本、錢本『縕』作『蘊』」。

〔七〕「漸以至此」，意爲慢慢積累而至於深。「堪」，勝。

〔八〕「分」，名分、職分。

〔九〕「分」，名分、職分。此處指地位。

〔九〕「違錯」，違背錯亂。「致詰」，推問。「羞」，羞辱。

〔一〇〕參看老子二十六章王弼注：「凡物，輕不能載其重，小不能鎮大。不行者使行，不動者制動。

是以重必爲輕根，靜必爲躁君也」。

〔一一〕參看老子十六章王弼注：「歸根則靜，故曰靜。靜則復命，故曰復命也。復命則得性命之常，

故曰常也」。

遯

䷠艮下
乾上遯。亨，小利貞。

象曰：遯亨，遯而亨也。

遯之爲義，遯乃通也〔一〕。

剛當位而應，與時行也；

謂五也。剛當位而應〔二〕，非否亢也；遯不否亢，能與時行也。

小利貞，浸而長也。

陰道欲浸而長〔三〕，正道亦未全滅，故「小利貞」也。

遯之時義大矣哉。

象曰：天下有山，遯。

天下有山，陰長之象〔四〕。

君子以遠小人，不惡而嚴。

初六，遯尾，厲。勿用有攸往。

遯之爲義，辟內而之外者也〔五〕。尾之爲物，最在體後者也。處遯之時，不往何災，而爲遯尾，禍所及也。危至而後〔未〕〔求〕〔六〕行〔雖〕〔難〕〔七〕可免乎厲，則勿用有攸往也。

象曰：遯尾之厲，不往何災也。

六二，執之用黃牛之革，莫之勝說。

居內處中，爲遯之主。物皆遯己〔八〕，何以固之？若能執乎理中、厚順之道以固之也，則莫之勝

解〔九〕。

象曰：執用黃牛，固志也。

九三，係遯，有疾厲，畜臣妾吉。

在內近二，以陽附陰，宜遯而繫，故曰「繫遯」〔10〕。遯之爲義，宜遠小人，以陽附陰，繫於所在，不能遠害，亦已憊〔二〕矣。宜其屈辱而危厲也。繫於所在，畜臣妾可也，施於大事，凶之道也。

象曰：係遯之厲，有疾憊也；畜臣妾吉，不可大事也。

九四，好遯，君子吉，小人否。

處於外而有應於內，君子好遯，故能舍之；小人繫戀，是以否也。

象曰：君子好遯，小人否也。

音臧否之否。

九五，嘉遯，貞吉。

遯而得正，反制於內，小人應命，率正其志，不惡而嚴，得正之吉，遯之嘉也。

象曰：嘉遯貞吉，以正志也。

上九，肥遯，无不利。

最處外極，无應於內，超然絕志，心无疑顧。憂患不能累，矰繳〔三〕不能及，是以肥遯〔三〕无不利也。

象曰：肥遯无不利，无所疑也。

〔一〕「遯」，即「遁」。釋文：「隱退也」。匿迹避時，奉身退隱之謂也。鄭云：逃去之名。序卦云：遯者，退也。此句意爲「遯」之含義，是說只有退隱才能亨通。

〔二〕「剛當位而應」，盧文弨說：「古本、宋本、錢本『剛』上並有『以』字」。「否六」意爲處於高位而蔽塞不通。

〔三〕「浸」，漸進。「陰道欲浸而長」，指初六、六二兩陰爻浸長。「欲」字，郭京周易舉正作「雖」字。並說：「卦有六爻，兩爻已變，不可言『欲』」，誤亦明矣。

〔四〕遯卦上卦爲乾，下卦爲艮。乾爲天，艮爲山，所以說：「天下有山」。遯卦初、二兩爻爲陰爻，所以說：「陰長之象」。

〔五〕「辟」，借爲「避」。「之」，往。

〔六〕「求」字，據四部叢刊影印宋本等校改。校勘記：「毛本『未』作『求』。按，『未』字宜衍。正義：『是遯之爲後也』可證」。按，作「未」於文義不可通，「未」、「求」形近而譌，當據改。校勘記以「未」爲衍字，義亦可通。

〔七〕「難」字，據四部叢刊影印宋本等校改。校勘記：「監毛本『雖』作『難』不誤，釋文出『難可』」。按，據上文「處遯之時，不往何災，而爲遯尾，禍所及也」，意謂禍不可免。故此處當作「難可免乎屬

〔危〕」。如作「雖」字，於文義不可通。「雖」、「難」形近而譌，當據改。

則正義本作「已」，與或音合。

〔八〕「已」，校勘記：「釋文：『已』，音以、或音紀。按，音紀則當作人己字。疏云：『物皆棄己而遯』，

〔九〕「解」，脱。「莫之勝解」意爲不能脱離而去。孔穎達疏：「逃遯之世，避內出外。二既處中居內，即非遯之人，便爲遯之主。物皆棄己而遯，何以執固留之？惟有中和、厚順之道可以固而安之也。

能用此道，則不能勝己解脱而去也。

〔一〇〕「繫」，校勘記：「岳本、閩監毛本『繫』作『係』，下同」。按，「繫」借爲「係」，下同。校勘記：「凡

相連屬謂之『係』，此『係遯』是也」。

〔一一〕「憊」，困病。

〔一二〕「矰繳」，帶有絲線的矢。

〔一三〕「肥」，孔穎達疏引子夏傳：「肥，饒裕也」。焦循周易補疏：「張衡思玄賦：『欲飛遯以保名』，曹

植七啓：『飛遯離俗』；文選注引淮南九師曰：『遯而能肥，吉孰大焉』，後漢書注引作『遯而能飛』（姚寬西

溪叢話云：周易遯卦『肥遯无不利』，『肥』字古作『𩙿』，與古『蜚』字相似，即今之『飛』字，後世遂改爲

『肥』。——焦注）。王氏此注云：『矰繳不能及』，則是以『肥遯』爲『飛遯』也」。按，焦說是。

大壯

三三̇ ̇乾下
震上 大壯。 利貞。

〈彖〉曰：大壯，大者壯也。

大者，謂陽爻。小道將滅，〔一〕大〔二〕者獲正，故利貞也。

剛以動，故壯。 大壯利貞，大者正也。 正大而天地之情可見矣。

天地之情，正大而已矣。 弘正極大，則天地之情可見乎！

〈象〉曰：雷在天上，大壯。

剛以動也。

君子以非禮弗履。

壯而違禮則凶，凶則失壯也，故君子以大壯而順〔體〕〈禮〉〔三〕也。

初九，壯于趾，征凶，有孚。

夫得大壯者，必能自終成也，未有陵犯於物，而得終其壯者。 在下而壯，故曰「壯于趾」也。 居下而用

剛壯，以斯而進，窮凶可必也，故曰「征凶」，「有孚」。

〈象〉曰：壯于趾，其孚窮也。

言其信窮。

九二，貞吉。

居得中位，以陽居陰，履謙不亢，是以貞吉。

象曰：九二貞吉，以中也。

九三，小人用壯，君子用罔。貞厲，羝羊觸藩，羸其角。

處健之極，以陽處陽，用其壯者也。故小人用之以為壯，君子用之以為羅己〔三〕者也。貞厲以壯，雖復羝羊以之觸藩，能无羸乎〔四〕！

象曰：小人用壯，君子罔也。

九四，貞吉，悔亡。藩決不羸。壯于大輿之輹。

下剛而進，將有憂虞，而以陽處陰，行不違謙，不失其壯，故得貞吉而悔亡也。己得其壯，而上陰不罔己路，故藩決不羸也。壯于大輿之輹，无有能說其輹者〔五〕可以往也。

象曰：藩決不羸，尚往也。

六五，喪羊于易，无悔。

居於大壯，以陽處陽，猶不免咎，而況以陰處陽，以柔乘剛者乎？羊，壯也〔六〕。必喪其羊，失其所居也。能喪壯于易〔七〕不于險難，故得無悔。二履貞吉，能幹其任〔八〕，而己委焉，則得無悔。委之則難不至，居之則敵寇來，故曰「喪羊于易」。

象曰：喪羊于易，位不當也。

上六，羝羊觸藩，不能退，不能遂。无攸利，艱則吉。

有應於三，故不能退；懼於剛長，故不能遂〔九〕。持疑猶豫〔一〇〕，志无所定，以斯決事，未見所利。雖處剛長，剛不害正。苟定其分，固志在〔一〕〔二〕〔三〕，以斯自處，則憂患消亡，故曰「艱則吉」也。

象曰：不能退，不能遂，不詳也；艱則吉，咎不長也。

校　釋

〔一〕「大」字，據岳本等校改。校勘記：「岳本、閩監毛本『一』作『大』」。按，此注乃釋「大壯」之義，「壯」爲强盛，「大」指陽，「大壯」卽陽大盛之意。象辭說：「大者正也」。王弼注文也極言：「天地之情，正大而已矣。弘正極大，則天地之情可見矣」！故此處當作「大者獲正」。如作「一」則於文義不可通。

〔二〕「禮」字，據《四部叢刊》影印宋本等校改。校勘記：「岳本、錢本、閩監毛本『體』作『禮』」。釋文：『而慎禮也』『慎』或作『順』。按，據注上文：「壯而違禮則凶」之文意，則此處當作「君子以大壯而順禮也」。作「體」者，形近而譌。

〔三〕「羅」，《說文》：「以絲罟鳥也」，卽以羅網捕鳥也。「羅己」，孔穎達疏：「君子當此卽慮危難，用之以爲羅網於己」。

〔四〕「羝羊」，《說文》：「牡羊也」，卽公羊。「藩」，藩籬。「羸」，孔穎達疏：「拘纍纏繞也」。焦循《周易補疏》以「羸」爲「弱」義。焦說：「王氏以『君子用罔』爲『罔羅』。九四注云：『上陰不罔己路，故藩決不

贏」，似是入於罔羅之中，爲拘攣纏繞。然王氏注姤初六「贏豕」謂：「羸强而牝弱，豕之羸猶羊之羝。」六

五「喪羊于易」注云：「羊，壯也」。羊本强壯，又其强壯更甚，用以觸藩則亦必贏，故云「雖復羝

羊，以之觸藩，能无贏乎」！此正與羝强牝弱互明。「贏」爲弱，與壯對。謂强壯如羝羊，藩不能決，觸之

亦無所用其力，而角爲之贏弱，贏由於觸，不因羅罔也。若云「拘攣纏繞」，於義爲不貫矣。按，焦説是。

〔五〕「與之輹」「説其輹」，參看小畜卦校釋〔二〕。

〔六〕「羊，壯也」、「必喪其羊」中二「羊」字，以及爻辭、象辭中「羊」字，郭京周易舉正均作「牛」字。

並説：「大壯之義，莫先於牛，義可見矣」。按，王弼周易略例明象説：「義苟在健，何必馬乎」！意爲只要

意義是「健」，不一定拘於以某一物爲譬。羝羊是羊之壯者，故羝羊亦可爲「大壯」。郭説非。

〔七〕「易」，平易、容易之意，與下「險難」對言。按，爻辭「喪羊於易」及旅卦上九爻辭「喪牛於

易」，據近人考證，爲商人先祖王亥，喪牛羊於有易之故事。山海經下載：「王亥託於有易河伯僕牛，有

易殺王亥取僕牛」。（參看古史辨第三册上篇，顧頡剛：周易卦爻辭中的故事）

〔八〕「能幹其任」，意爲能勝任其所負之事。校勘記：「古本『任』上有『所』字」。

〔九〕「遂」，往、進。

〔一〇〕「豫」，校勘記：「釋文：『猶與』，一本作『預』。按『與』『豫』之假借字，『預』又『豫』之俗字」。

〔一一〕「三」字，據閩監毛本校改。校勘記：「閩監毛本『一』作『三』」。按，上六應於三。 孔穎達疏亦

説：「但艱固其志，不拾於三，即得吉」正與注：「苟定其分，固志在（一）〇三」，以斯自處，則憂患消亡」義

三九〇

同。作「一」者誤，且於文義不可通。

晉

䷢坤下
離上

晉。康侯用錫馬蕃庶，晝日三接。

〈彖〉曰：晉，進也。明出地上，順而麗乎大明，柔進而上行。

凡言上行者，所〈以〉〈之〉〔一〕在貴也。

是以康侯用錫馬蕃庶，晝日三接。

順以著明，臣之道也；柔進而上行，物所與也，故得錫馬而蕃庶〔三〕。以訟受服，則終朝三褫；柔進受寵，則一晝三接也〔四〕。

康，美之名也〔二〕。

〈象〉曰：明出地上，晉。君子以自昭明德。

以〈顯〉〈順〉著明，自顯之道〔五〕。

初六，晉如摧如，貞吉。罔孚裕，无咎。

處順之初，應明之始，明順之德，於斯將隆。進明退順，不失其正，故曰「晉如摧〔六〕如」，「貞吉」也。處卦之始，功業未著，物未之信，故曰「罔孚」〔七〕。方踐卦始，未至履位，以此爲足，自喪其長〔八〕者也。故必裕〔九〕之，然後无咎。

象曰：晉如摧如，獨行正也；裕无咎，

未得履位，未受命也。

六二，晉如愁如，貞吉。受茲介福于其王母。

進而无應，其德不昭，故曰「晉如愁如」。居中得位，履順而正，不以无應而回其志，處晦能致其誠者

也〔二〇〕。脩德以斯〔間〕〔聞〕乎幽昧〔二一〕，得正之吉也，故曰「貞吉」。母者，處內而成德者也。鳴鶴在

陰，則其子和之〔二二〕，立誠於暗，暗亦應之，故其初愁如。履貞不回，則乃受茲大福于其王母也〔二三〕。

象曰：受茲介福，以中正也。

六三，衆允，悔亡。

處非其位，悔也。志在上行，與衆同儕，順而麗〔二四〕明，故得悔亡也。

象曰：衆允之，志上行也。

九四，晉如鼫鼠，貞厲。

履非其位，上承於五，下據三陰，履非其位。又負且乘，无業可安，志无所據，以斯爲進，正之厄

也〔二五〕。進如鼫鼠〔二六〕无所守也。

象曰：鼫鼠貞厲，位不當也。

六五，悔亡。失得勿恤。往，吉，无不利。

柔得尊位，陰爲明主，能不用〔柔〕〔察〕〔七〕不代下任也。

司，術斯以往〔八〕无不利也。

象曰：失得勿恤，往有慶也。

上九，晉其角，維用伐邑。厲，吉，无咎，貞吝。

處進之極，過明之中，明將夷焉〔九〕。已在乎角〔一0〕，而猶進之，非亢如何？失夫道化无爲之事〔一一〕，必須攻伐然後服邑。危乃得吉，吉乃无咎，用斯爲正，亦以賤矣。

象曰：維用伐邑，道未光也。

校　釋

〔一〕「之」字，據岳本等校改。校勘記：「岳本、宋本、古本、足利本『以』作『之』。按，噬嗑注皆作『所之在貴也』」。足證此文「以」字爲『之』字之誤。按「之」，往也，即行之之義。「晉」爲進，且爲「上行」，所以說「所之在貴也」，若作「以」，則文義不可通。

〔二〕「康」，爾雅釋詁：「樂也」「安也」，所以注說：「康，美之名也」。按，爻辭「康侯用錫馬蕃庶」據近人考證，爲周初衛康叔之故事。事已失載，推測其事可能爲，康叔時周王有賜馬，康侯善於畜牧，而用以蕃庶（參看古史辨第三册上篇，顧頡剛，周易卦爻辭中的故事）。

〔三〕「錫」同「賜」。「蕃庶」，衆多。

〔四〕「終朝三褫」，語見〈訟卦〉上九爻辭：「或錫之鞶帶，終朝三褫之」。注說：「以訟受錫，榮何可保？故終朝之間，褫帶者三也」。參看〈訟卦校釋〉〔三三〕。〈晉〉以「柔進受寵」，與以訟受錫相反，所以注說，一日之間接連三次受賞賜。

〔五〕「順」字，據岳本等校改。〈校勘記〉：「岳本、監毛本上『顯』字作『順』，古本下有『也』字。按，『順』字是也。正義可證」。按，當作「順」。上節注文說：「順以著明，臣之道也」，正與此注義同。〈晉〉卦下坤上離，坤爲順，離爲明。「以順著明」和「順以著明」，均爲釋此卦之義是以坤之順而附於離之明。初六注說：「處順之初，應明之始……」，也是此意。又，〈四部叢刊影印宋本及孔穎達疏引注文亦均作「順」。

〔六〕「摧」，〈釋文〉：「退也」。此句意爲，進退都吉利。

〔七〕「罔孚」，無信。孔穎達疏：「罔孚者，處卦之始，功業未著，未爲人所信服」。

〔八〕「長」，進。

〔九〕「裕」，寬裕。孔穎達疏：「宜寬裕其德，使功業弘廣」。

〔一〇〕「回」，曲。「不以无應而回其志」，意爲不以五无應於己而改變志向，別求它應。又，「回」字，〈校勘記〉：「古本誤作『曲』」。下『履貞不回』同」。「晦」，不顯。〈校勘記〉：「岳本『晦』作『悔』。

〔二〕「聞」字，據岳本等校改。〈校勘記〉：「岳本、宋本、古本、足利本『間』作『聞』。〈釋文〉出『聞乎』。又，〈釋文〉：「『聞』，亦作『文』，又作『交』，義並通」。按，當作「聞」。「聞乎」，有「及於」之義，此句意爲，六

二能以「不以无應而回其志」，處晦能致其誠」來修養自己的品德，甚至於幽昧獨居之時亦能如此。注：「立誠篤至，雖在闇

昧，物亦應之」。

〔一三〕語見〈中孚〉九二爻辭：「鳴鶴在陰，其子和之；我有好爵，吾與爾靡之」。

〔一三〕「王母」，大母，即祖母。〈爾雅·釋親〉：「父之考爲王父，父之妣爲王母」。

〔一四〕「麗」，附著。

〔一五〕「負」，指「上承於五」。「乘」，指「下據三陰」。「厄」，借爲「阨」，困塞。此句意爲，九四履非其

位，上下都不得安處，以此而進，正是走向困境。

〔一六〕「鼫鼠」，〈爾雅·釋獸〉注：「形大如鼠，頭如兔，尾有毛，青黄色」，好在田中食粟豆」。〈說文〉「五技

鼠也。能飛，不能過屋；能緣，不能窮木；能游，不能渡谷；能穴，不能掩身；能走，不能先人」。〈荀子·勸學

篇〉：「梧（鼫）鼠五技而窮」。蔡邕〈勸學篇〉：「鼫鼠五能，不成一伎術」。

〔一七〕「察」字，據〈四部叢刊〉影印宋本等校改。〈校勘記〉補：「毛本『柔』作『察』」。按，當作「察」。孔穎

達〈疏〉：「陰爲明主，能不自用其明，以事委任於下」，「明」正是「察」之義。又，〈老子〉四十九章〈王弼注〉：「物

有其宗，事有其主。如此，則可冕旒充目而不懼於欺，黈纊塞耳而无戚於慢。又何爲勞一身之聰明，以

察百姓之情哉」！義正與此同。

〔一八〕「術斯以往」意爲以此爲法而去做。

〔一九〕「夷」，平，引申爲喪失。「明將夷焉」，意爲此爻處離之最上爻，即將轉失。下一卦〈明夷〉卦即

離在下。

〔四〕「角」，孔穎達疏：「角，西南隅也」。按，觀注文：「已在乎角，而猶進之，非亢如何」之意，此「角」字，似爲頂點、極點之意。

〔五〕「道化无爲之事」，卽老子二十三章王弼注所謂：「道以無形無爲成濟萬物，故從事於道者，以無爲君，不言爲教」。又如，老子十七章王弼注所謂：「大人在上，居無爲之事，行不言之教，萬物作焉而不爲始，故下知有之而已」。

明夷

≡≡ 離下坤上 明夷。利艱貞。

象曰：明入地中，明夷。內文明而外柔順，以蒙大難，文王以之。利艱貞，晦其明也，內難而能正其志，箕子以之。

象曰：明入地中，明夷。君子以莅衆，

莅衆顯明，蔽僞百姓者也〔一〕。故以蒙養正，以明夷莅衆〔二〕。

用晦而明。

藏明於內，乃得明也；顯明於外，巧所辟也〔三〕。

初九，明夷于飛，垂其翼；君子于行，三日不食。有攸往，主人有言。

明夷之主，在於上六，上六爲至暗者也。初處卦之始，最遠於難也[四]。遠難過甚，明夷遠遯，絕跡匿形，不由軌路，故曰「明夷于飛」。懷懼而行，行不敢顯，故曰「垂其翼」也。尚義而行，君子于行[五]」也。志急於行，饑不遑食[五]，故曰「三日不食」也。殊類過甚，以斯適人，人必疑之，故曰「有攸往，主人有言」也。

象曰：君子于行，義不食也。

六二，明夷，夷于左股，用拯馬壯吉。

夷于左股，是行不能壯也[六]。以柔居中，用夷其明，進不殊類，退不近難，不見疑懼，順以則也[七]。故可用拯[八]馬而壯吉也。不垂其翼，然後乃免也[九]。

象曰：六二之吉，順以則也。

順之以則，故不見疑。

九三，明夷于南狩，得其大首，不可疾貞。

處下體之上，居文明之極[一〇]，上爲至晦，人地之物也。故夷其明以獲南狩，得大首也[一一]。南狩者，發其明也。既誅其主，將正其民。民之迷也，其日固已久矣，化宜以漸，不可速正，故曰「不可疾貞」。

象曰：南狩之志，乃大得也。

去暗主也。

六四，入于左腹，獲明夷之心，于出門庭。

左者，取其順也。入于左腹，得其心意，故雖近不危。隨〔二〕時辟難，門庭而已，能不逆忤也。

象曰：入于左腹，獲心意也。

六五，箕子之明夷，利貞。

最近於晦，與難爲比，險莫如茲。而在斯中，猶暗不能没，明不可息，正不憂危，故「利貞」也〔三〕。

象曰：箕子之貞，明不可息也。

上六，不明晦，初登于天，後入于地。

處明夷之極，是至晦者也。本其初也，在乎光照，轉至於晦，遂入于地。

象曰：初登于天，照四國也；後入于地，失則也。

校　釋

〔一〕「莅」，臨。「莅衆」，指統治百姓。「蒞」，敗，有喪失之意，如老子六十五章王弼注「蒞其朴也」中「蒞」之義。校勘記：「釋文：『蒞』，本或作『弊』」。「蒞僞百姓者也」，使百姓蒞僞。此句意爲，以智慧統治百姓，反而使百姓喪失朴實，變得詐僞。如老子十八章王弼注「行術用明，以察奸僞，趣覩形見，

物知避之。故智慧出則大僞生也」。

〔二〕「夷」，平，傷。「明夷」，喪失其明、藏其明、晦其明之意。「以蒙養正」，蒙卦卦辭注：「夫明莫若聖，昧莫若蒙，蒙以養正，乃聖功也」。「以明夷莅衆」，即如老子四十九章王弼注所謂聖人「冕旒充目」、「黈纊塞耳」，不勞聰明，不用智慧以治百姓之意。

〔三〕「巧所辟也」，校勘記：「古本、足利本『巧』作『乃』。」闓本、明監本『辟』作『避』」。按，「辟」，通「避」。四部叢刊影印宋本『巧』亦作『乃』。『巧』、『乃』於此義均可通，然以作『巧』於義爲長。如老子六十五章王弼注：「……復以巧術防民之僞，民知其術，(防隨)〔隨防〕而避之」。義正與此同。

〔四〕「初處卦之始，最遠於難也」，校勘記：「古本『初』下有『九』字『也』上有『者』字」。

〔五〕「遑」，暇。「饑不遑食」，意爲因急於行，故雖饑餓，也無暇去進食。

〔六〕「夷于左股」，意爲左腿受傷。「是」，校勘記：「岳本、宋本、古本、足利本『是』作『示』」釋文出『示行』。按，「是」、「示」於此義均可通。然以作「示」義較長。「示」爲表示、現示之意。

〔七〕「懦」，說文：「忌難也」。「不見疑懦」，意爲六二「以柔居中，用夷其明」，所以不爲他人所疑忌。

〔八〕「拯」，孔穎達疏爲「濟」。焦循周易補疏：「正義於艮六二『不拯其隨』，解『拯』爲『舉』；於渙初六『用拯馬壯吉』，解『拯』爲『救』；於此則以爲『拯濟』。王氏注於初九云：「懷懦而行，行不敢顯，故曰垂其翼」，又云：「殊類過甚，以斯適人，人必疑之」。此注云：「進不殊類，不見疑懦」，明與初九相反，則『拯』

〔九〕「順以則也」，意爲以順爲法則。

與『垂』相反。『垂』向下,『拯』則舉而向上。故以『不垂其翼』解『拯』。……『拯人于溺』,亦可爲『濟』,然『拯馬』則猶云升馬、策馬而進之,不可言『濟』。

〔九〕 「然後乃免也」,《校勘記》:「《釋文》:『然後而免也』一作『然後乃獲免也』。古本『乃』作『獲』」。

〔一○〕 「文明之極」,明夷卦下卦爲離,離象明,九三是下卦離卦的最上一爻,所以說:「居文明之極」。

〔一一〕 「南狩」,離爲南方之卦,又爲文明之象,所以孔穎達疏:「南方文明之所」。「狩」,獵。孔穎達疏:「狩者,征伐之類」。「南狩」,即向南方征伐。「大首」,此處指明夷卦之主上六。

〔一二〕 「隨」,《校勘記》:「岳本、宋本、古本、足利本『隨』作『雖』」。

〔一三〕 「正不憂危」,意爲行爲正直不愁有危險。按《文辭》「箕子之明夷」,據近人考證,爲殷紂時箕子之故事。殷紂暴虐,箕子被髮佯狂,藏其明以自保,所以說「箕子之明夷」。王弼注似不取此事。焦循《周易補疏》:「《釋文》:蜀才『箕』作『其』。劉向云:今易『箕子』作『荄滋』。……《漢書‧儒林傳》蜀人趙賓(附於孟喜傳):……以爲『箕子明夷』,陰陽氣亡箕子。箕子者,萬物方荄滋也。古字『箕』通『其』,『子』通『滋』(《釋名》:『子,滋也』)『滋』通『茲』。王氏讀『箕子』爲『其茲』,故云:『險莫如茲,而在斯中』。以『茲』字解『子』字,以『斯』字解『其』字。若曰『其茲之明夷』,『猶暗不能没,明不可息,正不憂危,故利貞也』。用一『猶』字爲『其茲』二字作轉。謂明之傷夷如茲,而猶利貞也。推王注之意,絶不以爲近殷紂之箕子』。焦説穿鑿,不盡合王弼注文之意,僅備參考。

家人

☲☴ 離下 家人。利女貞。
巽上

家人之義，各自脩一家之道，不能知家外他人之事也。統而論之，非元亨利君子之貞，故利女貞。其正在家內而已。

彖曰：家人，女正位乎內，

謂二也。

男正位乎外。

謂五也。家人之義，以內爲本，故先説女也。

男女正，天地之大義也。家人有嚴君焉，父母之謂也。父父、子子、兄兄、弟弟、夫夫、婦婦而家道正。正家而天下定矣！

象曰：風自火出，家人。

由內以相成，熾〔一〕也。

君子以言有物而行有恆。

家人之道，脩於近小而不妄也。故君子以言必有物，而口无擇言；行必有恒，而身无擇行〔二〕。

初九，閑有家，悔亡。

凡教在初，而法在始。家瀆而後嚴之，志變而後治之，則悔矣〔二〕。處家人之初，爲家人之始，故宜必以閑有家，然後悔亡也〔四〕。

象曰：閑有家，志未變也。

六二，无攸遂，在中饋，貞吉。

居內處中，履得其位，以陰應陽，盡婦人之正義。无所必遂，職乎中饋〔五〕，巽順而已，是以貞吉也。

象曰：六二之吉，順以巽也。

九三，家人嗃嗃，悔厲，吉。婦子嘻嘻，終吝。

以陽處陽〔六〕，剛嚴者也。處下體之極，爲一家之長者也。行與其慢，寧過乎恭〔七〕；家與其瀆，寧過乎嚴，是以家人雖嗃嗃，悔厲，猶得其道〔八〕；婦子嘻嘻，乃失其節也〔九〕。

象曰：家人嗃嗃，未失也；婦子嘻嘻，失家節也。

六四，富家，大吉。

能以其富順而處位，故「大吉」也。若但能富其家，何足爲大吉？體柔居巽，履得其位，明於家道，以近至尊，能富其家也。

象曰：富家大吉，順在位也。

王弼集校釋

四〇二

九五，王假有家，勿恤，吉。

假，至也。履正而應，處尊體巽，王至斯道以有其家者也。居於尊位，而明於家道，則下莫不化矣。父
父、子子、兄兄、弟弟、夫夫、婦婦、六親和睦，交相愛樂，而家道正。正家而天下定矣。故王假有家，
則勿恤〔一〇〕而吉。

象曰：王假有家，交相愛也。

上九，有孚，威如，終吉。

處家人之終，居家道之成，刑于寡妻〔一一〕，以著于外者也，故曰「有孚」。凡物以猛爲本者，則患在寡
恩，以愛爲本者，則患在寡威。故家人之道，尚威嚴也。家道可終，唯信與威，身得威敬，人亦如之。
反之於身，則知施於人也。

象曰：威如之吉，反身之謂也。

校　釋

〔一〕「熾」，盛。家人卦巽上離下，巽爲風，離爲火。孔穎達疏：「巽在離外，是風從火出。火出之
初，因風方熾；火既炎盛，還復生風，內外相成，有似家人之義」。

〔二〕「擇」，別。此句意爲，君子之言行必定是可以遵循的，而沒有別的言行。

〔三〕「瀆」借爲「黷」，《說文》：「黷，握持垢也」，濁亂之意。「則悔矣」《校勘記》：「古本作『則悔成矣』，

足利本作『則悔生矣』。

〔四〕「閑」，説文：「闌也，從門，中有木」，引申爲防、禦等義。此句意爲，必須防禦家中的潰亂和志

變，然後可以無悔吝。

〔五〕「遂」，進、往。「无所必遂」，意爲婦人之道在於「應陽」、「巽順而已」，所以没有獨自必定要行

之事。「職」，主。「中饋」，指婦女。「中」，指家中；「饋」，做飯。孔穎達疏：「職主在於家中饋食供祭

而已」。

〔六〕「以陽處陽」之「處」，集解本作「居」。

〔七〕「慢」，懈怠。「恭」，肅敬。集解本于「慢」字下、「瀆」字下，均有一「也」字。

〔八〕「嗃嗃」，説文：「嚴酷貌」，嚴肅之意。「猶得其道」，校勘記：「集解作『猶得吉也』，古本無『猶』

字」。

〔九〕「嘻嘻」，孔穎達疏：「喜笑之貌也」。「乃失其節」，集解本作「失家節也」。

〔一〇〕「恤」，憂。

〔一一〕「刑于寡妻」，語出詩經大雅思齊：「刑于寡妻，至于兄弟，以御家邦」。意爲，治家要嚴，首先

要從嫡妻身上做起，然後才能推廣到兄弟，以至于一國。

睽

三三 兑下離上 睽。小事吉。

彖曰：睽，火動而上，澤動而下。二女同居，其志不同行。説而麗乎明，柔進而上行，得中而應乎剛，是以小事吉。

天地睽而其事同也，男女睽而其志通也，萬物睽而其事類也。睽之時用大矣哉。

事皆相違，害之道也〔一〕。何由得小事吉？以有此三德也〔二〕。

象曰：上火下澤，睽。君子以同而異。

睽離之時，非小人之所能用也。

同於通理，異於職事〔三〕。

初九，悔亡。喪馬，勿逐，自復。見惡人，无咎。

處睽之初，居下體之下，无應獨立，悔也。與(人)〔四〕〔四〕合志，故得悔亡。馬者，必顯之物〔五〕。處物之始，乖而喪其馬，物莫能同，其私必相顯也，故勿逐而自復也。時方乖離，而位乎窮下，上无應可援，下无權可恃，顯德自異，爲惡所害，故見惡人乃得免咎也〔六〕。

象曰：見惡人，以辟咎也。

九二，遇主于巷，无咎。

處睽失位，將无所安。然五亦失位，俱求其黨，出門同趣，不期而遇，故曰「遇主于巷」也。處睽得援，

雖失其位，未失道也。

象曰：遇主于巷，未失道也。

六三，見輿曳，其牛掣。其人天且劓，无初有終。

凡物近而不相得，則凶。處睽之時，履非其位，以陰居陽，以柔乘剛，志在於上，而不和於四，二應於五，則近而不相比，故「見輿曳」〔七〕。輿曳者，履非其位，失所載也。「其牛掣」〔八〕者，滯隔所在，不獲進也。「其人天且劓」者〔九〕，四從上取，二從下取，而應在上九，執志不回，初雖受困，終獲剛助。

象曰：見輿曳，位不當也；无初有終，遇剛也。

九四，睽孤，遇元夫。交孚，厲，无咎。

无應獨處，五自應二，三與己睽，故曰「睽孤」也。初亦无應特立。處睽之時，俱在獨立，同處體下，同志者也。而己失位，比於三五，皆與己乖，處无所安，故求其疇類〔一〇〕而自託焉，故曰「遇元夫」〔一一〕也。同志相得而无疑焉，故曰「交孚」也。雖在乖隔，志故得行〔一二〕，故雖危无咎。

象曰：交孚无咎，志行也。

六五，悔亡。厥宗噬膚。往，何咎？

非位，悔也，有應故亡〔一三〕。厥宗〔一四〕，謂二也。噬膚者，齧柔也〔一五〕。三雖比二，二之所噬，非妨己應者也。以斯而往，何咎之有？往必合也〔一六〕。

象曰：厥宗噬膚，往有慶也。

上九，睽孤。見豕負塗，載鬼一車，先張之弧，後說之弧。匪寇婚媾。往，遇雨則吉。

處睽之極，睽道未通，故曰「睽孤」。已居炎極，三居澤盛〔一七〕，以文明之極，而觀至穢之物〔一八〕，睽之甚也。豕(失)〔一九〕而〔二〇〕負塗，穢莫過焉。至睽將合，至殊將通〔二一〕，恢詭譎怪，道將為一〔二二〕。未至於治，先見殊怪，甚可穢也。故〔二三〕見豕負塗，見鬼盈車，吁〔二四〕可怪也。先張之弧，將攻害也；後說〔二五〕之弧，睽怪通也。四剛〔二六〕其應，故為寇也。睽志將通，匪寇婚媾〔二七〕，往不失時，睽疑亡也。貴於遇雨，和陰陽也。陰陽既和，群疑亡也〔二八〕。

象曰：遇雨之吉，群疑亡也。

校釋

〔一〕此句為釋睽卦之義。「睽」，乖異、分離之意。睽卦兌下離上，兌為澤，離為火，不能相交互濟，所以說：「事皆相違」。

〔二〕「三德」，指彖辭中所說之「說(悅)而麗乎明」、「柔進而上行」、「得中而應乎剛」三德。

〔三〕此句之意，孔穎達疏：「佐王(或作「主」)治民，其意則同；各有司存，職掌則異」。

〔四〕「四」字，據岳本等校改。校勘記：「岳本、宋本、古本、足利本『人』作『四』。按當作「四」。孔

頴達疏：「四亦處下，無應獨立，不乖於己，與己合志」可爲證。

〔五〕「馬者，必顯之物」，校勘記：「古本下有『也』字。　釋文：『必顯』，一本作『必類』，下『相顯』亦然」。「顯」顯露。孔穎達疏：「馬之爲物，難可隱藏」。

〔六〕此句文義不明。既言：「顯德自異，爲惡所害」；又言：「故見惡人乃得免咎也」前後似有矛盾。孔穎達疏：「見謂遜接之也」。又，象辭疏：「惡人不應與之相見，而遜接之者，以辟（避）咎也」。按，若據孔疏，則注文之意似謂，惡人勢在必見，若己「顯德自異」而不相見，則將「爲惡所害」，如能謹慎、謙遜與之相見，則反可免去咎害。

〔七〕「曳」去，失。

〔八〕「掣」牽止不進。

〔九〕「天」、「劓」兩種刑名。「天」，釋文：「天，劓也。」馬云：剠鑿其額曰天」即在額上施墨刑。「劓」，割鼻之刑。額在上，鼻在下，所以下文說：「四從上取」二從下取」。

〔10〕「疇」匹。

〔11〕「元」初。「元夫」指初九。　孔穎達疏：「處於卦始，故云元也。初、四俱陽，而言夫者，蓋是丈夫之夫，非夫婦之夫也」。

〔12〕「志故得行」之「故」通「固」固然之辭。

〔13〕「有應故亡」，校勘記：「古本、足利本『亡』上有『悔』字。按集解有『悔』字，正義本同」。

〔一四〕「厥」同「其」。「宗」主。

〔一五〕「噬膚者，齧柔也」，此處指二噬三。孔穎達疏：「三是陰爻，故以膚爲譬，言柔脆也」。參看噬嗑卦六二爻辭注。

〔一六〕「往必合也」，集解本作：「往必見合，故有慶也」。

〔一七〕睽卦上離下兌，離爲火，兌爲澤。上九爲上卦離的最後一爻，六三是下卦兌的最後一爻，所以注說：「已居炎極，三居澤盛」。

〔一八〕「文明之極」，指上九處離卦（文明）之極。「至穢之物」，指「豕負塗」，即沾了一身泥的豬。

〔一九〕「而」字，據岳本等校改。校勘記：「岳本、錢本、宋本、古本『失』作『而』。監毛本作『之』。足利本作『也』。按『而』是」。按，據上下文義，當作「而」。孔穎達疏亦作「豕而負塗泥」可證。

〔二〇〕「至睽將合」，「至殊將通」，意爲乖異、殊別到了極點，則將走向其反面而合之、通之。有「物極必反」之意。

〔二一〕「恢」，寬大。「詭」，奇變。「譎」，矯詐。「怪」，妖異。「恢、詭、譎、怪，道將爲一」語出莊子齊物論：「物固有所然，物固有所可；無物不然，無物不可。故爲是舉莛與楹，厲與西施，恢、詭、譎、怪，道通爲一」。此處王弼改「道通爲一」爲「道將爲一」，與莊子原意略有不同。他不是簡單地「齊萬物而爲一」，否定事物差別的相對主義，而是說，事物如果到了「至睽」、「至殊」，則道將爲之「通」、「合」，而達於「治」。

〔二一〕「未至於治,先見殊怪」,校勘記:「岳本、錢本、宋本、足利本『治』作『洽』。古本『治先』作『合志』,一本『治』作『合志』二字」。

〔二二〕校勘記:「古本『故』下有『日』字」。

〔二三〕「吁」,説文:「驚也」。

〔二四〕「説」借爲「脱」。

〔二五〕「弧」,弓。

〔二六〕「剠」,校勘記:「錢本、宋本、古本『剠』作『刺』。釋文出『四剠』」。「四剠其應」,指九四傷害六三,因六三爲上九之應。

〔二七〕「匪」,同「非」。「匪寇婚媾」,意爲若非寇賊(指九四)阻隔,六三早已來與上九相應。

〔二八〕「羣疑」,指見豕,見鬼等。

蹇

艮下坎上

蹇。利西南,不利東北,
　西南,地也;東北,山也。以難之平〔一〕,則難解;以難之山,則道窮。
利見大人。
　往則濟也。

貞吉。

爻皆當位，各履其正，居難履正，正邦之道也。正道未否，難由正濟，故「貞吉」也。遇難失正，吉可得乎〔二〕？

象曰：蹇，難也，險在前也。見險而能止，知矣哉！蹇利西南，往得中也；不利東北，其道窮也；利見大人，往有功也；當位貞吉，以正邦也。蹇之時用大矣哉！

蹇難之時，非小人之所能用也。

象曰：山上有水，蹇。

山上有水，蹇難之象〔三〕。

君子以反身脩德。

除難莫若反身脩德〔四〕。

初六，往蹇，來譽。

處難之始，居止之初，獨見前識〔五〕，覩險而止，以待其時，知矣哉！故往則遇蹇，來則得譽。

象曰：往蹇來譽，宜待也。

六二，王臣蹇蹇，匪躬之故。

處難之〔六〕時，履當其位，居不失中，以應於五。不以五在難中，私身遠害，執心不回，志匡〔七〕王室者

也，故曰「王臣蹇蹇」，匪躬之故〔八〕。履中行義，以存其上〔九〕，處蹇以（比）〔此〕，未見其尤也〔一〇〕。

象曰：王臣蹇蹇，終无尤也。

九三，往蹇，來反。

進則入險，來則得位，故曰「往蹇，來反」〔一一〕。爲下卦之主，是内之所恃也。

象曰：往蹇，來反，内喜之也。

六四，往蹇，來連。

往則无應，來則乘剛，往來皆難，故曰「往蹇，來連」〔一二〕。得位履正，當其本實，雖遇於難，非妄所招也。

象曰：往蹇，來連，當位實也。

九五，大蹇，朋來。

處難之時，獨在險中，難之大者也，故曰「大蹇」。然居不失正，履不失中，執德之長，不改其節。如此，則同志者集而至矣，故曰「朋來」也。

象曰：大蹇，朋來，以中節也。

上六，往蹇，來碩，吉。利見大人。

往則長難，來則難終，難終則衆難皆濟，志大得矣，故曰「往蹇，來碩，吉」〔一三〕。險夷難解，大道可與，

故曰「利見大人」也。

象曰：往蹇來碩，志在內也；

有應在內，往則失之〔四〕，來則志獲，志在內也。

利見大人，以從貴也。

校釋

〔一〕「難」，釋「蹇」。蹇卦是險難之意。「之」，往。

〔二〕「吉可得乎」，校勘記：「古本『吉』下有『何』字。一本作『吉何可得也』。」足利本上有『何』字。

〔三〕蹇卦艮下坎上，艮爲山，坎爲水，所以說：「山上有水」。

〔四〕「反身脩德」之「反」，郭京周易舉正作「正」字。並說：「經、注『正』字並誤作『反』字。且博聞強識而讓敦，善行而不怠謂之君子。既成君子之名，若反君子之身，則是小人之道。曰：『難由正濟』，又曰：『遇難失正，吉可得乎』，足明『反身』之義乖矣。」孔穎達疏引陸績說：「水本應在山下，令在山上，終應反下，故曰『反身』。處難之世，不可以行，只可反自省察，修己德用，乃除難」。此則釋「反」爲「反身而誠」之「反」。按，孔疏是。

〔五〕「居止之初」，蹇卦下卦爲艮，艮有止義，故云。「前識」，老子三十八章王弼注：「前識者，前人而識也」。「獨見前識」，意爲有過人之見識，先人之見識。

〔六〕「處難之時」之「之」字，校勘記：「錢本、宋本、古本『之』作『窮』」。按，四部叢刊影印宋本作「之」。

〔七〕「匡」，正。

〔八〕「王臣蹇蹇」，「王」指九五，「臣」指六二，兩者均處於難，而六二「志匡王室」，這是以難濟難，所以說是「蹇蹇」。「匪」同「非」。「躬」，己。「匪躬之故」，意爲不因自己也有難，而不去濟君王之難。

〔九〕「以存其上」，郭京周易舉正作「以存其正」。並說：「疏云『六二是五之臣，往應于五，履正居中，志匡王室，能涉蹇難，而往濟蹇』。……觀疏尋義，誤亦可知。」

〔一〇〕「此」字，據四部叢刊影印宋本等校改。校勘記補：「毛本『比』作『此』。」按，當作「此」。「此」指「履中行義，以存其上」。若作「比」則文義不可通。「尤」害。

〔一一〕「往蹇來反」之「反」，郭京周易舉正作「正」。並說：「經、注、象三『正』字，並誤作『反』字。此爻辭注：『爻皆當位，各履其正』，又六四注：『得位履正』當其本實」，九五注：『居不失正』。據四節『正』字義，足明三處『反』字誤也。」

〔一二〕「連」，孔穎達疏引馬融說：「連」亦難也」，又引鄭玄說：「遲久之意」。按，王弼注明言「往來皆難，故曰往蹇來連」，是亦以「連」爲「難」也。

〔一三〕「碩」，大。

〔一四〕「往則失之」，校勘記：「錢本、宋本、古本作『往之則失』」。按，四部叢刊影印宋本作「往則

失之」。

解

三三坎下震上解。利西南。

西南，衆也。解〔一〕難濟險，利施於衆。遇難不困于東北，故不言不利東北也〔二〕。

无所往，其來復，吉；有攸往，夙吉。

未有善於解難，而迷於處安也。解之爲義，解難而濟厄者也〔三〕。无難可往，以解來復，則不失中；有難而往，則以速爲吉者〔四〕。无難則能復其中，有難則能濟其厄也。

象曰：解，險以動，動而免乎險，解。

動乎險外，故謂之免；免險則解，故謂之解。

解，利西南，往得衆也；其來復吉，乃得中也；有攸往夙吉，往有功也。天地解而雷雨作，雷雨作而百果草木皆甲坼。

天地否結〔五〕，則雷雨不作；交通感散，雷雨乃作也。雷雨之作，則險厄者亨，否結者散，故百果草木皆甲坼也〔六〕。

解之時大矣哉！

无圻而不釋也〔七〕。難解之時，非治難時，故不言用。體盡於解之名，无有幽隱，故不曰義〔八〕。

象曰：雷雨作，解。　君子以赦過宥罪。

初六，无咎。

解者，解也〔九〕。屯難盤結，於是乎解也。處難始解之初，在剛柔始散之際，將赦罪厄，以夷其險，處此之時，不煩於位而无咎也〔一〇〕。

象曰：剛柔之際，義无咎也。

或有過咎，非其理也〔一一〕。義，猶理也。

九二，田獲三狐，得黄矢，貞吉。

狐者，隱伏之物也。剛中而應，爲五所任，處於險中，知險之情，以斯解物，能獲隱伏也〔一二〕。故曰「田獲三狐」也。黄，理中之稱也。矢，直也。田而獲三狐，得乎理中之道〔一三〕，不失枉直之實，能全其正者也，故曰「田獲三狐，得黄矢，貞吉」也。

象曰：九二貞吉，得中道也。

六三，負且乘，致寇至，貞吝。

處非其位，履非其正，以附於四，用夫柔邪以自媚者也。乘二負四，以容其（爲）〔身〕〔一四〕。寇之來也，自己所致，雖幸而免，正之所賤也〔一五〕。

象曰：負且乘，亦可醜也；自我致戎，又誰咎也。

九四，解而拇，朋至斯孚。

失位不正，而比於三，故三得附之爲其拇也〔二六〕。三爲之拇，則失初之應，故解其拇，然後朋至而

信矣〔二七〕。

象曰：解而拇，未當位也。

六五，君子維有解，吉。有孚于小人。

居尊履中，而應乎剛，可以有解而獲吉矣。以君子之道解難釋險，小人雖暗，猶知服之而无怨矣，故

曰「有孚于小人」也〔二八〕。

象曰：君子有解，小人退也。

上六，公用射隼于高墉之上，獲之，无不利。

初爲四應，二爲五應，三不應上，失位負乘。處下體之上，故曰高墉〔二九〕。墉非隼〔三〇〕之所處，高非三

之所履，上六居動之上，爲解之極，將解荒悖而除穢亂者也〔三一〕。故用射之。極（則）〔而〕〔三二〕後動，成而

後舉，故必獲之而无不利也。

象曰：公用射隼，以解悖也。

校釋

〔一〕「解」，解卦含有二義：一指解除險難，一指舒緩。孔穎達疏：「物情舒緩，故爲解也」。

〔二〕「遇難不困于東北」，校勘記：「岳本、閩監毛本『遇難』作『也』、『亦』（『也』字屬上句），宋本同，然『困』作『因』。」「不利東北」，語見蹇卦卦辭：「蹇利西南，不利東北。」

〔三〕「解難而濟厄者也」，校勘記：「十行本『難』字闕，古本、足利本『厄』作『危』，下做此。」釋文：「厄』，或作『危』。

〔四〕「者」，校勘記：「岳本、宋本、古本、足利本『者』作『也』」。

〔五〕「否結」，閉塞。

〔六〕「甲」，孚甲，即動物之卵、植物之蕾。「坼」，裂。「甲坼」，意爲百果草木都放苞。

〔七〕「无坼而不釋也」，校勘記：「按『坼』當作『坼』。毛本作『所』，非也」。按，四部叢刊影印宋本及集解本均作「所」。據文義，似以作「所」字爲長。「所」，處所。「不釋」之「釋」，卽解裂之意，亦卽「坼」之意。此句意爲，難解之時，無處不解。注文爲感歎解卦意義之偉大。若作「坼」雖亦可通，然與「釋」字義重。

〔八〕「非治難時」、「故曰不義」下，羅振玉校本均有一「也」字。集解本於「盡於解之名」、「故曰不義」下，均有一「也」字。

〔九〕「解者，解也」，郭京周易舉正作：「解者，解散也」。

〔一〇〕「處此之時」，羅振玉校本作「處此時也」。「煩」亂。「无咎也」，羅振玉校本於「咎」下有一「者」字。

〔一一〕「過」，釋文出「遇」字，並説：「『遇』或作『過』。」又説：「一本無『或有過咎，非其理也』八字」。校勘記：「古本亦無此八字」。

〔一二〕「能獲隱伏也」，羅振玉校本於「伏」下有一「者」字。

〔一三〕「得乎理中之道」，「乎」字羅振玉校本作「于」。

〔一四〕「身」字，據四部叢刊影印宋本及羅振玉校本校改。校勘記補：「毛本『爲』作『身』」。按，當作「身」，且「以容其身」爲句。意爲，六三乘於九二而負於四，以容納己身。

〔一五〕「正之所賤也」，羅振玉校本無「也」字。

〔一六〕「拇」，大足指。

〔一七〕「朋」，指初六。「然後朋至而信矣」，集解本作「然後朋至，斯孚而信矣」。又，羅振玉校本「矣」作「也」。

〔一八〕「故曰有孚于小人也」，羅振玉校本無「也」字。

〔一九〕「墉」，牆。「故曰高墉」下，羅振玉校本有一「也」字。

〔二〇〕「隼」，説文：「祝鳩也」。孔穎達疏：「隼者，貪殘之鳥，鷂鸇之屬」。

〔二〕解卦上卦爲震，象動，所以說：「上六居動之上」。「荒悖」「荒」當讀若詩經周頌：「天作高山，大王荒之」之「荒」，意爲「大」。「悖」逆。孔穎達疏：「六三失位負乘，不應於上，是悖逆之人也。上六居動之上，能除解六三之荒悖」。「穢亂」，亦指六三。又「故用射之」下，羅振玉校本有一「也」字。

〔三〕「而」字，據岳本等校改。校勘記：「岳本、監毛本『則』作『而』。孔穎達疏亦作『而』。正義可證」。按，四部叢刊影印宋本及羅振玉校本均作「而」，孔穎達疏亦作「而」。「極而後動，成而後舉」兩句，正相對應。

損

三三（艮上兌下）　損。

有孚，元吉，无咎，可貞，利有攸往。曷之用？二簋可用享。

象曰：損，損下益上，其道上行。

艮爲陽，兌爲陰，凡陰順於陽者也。陽止於上，陰說而順，損下益上，上行之義也〔一〕。

損而有孚，元吉，无咎，可貞，利有攸往。

損之爲道，損下益上，損剛益柔也〔二〕。損下益上，非補不足也，損剛益柔，非長君子之道也〔三〕。

損而可以獲吉，其唯有孚乎！損而有孚，則元吉，无咎，而可正，利有攸往矣〔四〕。損剛益柔，不以消剛，損下益上，不以盈上。損剛而不爲邪〔五〕，益上而不爲諂，則何咎而可正？雖不能拯濟大難，以斯

有往[六]，物无距也。

曷之用？

曷，辭也。曷之用，言何用豐爲也[七]。

二簋可用享。

二簋，質薄之器也[八]。行損以信，雖二簋而可用享。

二簋應有時，

至約之道，不可常也[九]。

損剛益柔有時，

下不敢剛，貴於上行，損剛益柔之謂也。剛爲德長，損之不可以爲常也。

損益盈虛，與時偕行。

自然之質，各定其分，短者不爲不足，長者不爲有餘，損益將何加焉[一0]？非道之常，故必與時偕

行也[一二]。

象曰：山下有澤，損。

山下有澤，損之象也[一三]。

君子以懲忿窒欲。

可損之善，莫善於、欲也〔二三〕。

初九，已事遄往，无咎，酌損之。

損之爲道，損下益上，損剛益柔，以應其時者也。居於下極，損剛奉柔，則不可以逸；處損之始，則不可以盈。事已則往，不敢宴安〔二四〕，乃獲无咎也。剛以奉柔，雖免乎咎，猶未親也，故既獲无咎〔二五〕，復自酌損，乃得合志也。遄，速也。

象曰：已事遄往，尚合志也。

尚合於志〔二六〕，故速往也。

九二，利貞，征凶。弗損，益之。

柔〔下〕〔二七〕不可以全益，剛不可以全削，下不可以无正。初九已損剛以順柔，九二履中，而復損己以益柔，則剝道成焉，故不可遄往〔二八〕，而利貞也。進之於柔，則凶矣，故曰「征凶」也。故九二不損而務益，以中爲志也。

象曰：九二利貞，中以爲志也。

六三，三人行，則損一人；一人行，則得其友。

損之爲道，損下益上，其道上行。三人，謂自六三已〔三〇〕上三陰也。三陰並行，以承於上，則上失其友，內无其主，名之曰益，其實乃損〔三一〕。故天地相應，乃得化醇；男女匹配，乃得化生〔三二〕。陰陽不

對，生可得乎？故六三獨行，乃得其友，二陰俱行，則必疑矣〔二三〕。

象曰：一人行，三則疑也。

六四，損其疾，使遄有喜，无咎。

象曰：損其疾，亦可喜也。

履得其位，以柔納剛，能損其疾也〔二四〕。疾何可久，故速乃有喜〔二五〕。損疾以離其咎，有喜乃免，故使速乃有喜〔二六〕。有喜乃无咎也。

六五，或益之，十朋之龜，弗克違，元吉。

象曰：六五元吉，自上祐也。

以柔居尊，而爲損道，江海處下，百谷歸之〔二七〕。履尊以損，則或益之矣〔二八〕。朋，黨也。龜者，決疑之物也。陰非先唱，柔非自任，尊以自居，損以守之。故人用其力，事竭其功〔二九〕，智者慮能，明者慮策〔三〇〕。弗能違也，則衆才之用〔事〕〔盡〕矣〔三一〕。獲益而得十朋之龜，足以盡天人之助也〔三二〕。

上九，弗損，益之，无咎，貞吉，利有攸往。得臣无家。

象曰：弗損，益之，无咎，貞吉，利有攸往。得臣无家。

處損之終，上无所奉，損終反益，剛德不損〔三三〕，乃反益之，而不憂於咎。用正而吉，不制〔三四〕於柔，剛德遂長，故曰「弗損益之，无咎，貞吉，利有攸往」也。居上乘柔，處損之極，尚夫剛德，爲物所歸，故曰「得臣」。「得臣」則天下爲一，故「无家」也。

象曰：弗損益之，大得志也。

校釋

〔一〕此節注文釋損卦之義爲「損下益上」。釋文：「損，省減之義也。」又訓失，序卦云：『損必有所失』是也。」又，「陰説（悦）而順」下，羅振玉校本有一「之」字。

〔二〕「損之爲道」之「道」字，羅振玉校本作「義」。「損剛益柔也」，羅振玉校本於「柔」下有一「者」字。

〔三〕「非補不足也」之「足」下，「非長君子之道也」之「道」下，羅振玉校本並有一「者」字。

〔四〕「利有攸往矣」，羅振玉校本無「有」字。

〔五〕「損剛而不爲邪」，羅振玉校本「損剛」作「剛損」。

〔六〕「以斯有往」之「有」字，羅振玉校本作「而」。「物无距也」，羅振玉校本於「距」下有一「矣」字。

〔七〕「豐」，盛。此句意爲，處損之時祭享當用儉約，不用豐盛。

〔八〕「簋」，盛黍稷之器。

〔九〕「約」，儉約。此句孔穎達疏：「申明二簋之禮不可爲常。二簋至約，惟在損時應時行之，非時不可也」。

〔10〕參看老子二十章王弼注：「夫燕雀有匹，鳩鴿有仇，寒鄉之民，必知旃裘。自然已足，益之則

憂。故續鳧之足，何異截鶴之脛。

〔一一〕「故必與時偕行也」，羅振玉校本無「也」字。

〔一二〕損卦艮上兑下，艮爲山，兑爲澤，所以説：「山下有澤」。「損之象也」，羅振玉校本無「也」字。校勘記：「古本、足利本『善』下有

『損』字。

〔一三〕「忿」，怒、怨恨。「莫善忿、欲也」，羅振玉校本無「也」字。

按，此句爲釋象辭「懲忿窒欲」之意，有「損」字於義較長。

〔一四〕「已」，竟。「事已」事情已完成。「敢」，校勘記：「岳本、古本、足利本『敢』作『可』」。

〔一五〕「故既獲无咎」之「既」字，羅振玉校本作「能」。

〔一六〕「尚合於志」，羅振玉校本作「尚於合志」。

〔一七〕「不」字，據岳本等校改。校勘記：「『下』『不』之誤。岳本、閩監毛本不誤。古本『全』上並有

『以』字」。

〔一八〕羅振玉校本此句正作「柔不可以全益」。

損卦之象爲䷨，初九既已損剛益柔，若九二再損剛益柔，則將成爲䷖（剝卦），所以注説：

復損己以益柔，則剝道成焉」。「遄」，説文：「往來數也」。爾雅釋詁：「速也」又「疾也」。

〔一九〕「故九二不損而務益，以中爲志也」，羅振玉校本無「故」字「也」字作「者」。

〔二○〕「已」以。校勘記：「釋文出『以上』。按『以』、『已』古通」。

〔二一〕「其實乃損」下，羅振玉校本有一「也」字。

〔二二〕「已」以。

〔二三〕語本繫辭下：「天地絪緼，萬物化醇，男女構精，萬物化生」。「醇」，精純。校勘記：「宋本、古

本、足利本『醇』作『淳』，疏同。釋文出『化淳』。

〔三三〕『二陰俱行』之『二』，羅振玉校本作『三』，並説作『二』者誤。按，據孔穎達疏：『若與二陰並己

俱行』，則當作『二』。作『二』或『三』，於義皆可通。

〔三四〕『能損其疾也』，羅振玉校本於『疾』下有一『者』字。

〔三五〕『故速乃有喜』下，羅振玉校本有一『也』字。

〔三六〕『故使速乃有喜』，羅振玉校本無『使』字。

〔三七〕『江海處下，百谷歸之』，語本老子。如老子三十二章：『譬道之在天下，猶川谷之於江海』。王弼注：『江海

居大而處下，則百川流之』。

注：『川谷之與江海，非江海召之，不召不求而自歸者』。又如六十一章：『大國者下流』。

〔三八〕參看老子四十二章：『人之所惡，唯孤寡不穀』，而王公以爲稱。故物或損之而益，或益之

而損』。

〔二九〕『人用其力，事竭其功』，郭京周易舉正『人』作『民』，『事』作『士』。並説：『注疏初論庶民，次

舉衆士，三用才智，四任明遠。則是衆才之義，非關物務諸事。蓋爲『士』、『事』聲相近，因而誤焉』。

〔三〇〕『智』，校勘記：『岳本『智』作『知』。釋文出『知者』。按，『智』、『知』古通。『明者慮策』之

『慮』字，羅振玉校本作『獻』。

〔三一〕『弗』字，羅振玉校本作『不』。『盡』字，據四部叢刊影印宋本等校改。校勘記補：『按正義，

『事』當作『盡』。

〔三二〕『十朋之龜』,孔穎達疏引馬、鄭等引爾雅釋魚:『十朋之龜』為:『一曰神龜,二曰靈龜,三曰攝龜,四曰寶龜,五曰文龜,六曰筮龜,七曰山龜,八曰澤龜,九曰水龜,十曰火龜』。並據王注:『朋,黨也』,釋『十朋之龜』為『羣才』。又,王引之經義述聞說:『集解引崔憬曰:『元龜價值二十大貝,龜之最神貴者』。雙貝曰朋,曰朋也』。引之僅案,爾雅龜名有十,然無稱朋之文。……馬、鄭之說殆不可從。崔氏之說,本於漢書食貨志,王莽所定(志曰:『元龜距冉長尺二寸,直二千一百六十,為大貝十朋……』),莽作事多依經說,蓋當時施、孟、梁邱諸家有訓朋為兩貝者,故莽用之。尋繹文義,此說為長。……十朋之龜,猶言百金之魚耳。不當如馬、鄭所說』。按,王引之考『十朋之龜』之原意誠是,然與王弼注文之意不合,錄以參考。『足以盡天人之助也』,羅振玉校本於『助』下有一『者』字。

〔三三〕『剛德不損』之『德』字,羅振玉校本作『得』。

〔三四〕『不制』,校勘記:『釋文:『不制』一本作『下制』』。

益

〓〓〓 巽上 震下 益。利有攸往,利涉大川。

象曰:益,損上益下,民說无疆。

〈震〉，陽也；〈巽〉，陰也。巽非違震者也，處上而巽，不違於下，損上益下之謂也〔一〕！

自上下下，其道大光。利有攸往，中正有慶；

五處中正，自上下下，故有慶也。以中正有慶之德，有攸往也，何適而不利哉。

利涉大川，木道乃行。

木者，以涉大川爲常，而不溺者也〔二〕。以益涉難，同乎木也。

益動而巽，日進无疆。天施地生，其益无方。

益之爲用，施未足也〔四〕。「滿而益之」，害之道也。故凡益之道，與時偕行也〔五〕。

凡益之道，與時偕行。

《象》曰：風雷，益。君子以見善則遷，有過則改。

遷善改過〔六〕，益莫大焉。

初九，利用爲大作，元吉，无咎。

處益之初，居動之始，體夫剛德，以滋其事，而之乎巽，以斯大作，必獲大功〔七〕。夫居下非厚事之地，在卑非任重之處，大作非小功所濟，故元吉，乃得无咎也。

《象》曰：元吉，无咎，下不厚事也。

六二，或益之，十朋之龜，弗克違，永貞吉。王用享于帝，吉。

時可以大作，而下不可以厚事，得其時而无其處，故元吉，乃得无咎也〔八〕。

以柔居中，而得其位，處內履中，居益以〔中〕〔沖〕〔九〕。益自外來，不召自至，不先不爲，則朋龜獻策，同

於損卦六五之位〔一〇〕。位不當尊，故吉在永貞也。帝者，生物之主，興益之宗，出震而齊〔一一〕巽者也。

六二居益之中，體柔當位，而應於巽，享帝之美，在此時也〔一二〕。

象曰：或益之，自外來也。

六三，益之，用凶事，无咎。有孚，中行告公用圭。

以陰居陽，求益者也，故曰「益之」。益不外來，己自爲之，物所不與，故在謙則戮，救凶則免〔一三〕。以

陰居陽，處下卦之上〔一四〕，壯之甚也，用救衰危，物所恃也，故用凶事，乃得无咎也〔一五〕。若能益不爲私，

志在救難，壯不至亢，不失中行〔一六〕，以此告公，國主所任也。用圭之禮，備此道矣。故曰「有孚，中行

告公用圭」也〔一七〕。公者，臣之極也。凡事足以施天下，則稱王；次天下之大者，則稱公。六三之才，

不足以告王，足以告公，而得用圭也，故曰「中行告公用圭」也〔一八〕。

象曰：益用凶事，固有之也。
用施凶事，乃得固有之也。

六四，中行告公從，利用爲依遷國。

校釋

居益之時，處巽之始，體柔當位，在上應下，卑不窮下，高不處亢，位雖不中，用中行者也。以斯告公，

何有不從？以斯依遷，誰有不納也〔二九〕？

象曰：告公從，以益志也。

志得益也。

十五，有孚惠心，勿問元吉。有孚，惠我德。

得位履尊，為益之主者也。為益之大，莫大於信；為惠之大，莫大於心。因民所利而利之焉，惠而不

費〔三〇〕，惠心者也。信以惠心，盡物之願，固〔三一〕不待問而元吉。有孚，惠我德也〔三二〕，以誠惠物，物亦

應之，故曰「有孚，惠我德」也。

象曰：有孚惠心，勿問之矣；惠我德，大得志也。

上九，莫益之，或擊之，立心勿恆，凶。

處益之極，過盈者也。求益无已，心无恒者也。无厭之求〔三三〕，人弗與也。獨唱莫和，是偏辭也〔三四〕。

人道惡盈，怨者非一，故曰「或擊之」也〔三五〕。

象曰：莫益之，偏辭也；或擊之，自外來也。

〔一〕此節注文釋益卦之義爲「損上益下」。釋文:「益,增長之名,又以弘裕爲義。」繫辭云:「益,長裕而不設」是也。「損上益下之謂也」,羅振玉校本無「也」字。

〔二〕「木者,以涉大川爲常」,羅振玉校本無「涉」字。「涉大川」,比喻難,所以下文説:「以益涉難」。

〔三〕此節注文據岳本等校改。校勘記:「岳本、閩監毛本作『損上益下』是也。」古本下有『也』字。羅振玉校本亦作「損上益下」。

〔四〕「施未足也」,意爲施與不足者。羅振玉校本於「足」下有一「者」字。

〔五〕「與時偕行也」,羅振玉校本無「也」字。

〔六〕「遷善改過」之「遷」字,羅振玉校本作「之」。

〔七〕「必獲大功」,校勘記:「古本下有『也』字。」羅振玉校本無「也」字。

〔八〕「故元吉,乃得无咎也」,羅振玉校本無「也」字。羅振玉校本同。

〔九〕「沖」字,據四部叢刊影印宋本及羅振玉校本等校改。校勘記補:「按,『中』當作『沖』,下正義:『居益而能用謙沖者也』可證。」按,「當作『沖』。『沖』,即老子四章:『道沖而用之』之『沖』,釋爲「虛」。

〔十〕「不召自至」之「自」,羅振玉校本作「而」字。「不先不爲」,校勘記補:「案,『爲』當作『違』」。按,據注文之意,當作「不先不爲」。此意謂,以柔居中,若能不爲先,不施爲,則物將自歸之。如損卦六五爻辭注説:「江海處下,百谷歸之」之意。所以下文説:「朋龜獻策,同於損卦六五之位」。又,六三爻

辭注：「益不外來，己自爲之，物所不與」，正與此「不先不爲」而「益自外來，不召自至」相對而言。〈校勘

記〉補說當作「違」，然未出證，疑據爻辭「弗克違」之意，而作此斷語。「朋龜獻策」，見損卦六五爻辭

並注。

〔一二〕「興益之宗」下，羅振玉校本有一「也」字。「齊」，〈校勘記〉：「古本『齊』誤『濟』」。「出震而齊

巽」，語出說卦：「帝出乎震，齊乎巽」。孔穎達疏：「輔嗣之意，以此帝爲天帝也。帝若出萬物則在乎震，

絜齊萬物則在乎巽」。

〔一三〕「在此時也」下，羅振玉校本於「時」下有一「者」字。

〔一四〕「物所不與」下，羅振玉校本有一「也」字。「救凶則免」，〈校勘記〉：「古本下有『也』字」。

〔一五〕「處下卦之上」，羅振玉校本作「處卦之上」，脫「下」字。

〔一六〕「故用凶事，乃得无咎也」，羅振玉校本無「乃」字。此句之意，孔穎達疏：「六三以陰居陽，不

能謙退，……若以謙道責之，則理合誅戮，若以救凶原之，則情在可恕」。

〔一六〕「不失中行」，〈校勘記〉：「古本上有『故』字」。郭京周易舉正作「信不失中」，並說：「其『信』字，

本爲『有孚』生義，審詳首末注義，義亦自明」。

〔一七〕「告」，「語」。「圭」，說文：「瑞玉也」，上圓下方。圭以封諸侯，故從重土。

〔一八〕「足以告公，而得用圭也」，羅振玉校本「圭」作「珪」。下並有「者」字。「故曰：中行告公用圭

也」，羅振玉校本無「也」字。

〔二九〕「依遷」，孔穎達疏：「依人而遷國」。「誰有不納也」之「誰」字，校勘記：「古本、足利本『誰』作「何」。又，羅振玉校本無「也」字。

〔三〇〕語出論語堯曰：「子曰：因民之所利而利之，斯不亦惠而不費乎」。

〔三一〕「固」，校勘記：「岳本、宋本、古本、足利本『固』作『故』」。羅振玉校本同。

〔三二〕「有孚惠我德也」，校勘記：「浦鏜云：此六字疑衍文」。

〔三三〕「无厭之求」，校勘記：「釋文出『無厭』」。按，易經中「無」均作「无」，王弼注文隨之。

〔三四〕「偏辭」，意爲一家之言。

〔三五〕「擊」，攻擊。「故曰或擊之也」，羅振玉校本無「曰」、「也」二字。

夬

二三（乾下兌上）夬。揚于王庭。孚號有厲。告自邑，不利卽戎。利有攸往。

剝以柔變剛，至於剛幾盡。夬以剛決柔，如剝之消剛。剛隕，則君子道消；柔消，則小人道隕。君子道消，則剛正之德，不可得直道而用，刑罰之威，不可得坦然而行。揚于王庭，

夬，與剝反者也〔一〕。

其道公也〔二〕。

象曰：夬，決也。剛決柔也。健而說，決而和。

健而説〔三〕，則決而和矣。

揚于王庭，柔乘五剛也。

剛德齊長〔四〕，一柔爲逆，衆所同誅而無忌者也，故可揚于王庭。

孚號有厲，其危乃光也。

剛正明信以宜其令，則柔邪者危〔五〕，故曰「其危乃光」也。

告自邑，不利卽戎，所尚乃窮也。

以剛斷制，告令可也。告自邑，謂行令於邑也。用剛卽戎，尚力取勝也。尚力取勝，物所同疾也〔六〕。

利有攸往，剛長乃終也。

剛德愈長，柔邪愈消，故利有攸往，道乃成也。

象曰：澤上於天，夬。君子以施禄及下，居德則忌。

澤上於天，夬之象也〔七〕。澤上於天，必來下潤，施禄及下之義也。夬者，明法而決斷之象也。忌，禁也。法明斷嚴，不可以慢，故居德以明禁也。施而能嚴，嚴而能施，健而能説，決而能和，美之道也。

初九，壯于前趾，往不勝，爲咎。

居健之初，爲決之始，宜審其策以行其事。壯其前趾，往而不勝，宜其咎也。

象曰：不勝而往，咎也。

不勝之理，在往前也。

九二，惕號，莫夜有戎，勿恤。

居健履中，以斯決事，能審己度而不疑者也〔八〕。故雖有惕懼號呼，莫夜有戎，不憂不惑，故勿恤也〔九〕。

象曰：有戎勿恤，得中道也。

九三，壯于頄，有凶。君子夬夬，獨行遇雨若濡。有慍，无咎。

頄，面權也〔一○〕。謂上六也。最處體上，故曰權也〔一一〕。剝之六三，以應陽為善。夫剛長則君子道興，陰盛則小人道長。然則，處陰長而助陽則善，處剛長而助柔則凶矣。夬為剛長，而三獨應上六，助於小人，是以凶也〔一二〕。君子處之，必能棄夫〔一三〕情累，決之不疑，故曰「夬夬」也。若不與衆陽為羣〔一四〕，而獨行殊志，應於小人，則受其困焉。遇雨若濡，有恨而无所咎也〔一五〕。

象曰：君子夬夬，終无咎也。

九四，臀无膚，其行次且。牽羊悔亡，聞言不信。

下剛而進，非己所據，必見侵傷，失其所安，故臀无膚，其行次且〔一六〕也。羊者，抵狠〔一七〕難移之物，謂五也。五為夬主，非下所侵，若牽於五，則可得悔亡而已。剛亢不能納言，自任所處，聞言不信，以斯而行，凶可知矣。

象曰：其行次且，位不當也；聞言不信，聰不明也。

同於噬嗑滅耳之凶〔一八〕。

九五，莧陸夬夬，中行无咎。

莧陸〔一九〕，草之柔脆者也，決之至易，故曰「夬夬」也。夬之爲義，以剛決柔，以君子除小人者也。而五處尊位，最比小人，躬自決者也。以至尊而敵至賤〔二〇〕，雖其克勝，未足多也。處中而行，足以免咎而已，未足光也〔二一〕。

象曰：中行无咎，中未光也。

上六，无號，終有凶。

處夬之極，小人在上，君子道長，衆所共棄〔二二〕，故非號咷所能延也。

象曰：无號之凶，終不可長也。

校釋

〔一〕「夬」，釋文：「決也」，決去、決斷之意。夬卦卦象爲▇，剝卦卦象爲▇，爻之陰陽恰好相反，所以注說：「夬，與剝反者也」。

〔二〕「揚」，發揚、公開之意。此句之意，孔穎達疏：「決，以剛決柔，施之於人，則是君子決小人也。」

王庭是百官所在之處。以君子決小人，故可以顯然發揚決斷之事於王者之庭，示公正而無私隱也」。

〔三〕「說」，「悅」。下象辭注：「健而能說」之「說」同。

〔四〕「剛德齊長」之「齊」字，集解本作「浸」。

〔五〕「則柔邪者危」，校勘記：「釋文出『則邪』，是其本無『柔』字」。

〔六〕「疾」，病。此句意爲，崇尚武力以取勝，是爲萬物共同的災害。

〔七〕夬卦上兌下乾，兌爲澤，乾爲天，所以說「澤上於天」。

〔八〕「能」，校勘記：「古本無『能』字」。「能審己度」，意爲能審慎地考慮自己的策謀。

〔九〕「莫」，通「暮」。「莫夜有戎」，意爲夜晚有寇賊。又，或說：「莫」，無。「莫夜」，意爲夜夜，而非一夜。「惕懼呼號」，警誡、注意之意。「恤」，憂、惑。

〔一〇〕「頄，面權也」之「權」，集解本作「顴」。按，「權」爲「顴」之借字。「面權」，即臉部之顴骨。

〔一一〕「故曰權也」之「權」，集解本作「頄」。

〔一二〕「而三獨應上六，助於小人，是以凶也」。集解本無「六」、「於」二字。

〔一三〕「棄夫」，校勘記：「釋文『棄夫』本亦作『去』」。

〔一四〕「若不與眾陽爲羣」，集解本無「眾」字。

〔一五〕「濡」，浸濕。此句意爲，九三不與眾陽爲羣，而獨行其志，往應上六，所以遇雨而使自己浸濕。由於這是自己行爲招致的，所以只能怨恨自己，而無可歸咎。「有恨而无所咎也」，集解本「恨」作

「慍」「而」字下有一「終」字。按，以上爲據孔穎達疏義釋王注之意，讀爻辭爲：「獨行遇雨若濡，有慍无

咎」。洪頤煊經義叢鈔讀爻辭爲：「獨行遇雨，若濡有慍，无咎」。並説：「慍」當作「緼」。禮記玉藻：

「緼爲袍」，鄭注「緼」謂：「今纊及舊絮也」。言遇雨若濡，有緼絮可以禦濕，故无咎。既濟「繻有衣袽」，

王注：「繻，宜曰濡，衣袽所以塞舟漏也」。「袽以塞舟漏」，「緼以遇雨」，其義同也。録以參考。

[一六]「侵傷」之「傷」，校勘記：「宋本、古本、足利本『傷』作『食』。按，正義本作『傷』」。「次且」，釋

文：「本亦作『趑趄』，或作『欼跙』。按，此皆借爲『赺趄』，説文：『赺趄，行不進也』。

[一七]「抵狠」，強壯之意。大壯卦六五注：「羊，壯也」。校勘記：「岳本『抵狠』作『牴很』」，古本亦作

『牴』，釋文出『牴很』，『牴』本又作『抵』，或作『羝』。

[一八]噬嗑卦上九象辭：「何校滅耳，聰不明也」。此處象辭也説：「聰不明也」，所以注説：「同於噬

嗑滅耳之凶」。

[一九]「莧陸」，孔穎達疏：「子夏傳云：『莧陸，木根草莖，剛下柔上也』。馬融、鄭玄、王肅皆云：『莧

陸」一名商陸」。按「商陸」爲多年生草本植物。又，集解本無「陸」字。

[二○]「以至尊而敵至賤」，集解本於「以」上有一「夫」字，於「敵」下有一「於」字。

[二一]「光」，光大。「未足光也」，集解本作「未爲光也」。

[二二]夬卦只有上六爲陰爻，餘皆陽爻，所以説「衆所共棄」。「號咷」，大哭。「延」，延長。

三≡ 巽下乾上姤。女壯，勿用取女。

施之於人，卽女遇男也。一女而遇五男，爲壯至甚，故不可取也。

彖曰：姤，遇也，柔遇剛也。

勿用取女，不可與長也。天地相遇，品物咸章也。

（正）〔四〕〔二〕乃功成也。

剛遇中正，天下大行也。

化乃大行也。

姤之時義大矣哉！

凡言義者，不盡於所見，中有意謂者也〔三〕。

后以施命誥四方。

象曰：天下有風，姤。

初六，繫于金柅，貞吉。有攸往，見凶。羸豕孚蹢躅。

金者，堅剛之物。柅者〔二〕，制動之主，謂九四也。初六處遇之始〔四〕，以一柔而承五剛，體夫躁質，得

遇而通，散而无主，自縱者也。柔之爲物，不可以不牽，臣妾之道，不可以不貞，故必繫于正應，乃得

貞吉也。若不牽于一，而有攸往行，則唯凶是見矣。羸豕，謂牝豕也。羣豕之中，豭〔五〕强而牝弱，故

謂之羸豕也。孚，猶務躁也〔六〕。夫陰質而躁恣者，羸豕特甚焉。言以不貞之陰，失其所牽，其為淫

醜，若羸豕之孚，務蹢躅也〔七〕。

象曰：繫于金柅，柔道牽也。

九二，包有魚，无咎，不利賓。

初陰而窮下，故稱魚〔八〕。不正之陰，處遇之始，不能逆近者也〔九〕。初自樂來應己之厨，非為犯

奪〔一〇〕，故无咎也。擅人之物，以為己惠，義所不為，故「不利賓」也〔一一〕。

象曰：包有魚，義不及賓也。

九三，臀无膚，其行次且。厲，无大咎。

處下體之極，而二據於初，不為己（棄）〔乘〕〔一二〕。居不獲安，行（為）〔无〕〔一三〕其應，不能牽據，以固所處，

故曰「臀无膚，其行次且」也〔一四〕。然履得其位，非為妄處，不遇其時，故使危厲。災非己招，是以无大

咎也。

象曰：其行次且，行未牽也。

九四，包无魚，起凶。

二有其魚，故失之也〔一五〕。无民而動，失應而作，是以凶也〔一六〕。

〈象〉曰：无魚之凶，遠民也。

九五，以杞包瓜，含章，有隕自天。

杞〔一八〕之爲物，生於肥地者也。包瓜爲物，繫而不食者也。九五履得尊位，而不遇其應，得地而不食，含章〔一九〕而未發，不遇其應，命未流行，然處得其所，體剛居中，志不舍命，不可傾隕，故曰「有隕自天」也〔二〇〕。

〈象〉曰：九五含章，中正也；有隕自天，志不舍命也。

上九，姤其角，吝，无咎。

進之於極，无所復遇，遇角而已，故曰「姤其角」也。進而无遇，獨恨而已，不與物爭，其道不害，故无凶咎也〔二一〕。

〈象〉曰：姤其角，上窮吝也。

校釋

〔一八〕「匹」字，據岳本等校改。校勘記：「岳本、宋本、古本、足利本『正』作『匹』，釋文『正』亦作『匹』。按，當作『匹』。四部叢刊影印宋本亦作『匹』。」「匹」遇。「匹乃功成」，正釋象辭：「天地相遇，品物咸章也」之意。若作「正」則義不可解。作「正」者，形近而譌。

〔二〕「所見」，指卦象。「中有意謂者也」，卽王弼在略例明象中所謂「夫象者，出意者也」之意。

〔三〕「柅」，孔穎達疏：「柅之爲物，衆說不同。王肅之徒，皆爲織績之器，婦人所用。惟馬云：柅者，在車之下，所以止輪令不動者也。王注云：柅制動之主，蓋與馬同。」說文：「檷，收絲者也。」「尸丂，檷柄也。或從木，尼聲。」然則「柅」卽「尸丂」，紡車轉輪之把。絲纏於檷，檷受制於柅。所以注說：「柅者，制動之主」。

〔四〕姤卦之義爲「遇」，所以說初六是「遇之始」。

〔五〕「豭」，說文：「牡豕也」。

〔六〕「孚，猶務躁也」之「務」，郭京周易舉正作「鶩」，下「若羸豕之孚務蹢躅也」之「務」同。並說：「字義恰作『鶩』字」。按「務」借爲「鶩」，亂馳之意。即注所謂：「陰居而躁恣者」。

〔七〕「蹢躅」，釋文：「不靜也」。卽注所謂「陰居而躁恣者」。

〔八〕「故稱魚」下，集解本有一「也」字。

〔九〕「逆」，犯。

〔一〇〕「廚」，釋文辭「包」。「包」借爲「庖」。「非爲犯奪」之「奪」字，集解本作「應」。

〔一一〕「擅」，占據。「故不利賓也」之「利」字，集解本作「及」。

〔一二〕「乘」字，據岳本等校改。校勘記：「毛本『棄』作『弃』。岳本、宋本、古本、足利本『棄』作『乘』」。按，四部叢刊影印宋本亦作「乘」。據注文之意當作「乘」。此句意爲，初六已爲九二所據，九三

下無陰可乘，所以「居不獲安」。若作「棄」則義不可通。

〔一三〕「无」字，據岳本等校改。校勘記：「閩監毛本『爲』作『失』，岳本作『无』，古本作『無』。按，『爲』乃『無』之誤，『失』乃『无』之誤。按，當作「无」字。此句意爲，九三上亦無陰可相應。

〔一四〕「次且」，借爲「趑趄」。説文：「趑趄，行不進也」。

〔一五〕「故失之也」，集解本於「故」上有一「四」字。郭京周易舉正説：「失」字當爲「无」字之誤。按，作「失」、作「无」於此義均可通。

〔一六〕「无民」、「失應」均指九四失去初六。「動」，釋爻辭「起」之義。

〔一七〕「杞」，孔穎達疏：「王氏云：『生於肥地』，蓋以『杞』爲今之枸杞也」。

〔一八〕「包瓜」，卽「匏瓜」，屬於葫蘆一類，不可食。論語陽貨：「子曰：吾豈匏瓜也哉，焉能繫而不食」。

〔一九〕「章」，美。

〔二〇〕此句意爲，如有傾倒、隕落，也不是自己造成的，而是由天降下的。

〔二一〕「不與物爭，其道不害，故无凶咎也」，集解本作：「不與物牽，故曰上窮吝也」。

萃

三三二二坤下兌上萃。亨。

聚乃通也〔一〕。

王假有廟。

假，至（聚）〔也〕〔二〕。 王以聚至有廟也〔三〕。

利見大人，亨，利貞。

聚得大人，乃得通而利正也。

用大牲，吉。

全乎聚道，用大牲乃吉也〔四〕。 聚道不全而用大牲，神不福也。

利有攸往。

彖曰：萃，聚也。 順以説，剛中而應，故聚也。

但順而説〔五〕，則邪佞之道也；剛而違於中應，則強亢之德也。 何由得聚？ 順説而以剛爲主，主剛而

履中，履中以應，故得聚也。

王假有廟，致孝享也。

『全聚』乃得致孝之享也。

利見大人，亨，聚以正也。

大人，體中正者也。 通（衆）〔聚〕〔六〕以正，聚乃得全也。

用大牲，吉。利有攸往，順天命也。

順以說而不損剛，順天命者也。天德剛而不違中，順天則〔七〕說，而以剛爲主也。

觀其所聚，而天地萬物之情可見矣。

方以類聚，物以羣分〔八〕，情同而後乃聚，氣合而後乃羣。

象曰：澤上於地，萃。君子以除戎器，戒不虞。

聚而无防，則衆（心生）〔生心〕〔九〕。

初六，有孚不終，乃亂乃萃，若號。一握爲笑，勿恤，往无咎。

有應在四，而三承之，心懷嫌疑，故「有孚不終」也。不能守道，以結至好，迷務競爭，故「乃亂乃萃」也。一握者，小之貌也。爲笑者，懦〔一〇〕劣之貌也。己爲正配〔一一〕，三以近寵，若安夫卑退，謙以自牧〔一二〕，則勿恤而往无咎也。

象曰：乃亂乃萃，其志亂也。

六二，引吉，无咎。孚乃利用禴。

居萃之時，體柔當位，處坤之中。己獨處正〔一三〕，與衆相殊，異操而聚，民之多僻，獨正者危。（矣）〔未〕〔一四〕能變體以遠於害，故必見引〔一五〕，然後乃吉而无咎也。禴，殷（者）〔春〕祭名也〔一六〕，四時祭之省者也。居聚之時，處於中正，而行以忠信，（致之）〔故可〕以省薄薦於鬼神也〔一七〕。

象曰：引吉无咎，中未變也。

六三，萃如嗟如，无攸利。往无咎，小吝。

履非其位，以比於四，四亦失位，不正相聚，相聚不正，患所生也〔一九〕。千人之應〔一七〕，害所起也，故「萃如嗟如，无攸利」也〔二〇〕。上六亦无應而獨立，處極而憂危，思援而求朋，巽以待物者也〔二一〕。與其萃於不正，不若之於同志，故可以往而无咎也。二陰相合，猶不若一陰一陽之〔至〕〔應〕〔二二〕，故有小吝也。

象曰：往无咎，上巽也。

九四，大吉，无咎。

履非其位，而下據三陰，得其所據，失其所處。處聚之時，不正而據，故必大吉，立夫大功，然後无咎也〔二三〕。

象曰：大吉无咎，位不當也。

九五，萃有位，无咎，匪孚。元永貞，悔亡。

處聚之時，最得盛位，故曰「萃有位」也。四專而據，己德不行，自守而已，故曰「无咎，匪孚」。夫脩仁守正，久必悔消，故曰「元永貞，悔亡」。

象曰：萃有位，志未光也。

上六，齎咨涕洟，无咎。

處聚之時，居於上極，五非所乘，内无應援。處上獨立，近遠无助，危莫甚焉。齎咨，嗟歎之辭也。

若能知危之至，懼禍之深，憂病之甚，至于涕洟〔四〕不敢自安，亦衆所不害，故得无咎也。

象曰：齎咨涕洟，未安上也。

校　釋

〔一〕「聚」，釋卦名「萃」之義。「通」，釋「亨」之意。

〔二〕「也」字，據四部叢刊影印宋本等校改。校勘記補：「按『聚』當『也』字之譌，毛本正作『也』」。

〔三〕此句之意，孔穎達疏：「天下崩離，則民怨神怒，雖復亨祀，與无廟同。王至大聚之時，孝德乃昭，始可謂之有廟矣」。

〔四〕「全乎」之「乎」，校勘記：「岳本、宋本、古本、足利本『乎』作『夫』」。「大牲」指祭祀用之全牛。

〔五〕「說」，悅。下「順說而以剛爲主」之「說」同。

〔六〕「聚」字，據四部叢刊影印宋本等校改。校勘記補：「毛本『衆』作『聚』」。按，象辭：「利見大人，亨聚以正也」。故此當作「通聚以正，聚乃得全也」。作「衆」者，形近而譌。

〔七〕「順天則說」之「則」字，校勘記：「錢本『則』作『而』」。

〔八〕語出繫辭上：「方以類聚，物以羣分，吉凶生矣」。

〔九〕「生心」二字，據岳本等校改。校勘記：「岳本、宋本、足利本作『則衆生心』」，古本作『則衆生心

也」。孫志祖云：據困學紀聞，當作『則衆生心』。按，四部叢刊影印宋本亦作「則衆生心」，王應麟困學紀聞卷一引此文亦作「聚而无防，則衆生心」。「衆生心」即各生離異之心之意。

〔一〇〕「懦」，校勘記：「岳本『懦』作『愞』」，釋文同。按，釋文：『乃亂反』，則當從『愞』。古音『愞』聲、『需』聲劃然不同。說文云：『愞，弱也』，從『人』，從『耎』。作『愞』者，後出字」。按，說文：「愞，奴（駑）弱也」。據段玉裁注「愞」久已譌作「懦」，則「懦」、「愞」二字早已通假。

〔一一〕「己爲正配」，校勘記：「岳本、古本『配』作『妃』」，釋文出『正妃』。按，釋文云：『正』，本亦作『匹』。按，釋文出「妃」。然注説「音配」，則「妃」爲「配」之借字。

〔一二〕「收」，治。「自牧」，意爲自養。

〔一三〕「己獨處正」之「處」字，集解本作「履」。

〔一四〕「未」字，據四部叢刊影印宋本及集解本等校改。校勘記補：「毛本『矣』作『未』，屬下句」。按，當作「未」。「未能變體以遠於害」爲句。此句正説明六二「己獨處正，與衆相殊」，而所以「危」之原因。若作「矣」字而屬上句讀，則義不可通。

〔一五〕「見引」，指受到九五之接納。「故必見引」，校勘記：「集解作『故必待五引』」。

〔一六〕「春」字，據四部叢刊影印宋本及集解本等校改。校勘記補：「毛本『者』作『春』」。按，當作「春」字。釋文：「禴，殷春祭名」，馬、王肅同。鄭玄：「夏祭名（按，周制稱夏祭爲禴）」。

〔一七〕「故可」二字，據四部叢刊影印宋本等校改。校勘記：「毛本『致之』作『故可』」。按，孔穎達疏

亦引作：「故可以省薄薦於鬼神也」。集解本「致之」作「可」，無「薦」字。

〔一七〕「四亦失位，不正相聚，相聚不正，患所生也」句，郭京周易舉正引定本作：「四亦失位不正，不正相聚，患所生也」。

〔一八〕「四亦失位，不正相聚，患所生也」。

〔一九〕「干人之應」，指六三妨害初六與九四之應。即初六注：「已為正配，三以近寵」之意。

〔二〇〕「嗟如」，感歎貌。「无攸利也」，校勘記：「古本『攸』下有『往』字」。

〔二一〕「巽」。

〔二二〕「順」。

〔二三〕「應」字，據閩監毛本校改。校勘記：「閩監毛本『至』作『應』」。按，正義作『應』」。按，據注文上下文義，當作「應」。

〔二四〕按，「處聚之時，不正而據，故必大吉，立夫大功，然後无咎也」，文義不通，疑有誤。孔穎達疏：「以陽處陰，明履非其位，又下據三陰，得其所據。失其所處，處聚之時，不正而據，是其凶也。若以萃之時，立夫大功，獲其大吉，乃得无咎。故曰大吉无咎」。據此，此注文似當作：「處聚之時，不正而據，故必立夫大功，然後大吉无咎也」。

〔三四〕「涕洟」，孔穎達疏：「自目出曰涕，自鼻出曰洟」。

升

☷☴ 坤上
　巽下　升。元亨。用見大人，勿恤。

巽順可以升[一]。陽爻不當尊位，无嚴剛之正，則未免於憂，故用見大人，乃勿恤也。

南征，吉。

以柔之南，則麗乎大明也[二]。

象曰：柔以時升。

柔以其時，乃得升也。

巽而順，剛中而應，是以大亨。

純柔則不能自升，剛亢則物不從。既以時升，又巽而順，剛中而應，以此而升，故得大亨。

用見大人，勿恤，有慶也；南征，吉，志行也。

巽順以升，至于大明，志行之謂也。

象曰：地中生木，升。君子以順德，積小以高大。

巽卦三爻皆升者也。雖无其應，處升之初，與九二九三合志俱升。當升之時，升必大得，

初六，允升，大吉。

允，當也。

象曰：允升，大吉，上合志也。

是以大吉也。

九二，孚乃利用禴，无咎。

與五爲應，往必見任〔三〕。體夫剛德，進不求寵，閑〔四〕邪存誠，志在大業，故乃利用納約于神明

矣〔五〕。

象曰：九二之孚，有喜也。

九三，升虛邑。

履得其位，以陽升陰，以斯而舉，莫之違距，故若升虛邑也〔六〕。

象曰：升虛邑，无所疑也。

往必得邑〔七〕。

六四，王用亨于岐山。吉，无咎。

處升之際，下升而進，可納而不可距也。距下之進，攘〔八〕來自專，則殃咎至焉。若能不距而納，順物之情，以通庶志，則得吉而无咎矣。岐山之會〔九〕，順事之情，无不納也。

象曰：王用亨于岐山，順事也。

六五，貞吉，升階。

升得尊位，體柔而應，納而不距，任而不專，故得貞吉升階而尊也。

象曰：貞吉升階，大得志也。

上六，冥升，利于不息之貞。

處〔真〕〔升〕〔一〇〕之極，進而不息者也。進而不息，故雖寞猶升也。故施於不息之正則可，用於爲物之

主則喪矣。終於不息，消之道也〔二〕。

象曰：寞升在上，消不富也。

勞不可久也。

校釋

〔一〕「升」，序卦：「上也」。孔穎達疏：「登上之義」。

〔二〕「之」，往。「南」指南方。「麗」附著。說卦：「離也者，明也，萬物皆相見，南方之卦也」。

〔三〕「見任」，被任用。

〔四〕「閑」，防。

〔五〕「利用納約于神明」釋爻辭「利用禴」。「禴」爲省薄之祭。參見萃卦六二注。

〔六〕「若升虛邑」，意爲如入無人之境，形容九三去與上六相應十分容易。或說，四邑爲邱，四邱

爲虛。

〔七〕「邑」，校勘記：「岳本、宋本、古本、足利本『邑』作『也』」。孔穎達疏作「邑」。

〔八〕「攘」，卻，距。「來」，納。

〔九〕「岐山之會」，舊注及孔穎達疏都以爲指周文王岐山之會。然稽之古籍，均無此事之記載。疑

此爲指周古公亶父遷於歧山，而四方之民均來相從之故事。《史記周本紀》：「古公亶父復修后稷、公劉之業，積德行義，國人皆戴之。薰育、戎狄攻之，欲得財物，予之。已復攻，欲得地與民，民皆怒欲戰。古公曰：『有民立君，將以利之。今戎狄所爲攻戰，以吾地與民。民之在我，與其在彼何異？民欲以我故戰，殺人父子而君之，予不忍爲』。乃與私屬遂去豳，度漆沮，踰梁山，止於歧下。豳人舉國扶老攜弱，盡復歸古公於歧下。及他旁國，聞古公仁，亦多歸之。於是，古公乃貶戎狄之俗，而營築城廓、室屋而邑別居之。」作五官有司。民皆歌樂之，頌其德。」又，《說苑》卷十四記爲周大（太）王之事（舊説太王即古公亶父），文字稍有出入：「大王有至仁之恩，不忍戰百姓。故事勳育、戎氏以犬馬、珍幣而伐不止。問其所欲者，土地也。於是屬其羣臣、耆老而告之曰：『土地者，所以養人也。不以所以養而害其養也，吾將去之。』遂居歧山之下。邠人負幼扶老從之，如歸父母。」三遷而民五倍其初者，皆興仁義，趣上之事。

〔10〕「升」字，據《四部叢刊》影印宋本等校改。《校勘記》：「岳本、古本『貞』作『升』。按正義當作『升』。

〔二〕「消」，衰弱。即下節注「勞不可久」之意。

困

兑上坎下　困。亨。

窮必通也，處困而不能自通者〔二〕，小人也。

貞大人吉，无咎。

處困而得无咎，吉乃免也。

有言不信。

象曰：困，剛揜也。

剛〔則〕〔見〕〔一〕揜於柔也。

險以說，困而不失其所亨，

處險而不改其說，困而不失其所亨也。

其唯君子乎！貞大人吉，以剛中也；

處困而用剛，不失其中，履正而能體大者也。能正而不能大博，未能〔說〕〔濟〕〔二〕困者也，故曰「貞大人吉」也。

有言不信，尚口乃窮也。

處困而言，不見信之時也。非行言之時，而欲用言以免，必窮者也。其吉在於貞大人，口何爲乎？

象曰：澤无水，困。君子以致命遂志。

澤无水，則水在澤下〔四〕；水在澤下，困之象也。處困而屈其志者，小人也。君子固窮〔五〕，道可忘乎！

初六，臀困于株木，入于幽谷，三歲不覿。

王弼集校釋

四五四

最處底下，沉滯卑困，居无所安，故曰「臀困于株木」也〔六〕。

進不獲拯，必隱遁者也，故曰「入于幽谷」也。困之爲道，不過數歲〔八〕者也，以困而藏，困解乃出，故

曰「三歲不覿」也〔九〕。

象曰：入于幽谷，幽不明也。

言幽者，不明之辭也。入于不明，以自藏也。

九二，困于酒食，朱紱方來，利用享祀。征凶，无咎。

以陽居陰，尚謙者也。居困之時，處得其中，體夫剛質，而用中履謙，應不在一，心无所私，盛莫先焉。

夫謙以待物，物之所歸；剛以處險，難之所濟；履中則不失其宜，无應則心无私恃；以斯處困，物莫不

至；不勝豐衍〔一〇〕，故曰「困于酒食」美之至矣。坎，北方之卦也。朱紱〔一一〕，南方之物也。處困以斯，

能招異方者也，故曰「朱紱方來」也。豐衍盈盛，故「利用享祀」。盈而又進，傾之道也〔一二〕，以此而征，

凶誰咎乎，故曰「征凶，无咎」。

象曰：困于酒食，中有慶也。

六三，困于石，據于蒺藜。入于其宮，不見其妻，凶。

石之爲物，堅而不納者也，謂四也。三以陰居陽，志武者也。四自納初，不受己者也。二非所據，剛非

所乘，上比困石，下據蒺藜〔一三〕，无應而入，焉得配偶〔一四〕？在困處斯，凶其宜也。

象曰：據于蒺藜，乘剛也，入于其宮，不見其妻，不祥也。

九四，來徐徐，困于金車。吝，有終。

金車，謂二也。二剛以載者也，故謂之金車。徐徐者，疑懼之辭也。志在於初，而隔於二，履不當位，威命不行。棄之則不能，欲往則畏二，故曰「來徐徐，困于金車」也。有應而不能濟之，故曰「吝」也。然以陽居陰，履謙之道，量力而處，不與二爭，雖不當位，物終與之，故曰「有終」也。

象曰：來徐徐，志在下也，雖不當位，有與也。

九五，劓刖，困于赤紱，乃徐有說。利用祭祀。

以陽居陽，任其壯者也。不能以謙致物，物則不附。忿物不附而用其壯，猛行其威刑，異方愈乖，遐邇〔一四〕愈叛，刑之欲以得，乃益所以失也〔一六〕，故曰「劓刖，困于赤紱」也〔一七〕。二以謙得之，五以剛失之，體在中直，能不遂迷，困而後能用其道者也。致物之功，不在於暴，故曰徐也。困而後乃徐，徐則有說矣，故曰「困于赤紱，乃徐有說」也。祭祀，所以受福也。履夫尊位，困而能改，不遂其迷，以斯祭祀，必得福焉，故曰「利用祭祀」也。

象曰：劓刖，志未得也；乃徐有說，以中直也；利用祭祀，受福也。

上六，困于葛藟，于臲卼；曰動悔有悔，征吉。

居困之極，而乘於剛，下無其應，行則愈繞[一八]者也。行則纏繞，居不獲安，故曰「困于葛藟，于臲卼」也[一九]。下句无困，因於上也[二〇]。處困之極，行无通路，居无所安，困之至也。凡物，窮則思變，困則謀通[二一]。處至困之地，用謀之時也。曰者，思謀之辭也。謀之所行，有隙則獲，言將何以通至困乎？曰動悔，令生有悔，以征則濟矣，故曰「動悔有悔，征吉」也。

象曰：困于葛藟，未當也；
所處未當，故致此困也。

動悔有悔，吉行也。

校釋

〔一〕「困」，困窮、閉塞。釋文：「困，窮也。窮悴掩蔽之義」。孔穎達疏：「困者，窮厄委頓之名」。

〔二〕「見」字，據岳本等校改。校勘記：「岳本、宋本、古本、足利本『見』作『見』」。按，『見』是。

〔三〕「濟」字，據四部叢刊影印宋本等校改。校勘記補：「按正義，『說』當作『濟』。毛本是『濟』。

「處困」，四部叢刊影印宋本作「處窮」。

注文釋象辭：「困，剛揜也」之義。校勘記：「『見』，被。『揜』同『掩』。『剛見揜於柔也』，是謂坎（陽、剛）在下位，被兌（陰、柔）所掩蔽。若作『則』，則於文義不可通。

字」。 按，當作「濟」。孔穎達疏：「若正而不大，未能濟困，處困能濟，濟乃得吉而无咎也」，故曰貞大人吉，以剛中也」。

〔四〕困卦上兌下坎，兌爲澤，坎爲水，所以説：「水在澤下」。集解本於「則水在澤下」下有一「也」字。

〔五〕「固」，固守、安守。「君子固窮」，語見論語衞靈公：「在陳絶糧，從者病，莫能興。子路慍見曰：『君子亦有窮乎』？子曰：『君子固窮，小人窮斯濫矣』。校勘記：「釋文：『固窮』或作『困窮』，非」。

〔六〕「株木」，説文：「木根也」。徐鍇注：「在土曰根，在土上曰邾（株）」。「臀困于株木」，借喻滯留於卑下之意。

〔七〕「居則困于株木」，校勘記：「古本無『于』、『木』二字」。按孔穎達疏引此句亦無「于」、「木」二字。

〔八〕「數歲」，校勘記：「釋文：『數歲』本亦作『三歲』」。

〔九〕「覿」，説文：「見也」。

〔10〕「衍」，溢、美。「豐衍」，豐美。

〔一一〕「紱」，亦作「韍」。「朱紱」，君主祭祀宗廟時所穿之服裝。所以説是「南方之物」。

〔一二〕「傾」，覆。此句意爲，已盈滿而再進，則爲傾覆之道。益卦象辭注：「滿而益之，害之道也」，義與此同。

〔一三〕「蒺藜」，孔穎達疏：「蒺藜之草，有刺而不可踐也」。此處借喩九二。

〔一四〕「偶」，校勘記：「岳本、宋本、古本、足利本『偶』作『耦』，宋本、疏亦作『耦』。按，『耦』字是也，俗多借『偶』字爲之。

〔一五〕「退邅」，校勘記：「《釋文》出『退遠』，云本亦作『退邅』」。「退邅愈叛」，意爲愈行威刑，則遠近愈不歸附而叛去。

〔一六〕「乃」，而。「益」，增。此句意爲，用刑之意是想有所得，而結果卻增加其所失。

〔一七〕「劓」，割鼻之刑。「刖」，斷足之刑。「赤紱」，即上節注之『朱紱』，比喩南方。

〔一八〕「繞」，纏繞，比喩困窮、閉塞。

〔一九〕「葛藟」，釋文：「藟，似葛之草」又作『藥』。毛詩草木疏云：一名『巨荒』，似『蘡薁』，連蔓而生，幽州人謂之『推藥』。孔穎達疏：「葛藥引蔓纏繞之草」。「臲卼」，孔穎達疏：「動搖不安之貌」。

〔二〇〕「下句无困，因於上也」，意爲文辭「于臲卼」句上無「困」字，是循上句「困于葛藟」而來，故不必再有一「困」字。

〔二一〕「凡物，窮則思變，困則謀通」，語本繫辭下：「易，窮則變，變則通，通則久」。

井

巽下坎上井。改邑不改井，

井〔二〕以不變爲德者也。

无喪无得，

　德有常也。

往來井井。

　不渝變也。

汔至亦未繘井，

　已來至而未出井也。

羸其瓶，凶。

　井道以已出爲功也。幾至而覆，與未汲同也。

〈象〉曰：巽乎水而上水，井。

　音舉上之上。

井養而不窮也，改邑不改井，乃以剛中也。

　以剛處中，故能定居其所而不變也。

汔至亦未繘井，未有功也；

　井以已成爲功。

羸其瓶，是以凶也。

象曰： 木上有水，井。君子以勞民勸相。

木上有水，井之象也〔二〕。上水以養，養而不窮者也〔三〕。相，猶助也。可以勞民勸助，莫若養而不窮也。

初六，井泥不食，舊井无禽。

最在井底，上又无應，沈滯滓穢，故曰「井泥不食」也。井泥而不可食，則是久井不見渫治者也〔四〕。久井不見渫治，禽所不嚮〔五〕，而況人乎？一時所共棄舍也。井者，不變之物，居德之地。恒德至賤，物无取也。

象曰： 井泥不食，下也；舊井无禽，時舍也。

九二，井谷射鮒，甕敝漏。

谿谷出水，從上注下，水常射焉。井之為道，以下給上者也。而无應於上，反下與初，故曰「井谷射鮒」〔六〕。鮒，謂初也。失井之道，水不上出而反下注，故曰「甕敝漏」也〔七〕。夫處上宜下，處下宜上。井已下矣而復下注，其道不交，則莫之與也〔八〕。

象曰： 井谷射鮒，无與也。

九三，井渫不食，為我心惻，可用汲。王明，並受其福。

渫，不停污之謂也[九]。處下卦之上，履得其位，而應於上，得井之義也。當井之義，而不見食，脩己全潔，而不見用，故「爲我心惻」也。爲，猶使也。不下注而應上，故「可用汲」也。王明，則見照明[一〇]。既嘉其行，又欽其用[一一]，故曰「王明，並受其福」也。

象曰：井渫不食，行惻也；

行感於誠，故曰惻也。

求王明，受福也。

六四，井甃，无咎。

象曰：井甃无咎，脩井也。

得位而无應，自守而不能給上，可以脩井之壞，補過而已。

九五，井冽寒泉食。

象曰：寒泉之食，中正也。

居中得正，體剛不橈，不食不義，中正高潔，故井冽寒泉[一二]，然後乃食也。

上六，井收。勿幕，有孚，元吉。

列，絜也[一三]。處井上極，水已出井，井功大成，在此爻矣，故曰「井收」也[一四]。羣下仰之以濟，淵泉由之以通者也。不擅其有，不私其利，則物歸之，往无窮矣，故曰「勿幕，有孚，元吉」也。幕，猶覆也[一五]。

校　釋

〔一〕「以不變爲德」釋井卦之義。孔穎達疏：「此卦明君子修德養民，有常不變，終始无改，養物不窮，莫過乎井。故以修德之卦取譬，名之井也」。釋文：「雜卦云：通也」。象云：養而不窮。……廣雅云：井，深也。……鄭云：井，法也。……周云：井以不變更爲義。師說：井以清潔爲義」。

〔二〕井卦巽下坎上，巽爲木，坎爲水，所以說：「木上有水，井之象也」。又，此句校勘記說：「集解云：『木上有水，上水之象也』。按，正義作『木上有水，則是上水之象也』。

〔三〕「上水以養，養而不窮者也」。集解本作：「水以養而不窮也」。

〔四〕「久井」，卽舊井。「渫」，說文：「除去也」，一曰治井也」。「渫治」，修理。

〔五〕「繘」，借爲「飶」食。

〔六〕「射」，舊釋爲「厭」。觀王弼注文似爲水往下流之意。「鮒」小魚。釋文：「鮒，魚名也」。子夏傳謂蝦蟇」。或說：今稱鯽魚者。「井谷射鮒」，意爲井本當「以下給上」，水上出者，今却如同谿谷，水反下注而及於小魚。又，周易集解引崔憬說：「唯得于鮒」。王引之經義述聞釋「井谷射鮒」爲「射而取之，有所得矣。言得於下而無應於上，故象傳謂之『无與也』。

〔七〕「甕敝漏」，意爲如瓶破而漏水。焦循周易補疏：「盧學士（文弨）依盧都轉刻本改爲『雍』，

『雍』與『壅』同。……『雍』，猶蔽也。……王氏讀『甕敝』爲『雍敝』，即是『雍敝』，井上壅敝，故水不上出漏，故反下注也」。

〔八〕「交」，相互交通。「其道不交」，意爲上下不相交通。「則莫之與也」指萬物不與己相應。校勘記：「釋文出『无與之也』」云一本作『則莫之與也』」。

〔九〕「不停污」，意爲不使污泥淤積。校勘記：「釋文出『停汙』」。按「污」、「汙」古通。

〔一〇〕「王明，則見照明」，意爲如遇到賢明之主，就能看到它的美行。「照」，校勘記：「監毛本『照』作『昭』」。

〔一一〕「嘉」，美。

〔一二〕「欽」，敬。

〔一三〕「冽」，玉篇：「寒氣也」。王弼此處釋爲「絜」，即「潔」。

〔一四〕「寒泉」，孔穎達疏：「清而冷者，水之本性；遇物然後濁而温。故言寒泉，以表絜也」。

〔一五〕「收」，成。

〔一六〕「覆」，掩蓋。

革

二三兌離下上革。 已日乃孚，元亨，利貞，悔亡。

夫民可與習常，難與適變；可與樂成，難與慮始〔一〕。故革之爲道，即日不孚，已日乃孚也〔二〕。孚，

然〔三〕後乃得元亨，利貞，悔亡也。已日而不孚，革不當也。悔吝之所生，生乎變動者也。革而當，其悔乃亡也。

象曰：革，水火相息，二女同居，其志不相得，曰革。

凡不合然後乃變生，變之所生，生於不合者也。故取不合之象以為革也〔四〕。火欲上而澤欲下〔五〕，水火相戰，而後生變者也。二女同居〔六〕而有水火之性，近而不相得也。

已日乃孚，革而信之；文明以說，大亨以正，革而當，其悔乃亡。

夫所以得革而信者，文明以說也〔七〕。文明以說，履正而行，以斯為革，應天順民，大亨以正者也。革而大亨以正，非當如何。

天地革而四時成，湯武革命，順乎天而應乎人，革之時大矣哉！

象曰：澤中有火，革。君子以治歷明時。

歷數時會，存乎變也。

初九，鞏用黃牛之革。

象曰：鞏用黃牛，不可以有為也。

在革之始，革道未成，固夫常中，未能應變者也。此可以守成，不可以有為。鞏，固也。黃，中也。牛之革，堅仞〔八〕不可變也。固之所用，常中堅仞，不肯變也。

六二，已日乃革之，征吉，无咎。

陰之爲物，不能先唱，順從者也。不能自革，革已〔九〕乃能從之，故曰「已日乃革之」也。二與五雖有水火殊體之異，同處厥中，陰陽相應，往必合志，不憂咎也，是以征吉而无咎。

象曰：已日革之，行有嘉也。

九三，征凶，貞厲。革言三就，有孚。

已處火極，上卦三爻，雖體水性，皆從革者也。自四至上，從命而變，不敢有違，故曰「革言三就」〔一○〕。其言實誠，故曰「有孚」。革言三就，有孚而猶征之，凶其宜也。

象曰：革言三就，又何之矣。

九四，悔亡，有孚改命，吉。

初九處下卦之下，九四處上卦之下，故能變也。无應，悔也。與水火相比，能變者也，是以悔亡。處水火之際，居會變之始，能不固吝，不疑於下，信志改命〔一一〕，不失時願，是以吉也。有孚則見信矣，見信以改命，則物安而无違，故曰「悔亡，有孚改命，吉」也。處上體之下，始宣命也〔一二〕。

象曰：改命之吉，信志也。

九五，大人虎變，未占有孚。

信志而行。

未占而孚，合時心也。

象曰：大人虎變，其文炳也。

上六，君子豹變，小人革面。

居變之終，變道已成。君子處之，能成其文〔二〕，小人樂成，則變面以順上也。

征凶，居貞吉。

改命創制，變道已成。功成則事損〔四〕，事損則无爲。故居則得正而吉，征則躁擾而凶也。

象曰：君子豹變，其文蔚也；小人革面，順以從君也。

校　釋

〔一〕語本史記商君列傳：「愚者暗於成事，智者見於未萌。民不可與慮始，而可與樂成」。（商君書更法篇同）

〔二〕「革」，改、改變。「卽日」，當日，也卽所謂「始」。「已日」，終日，也卽所謂成功之日。

〔三〕「孚」然後……」，校勘記：「岳本、錢本『然』作『而』」。

〔四〕此爲以革卦卦象釋革卦之義。革卦離下兌上，離爲火，兌爲澤，火炎上，澤潤下，所以説：「不合之象」。

堅固之義。

〔五〕「火欲上而澤欲下」，〈校勘記〉：「〈古本〉『火』上有『故』字」。

〔六〕〈說卦〉：「〈離〉爲火，爲中女」，「〈兌〉爲澤，爲少女」。

〔七〕「文明」，指禮義顯明。「說」，悅。

〔八〕「仍」，〈校勘記〉：「〈監毛本〉『仍』作『軔』，下同」。按「仍」，借爲「軔」，亦作「軔」、「肕」，均爲柔而

〔九〕「革已」，即變革已成功。

〔一〇〕「三」指自四至上三爻。「就」，成就。「革言三就」，意爲此三爻「從命而變，不敢有違」，所以由革而言，比三爻同有成就。

〔一一〕「信志改命」，意爲四能相信下卦革命之志向，所以下文說：「不失時願」。

〔一二〕「宣命」，意爲宣示「改命」之「志」。

〔一三〕「文」，斑文，〈釋爻辭〉「豹變」之意。此處又借喻爲「文明」之義。

〔一四〕「損」，減少。

鼎

三三　巽下離上　鼎。元吉，亨。

革去故而鼎取新〔一〕。取新而當其人，易故而法制齊明。吉〔二〕，然後乃亨，故先元吉而後亨也。鼎

者，成變之卦也。革既變矣，則制器立法以成之焉。變而无制，亂可待也；法制應時，然後乃吉。（賢）

者，尊卑有序〔三〕，然後乃亨，故先元吉而後乃亨。

愚有別，

象曰：鼎，象也。

法象也〔四〕。

以木巽火，亨飪也。

亨飪〔五〕，鼎之用也。

聖人亨，以享上帝，而大亨以養聖賢。

亨者，鼎之所爲也。革去故而鼎成新，故爲亨飪調和之器也。去故取新，聖賢不可失也。飪，孰

也〔六〕。天下莫不用之，而聖人用之乃上以享上帝，而下以大亨養聖賢也〔七〕。

巽而耳目聰明。

聖賢獲養，則己不爲而成矣，故巽〔八〕而耳目聰明也。

柔進而上行，得中而應乎剛，是以元亨。

謂五也。有斯二德〔九〕，故能成新而獲大亨也。

象曰：木上有火，鼎。君子以正位凝命。

凝者，嚴整之貌也。鼎者，取新成變者也。革去故而鼎成新。正位者，明尊卑之序也。凝命者，以成

教命之嚴也。

初六，鼎顛趾，利出否，得妾以其子，无咎。

凡陽爲實而陰爲虛。鼎之爲物，下實而上虛，而今陰在下，則是爲覆鼎也，鼎覆則趾倒矣〔一〇〕。否，謂不善之物也。取妾以爲室主，亦顛趾之義也〔一一〕。處鼎之初，將在納新，施顛以出穢，得妾以爲子，故「无咎」也。

象曰：鼎顛趾，未悖也。

倒以寫否〔一二〕，故未悖也。

利出否，以從貴也。

棄穢以納新也。

九二，鼎有實，我仇有疾，不我能即，吉。

以陽之質，處鼎之中，有實者也。有實之物，不可復加，益之則溢，反傷其實。我仇，謂〔九〕〔五〕也〔一三〕。困於乘剛之疾，不能就我，則我不溢，得全其吉也。

象曰：鼎有實，慎所之也。

鼎之爲實，慎所之也。

我仇有疾，終无尤也。

有實之鼎，不可復有所取；才任已極，不可復有所加。

九三，鼎耳革，其行塞，雉膏不食。方雨，虧悔，終吉。

鼎之爲義，虛中以待物者也。而三處下體之上，以陽居陽，守實无應，无所納鉉[一四]，而反全其實塞，故曰鼎耳革，其行塞，雖有雉膏[一五]，而終不能食也。雨者，陰陽交和，不偏亢者也。雖（陰）〔體〕[一六]陽爻，而統屬陰卦。若不全任剛亢，務在和通，方雨則悔虧，終則吉也。

象曰：鼎耳革，失其義也。

九四，鼎折足，覆公餗，其形渥，凶。

處上體之下，而又應初，既承且施，非己所堪，故曰「鼎折足」也。初已出否，至四所盛，則已潔矣，故曰「覆公餗」[一七]也。渥，沾濡之貌也。既覆公餗，體爲渥沾，知小謀大，不堪其任，受其至辱，災及其身，故曰「其形渥」「凶」也。

象曰：覆公餗，信如何也！

不量其力，果致凶災，信之如何[一八]！

六五，鼎黃耳金鉉，利貞。

居中以柔，能以通理，納乎剛正，故曰「黃耳金鉉，利貞」也。耳黃，則能納剛正以自舉也。

象曰：鼎黃耳，中以爲實也。

以中爲實，所受不妄也。

上九，鼎玉鉉。大吉，无不利。

處鼎之終，鼎道之成也。居鼎之成，體剛履柔，用勁施鉉，以斯處上，高不誠亢[六][七]。得夫剛柔之節[三○]，能舉其任者也。應不在一，則靡所不舉，故曰「大吉，无不利」也。

象曰：玉鉉在上，剛柔節也。

校　釋

〔一〕　語見{雜卦}：「革，去故也。鼎，取新也。」

〔二〕　「吉，然後乃亨」{校勘記}：「古本『吉』上有『元』字」。

〔三〕　「賢愚有別，尊卑有序」{校勘記}：「{釋文}無二『有』字。云本亦作『有別』、『有序』」。

〔四〕　「法」，效法。此句意爲，鼎卦是效法於鼎之象。

〔五〕　「亨飪」，即烹飪。下同。{校勘記}：「古本『亨』作『烹』」。

〔六〕　「執」，即「熟」。{校勘記}：「閩監毛本『執』作『熟』。按『執』、『熟』古今字」。

〔七〕　「而下以大亨養聖賢」，{郭京周易舉正}據定本無「大亨」二字。並說：「經文『而』下『大亨』二字亦誤衍」。

〔八〕　「巽」，謙順。

〔九〕　「有斯二德」，指{象辭}所謂：「柔進而上行，得中而應乎剛」。

〔一〇〕「鼎覆」，指倒置之鼎。「趾」指鼎之足。「則是爲覆鼎也」，校勘記：「釋文出『是覆』，則其本無『爲』字。

〔一一〕「室主」，主婦。「顚」，倒。

〔一二〕「寫」，玉篇：「盡也，除也」。「寫否」，意爲傾除污穢之物。又，校勘記：「古本、足利本『倒』下有一『趾』字。

〔一三〕「五字」，據四部叢刊影印宋本等校改。校勘記補：「按『九』當作『五』」正義云：「六五我之仇匹」是也。毛本是『五』字。

〔一四〕「鉉」，說文：「所以舉鼎也」。孔穎達疏：「鉉，所以貫鼎而舉之也」。

〔一五〕「雉」，鳥名，俗稱野雞。「膏」，說文：「肥也」，指脂膏一類之食物。「雉膏」爲「八珍」之一，所以釋文引鄭云：「雉膏，食之美也」。

〔一六〕「體」字，據四部叢刊影印宋本等校改。校勘記補：「毛本『陰』作『體』。按，所改是也」。

〔一七〕「餗」，孔穎達疏：「餗，糝也」，八珍之膳，鼎之實也」。「公」，漢易家均釋爲「三公」。如鄭玄注：「餗，美饌。鼎三足，三公象。若三公傾覆王之美道，屋中刑之」。然觀王弼注文之意，「公」作「衆」義解，「覆公餗」，卽鼎中所有之餗均傾倒出來。同此，「形」，亦不作「刑」解，而是比喻鼎之體。卽「餗」覆倒出而沾濡了鼎。

〔一八〕「信之如何」，校勘記：「岳本、宋本、古本、足利本『之如』作『如之』」。

〔二九〕此句意爲：上九之體雖爲陽剛，但履於陰柔之卦（巽爲長女，屬陰）不像〈乾卦上九，所以不必告誡以「亢」。

〔三〇〕「節」適中。

震

震下震。震上震。 亨。

懼以成，則是以亨〔一〕。

震來虩虩，笑言啞啞。

震之爲義，威至而後乃懼也〔二〕。故曰「震來虩虩」，恐懼之貌也。震者，驚駭怠惰，以肅解慢者也〔三〕，故震來虩虩，恐致福也〔四〕。笑言啞啞，後有則也〔五〕。

震驚百里，不喪匕鬯。

威震驚乎百里〔六〕，則是可以不喪匕鬯矣〔七〕。匕，所以載鼎實。鬯，香酒。奉宗廟之盛也〔八〕。

象曰：震，亨。震來虩虩，恐致福也；笑言啞啞，後有則也；震驚百里，驚遠而懼邇也。威震驚乎百里，則惰者懼於近也〔九〕。出，可以守宗廟社稷，以爲祭主也。

明所以堪長子之義也〔一〇〕。不喪匕鬯，則己出可以守宗廟〔二一〕。

象曰：洊雷，震。君子以恐懼修省。

初九，震來虩虩，後笑言啞啞，吉。

體夫剛德，爲卦之先，能以恐懼脩其德也〔二三〕。

象曰：震來虩虩，恐致福也；笑言啞啞，後有則也。

六二，震來厲，億喪貝，躋于九陵。勿逐，七日得。

震之爲義，威駭怠懈〔二三〕，肅整惰慢者也。初幹其任，而二乘之，震來則危，喪其資貨，亡其所處矣〔二四〕。故曰「震來厲，億喪貝」〔二五〕。億，辭也〔二六〕。貝，資貨、糧用之屬也〔二七〕。犯逆受戮，无應而行，行无所舍。威嚴大行，物莫之納，无糧而走。雖復超越陵險，必困于窮匱，不過七日，故曰「勿逐，七日得」也。

象曰：震來厲，乘剛也。

六三，震蘇蘇，震行无眚。

象曰：震蘇蘇，位不當也。

不當其位，位非所處，故懼蘇蘇也〔二八〕。而无乘剛之逆，故可以懼行而无眚也〔二九〕。

九四，震遂泥。

處四陰之中，居恐懼之時〔三〇〕，爲衆陰之主，宜勇其身以安於衆。若其震也，遂困難矣。履夫不正，不能除恐，使物安己，德未光也。

象曰：震遂泥，未光也。

六五，震往來厲，億无喪，有事。

往則无應，來則乘剛，恐而往來，不免於危。夫處震之時，而得尊位，斯乃有事之機也〔三一〕。而懼往來，將喪其事，故曰「億无喪，有事」也。

象曰：震往來厲，危行也；其事在中，大无喪也。

大〔三二〕則无喪，往來乃危也。

上六，震索索，視矍矍，征凶。震不于其躬，于其鄰，无咎。婚媾有言。

處震之極，極震者也。居震之極，求中未得，故懼而索索，視而矍矍〔三三〕，无所安親也。已處動極而復征焉，凶其宜也。若恐非己造，彼動故懼，懼鄰而戒，合於備豫，故无咎也〔三四〕。極懼相疑，故雖婚媾而有言也。

象曰：震索索，中未得也；雖凶无咎，畏鄰戒也。

〔一〕 此爲釋震卦所以亨通之理。「震」是震動之意。孔穎達疏：「此象雷之卦，天之威動，故以震爲名。震既威動，莫不驚懼，驚懼以威，則物皆整齊，由懼而獲通。」又，校勘記：「釋文『成』亦作『盛』，古本下有『也』字」。按，據孔疏及下節注說：「震之爲義，威之而後乃懼也」，疑此注文中「懼以成」之「成」爲「威」字之誤。

〔二〕「威至而後乃懼也」，校勘記：「古本『也』上有『者』字。一本無『乃』字」。

〔三〕「怠」，校勘記：「釋文『怠』本又作『殆』。」「解」，借爲「懈」。

〔四〕「恐致福也」，意爲由於恐懼，不敢懈怠，因而得福。

〔五〕「啞啞」，笑語之聲。「則」，常法。

〔六〕「百里」，殷時以百里爲國，此處形容威震一國。

〔七〕「則是」之「是」，校勘記：「岳本、錢本、宋本、足利本『是』作『足』」。按，「是」、「足」於此義均可通。

〔七〕棘匕，即木匙。孔穎達疏：「以棘木爲之，長三尺，刊柄與末。……用棘者，取其赤心之義。祭祀之禮，先烹牢於鑊，既納諸鼎而加冪焉。將薦，乃擧冪而以匕出之，升於俎上。故曰匕所以載鼎實也」。「不喪匕鬯」，意爲不喪失祭祀宗廟之權，亦卽保持其政權之意。

〔八〕「奉宗廟之盛也」，校勘記：「古本『也』上有一『者』字。」

〔九〕「則惰者懼於近也」，校勘記：「古本『惰』下有『倦』字，『也』作『矣』。」岳本、宋本、足利本並作『矣』」。

子的道理。

〔一〇〕「堪」，任用。此句意爲，象辭所謂「出」，可以守宗廟社稷，以爲祭主」，是說明所以要任用長

〔一一〕「己」，君主自稱。此句意爲，即使自己（君主）外出，仍有長子守宗廟。「己出」，《校勘記》：「古本下有『也』字，一本『則』作『卽』」。又，郭京周易舉正於「守宗廟」下，復有「社稷也」三字。按，據象辭之文，似當有此三字。

〔一二〕「能以恐懼修其德也」，《校勘記》：「古本『也』上有一『者』字」。

〔一三〕「懈」，《校勘記》：「宋本『懈』作『解』」。

〔一四〕「幹」，任。「資貨」，財物。「亡其所處矣」，《校勘記》：「古本無『其』字」。

〔一五〕「億喪貝」，《校勘記》：「古本『貝』下有一『也』字」。

〔一六〕「億，辭也」，意爲「億」字是語氣辭。今作「噫」。

〔一七〕「貝」，貝殼。古代以貝爲貨幣。「貝，資貨、糧用之屬也」，即以「貝」爲財物、糧食、用品之統稱。

〔一八〕「蘇蘇」，《釋文》：「疑懼貌。王肅云：躁動貌。鄭云：不安貌。馬云：尸祿素餐貌」。

〔一九〕「眚」，災。

〔二〇〕「居恐懼之時」，《校勘記》：「足利本『居』上有『以』字」。

〔二一〕「機」，《說文》：「主發謂之機」。「有事之機」，意爲六五處尊位，是將發動事功。

〔三〕「大」指六五居尊位，當建大功。所以「大」從事，則無喪而有功，若往來畏懼不定，則危而無功。

〔三〕「索索」，心不安定。「矍矍」，視而不專。

〔四〕「彼動故懼」，校勘記：「『故』，釋文云：或作『而』」。此句意為，如果恐懼並非上六自造，而是由於鄰居震動而引起的恐懼，並因此而戒備，這是合於預防之道的。因不是主動去攻擊，所以无咎。

艮

艮下艮上 艮其背，

目无患也〔一〕。

不獲其身；

所止在後，故不得其身也。

行其庭，不見其人。

相背故也。

无咎。

凡物對面而不相通，否之道也。艮者，止而不相交通之卦也。各止而不相與，何得无咎？唯不相見乃可也。施止於背，不隔物欲，得其所止也〔二〕。背者，无見之物也。无見則自然靜止，靜止而无見，

則不獲其身矣。相背者，雖近而不相見，故「行其庭，不見其人」也。夫施止不於无見，令物自然而止，而强止之，則奸邪並興。近而不相得，則凶。其得无咎〔三〕，艮其背不獲其身，行其庭不見其人故也。

象曰：艮，止也。時止則止，時行則行，動靜不失其時，其道光明。

止道不可常用，必施於不可以行，適於其時，道乃光明也。

艮其止，止其所也。

易背曰止〔四〕以明背即止也。施止不可於面，施背乃可也。施止於止，不施止於行，得其所矣，故曰「艮其止，止其所」也。

上下敵應，不相與也，是以不獲其身。行其庭不見其人，无咎也。

象曰：兼山，艮。君子以思不出其位。

各止其所，不侵官也。

初六，艮其趾，无咎，利永貞。

處止之初，行无所之，故止其趾乃得无咎。至靜而定，故利永貞。

象曰：艮其趾，未失正也。

六二，艮其腓，不拯其隨，其心不快。

隨，謂趾也〔五〕。止其腓，故其趾不拯〔六〕也。腓體躁而處止，而不得拯其隨，又不能退聽安靜〔七〕，故其心不快也。

象曰：不拯其隨，未退聽也。

九三，艮其限。列其夤，厲薰心。

限，身之中也〔八〕。三當兩象之中，故曰「艮其限」。夤，當中脊之肉也〔九〕。止加其身，中體而分，故列其夤而憂危薰心也〔一〇〕。艮之爲義，各止於其所，上下不相與，至中則列矣〔一一〕。止加其身，列加其夤，危莫甚焉，危亡之憂，乃薰灼其心也。施止體中，其體分焉，體分兩主，大器〔一二〕喪矣。

象曰：艮其限，危薰心也。

六四，艮其身，无咎。

中上稱身，履得其位，止求諸身〔一三〕，得其所處，故不陷於咎也。

象曰：艮其身，止諸躬也。

自止其躬，不分全體。

六五，艮其輔，言有序，悔亡。

施止於輔，以處於中，故口无擇言〔一四〕，能亡其悔也。

象曰：艮其輔，以中正也。

能用中正，故言有序也。

上九，敦艮，吉。

居止之極，極止者也。敦重在上，不陷非妄，宜其吉也。

象曰：敦艮之吉，以厚終也。

校釋

〔一〕卦辭說：「艮其背」，意為抑止其背部。然而眼睛在正面，不妨礙其觀視，所以注說：「目无患也」。

〔二〕「不隔物欲，得其所止也」，郭京周易舉正作「不見其所欲，而得其所止也」。按，郭說以臆改也。觀王弼注下文說：「夫施止不於无見，令物自然而止」，「无見則自然靜止」等意，則王弼所強調者並非「不見其所欲，而得其所止也」，而在於「不隔物欲，得其所止也」。即不應當於物欲已生之後，再去制止，而應當在物欲未起之前就抑止它。正如孔穎達疏所說：「背者，无見之物也，夫无見則自然靜止。夫欲防止之法，宜防其未兆，既兆而止，則傷物情。故施止於无見之所，則不隔物欲，得其所止也。若施止於面，則對面而不相通；強止其情，則奸邪並興而有凶咎」。

〔三〕「其得无咎」下，郭京周易舉正有一「者」字。

〔四〕「易背曰止」之「易」字，郭京周易舉正說，當作「艮」。按，孔穎達疏亦作「易背曰止」。然觀文
義似當作「艮」，「艮背曰止」，猶言「止背曰止」，所以下文說：「以明背即止也」，亦即〈象辭〉「止其所也」與
上節注所謂「得其所止」之意。

〔五〕「趾」，足趾，此處指足。足隨小腿（腓）之動止而動止，所以稱足為腓之隨。

〔六〕「拯」，舉。

〔七〕「退聽安靜」，意為退而無為，任其自然。

〔八〕「限」，束腰帶處稱「限」，所以說：「身之中也」。

〔九〕「夤」，腰帶，繫在腰上，正在人身之中，所以說：「夤，當中脊之肉也」。

〔一〇〕「止加其身」，郭京周易舉正作：「止加其限」。「薰」，燒灼。

〔一一〕「列」，借為「裂」，分裂、斷裂。

〔一二〕「大器」，孔穎達疏：「謂國與身也」。

〔一三〕「止求諸身」，郭京周易舉正作「止於諸身」。孔穎達疏作「求」，並釋為「責」。

〔一四〕「輔」，面頰骨。「故」，〈校勘記〉：「古本『故』作『曰』」。「口无擇言」，意為口不能隨便亂說。

漸

三三三 艮下 巽上 漸。　女歸吉，利貞。

漸者，漸進之卦也。止而巽，以斯適進，漸進者也。以止巽爲進，故「女歸吉」也〔一〕。進而用正，故

「利貞」也。

彖曰：漸，之進也，

之於進也。

女歸吉也。進得位，往有功也；進以正，可以正邦也。其位，剛得中也。

以漸進得位也。

止而巽，動不窮也。

象曰：山上有木，漸。君子以居賢德善俗。

賢德以止巽則居，風俗以止巽乃善。

初六，鴻漸于干。小子厲，有言，无咎。

鴻，水鳥也。適進之義，始於下而升者也，故以鴻爲喻。六爻皆以進而履之爲義焉。始進而位乎窮下，又无其應，若履于干〔二〕，危不可以安也。始進而未得其位，則困於小子〔三〕，窮於謗言，故曰「小子厲，有言」也。困於小子譏諛之言，未傷君子之義，故曰「无咎」也。

象曰：小子之厲，義无咎也。

六二，鴻漸于磐。飲食衎衎，吉。

磐，山石之安者也[四]。進而得位，居中而應，本无禄養，進而得之，其爲歡樂，顧莫先焉。

象曰：

飲食衍衍，不素飽也。

九三，鴻漸于陸。夫征不復，婦孕不育，凶。利禦寇。

陸，高之頂也。進而之陸，與四相得，不能復反者也。夫征不復，樂於邪配，則婦亦不能執貞矣。非夫而孕，故不育。三本艮體，而棄乎羣醜[五]，與四相得，遂乃不反，至使婦孕不育。見利忘義，貪進忘舊，凶之道也。異體合好，順而相保，物莫能間，故利禦寇也。

象曰：夫征不復，離羣醜也；婦孕不育，失其道也；利用禦寇，順相保也。

六四，鴻漸于木。或得其桷，无咎。

鳥而之木，得其宜也。或得其桷[六]，遇安棲也。雖乘於剛，志相得也[七]。

象曰：

或得其桷，順以巽也。

九五，鴻漸于陵。婦三歲不孕，終莫之勝，吉。

陵，次陸者也。進得中位，而隔乎三四，不得與其應合，故婦三歲不孕也。各履正而居中，三四不能久塞其塗者也。不過三歲，必得所願矣。進以正邦，三年有成，成則道濟，故不過三歲也。

象曰：

終莫之勝，吉，得所願也。

上九，鴻漸于陸。其羽可用爲儀，吉。

進處高絜〔八〕，不累於位，无物可以屈其心而亂其志。峩峩清遠，儀可貴也〔九〕，故曰「其羽可用爲儀，吉」。

象曰：其羽可用爲儀，吉，不可亂也。

校釋

〔一〕「女歸」，即嫁女。

〔二〕「干」，讀如詩經魏風：「坎坎伐檀兮，寘之河之干兮」之「干」，涯岸。

〔三〕「小子」指小人。「則困于小子」，校勘記：「釋文：本又作『則困讒于小子』」。

〔四〕「磐」，王弼釋爲「山石之安者」。王引之經義述聞：「漸之爲義，循次而進。三爻止漸於陸，而二爻遽在山石之上，非其次也。……今案史記孝武紀，封禪書，漢書郊祀志並載武帝詔曰：『鴻漸于般』。孟康注曰：『般，水涯堆也』，其義爲長。初爻漸于干；干，水涯也。二爻漸于般；般爲水涯堆，則高於水涯矣。三爻漸于陸，則又高於水涯堆矣，此其次也。……般之言泮也，陂也。其狀陂陀然，高出涯上，因謂之般」。

〔五〕「醜」，類。校勘記：「古本『醜』作『配』下經文同」。

〔六〕「桷」，方椽。

〔七〕「志相得也」，校勘記：「古本上有『與』字」。

〔八〕「絜」通「潔」。「進處高絜」，困學紀聞引作「進取高潔」。

〔九〕「峩峩」，崇高貌。校勘記：「岳本作『峩峩』。」「儀」儀表。

歸妹

☳☱{震上}{兑下}歸妹。征凶，无攸利。

象曰：歸妹，天地之大義也。天地不交而萬物不興，歸妹，人之終始也。

妹者，少女之稱也。兑爲少陰，震爲長陽，少陰而乘〔一〕〔承〕長陽，說以動，嫁妹之象也。陰陽既合，長少又交，天地之大義，人倫之終始。

說以動，所歸妹也。

少女而與長男交，少女所不樂也；而今說以動，所歸必妹也。雖與長男交，嫁而係娣〔二〕，是以說也。

征凶，位不當也。

履於不正〔三〕。說動以進，妖邪之道也。

无攸利，柔乘剛也。

以征，則有不正之凶；以處，則有乘剛之逆〔四〕。

象曰：澤上有雷，歸妹。君子以永終知敝。

歸妹，相終始之道也，故以永終知敝[五]。

初九，歸妹以娣，跛能履，征吉。

少女而與長男爲耦，非敵[六]之謂，是娣從之義也。（娣）[妹][七]，少女之稱也。少女之行，善莫若娣。夫承嗣以君之子，雖幼而不（姜）[妄]行[八]。少女以娣，雖跛能履，斯乃恒久之義，吉而相承之道也。以斯而進，吉其宜也。

象曰：歸妹以娣，以恒也；跛能履吉，相承也。

九二，眇能視，利幽人之貞。

雖失其位，而居內處中，眇[九]猶能視，足以保常也。在內履中，而能守其常，故利幽人之貞也。

象曰：利幽人之貞，未變常也。

六三，歸妹以須，反歸以娣。

室主[一〇]猶存，而求進焉，進未值時，故有須也[一一]。不可以進，故反歸待時，以娣乃行也。

象曰：歸妹以須，未當也。

九四，歸妹愆期，遲歸有時。

夫以不正无應[一二]而適人也，必須彼道窮盡无所與交，然後乃可以往，故愆期[一三]遲歸，以待時也。

象曰：愆期之志，有待而行也。

六五，帝乙歸妹，其君之袂，不如其娣之袂良。月幾望，吉。

歸妹之中，獨處貴位，故謂之「帝乙歸妹」也〔四〕。袂，衣袖，所以爲禮容者也。其君之袂，謂帝乙所寵

也，即五也。爲帝乙所崇飾，故謂之「其君之袂」也。配在九二，兌少震長，以長從少，不若以少從長

之爲美也，故曰「不若其娣之袂良」也。位在平中，以貴而行，極陰之盛，以斯適配，雖不若少，往亦必

合，故曰「月幾望〔五〕，吉」也。

象曰：帝乙歸妹，不如其娣之袂良也；其位在中，以貴行也。

上六，女承筐无實，士刲羊无血，无攸利。

羊，謂三也。處卦之窮，仰无所承，下又无應，爲女而承命，則筐虛而莫之與。爲士而下命，則刲〔六〕

羊而无血。刲羊而无血，不應所命也。進退莫與，故曰「无攸利」也。

象曰：上六无實，承虛筐也。

校　釋

〔一〕「承」字，據四部叢刊影印宋本等校改。校勘記：「宋本、古本、足利本『乘』作『承』，岳本作

『求』，蓋亦『承』之誤」。按，「當作『承』字」。歸妹卦兌下震上，兌爲少陰，震爲長陽，以下對上，當言「承」。

〔二〕「娣」，女弟(妹)。古代嫁女以姪、娣相從，姪、娣相當於媵妾的地位。校勘記：「古本『娣』

作『姊』。

〔三〕歸妹卦之二、三、四、五爻都不當位，所以注文說：「履於不正」。

〔四〕二、四爲柔位，而今均爲陽爻；三、五爲剛位，而今均爲陰爻，所以說：「以征」，則有不正之凶；以處，則有乘剛之逆。」

〔五〕「敝」，毀壞。「故以永終知敝」，孔穎達疏：「故君子象此以永長其終，知應有不終之敝故也」。

〔六〕「敵」，匹敵。「非敵」，指不是正配。所以下文說：「娣從之義也」。

〔七〕「妹」字，據四部叢刊影印影宋本和岳本等校改。校勘記：「岳本、宋本、古本、足利本『娣』作『妹』是也」。按，當作「妹」字。卦辭注：「妹者，少女之稱也」正與此同。

〔八〕「妄」字，據四部叢刊影印宋本等校改。校勘記補：「案『妾』當作『妄』，形近之譌，下正文可證」，毛本正作『妄』。

〔九〕「眇」，釋文：「字書云：盲也」。説文云：「小目」。

〔一〇〕「室主」，主婦，指正配。

〔一一〕「須」，待，等待。

〔一二〕「无應」，校勘記：「釋文出『不應』，云本亦作『无應』」。

〔一三〕「愆」，說文：「過也」。「愆期」，過了日期。

〔一四〕「帝乙歸妹」，參見泰卦校釋〔三〕。

〔一五〕「幾」，近。「望」，朔、望之「望」，卽滿月。

〔一六〕「刲」，割。

豐

☰☳ 離下震上 豐。亨，王假之。

大而亨者，王之所至。

勿憂，宜日中。

豐之爲義，闡弘微細，通夫隱滯者也〔一〕。爲天下之主，而令微隱者不亨，憂未已也，故至豐亨，乃得勿憂也。用夫豐亨不憂之德，宜處天中以徧照者也，故曰「宜日中」也。

象曰：豐，大也。

音闡大之大也。

明以動，故豐。王假之，尚大也。

大者，王之所尚，故至之也。

勿憂，宜日中，宜照天下也。

勿憂，宜日中，宜照天下也。以勿憂之德，故宜照天下也。

日中則昃，月盈則食，天地盈虛，與時消息；而況於人乎？況於鬼神乎？

豐之爲用，困於昃食者也〔一〕。施於未足則尚豐，施於已盈則方溢〔二〕，不可以爲常，故具陳消息之道者也。

象曰：雷電皆至，豐。君子以折獄致刑。

文明以動〔四〕，不失情理也。

初九，遇其配主，雖旬，无咎，往有尚。

處豐之初，其配在四，以陽適陽，以明之動，能相光大者也。旬，均也。雖均无咎，往有尚也。初、四俱陽爻，故曰均也〔五〕。

象曰：雖旬无咎，過旬災也。

過旬則爭，交斯叛也〔六〕。

六二，豐其蔀，日中見斗。往得疑疾，有孚發若，吉。

蔀，覆曖，鄣光明之物也〔七〕。處明動之時，不能自豐，以光大之德，既處乎內，而又以陰居陰，所豐在蔀，幽而无覩者也，故曰「豐其蔀，日中見斗」也〔八〕。日中者，明之盛也。斗見者，暗之極也。處盛明而豐其蔀，故曰「日中見斗」。不能自發，故往得疑疾。然履中當位，處暗不邪，有孚者也。若，辭也。有孚可以發其志，不困於暗，故獲吉也。

象曰：有孚發若，信以發志也。

九三，豐其沛，日中見沫。折其右肱，无咎。

沛，幡幔〔九〕，所以禦盛光也。沫，微昧之明也。應在上六，志在乎陰，雖愈乎以陰處陰，亦未足以免於暗也。所豐在沛，日中（則）〔一〇〕見沫之謂也。施明，則見沫而已；施用，則折其右肱〔一一〕。故可以自守而已，未足用也。

象曰：豐其沛，不可大事也；

折其右肱，終不可用也。
明不足也。

九四，豐其蔀，日中見斗。遇其夷主，吉。

雖有左在，不足用也。
以陽居陰，豐其蔀也；得初以發，夷主吉也〔一二〕。

象曰：豐其蔀，位不當也；日中見斗，幽不明也；遇其夷主，吉行也。

六五，來章，有慶譽，吉。

以陰之質，來適尊陽之位，能自光大，章顯其德，獲慶譽也。

象曰：六五之吉，有慶也。

上六，豐其屋，蔀其家，闚其戶，閴其无人，三歲不覿，凶。

屋，藏蔭之物。以陰處極，而最在外，不履於位，深自幽隱，絕迹深藏者也。既豐其屋〔三〕，又蔀其家〔三〕，屋厚家覆，暗之甚也。雖闚其戶，閴〔四〕其无人，棄其所處而自深藏也。處於明動尚大之時，而深自幽隱以高其行，大道既濟而猶不見〔五〕，隱不爲賢，更爲反道〔六〕，凶其宜也。三年，豐道之成〔七〕治道未濟，隱猶可也；既濟而隱，是以治爲亂者也。

象曰：豐其屋，天際翔也；

翳〔八〕光最盛者也。

闚其戶，閴其无人，自藏也。

可以出而不出，自藏之謂也。

校　釋

〔一〕「闡」，發揚。「弘」，廣大。此句之意，說明豐卦之意義爲使細小者發揚光大，使隱而不通者通達。孔穎達疏：「凡物之大，共有二種：一者自然之大，一者由人之闡弘使大。豐之爲義，既闡弘微細，則豐之稱大，乃闡大之大，非自然之大」。

〔二〕「昃」（或寫作「昗」）曰偏。「食」，月消蝕。此句爲釋彖辭「日中則昃，月盈則食」，說明盛極則必有衰之理。

〔三〕「則方溢」，校勘記：「《釋文》作『則溢』，云本或作『則方溢』者，非」。按，當作「則方溢」。「方」爲

「將」之意。「施於已盈則方溢」，正與上文「施於未足則尚豐」相承應。

〔四〕豐卦上震下離，離爲電，象文明；震爲雷，象動。所以象辭説：「雷電皆至」，而注説：「文明

以動」。

〔五〕「旬」，均也。雖均无咎，往有尚也。初、四俱陽爻，故曰均也」句，郭京周易舉正據定本改爲：

「旬，均之也。初、四俱陽爻，故曰均也。是以雖旬无咎，往有尚也」。

〔六〕「過均」，失均，即不均等。「交」，相交。「叛」，背離。

〔七〕「覆」，遮蓋。「曖」，昏暗。「鄣」同「障」，遮蔽。

〔八〕「斗」，指北斗星。「日中見斗」指日食時之情景。

〔九〕「幡幔」，帳子一類之物。

〔一〇〕「則」字，據岳本等校删。校勘記：「岳本、宋本、古本、足利本無『則』字。按「日中見沫之謂

也」，是重文辭，故不當增一「則」字。疑涉下文「施明則見沬」而誤衍。

〔一一〕「右肱」，右臂。

〔一二〕「發」，顯發。「得初以發」，孔穎達疏：「四應在初」，而同是陽爻，能相顯發而得吉」。「夷」，平，

喻均平之意。「夷主吉也」，孔穎達疏：「四之與初，交相爲主者，……若據初適四，則以四爲主，故曰『遇

其配主』。自四之初，則以初爲主，故曰『遇其夷主』也」。

〔三〕「又蔀其家」，文選左思魏都賦李善注引作：「又覆其家」。

〔四〕「闅」，釋文：「字林云：靜也。」姚作「闃」，孟作「窒」，並通。孔穎達疏釋作「寂也」。

〔五〕「濟」，成。「見」，現。「不見」，未顯現出來。

〔六〕「隱不爲賢」，意爲隱退而不出仕爲世之賢能。「更」，轉。「更爲反道」，意爲轉而爲違反常道的行爲。

〔七〕「成」，校勘記：「古本『成』作『盛』，下有『也』字。宋本亦作『盛』。」按，據孔穎達疏：「三年，豐道已成」之意，當作「成」。

〔八〕「翳」，障蔽。

旅

三三 艮下離上 旅。

旅。小亨，旅貞吉。

不足全夫貞吉之道，唯足以爲旅〔一〕之貞吉，故特重曰「旅貞吉」也。

象曰：旅，小亨，柔得中乎外而順乎剛，止而麗乎明，是以小亨，旅貞吉也。

夫物失其主則散，柔乘於剛則乖，既乖且散，物皆羈旅，何由得小亨而貞吉乎？夫陽爲物長，而陰皆順陽，唯六五乘剛而復得中乎外，以承于上。陰各順陽，不爲乖逆，止而麗明〔三〕，動不履妄，雖不及剛得尊位，恢弘大通，是以小亨〔三〕。令附〔四〕旅者不失其正，得其所安也。

旅之時義大矣哉！

旅者，大散。物皆失其所居之時也。咸失其居，物顧所附，豈非知者有爲之時〔五〕？

象曰：山上有火，旅。君子以明愼用刑而不留獄。

止以明之，刑戮詳也〔六〕。

初六，旅瑣瑣，斯其所取災。

象曰：旅瑣瑣，志窮災也。

最處下極，寄旅不得所安，而爲斯賤之役〔七〕所取致災，志窮且困。

六二，旅即次，懷其資，得童僕貞。

象曰：得童僕貞，終无尤也。

次者〔八〕可以安行旅之地也。懷，來也。得位居中，體柔奉上，以此寄旅，必獲次舍。懷來資貨，得童僕之所正也。旅不可以處盛，故其美盡於童僕之正也，過斯以往，則見害矣！童僕之正，義足而已。

九三，旅焚其次，喪其童僕，貞厲。

象曰：旅焚其次，亦以傷矣！以旅與下，其義喪也。童僕之正，義足而已。

居下體之上，與二相得。以寄旅之身，而爲施下之道，與萌侵權，主之所疑也〔九〕，故次焚、僕喪而身危也。

象曰：旅焚其次，亦以傷矣；以旅與下，其義喪也。

九四，旅于處，得其資斧，我心不快。

斧，所以斫除荆棘，以安其舍者也。雖處上體之下，不先於物，然而不得其位，不獲平坦之地〔一〇〕。客于所處〔一一〕，不得其次，而得其資斧之地，故其心不快也〔一二〕。

象曰：旅于處，未得位也；得其資斧，心未快也。

六五，射雉一矢，亡。終以譽命。

射雉〔一三〕以一矢，而復亡之，明雖有雉，終不可得矣。以其能知禍福之萌，不安其處以乘其下〔一五〕，而上承於上，故終以譽而見命也〔一六〕。

象曰：終以譽命，上逮也。

上九，鳥焚其巢，旅人先笑後號咷。喪牛于易，凶。

居高危而以爲宅，巢之謂也。客旅得上位〔一七〕，故「先笑」也。以旅而處于上極，衆之所嫉也〔一八〕以不親之身，而當嫉害之地，必凶之道也，故曰「後號咷」。牛者，稼穡之資。以旅處上，衆所同嫉，故喪牛于易〔一九〕。不在於難，物莫之與，危而不扶，喪牛于易，終莫之聞也〔二〇〕。莫之聞，則傷之者至矣！

象曰：以旅在上，其義焚也；喪牛于易，終莫之聞也。

〔一〕「旅」，客居。孔穎達疏：「旅者，客寄之名，羈旅之稱。失其本居而寄他方謂之爲旅」。

〔二〕旅卦離上艮下，離爲明，艮爲止，所以説：「止而麗明」。「麗」，附著。

〔三〕「是以小亨」，盧文弨説：「宋本、錢本正作『麗』。『是』作『足』。

〔四〕「令附旅者」之「附」字，郭京周易舉正作「羈」字。

〔五〕「咸失其居，物願所附」，校勘記：「足利本『其』作『所』，集解作『物失所居，則咸願有附』」。

按，此節注文集解本多有不同，其作：「旅者，物失其所居之時也。物失所居，則咸願有附，豈非智者有爲之時，故曰旅之時義大矣哉」。

〔六〕「止以明之」之「以」，校勘記：「岳本『以』作『而』。」「詳」，明察。

〔七〕「而爲斯賤之役」之「斯」字，孔穎達疏釋爲「此」。郭京周易舉正作「廝」，並説：「廝，賤之義」。

焦循周易補疏説：「王氏讀『斯』爲『廝』。廝，賤也。故云『斯賤之役』。按，郭、焦説是。「斯」借爲「廝」。

〔八〕「次」，房舍，旅舍。

〔九〕此句意爲，九三「以寄旅之身，而爲施下之道」，是爲萌動侵奪大權的行爲，所以遭到君主的懷疑。

〔十〕「不獲平坦之地」下，集解本有「者也」二字。

〔一一〕「客于所處」，校勘記：「集解作『客子所處』」。四部叢刊影印宋本作：「客乎所處」。按，此爲

釋文辭「旅于處」，故當作「客于所處」。作「子」、「乎」者，形近而譌。

〔一二〕「資斧之地」，意爲要用斧去斫除之地，亦即長滿荊棘之地。所以下文說：「其心不快也」。

又「故其心不快也」，校勘記：「古本無『故其』二字」。

〔一三〕「雉」，鳥名，俗稱野雞。

〔一四〕「寄旅」之「寄」，校勘記：「古本『寄』作『羈』」。

〔一五〕「以乘其下」之「乘」字，郭京周易舉正作「棄」。並說：「形近之譌」。

〔一六〕「見」，「被」。「見命」，意爲得到爵命。

〔一七〕「客旅得上位」，校勘記：「岳本、錢本、宋本、古本、足利本『旅』作『而』」。按，作「旅」、「而」於

此義均可通。

〔一八〕「嫉」，校勘記：「釋文：『嫉』，本亦作『疾』」。

〔一九〕「喪牛于易」，參看大壯卦校釋〔七〕。

〔二〇〕「終莫之聞」，意爲始終沒有聽到別的警告。校勘記：「錢本、宋本、古本『終』作『故』，古本下

有『也』字」。

巽

三三三巽下巽上巽。小亨。

巽〔一〕爲德，是以小亨也。上下皆巽，不違其令，命乃行也。故申命行事之時，上下不可以不巽也。

利有攸往，

巽悌〔二〕以行，物无距也。

利見大人。

大人用之，道愈隆也。

象曰：重巽以申命。

命乃行也〔三〕。未有不巽而命行也。

剛巽乎中正而志行，

以剛而能用巽，處乎中正，物所與也。

柔皆順乎剛。

明无違逆，故得小亨。

是以小亨，利有攸往，利見大人。

象曰：隨風，巽。君子以申命行事。

初六，進退，利武人之貞。

處令之初，未能服令者也，故「進退」也。成命齊邪〔四〕，莫善武人，故「利武人之貞」以整之。

象曰：進退，志疑也；

巽順之志，進退疑懼。

利武人之貞，志治也。

九二，巽在牀下，用史巫紛若，吉，无咎。

處巽之中，既在下位，而復以陽居陰，卑巽之甚，故曰「巽在牀下」也。卑甚失正，則入于咎過矣。能以居中而施至卑於神祇〔五〕，而不用之於威勢，則乃至于紛若之吉，而亡其過矣〔六〕。故曰「用史巫〔七〕紛若，吉，无咎」也。

象曰：紛若之吉，得中也。

九三，頻巽，吝。

頻，頻蹙〔八〕不樂而窮，不得已之謂也。以其剛正而爲四所乘，志窮而巽，是以吝也。

象曰：頻巽之吝，志窮也。

六四，悔亡，田獲三品。

乘剛，悔也。然得位承五，卑得所奉，雖以柔御剛，而依尊履正，以斯行命，必能獲强暴，遠不仁者也。獲而有益，莫善三品〔九〕，故曰「悔亡，田獲三品」〔一○〕。一曰乾豆，二曰賓客，三曰充君之庖〔一一〕。

象曰：田獲三品，有功也。

九五，貞吉，悔亡，无不利。无初有終。先庚三日，後庚三日，吉。
以陽居陽，損於謙巽，然秉乎中正以宣其令，物莫之違，故曰「貞吉，悔亡，无不利」也。化不以漸，卒以剛直用加於物，故初皆不說也〔三〕。終於中正，邪道以消，故有終也。申命令謂之庚。夫以正齊物，不可卒也〔三〕。民迷固久，直不可肆也。故先申三日〔四〕，令著之後，復申三日〔五〕，然後誅而无咎怨矣。甲、庚，皆申命之謂也〔六〕。

象曰：九五之吉，位正中也。

上九，巽在牀下，喪其資斧，貞凶。
處巽之極，極巽過甚，故曰「巽在牀下」也。斧，所以斷者也。過巽失正，喪所以斷〔七〕，故曰「喪其資斧、貞凶」也。

象曰：巽在牀下，上窮也；喪其資斧，正乎凶也。

校　釋

〔一〕「巽」，順。孔穎達疏：「巽者，卑順之名。……若施之於人事，能自卑巽者，亦無所不容」。
〔二〕「悌」，弟善事兄謂「悌」。校勘記：「釋文『弟』，本亦作『悌』」。

〔三〕「命乃行也」四字，郭京周易舉正說爲象辭竄入注文者。

〔四〕「成命齊邪」，意爲完成君主之命令，使邪惡之人改邪歸正。

〔五〕「神祇」，天神地祇。説文：「天神，引出萬物者也」；「地祇，提出萬物者也」。

〔六〕「紛若」，茂盛衆多貌。此句意爲，若能對鬼神卑順，而不是使用威勢，則可獲得衆多的吉祥，而无咎過。

〔七〕「史」，祝史。「巫」之「巫」覡。「史巫」，均爲古代「接事鬼神者」。

〔八〕「頻蹙」，憂戚貌。校勘記：「釋文出『頻顣』」。

〔九〕「莫善三品」，集解本作「莫若三品」。

〔一〇〕「田」，田獵。「故曰悔亡」「田獲三品」，集解本作「故曰有功也」。

〔一一〕語出禮記王制：「天子、諸侯無事則歲三田，一爲乾豆，二爲賓客，三爲充君之庖」。鄭玄注：「乾豆，謂臘之以爲祭祀豆實也」；「庖，今之厨也」。此意謂，以田獵所得之物，一則晒成乾肉，作爲祭祀時之供品（「豆」是放供物的祭器）二則爲宴享賓客時之食品；三則爲充作君主庖厨中之菜肴。又，校勘記：「宋本『庖』作『包』」，古本同，「下有『也』字」。集解本「庖」下復有「故曰有功也」五字。

〔一二〕「説」，悦。「故初皆不説也」，校勘記：「古本『初』作『物』」。

〔一三〕「夫以正齊物」之「正」，校勘記：「古本『正』作『令』」。「卒」借爲「猝」，倉猝、急速之意。

〔一四〕「民迷固久」，校勘記：「古本、足利本『固』作『故』」。「直」，正直。「肆」，速疾之意。「直不可

辭」與上文「以正齊物，不可卒也」意同。「故先申三日」，校勘記：「釋文：『申，音身，或作甲字』。

〔五〕「日」字，據四部叢刊影印宋本等校删。校勘記補：「毛本『日』字不重。案，此誤衍」。

〔六〕「甲、庚」皆申命之謂也」。「庚」爲申命之謂，見本注文。「甲」爲申命之謂，參見蠱卦卦辭及象辭」「先甲三日」後甲三日」，王弼注：「甲者，創制之令也」。

〔七〕「斷」，決斷。此句意爲，上九順之過分，以至喪失決斷能力。

兑

䷹兑下兑上　兑。亨，利貞。

彖曰：兑，説也。剛中而柔外，説以利貞。

説〔一〕而違剛則諂，剛而違説則暴，剛中而柔外，所以説以利貞也。剛中，故利貞；柔外，故説亨。

是以順乎天而應乎人。

天，剛而不應説者也。

説以先民，民忘其勞；説以犯難，民忘其死；説之大，民勸矣哉！

象曰：麗澤，兑。君子以朋友講習。

麗，猶連也。施説之盛〔二〕，莫盛於此。

初九，和兑，吉。

居兑之初，應不在一，无所黨係〔三〕，和兑之謂也。說不在諂，履斯而行，未見有疑之者，吉其宜矣。

{象}曰：和兑之吉，行未疑也。

九二，孚兑，吉，悔亡。

說不失中，有孚者也。失位而說，孚吉乃悔亡也。

{象}曰：孚兑之吉，信志也。

其志信也。

六三，來兑，凶。

以陰柔之質，履非其位，來求說者也。非正而求說，邪佞者也。

{象}曰：來兑之凶，位不當也。

九四，商兑未寧，介疾有喜。

商，商量裁制之謂也。介，隔也。三爲佞說，將近至尊，故四以剛德裁而隔之，匡〔四〕內制外，是以未寧也。處於幾近，閑邪介疾〔五〕，宜其有喜也。

{象}曰：九四之喜，有慶也。

九五，孚于剥，有厲。

比於上六，而與相得，處尊正之位，不說信乎陽，而說信乎陰，孚于剝〔六〕之義也。剝之爲義，小人道長之謂。

象曰：孚于剝，位正當也。
以正當之位，信於小人而疏君子，故曰「位正當」也〔七〕。

上六，引兌。

象曰：上六引兌，未光也。
以夫陰質，最處說後，靜退者也。故必見引〔六〕然後乃說也。

校釋

〔一〕「說」，「悅」。「說」爲釋兌卦之含義。《說卦》：「兌，正秋也，萬物之所說也。」故曰說言乎兌。……
說萬物者，莫說乎澤（兌）。

〔二〕「施說之盛」，「校勘記」：「錢本、監毛本『盛』作『道』。」

〔三〕「黨係」，朋黨，私屬。《校勘記》：「《釋文》出『黨繫』，云本亦作『係』。」

〔四〕「匡」，正也。

〔五〕「幾」，借爲「覬」。

〔六〕「處於幾近」，意爲九四所居之處與九五（王）相近。「閑」，防。「疾」，病害。

「閑邪介疾」，意爲防止邪惡，間隔病害。此處「邪」和「疾」，均指六三之「佞說」。

〔六〕「剝」剝落。參見剝卦彖辭:「剝,剝也。柔變剛也,不利有攸往,小人長也」。

〔七〕「疏」遠。「位正當也」孔穎達疏:「以當位責之也」。

〔八〕「見引」被引導。

渙

☳☵坎下巽上渙。 亨。 王假有廟,利涉大川,利貞。

〈彖〉曰:渙亨,剛來而不窮,柔得位乎外而上同。

二以剛來居內,而不窮於險;四以柔得位乎外,而與上同。是以亨,利涉大川,利貞也。凡剛得暢而无忌回之累〔一〕,柔履正而同志乎剛,則皆亨,利涉大川,利貞也。

王假有廟,王乃在中也。

王乃在乎渙然〔二〕之中,故至有廟也〔三〕。

利涉大川,乘木有功也。

乘木〔四〕,即涉難也。木者,專所以涉川也〔五〕。涉難而常用渙道〔六〕必有功也。

〈象〉曰:風行水上,渙。 先王以享于帝,立廟。

初六，用拯馬壯，吉。

渙，散也。處散之初，乖散未甚，故可以遊行〔七〕，得其志而違於難也。不在危劇〔八〕而後乃逃竄，故

象曰：初六之吉，順也。

觀難而行，不與險争，故曰「順也」。

曰「用拯馬壯」，吉〔九〕。

九二，渙奔其机，悔亡。

机〔一〇〕，承物者也，謂初也。二俱无應，與初相得，而初得散道，離散而奔，得其所安，故悔亡也。

象曰：渙奔其机，得願也。

六三，渙其躬，无悔。

渙之爲義，内險而外安者也〔一一〕。散躬志外，不固所守，與剛合志，故得无悔也〔一二〕。

象曰：渙其躬，志在外也。

六四，渙其羣，元吉。渙有丘，匪夷所思。

踰乎險難，得位體巽，與五合志。内掌機密，外宣化命者也，故能散羣之險，以光其道。不可自專，而爲散之任，猶有丘虛匪夷之慮〔一三〕，雖得元吉，所思不可忘也。

象曰：渙其羣，元吉，光大也。

然處於卑順，

九五，渙汗其大號，渙王居，无咎。

處尊履正，居巽之中，散汗大號，以盪險阨者也〔四〕。爲渙之主，唯王居之，乃得无咎也。

象曰：王居无咎，正位也。

正位不可以假人。

上九，渙其血，去逖出，无咎。

逖，遠也。最遠於害，不近侵克，散其憂傷，遠出者也。散患於遠害之地，誰將咎之哉？

象曰：渙其血，遠害也。

校　釋

〔一〕「忌」，畏。「回」，邪曲。「无忌回之累」，孔穎達疏：「無復畏忌、回邪之累也」。

〔二〕「渙然」，離散貌。渙卦有離散之意。〈序卦〉：「兌者，說也。說而後散之，故受之以渙。渙者，離也」。

〔三〕「有廟」，建立宗廟，指有政權。

〔四〕「渙卦坎下巽上，坎爲水，巽爲木，是爲水上有木，所以說：「乘木」。

〔五〕「木者，專所以涉川也」郭京《周易舉正據定本》，無「專」字。並說：「『專』字訓『獨』，不二之義。木之爲用廣矣、大矣，而云專涉川，豈不大乖乎」。

〔六〕「常用渙道」郭京周易舉正作：「常用正道」。並說：「蹇爻注：『正道未否，難由正濟。遇難失正，吉可得乎』」？（按，此爲蹇卦卦辭注）此『涉難』與『蹇難』何殊？足明合用『正道』，不合用『渙』，離散之義」。

〔七〕「遊行」，指在地上移動。校勘記：「釋文出『逝』，云又作『遊』」。

〔八〕「不在危劇」，校勘記：「釋文出『厄劇』，云本又作『危處』，又作『厄處』」。

〔九〕「拯」，舉。「拯馬」，猶言策馬而進。參看明夷卦校釋〔八〕。

〔10〕「机」，通「几」，几案，今茶几一類東西，所以說是「承物者也」。

〔一一〕渙卦內卦爲坎，喻險，外卦爲巽，喻安，所以說：「內險而外安」。

〔一二〕「與剛合志」，指與上九相應。「无悔」，集解本作「无咎」。

〔一三〕「丘虛」，高地、土堆。「睽夷」即「非夷」不平。校勘記：「岳本、宋本、古本『虛』作『墟』，正義同。釋文出『丘墟』。按，『虛』『墟』正俗字」。

〔一四〕「散汗」，出汗。孔穎達疏：「人遇險阨，驚怖而勞，則汗從體出。故以汗喻險阨也」。「大號」，大聲驚呼。「渙」，滌除。「阨」，困塞、險阨。「以渙險阨」，孔穎達疏：「以散險阨者也」。

節

䷻兌下坎上節。亨。苦節不可貞。

象曰：節亨，剛柔分而剛得中。

坎陽而兌陰也。陽上而陰下，剛柔分也。剛柔分而不亂，剛得中而爲制，主節之義也〔一〕。節之大者，莫若剛柔分，男女別也。

苦節不可貞，其道窮也。

爲節過苦，則物所不能堪也〔二〕；物不能堪，則不可復正也。

說以行險，當位以節，中正以通。

然後及亨也〔三〕。无說而行險，過中而爲節，則道窮也。

天地節而四時成，節以制度，不傷財，不害民。

象曰：澤上有水，節。君子以制數度，議德行。

初九，不出戶庭，无咎。

象曰：不出戶庭，知通塞也。

爲節之初，將整離散而立制度者也。故明於通塞，慮於險〔爲〕〔偽〕〔四〕，不出戶庭，慎密不失，然後事濟而无咎也。

九二，不出門庭，凶。

象曰：不出門庭，凶，失時極也。

初已造之，至二宜宣其制矣〔五〕，而故匿之，失時之極，則遂廢矣。故不出門庭則凶也〔六〕。

象曰：不出門庭凶，失時極也。

六三，不節若，則嗟若，无咎。

若，辭也。以陰處陽，以柔乘剛，違節之道〔七〕，以至哀嗟。自己所致，无所怨咎，故曰「无咎」也〔八〕。

象曰：不節之嗟，又誰咎也。

得位而順，不改其節而能亨者也。承上以斯，得其道也。

六四，安節，亨。

象曰：安節之亨，承上道也。

九五，甘節，吉。往有尚。

當位居中，爲節之主，不失其中，不傷財，不害民之謂也。爲節之不苦，非甘而何〔九〕？術斯以往〔一〇〕，往有尚也。

象曰：甘節之吉，居位中也。

上六，苦節，貞凶，悔亡。

過節之中，以至亢極，苦節者也。以斯施（正）〔人〕〔一一〕，物所不堪，正之凶也。以斯脩身，行在无妄，故得悔亡。

象曰：苦節貞凶，其道窮也。

校釋

〔一〕節卦之義，孔穎達疏：「節者，制度之名，節止之義。所以注説：『主節之義也』。」

〔二〕堪，勝任，承受。「則物所不能堪也」之「所」字，校勘記：「十行本『所』字墨丁（空缺）」，岳本、錢本、宋本、古本、足利本無『所』字。

〔三〕此句意爲，只有如象所説：「説以行險」、「當位以節」，然後才能中正而亨通。「然後及亨也」之「及」字，校勘記：「岳本、古本『及』作『乃』」。四部叢刊影印宋本亦無「所」字。又，郭京周易舉正説：「然後乃亨也」五字，爲象辭文誤竄入注者。

〔四〕「偏」字，據四部叢刊影印宋本等校改。校勘記補：「案下正義，『爲』當作『偏』」，毛本是「偏」字。

〔五〕此句意爲，初已建立制度，二即應宣布這些制度了。

〔六〕「故不出門庭則凶也」，校勘記：「古本『故』下有『曰』字」。

〔七〕象辭注説：「節之大者，莫若剛柔分，男女別也」。六三則「以陰處陽」、「以柔乘剛」，所以説：「違節之道」。

〔八〕「致」，招致。「自己所致」之「致」，集解本作「至」。「故曰无咎也」，集解本作：「故曰又誰咎也」。

〔九〕「爲節之不苦，非甘而何」，校勘記：「岳本『之』作『而』，古本同，『而』作『如』」。四部叢刊影印宋本「之」亦作「而」。

〔一0〕「術」「法」。「術斯以往」意爲以此爲法而去行動。

〔一一〕「人」字，據閩監毛本等校改。校勘記：「閩監毛本『正』作『人』，依正義當作『人』」。按，孔穎達疏：「若以苦節使人，則是正道之凶」。

中孚

三三(巽上兌下)中孚。豚魚吉，利涉大川，利貞。

象曰：中孚，柔在內而剛得中，說而巽。孚，乃化邦也。

　　信立而後邦乃化也。柔在內而剛得中〔二〕，各當其所也。剛得中，則直而正；柔在內，則靜而順。說而巽〔三〕，則乖爭不作。如此，則物无巧競。敦實之行著，而篤信發乎其中矣。

　　有上四德，然後乃孚〔一〕。

豚魚吉，信及豚魚也。

　　魚者，蟲之隱者也〔四〕。豚者，獸之微賤者也〔五〕。爭競之道不興，中信之德淳著，則雖微隱之物，信

皆及之。

利涉大川，乘木舟虛也。

乘木於用舟之虛〔六〕，則終已无溺也。用中孚以涉難，若乘木舟虛也〔七〕。

中孚以利貞，乃應乎天也。

盛之至也。

象曰：澤上有風，中孚。君子以議獄緩死。

信發於中，雖過可亮〔八〕。

初九，虞吉，有它不燕。

虞，猶專也。爲信之始，而應在四〔九〕，得乎專吉者也。志未能變，繫心於一，故「有它不燕」也〔一○〕。

象曰：初九虞吉，志未變也。

九二，鳴鶴在陰，其子和之。我有好爵，吾與爾靡之。

處內而居重陰之下，而履不失中，不徇於外，任其真者也〔一一〕。故曰「鳴鶴在陰，其子和之」也。不私權利，唯德是與，誠之至也。故曰我有好爵〔一二〕，與物散之。立誠篤至〔一三〕，雖在暗昧，物亦應焉。

象曰：其子和之，中心願也。

六三，得敵，或鼓或罷，或泣或歌。

三居少陰之上，四居長陰之下〔一四〕，對而不相比，敵之謂也。以陰居陽，欲進者也，欲進而閡敵，故「或鼓」也〔一五〕。四履正而承五，非己所克，故「或罷」也〔一六〕。四履乎順，不與物校〔一七〕，退而不見害，故「或歌」也。不量其力，進退无恒，懼可知也〔一八〕。

象曰：或鼓或罷，位不當也。

六四，月幾望，馬匹亡，无咎。

居中孚之時，處巽之始，應說之初，居正履順，以承於五，內毗〔一九〕元首，外宣德化者也。充乎陰德之盛，故曰「月幾望」〔二〇〕。馬匹亡者，棄羣類也。若夫居盛德之位，而與物校其競爭，則失其所盛矣，故曰絕類而上。履正承尊，不與三爭，乃得无咎也。

象曰：馬匹亡，絕類上也。

類，謂三。俱陰爻，故曰類也。

九五，有孚攣如，无咎。

攣如者〔二一〕，繫其信之辭也。處中誠以相交之時，居尊位以爲羣物之主，信何可舍？故有孚攣如，乃得无咎。

象曰：有孚攣如，位正當也。

上九，翰音登于天，貞凶。

翰,高飛也。飛音者,音飛而實不從之謂也。居卦之上,處信之終,信終則衰,忠篤內喪〔三〕,華美外揚,故曰「翰音登于天」也。翰音登天,正亦滅矣。

象曰:翰音登于天,何可長也。

校釋

〔一〕「孚」,信。〈中孚卦之義,孔穎達疏:「信發於中,謂之中孚」。「中」有兩種含意,一爲內心,一爲中正。

〔二〕「四德」指「柔內」、「剛中」、「說」(悅)、「巽」(順)。

〔三〕「柔在內」,指六三、六四;「剛得中」,指九二、九五。

〔四〕「說而以巽」,指中孚卦之上下卦而言,上卦巽爲順,下卦兌爲悅。

〔五〕「魚者,蟲之隱者也」,魚潛於水中,所以說是「隱者」。校勘記:「釋文出『畜之』,云本或作『獸』」。

〔六〕「豚」,猪。「獸之微賤者也」,校勘記:「古本、足利本『隱』作『潛』」。

〔七〕「乘木於用舟之虛」,此即老子十一章所謂:「三十輻共一轂,當其無,有車之用。埏埴以爲器,當其無,有器之用。鑿戶牖以爲室,當其無,有室之用」之意。

〔八〕「若乘木舟虛也」,校勘記:「古本作『若乘木於舟虛者也』」。

〔九〕「過」,過失。「亮」同「惊」,亦是信之意。

〔十〕「而應在四」,校勘記:「古本『在』下有『乎』字」。

〔10〕「繫心於一」校勘記：「古本『於』作『專』」。「燕」，安逸。「有它不燕」，意爲若心有它屬而不

專一，則不得安寧。

〔一一〕「徇」，營求。「真」，即老子所謂「朴」。老子二十八章王弼注：「朴，真也」。

〔一二〕「立誠篤至」校勘記：「岳本、監毛本『至』作『志』」。

〔一三〕「爵」，爵位，權利。郭京周易舉正説：「我有好爵」下，脱「與爾靡之」言」五字。按，據注文慣

例「故曰」下重言爻辭文，則此處「我有好爵」下似當有「吾與爾靡之」言」等字。

〔一四〕「少陰」，指兑「長陰」，指巽。説卦：「巽爲長女」「兑爲少女」。

〔一五〕「閡」，隔。「或鼓」，意爲進攻。

〔一六〕「罷」，疲敗。

〔一七〕「校」，讀如論語泰伯：「犯而不校」之「校」，計較之意。監毛本「校」作「較」下同。

〔一八〕「懲」，疲。按，此節注文集解本多有不同，其作：「三、四俱陰，金、水異性，敵之謂也。以陰居

陽，自强而進，進而閡敵，故或鼓也。四履正位，非己敵所克，故或罷也。不勝而退，懼見浸陵，故曰或

泣也。四履謙巽，不報讐敵，故或歌也。歌泣無恆，位不當也」。

〔一九〕「毗」，輔助。「元首」，指九五。

〔二0〕「幾」，近。「望」，朔望之望。「月幾望」，即近於月圓之日。

〔二一〕「攣如」，牽連不絶貌。

〔三〕「内喪」校勘記:「古本『内』作『日』。」

小過

䷽ 震下艮上 小過。亨,利貞。可小事,不可大事。飛鳥遺之音,不宜上,宜下。大吉。

飛鳥遺其音〔一〕,聲哀以求處,上愈无所適,下則得安。愈上則愈窮,莫若飛鳥也。

象曰:小過,小者過而亨也。

小者,謂凡諸小事也。過於小事而通者也。

過以利貞,與時行也。

過而得以利貞,應時宜也。施過於恭儉,利貞者也。

柔得中,是以小事吉也;剛失位而不中,是以不可大事也。

成大事者,必在剛也。柔而浸大〔二〕,剝之道也。

有飛鳥之象焉。

不宜上,宜下,即飛鳥之象。

飛鳥遺之音,不宜上,大吉,上逆而下順也。

上則乘剛,逆也;下則承陽,順也〔三〕。施過於不順,凶莫大焉;施過於順,過更變而爲吉也。

象曰：山上有雷，小過。君子以行過乎恭，喪過乎哀，用過乎儉。

初六，飛鳥以凶。

象曰：飛鳥以凶，不可如何也。

小過，上逆下順，而應在上卦〔四〕。進而之逆，无所錯足〔五〕，飛鳥之凶也。

六二，過其祖，遇其妣；不及其君，遇其臣，无咎。

過而得之謂之遇。在小過而當位，過而得之之謂也。祖，始也，謂初也。妣者〔六〕，居內履中而正者

也。過初而履二位，故曰「過其祖而遇其妣」。過而不至於僭〔七〕，盡於臣位而已，故曰「不及其君，

遇其臣，无咎」。

象曰：不及其君，臣不可過也。

九三，弗過防之，從或戕之，凶。

小過之世〔八〕，大者不立，故令小者得過也。居下體之上，以陽當位，而不能先過防之，至令小者（或

〔咸〕〔九〕過而復應而從焉。其從之也，則戕之〔一〇〕凶至矣。故曰「弗過防之，從或戕之，凶」也。

象曰：從或戕之，凶如何也。

九四，无咎，弗過遇之，往厲必戒，勿用永貞。

雖體陽爻而不居其位，不爲責主〔一二〕，故得无咎也。失位在下，不能過者也。以其不能過，故得合於

免咎之宜，故曰「弗過遇之」。夫宴安酖毒，不可懷也〔二二〕。處於小過不寧之時，而以陽居陰，不能有

所爲者也。以此自守，免咎可也；以斯攸往〔二三〕，危之道也。不交於物，物亦弗與，无援之助，故危則

必戒而已〔二四〕，无所告救也。沈没怯弱，自守而已，以斯而處於羣小之中，未足任者也，故曰「勿用永

貞」，言不足用之於永貞。

象曰：弗過遇之，位不當也；往厲必戒，終不可長也。

六五，密雲不雨，自我西郊，公弋取彼在穴。

小過〔二五〕，小者過於大也。六得五位，陰之盛也，故密雲不雨，至于西郊也。夫雨者，陰在於上，而陽

薄之而不得通，則烝而爲雨〔二六〕。今陰止於下而不交焉，故不雨也。是故，小畜尚往而亨，則不雨

也〔二七〕。小過陽不上交，亦不雨也。雖陰盛于上，未能行其施也〔二八〕。公者〔二九〕，臣之極也，五極陰

盛〔三〇〕，故稱公也。弋，射也〔三一〕。在穴者，隱伏之物也。小過者，過小而難未大作，猶在隱伏者也。

以陰質治小過，能獲小過者也，故曰「公弋取彼在穴」也。除過之道，不在取之，是乃密雲，未能

雨也〔三二〕。

象曰：密雲不雨，已上也。

陽已上，故止也〔三三〕。

上六，弗遇過之，飛鳥離之，凶。是謂災眚。

小人之過，遂至上極，過而不知限，至於亢也〔二四〕。過至于亢〔二五〕，將何所遇？飛而不已，將何所託？

象曰：弗遇過之，已亢也。

校釋

〔一〕「遺」，失。孔穎達疏：「鳥之失聲，必是窮迫未得安處。論語曰：『鳥之將死，其鳴也哀』。故知遺音卽哀聲也」。

〔二〕「柔而浸大」，盧文弨說：「古本、足利本『浸』作『侵』」。

〔三〕「上則乘剛，逆也」，指六五乘九四。「下則承陽，順也」，指六二承九三。

〔四〕「應在上卦」，指初六與九四相應。

〔五〕「錯」同「措」，置。「无所錯足，飛鳥之凶也」，校勘記：「釋文：『錯』本又作『措』，又作『厝』。古本作：无所錯手足，飛鳥凶也」。

〔六〕「妣」，此處與「祖」對稱，爲祖母之稱。

〔七〕「越」，專指非分之越。「過而不至於僭」，校勘記：「釋文出『于僭』。古本『過』作『遇』」。

〔八〕「世」，校勘記：「岳本、閩監毛本『世』作『時』」。

〔九〕「咸」字，據岳本等校改。校勘記：「岳本、宋本、古本、足利本『或』作『咸』。疏中錢本亦作

『咸』。按，據文義當作『感』。此句意爲，九三防之不嚴，使小者（初、二）皆得越過而至於五、上，且己

又復與上相從。作『或』者，形近而譌。

〔一〇〕『戕』，殺害。孔穎達疏：『春秋傳曰：在內曰弒，在外曰戕，然則戕弒皆殺害之謂也』。

〔一一〕『責』，責任。『不爲責主』，校勘記：『岳本、宋本、足利本『責』作『貴』』。按，據孔穎達疏：『不

居其位，不防之責，責不在己』，故得无咎』，則當作『責』字。

〔一二〕『宴安酖毒，不可懷也』，校勘記：『釋文出『酖』，本亦作『酖』。按，『鳩』正字，『酖』假借字』。

此句意爲，安逸亨樂，如同毒酒，不可留戀。語出左傳閔公元年：『狄人伐邢，管敬仲言於齊侯曰：戎

狄，豺狼，不可厭也；諸夏親暱，不可棄也；宴安酖毒，不可懷也』。

〔一三〕『以斯攸往』，校勘記：『古本『斯』作『以斯有攸往』』。

〔一四〕『危則必戒而已』，意爲遇到危險，只能自己戒慎而已，無處可求救。

〔一五〕『小過』，校勘記：『岳本作『小過者』。四部叢刊影印宋本同。

〔一六〕『陰在于上，而陽薄之而不得通，則炎而爲雨』，校勘記：『岳本、足利本『在』作『布』，『炎』作

『蒸』。宋本亦作『布』。古本同，『陽』下有『上』字。錢本亦作『蒸』。釋文出『則蒸』』。此句文義參看小

畜卦校釋〔四〕、〔五〕。

〔一七〕語見小畜卦象辭：『密雲不雨，尚往也』。又，『小畜』，校勘記：『釋文：『畜』，本又作『蓄』』。

〔一八〕『雖陰盛於上，未能行其施也』，校勘記：『古本『陰』下有『復』字，『也』上有『者』字』。

〔一九〕「公」,指三公,所以説:「臣之極也」。

〔二〇〕「五極陰盛」,校勘記:「古本無『極』字」。

〔二一〕「弋,射也」之「射」,校勘記:「古本作『獦』」。

〔二二〕「是乃密雲,未能雨也」,校勘記:「宋本、足利本『是乃』作『足及』」。

〔二三〕「陽已上,故止也」,校勘記:「釋文:本又作『陽已上,故少陰止』」。郭京周易舉正作「陽已止,下故也」。

並説,象辭「已上」,亦當作「已止」。

〔二四〕「至於六」,校勘記:「岳本『於』作『于』。古本『也』上有『者』字」。

〔二五〕「過至于六」,校勘記:「岳本『于』作『於』,古本同」。

既濟

䷾離下坎上

既濟。亨,小利貞。初吉終亂。

象曰:既濟亨,小者亨也。

既濟者,以皆濟爲義者也〔一〕。小者不遺,乃爲皆濟,故舉小者以明既濟也。

利貞,剛柔正位當也。

剛柔正而位當,則邪不可以行矣,故唯正乃利貞也〔二〕。

初吉，柔得中也；終止則亂，其道窮也。

柔得中，則小者亨也；柔不得中，則小者未亨；雖剛得正，則爲未既濟也。故既濟之要，在

柔得中也。以既濟爲安〔三〕者，道極无進，終唯有亂，故曰「初吉，終亂」。終亂不爲自亂，由止故

亂〔四〕。故曰「終止則亂」也。

象曰：水在火上，既濟。君子以思患而豫防之。

存不忘亡，既濟不忘未濟也。

初九，曳其輪，濡其尾，无咎。

最處既濟之初，始濟者也。始濟未涉於燥，故輪曳而尾濡也〔五〕。雖未造易〔六〕，心无顧戀，志棄難者

也。其於義也，无所咎也。

象曰：曳其輪，義无咎也。

六二，婦喪其茀，勿逐，七日得。

居中履正，處文明之盛，而應乎五，陰之光盛者也。然居初、三之間，而近不相得，上不承三，下不比

初。夫以光盛之陰，處於二陽之間，近而不相得，能无見侵乎？故曰「喪其茀」也。稱婦者，以明自有

夫而它人侵之也。弗，首飾也。夫以中道執乎貞正，而見侵者，衆之所助也。處既濟之時，不容邪道

者也。時既明峻，衆又助之，竊之者逃竄而莫之歸矣。量斯勢也〔七〕，不過七日，不須己逐，而自

象曰：七日得，以中道也。

九三，高宗伐鬼方，三年克之，小人勿用。

處既濟之時，居文明之終，履得其位，是居衰末而能濟者〔八〕。君子處之，故能興也，小人居之，遂喪邦也。

高宗伐鬼方，三年乃克也〔九〕。

象曰：三年克之，憊也。

六四，繻有衣袽，終日戒。

繻，宜曰濡〔一〇〕。衣袽〔一一〕，所以塞舟漏也。履得其正，而近不與三五相得。夫有隙〔一二〕之棄舟，而得濟者，有衣袽也。鄰於不親而得全者，終日戒也。

象曰：終日戒，有所疑也。

九五，東鄰殺牛，不如西鄰之禴祭，實受其福。

牛，祭之盛者也。禴，祭之薄者也〔一三〕。居既濟之時，而處尊位，物皆濟矣。將何爲焉？其所務者，祭祀而已。祭祀之盛，莫盛脩德，故沼沚之毛，蘋蘩之菜，可羞於鬼神〔一四〕。故「黍稷非馨，明德惟馨」〔一五〕。是以「東鄰殺牛，不如西鄰之禴祭〔一六〕，實受其福」也。

象曰：東鄰殺牛，不如西鄰之時也。

在於合時,不在於豐也。

實受其福,吉大來也。

上六,濡其首,厲。

處既濟之極,既濟道窮,則之於未濟,之於未濟,則首先犯焉。過〔惟〕〔進〕〔七〕不已,則遇於難,故「濡其首」也。將沒不久,危莫先焉。

象曰:濡其首厲,何可久也。

校 釋

〔一〕「既濟」,孔穎達疏:「濟者,濟渡之名。既者,皆盡之稱。萬事皆濟,故以既濟為名」。

〔二〕「乃利貞也」,校勘記:「錢本無『貞也』二字」。

〔三〕「以既濟為安者」,校勘記:「錢本、古本、足利本『安』作『象』」,宋本作『家』。案『家』即『象』之誤」。按,據王弼注文之意及孔穎達疏,當作「安」。注下文說:「道極无進,終唯有亂」,正釋「以既濟為安者」所產生之結果。孔疏說:「但人皆不能居安思危,慎終如始,故戒以今日既濟之初,雖皆獲吉,若不進德修業,至於終極,則危亂及之」。

〔四〕「故曰初吉終亂,終亂不為自亂」,校勘記:「岳本、足利本不重『終亂』二字。古本同」。「初吉終亂」下有『也』字」。「由止故亂」,意為若以「既濟」為安,則將終止而不再前進,由於終止不進,導致亂」。

禍亂。

〔五〕「燥」，動。「曳」，拖牽。「濡」，浸滯。「輪曳」、「尾濡」，均比喻尚未行動。

〔六〕「造易」，達於平地。

〔七〕「量斯勢也」，意爲估計這種形勢。〈校勘記〉：「古本『斯』作『其』」。

〔八〕「是居衰末而能濟者」，四部叢刊影印宋本作：「是居衰末而未能濟者也」。按，據文義當作：「是居衰末而能濟者」。上文説：「居文明之終」，即爲「衰末」之象，「履得其位」，正所以爲「能濟者」。影印宋本誤「末」爲「未」，而又顛到「末而」二字，以至文義不合。

〔九〕「高宗伐鬼方，三年乃克也」，指殷高宗武丁征伐西北部族鬼方之故事。事已不可詳考。竹書紀年載：「高宗三十二年伐鬼方，次於荊，三十四年王師克鬼方，氐羌來賓。」據清人及近人考證，以爲竹書紀年所載乃合詩經商頌殷武與易經此爻辭而杜撰者。又〈校勘記〉：「古本『高宗』二字作『也故』，一本多『也故』二字」。四部叢刊影印宋本同一本。

〔一〇〕「繻」，絲羅。王注説：「宜曰濡」，則謂「繻」借爲「濡」浸濕之意。

〔一一〕「袽」，破絮，破衣。

〔一二〕「有隙」，〈校勘記〉：「釋文出『有郤』」。按，『郤』、『隙』古通。

〔一三〕「禴」，萃卦六二注：「禴，殷春祭名也」，四時祭之省者也」。參看萃卦校釋〔一六〕。

〔一四〕「沼沚」，小池溝。「毛」，草。「蘋」，浮萍。「藻」，白蒿草。「沼沚之毛，蘋藻之菜」，均表示祭

品之省薄，「羞」，進獻。按，「羞」字於此義可通，然似當作「薦」，〈萃卦六二爻辭注作：「故可以省薄薦於鬼神也」。又，此段注文爲簡述左傳之文。〈左傳隱公三年：「信不由中，質無益也。明恕而行，要之以禮，雖無有質，誰能間之。苟有明信，澗谿沼沚之毛，蘋蘩薀藻之菜，筐筥錡釜之器，潢汙行潦之水，可薦於鬼神，可羞於王公」。亦爲「可薦於鬼神」。

〔一五〕「黍」黃米。「稷」，穀子。「馨」，香氣。「黍稷非馨，明德惟馨」，語出書經君陳：「至治馨香，感於神明，黍稷非馨，明德惟馨」。

〔一六〕「東隣」、「西隣」，據禮記坊記引此爻辭文鄭玄注：「東隣謂紂國中也，西隣謂文王國中也」。

〔一七〕「進」字，據岳本等校改。校勘記：「岳本、錢本、宋本、足利本『惟』作『進』。古本同。一本作『過進惟不已』。閩監毛本『惟』作『而』」。按，據注文之意當作「進」，形近而譌。孔穎達疏：「若進而不已，必遇於難」正與注文義同，可爲佐證。

未濟

三三 坎下 離上 未濟。亨。小狐汔濟，濡其尾，无攸利。

〈彖曰：未濟亨，柔得中也。

以柔處中，不違剛也；能納剛健，故得亨也。

小狐汔濟，未出中也。

小狐不能涉大川，須汔〔一〕然後乃能濟。處未濟之時，必剛健拔難，然後乃能濟。汔乃能濟，未能出險之中。

濡其尾，无攸利，不續終也。

小狐雖能渡〔二〕而无餘力，將濟而濡其尾，力竭於斯，不能續終，險難猶未足以濟也。濟未濟者，必有餘力也。

雖不當位，剛柔應也。

位不當，故未濟；剛柔應，故可濟〔三〕。

象曰：火在水上，未濟。君子以慎辨物居方。

辨物居方，令物各當其所也〔四〕。

初六，濡其尾，吝。

處未濟之初，最居險下，不可以濟者也。而欲之其應，進則溺身。未濟之始，始於既濟之上六也，濡其首猶不反〔五〕，至於濡其尾，不知紀極〔六〕者也。然以陰處下，非爲進六，遂其志者也。困則能反，故不曰凶。事在已量，而必困乃反，頑亦其矣〔七〕，故曰「吝」也。

象曰：濡其尾，亦不知極也。

九二，曳其輪，貞吉。

體剛履中，而應於五，五體陰柔，應與〔八〕而不自任者也。居未濟之時，處險難之中，體剛中之質，而見任與，拯救危難，經綸屯塞者也〔九〕。用健拯難，靖難在正，而不違中〔一〇〕，故「曳其輪，貞吉」也。

象曰：九二貞吉，中以行正也。

位雖不正，中以行正也。

六三，未濟，征凶。利涉大川。

以陰之質，失位居險，不能自濟者也。以不正之身，力不能自濟，而求進焉，喪其身也，故曰「征凶」也。二能拯難，而己比之，棄己委二，載二而行，溺可得乎？何憂未濟？故曰「利涉大川」。

象曰：未濟征凶，位不當也。

九四：貞吉，悔亡。震用伐鬼方，三年有賞于大國。

處未濟之時，而出險難之上，居文明之初。體乎剛質，以近至尊，雖履非其位，志在乎正，則吉而悔亡矣。其志得行，靡禁其威，故曰「震用伐鬼方」也。伐鬼方者，興衰之征也。故每至興衰而取義焉。處文明之初，始出於難，其德未盛，故曰「三年」也。五居尊以柔，體乎文明之盛，不奪物功者也，故以大國賞之也。

象曰：貞吉悔亡，志行也。

六五：貞吉，无悔。君子之光，有孚，吉。

以柔居尊，處文明之盛，爲未濟之主，故必正然後乃吉，吉乃得无悔也。夫以柔順文明之質，居於尊位，付與於能，而不自役，使武以文，御剛以柔，斯誠君子之光也。付物以能，而不疑也，物則竭力，功斯克矣，故曰「有孚，吉」。

象曰：君子之光，其暉吉也。

上九，有孚于飲酒，无咎。濡其首，有孚，失是。

未濟之極，則反於既濟。既濟之道，所任者當也。所任者當，則可信之无疑，而己逸焉。故曰「有孚于飲酒，无咎」也。以其能信於物，故得逸豫〔二〕而不憂於事之廢。苟不憂於事之廢，而耽〔三〕於樂之甚，則至于失節矣。由於有孚，失於是矣，故曰「濡其首，有孚，失是」也。

象曰：飲酒濡首，亦不知節也。

校　釋

〔一〕「汔」，説文：「水涸也」。

〔二〕「小狐雖能渡」，校勘記：「古本『渡』下有『濟』字」。

〔三〕未濟卦中二、三、四、五皆不當位，但初與四、二與五、三與上均陰陽（剛柔）相應。

〔四〕「辨」，別。「方」，正。「所」，處所，地位。「各當其所」，校勘記：「釋文出『各得其所』，云一本

〔得〕作『當』。古本同。」

〔五〕濡其首猶不反」，校勘記：「古本『首』下有『而』字。」

〔六〕「不知紀極」，意爲沒有休止。孔穎達疏：「春秋傳曰：聚斂積實，不知紀極，謂之饕餮。言無

休已也」。

〔七〕「量」，限度。「事在已量」，意爲事在已定之限度內。「頑」，愚癡。

〔八〕「與」，黨與。「應與」，指五與二相應，以二爲己之黨與。下「任與」、六五注「付與」之「與」義

同此。

〔九〕「經」，經緯。「綸」，綱綸。「經綸」，規畫治理之意。「屯蹇」，閉塞不通。又，校勘記：「釋文

『綸』，本又作『論』。」

〔一〇〕「用健拯難，靖難在正，而不違中」，校勘記：「宋本，足利本『拯』作『施』。『靖』作『循』。古本同。

一本『靖』作『脩』。錢本亦作『循』。釋文出『循難』。」按「拯」與「施」均爲救濟之義，「靖」與「循」皆是

治理之意，並可通。

〔一一〕「逸豫」，安樂。

〔一二〕「耽」，沈緬。

王弼集校釋

五三四

繫辭上韓康伯注

天尊地卑，乾坤定矣。

　乾坤，其易之門戶，先明天尊地卑，以定乾坤之體。

卑高以陳，貴賤位矣。

　天尊地卑之義既列，則涉乎萬物，貴賤之位明矣。

動靜有常，剛柔斷矣。

　剛動而柔止也。動止得其常體，則剛柔之分著矣。

方以類聚，物以群分，吉凶生矣。

　方有類，物有群，則有同有異，有聚有分也。順其所同則吉，乖其所趣則凶，故「吉凶生矣」。

在天成象，在地成形，變化見矣。

　象，況日月星辰；形，況山川草木也。懸象運轉以成昏明，山澤通氣而雲行雨施，故「變化見矣」。

是故，剛柔相摩，

相切摩也，言陰陽之交感也。

八卦相盪，

相推盪也，言運化之推移。

鼓之以雷霆，潤之以風雨。日月運行，一寒一暑。乾道成男，坤道成女。乾知大始，坤作

成物。乾以易知，坤以簡能。

天地之道，不爲而善始，不勞而善成，故曰易簡。

易則易知，簡則易從。易知則有親，易從則有功；

順萬物之情，故曰「有親」；通天下之志，故曰「有功」。

有親則可久，有功則可大；

有易簡之德，則能成可久、可大之功。

可久則賢人之德，可大則賢人之業。

天地易簡，萬物各載其形；聖人不爲，羣方各遂其業；德業既成，則入於形器，故以賢人目其德業。

易簡而天下之理得矣。

天下之理，莫不由於易簡，而各得順其分位也。

天下之理得，而成位乎其中矣。

成位況立象也。極易簡，則能通天下之理，通天下之理，故能成象並乎天地。言其中，則並明天地也。

聖人設卦觀象。

此總言也。

繫辭焉而明吉凶，剛柔相推而生變化。

繫辭所以明吉凶，剛柔相推所以明變化也。

是故，吉凶者，失得之象也；

由有失得，故吉凶生。

悔吝者，憂虞之象也；

失得之微者，足以致憂虞而已，故曰「悔吝」。

變化者，進退之象也；

往復相推，迭進退也。

剛柔者，晝夜之象也。

晝則陽剛，夜則陰柔。始總言吉凶變化，而下別明悔吝、晝夜者，悔吝則吉凶之類　晝夜亦變化之

吉凶者，存乎人事也；變化者，存乎運行也。

道。吉凶之類則同因繫辭而明，變化之道則俱由剛柔而著。故始總言之，下則明失得之輕重，辯變

化之小大，故別序其義也。

六爻之動，三極之道也。

三極，三材也。兼三材之道，故能見吉凶，成變化也。

是故，君子所居而安者，易之序也；

序，易象之次序。

所樂而玩者，爻之辭也。是故，君子居則觀其象而玩其辭，動則觀其變而玩其占，是以自

天祐之，吉，无不利。

象者，言乎象者也。

象，總一卦之義也。

爻者，言乎變者也。

爻，各言其變也。

吉凶者，言乎其失得也。悔吝者，言乎其小疵也。无咎者，善補過也。是故，列貴賤者存

乎位，

爻之所處曰「位」,六位有貴賤也。

齊小大者存乎卦,

卦有小大也。齊,猶言辯也,即〈象〉者言乎象也。

辯吉凶者存乎辭。

辭,〈爻辭也〉,即爻者言乎變也。言象所以明小大,言變所以明吉凶。故小大之義存乎卦,吉凶之狀見乎爻,至於悔吝无咎,其例一也。吉凶、悔吝、小疵、无咎,皆生乎變。事有小大,故下歷言五者之差也。

憂悔吝者存乎介,

介,纖介也。王弼曰:憂悔吝之時,其介不可慢也。即悔吝者,言乎小疵也。

震无咎者存乎悔。

无咎者,善補過也。震,動也。故動而无咎,存乎悔過也。

是故,卦有小大,辭有險易。

其道光明曰大,君子道消曰小。之泰則其辭易,之否則其辭險。

辭也者,各指其所之。

易與天地準,

作易以準天地。

故能彌綸天地之道。仰以觀於天文,俯以察於地理,是故知幽明之故。原始反終,故知死

生之說。

幽明者，有形无形之象；死生者，始終之數也。

精氣爲物，遊魂爲變，

精氣絪縕，聚而成物，聚極則散，而遊魂爲變也。遊魂，言其遊散也。

是故知鬼神之情狀。

盡聚散之理，則能知變化之道，无幽而不通也。

與天地相似，故不違；

德合天地，故曰「相似」。

知周乎萬物而道濟天下，故不過；

知周萬物，則能以道濟天下也。

旁行而不流，

應變旁通而不流淫也。

樂天知命，故不憂；

順天之化，故曰「樂」也。

安土敦乎仁，故能愛。

安土敦仁者，萬物之情也；物順其情，則仁功贍矣。

範圍天地之化而不過，

範圍者，擬範天地而周備其理也。

曲成萬物而不遺，

曲成者，乘變以應物，不係一方者也，則物宜得矣。

通乎晝夜之道而知。

通幽明之故，則无不知也。

故神无方而易无體。

自此以上，皆言神之所爲也。方、體者，皆係於形器者也；神則陰陽不測，易則唯變所適，不可以一方、一體明。

一陰一陽之謂道。

道者何？无之稱也，无不通也，无不由也。況之曰道，寂然无體，不可爲象。必有之用極，而无之功顯，故至乎神无方而易无體，而道可見矣。故窮變以盡神，因神以明道，陰陽雖殊，无一以待之。在陰爲无陰，陰以之生；在陽爲无陽，陽以之成，故曰「一陰一陽」也。

繼之者善也，成之者性也。仁者見之謂之仁，知者見之謂之知，

仁者資道以見其仁，知者資道以見其知，各盡其分。

百姓日用而不知，故君子之道鮮矣。

君子體道以爲用也，仁知則滯於所見，百姓則日用而不知，體斯道者，不亦鮮矣。故「常无欲」以觀其妙」，始可以語至而言極也。

顯諸仁，藏諸用，

衣被萬物，故曰「顯諸仁」；日用而不知，故曰「藏諸用」。

鼓萬物而不與聖人同憂，

萬物由之以化，故曰「鼓萬物」也。聖人雖體道以爲用，未能全无以爲體，故順通天下，則有經營之跡也。

盛德大業，至矣哉！

夫物之所以通，事之所以理，莫不由乎道也。聖人，功用之母，體同乎道，盛德大業，所以能至。

富有之謂大業，

廣大悉備，故曰「富有」。

日新之謂盛德，

體化合變，故曰「日新」。

生生之謂易。

陰陽轉易，以成化生。

成象之謂乾，

擬乾之象。

效法之謂坤，

效坤之法。

陰陽不測之謂神。

極數知來之謂占，通變之謂事，

物窮則變，變而通之，事之所由生也。

神也者，變化之極，妙萬物而爲言，不可以形詰者也，故曰「陰陽不測」。嘗試論之曰：原夫兩儀之運，萬物之動，豈有使之然哉？莫不獨化於大虛，歘爾而自造矣。造之非我，理自玄應，化之无主，數自冥運，故不知所以然而況之神。是以明兩儀以太極爲始，言變化而稱極乎神也。夫唯知天之所爲者，窮理體化，坐忘遺照。至虛而善應，則以道爲稱；不思而玄覽，則以神爲名。蓋資道而同乎道，由

神而冥於神者也。

夫易，廣矣，大矣。以言乎遠，則不禦；

窮幽極深，无所止也。

以言乎邇，則靜而正；

則近而當。

以言乎天地之間，則備矣。 夫乾，其靜也專，其動也直，是以大生焉。

專，專一也；直，剛正也。

夫坤，其靜也翕，其動也闢，是以廣生焉。

翕，斂也。止則翕斂其氣，動則闢開以生物也。乾統天首物，爲變化之元，通乎形外者也。坤則順

以承陽，功盡於己，用止乎形者也。故乾以專直，言乎其材；坤以翕闢，言乎其形。

廣大配天地，變通配四時，陰陽之義配日月，易簡之善配至德。

易之所載，配此四義。

子曰：易其至矣乎！ 夫易，聖人所以崇德而廣業也。

窮理入神，其德崇也；兼濟萬物，其業廣也。

知崇禮卑。

知以崇爲貴，禮以卑爲用。

崇效天，卑法地。

極知之崇，象天高而統物；備禮之用，象地廣而載物也。

天地設位，而易行乎其中矣。

天地者，易之門户，而易之爲義，兼周萬物，故曰「行乎其中矣」。

成性存存，道義之門。

物之存成，由乎道義也。

聖人有以見天下之賾，而擬諸其形容，象其物宜，

乾剛坤柔，各有其體，故曰擬諸形容。

是故謂之象。

聖人有以見天下之動，而觀其會通，以行其典禮。

典禮，適時之所用。

繫辭焉以斷其吉凶，是故謂之爻。言天下之至賾而不可惡也，言天下之至動而不可亂也。

易之爲書，不可遠也。惡之則逆於順，錯之則乖於理。

擬之而後言，議之而後動，擬議以成其變化。

擬議以動，則盡變化之道。

一鳴鶴在陰，其子和之。我有好爵，吾與爾靡之」。

鶴鳴則子和，修誠則物應；我有好爵，與物散之，物亦以善應也。明擬議之道，繼以斯義者，誠以吉凶

失得存乎所動。同乎道者，道亦得之；同乎失者，失亦達之。莫不以同相順，以類相應。動之斯來，

綏之斯至，鶴鳴于陰，氣同則和。出言户庭，千里或應。出言猶然，況其大者乎？千里或應，況其邇者

乎？故夫憂悔吝者，存乎纖介；定失得者，慎於樞機。是以君子擬議以動，慎其微也。

子曰：君子居其室，出其言善，則千里之外應之，況其邇者乎？居其室，出其言不善，則千

里之外違之，況其邇者乎？言出乎身，加乎民；行發乎邇，見乎遠。言行，君子之樞機。

樞機之發，榮辱之主也。言行，君子之所以動天地也，可不慎乎！同人：「先號咷而後笑」。

子曰：君子之道，或出或處，或默或語。二人同心，其利斷金；

同人終後笑者，以有同心之應也。夫所況同者，豈係乎一方哉？君子出處默語，不違其中，則其跡

雖異，道同則應。

同心之言，其臭如蘭。

初六：「藉用白茅，无咎。」子曰：「苟錯諸地而可矣。藉之用茅，何咎之有？慎之至也。夫茅之爲物，薄而用可重也。慎斯術也，以往，其无所失矣。「勞謙君子，有終吉。」子曰：「勞而不伐，有功而不德，厚之至也。語以其功下人者也。德言盛，禮言恭。謙也者，致恭以存其位者也。」「亢龍有悔。」子曰：「貴而无位，高而无民，賢人在下位而无輔，是以動而有悔也。「不出戶庭，无咎。」子曰：「亂之所生也，則言語以爲階。君不密，則失臣；臣不密，則失身；幾事不密，則害成。是以君子慎密而不出也。子曰：「作易者，其知盜乎？

言盜亦乘釁而至也。

易曰：「負且乘，致寇至」。負也者，小人之事也；乘也者，君子之器也。小人而乘君子之器，盜思奪之矣。上慢下暴，盜思伐之矣。慢藏誨盜，冶容誨淫。易曰：「負且乘，致寇至」，盜之招也。

大衍之數五十，其用四十有九。

王弼曰：演天地之數，所賴者五十也。其用四十有九，則其一不用也。不用而用以之通，非數而數以

之成，斯易之太極也。四十有九，數之極也。夫无不可以无明，必因於有，故常於有物之極，而必明

其所由之宗也。

分而爲二以象兩，掛一以象三。揲之以四，以象四時，歸奇於扐，以象閏。五歲再閏，故再

扐而後掛。

奇，況四揲之餘，不足復揲者也。分而爲二，既揲之餘，合掛於一，故曰「再扐而後掛」。凡閏，十九年

七閏爲一章，五歲再閏者二，故略舉其凡也。

天數五，

五奇也。

地數五，

五耦也。

五位相得，而各有合。

天地之數各五，五數相配，以合成金木水火土。

天數二十有五，

五奇合爲二十五。

地數三十。

五耦合爲三十。

凡天地之數五十有五，此所以成變化而行鬼神也。

變化以此成，鬼神以此行。

乾之策，二百一十有六；

陽爻六，一爻三十六策，六爻二百一十六策。

坤之策，百四十有四。

陰爻六，一爻二十四策，六爻百四十四策。

凡三百有六十，當期之日。二篇之策，萬有一千五百二十，當萬物之數也。

二篇三百八十四爻，陰陽各半，合萬一千五百二十策。

是故，四營而成易，

分而爲二以象兩，一營也；掛一以象三，二營也；揲之以四，三營也；歸奇於扐，四營也。

十有八變而成卦，

八卦而小成，引而伸之，

伸之六十四卦。

觸類而長之，天下之能事畢矣。顯道，

顯，明也。

神德行，

　由神以成其用。

是故可與酬酢，可與祐神矣。　酬酢，猶應對也。

　可以應對萬物之求，助成神化之功也。

子曰：知變化之道者，其知神之所爲乎？

　夫變化之道，不爲而自然，故知變化者，則知神之所爲。

易有聖人之道四焉，以言者尚其辭，以動者尚其變，以制器者尚其象，以卜筮者尚其占。

　此四者，存乎器象，可得而用也。

是以君子將有爲也，將有行也。問焉而以言，其受命也如嚮。无有遠近幽深，遂知來物。

非天下之至精，其孰能與於此？　參伍以變，錯綜其數。通其變，遂成天地之文；極其數，

遂定天下之象。非天下之至變，其孰能與於此？　易无思也，无爲也，寂然不動，感而遂通

天下之故。非天下之至神，其孰能與於此？

　夫非忘象者，則无以制象；非遺數者，无以極數。　至精者，无籌策而不可亂；至變者，體一而无不周；

至神者，寂然而无不應。斯蓋功用之母，象數所由立，故曰非至精、至變、至神，則不得與於斯也。

夫易，聖人之所以極深而研幾也。唯深也，故能通天下之志；唯幾也，故能成天下之務；

極未形之理則曰深，適動微之會則曰幾。

唯神也，故不疾而速，不行而至。子曰：易有聖人之道四焉者，此之謂也。

四者，由聖道以成，故曰「聖人之道」。

天一，地二，天三，地四，天五，地六，天七，地八，天九，地十。

易以極數通神明之德。

子曰：夫易，何爲者也？夫易，開物成務，冒天下之道，如斯而已者也。

故明易之道，先舉天地之數也。

冒，覆也。言易通萬物之志，成天下之務，其道可以覆冒天下也。

是故，聖人以通天下之志，以定天下之業，以斷天下之疑。

方以知；

圓者，運而不窮；方者，止而有分。言蓍以圓象神，卦以方象知也。唯變所適，无數不周，故曰「圓」。卦

是故，蓍之德，圓而神；卦之德，

列爻分，各有其體，故曰「方」也。

六爻之義，易以貢。

貢，告也。六爻變易，以告吉凶。

聖人以此洗心，

洗濯萬物之心。

退藏於密，

言其道深微，萬物日用而不能知其原，故曰「退藏於密」，猶藏諸用也。

吉凶與民同患。

表吉凶之象，以同民所憂患之事，故曰「吉凶與民同患」也。

神以知來，知以藏往。

明著、卦之用同神知也。著定數於始，於卦爲來；卦成象於終，於著爲往。往來之用相成，猶神知也。

其孰能與此哉？古之聰明睿知 神武而不殺者夫。

服萬物而不以威刑也。

是以明於天之道，而察於民之故，是與神物，以前民用。

定吉凶於始也。

聖人以此齊戒，

洗心曰齊，防患曰戒。

以神明其德夫。是故闔戶謂之坤

坤道包物。

闔戶謂之乾；

乾道施生。

一闔一闢謂之變，往來不窮謂之通。見乃謂之象，

兆見曰象。

形乃謂之器，

成形曰「器」。

制而用之謂之法，利用出入，民咸用之謂之神。

是故，易有太極，是生兩儀，

夫有必始於无，故太極生兩儀也。　太極者，无稱之稱，不可得而名，取有之所極，況之太極者也。

兩儀生四象，四象生八卦，

卦以象之。

八卦定吉凶，

八卦既立，則吉凶可定。

吉凶生大業。

既定吉凶，則廣大悉備。

位所以一天下之動而濟萬物。

是故，法象莫大乎天地，變通莫大乎四時，縣象著明莫大乎日月，崇高莫大乎富貴。

備物致用，立成器以爲天下利，莫大乎聖人；探賾索隱，鉤深致遠，以定天下之吉凶，成天下之亹亹者，莫大乎蓍龜。是故，天生神物，聖人則之；天地變化，聖人效之。天垂象，見吉凶，聖人象之；河出圖，洛出書，聖人則之。

易有四象，所以示也。

繫辭焉，所以告也。定之以吉凶，所以斷也。易曰：自天祐之，吉，无不利。子曰：祐者，助也。天之所助者，順也；人之所助者，信也。履信思乎順，又以尚賢也。是以自天祐之，吉，无不利也。

子曰：書不盡言，言不盡意。然則聖人之意，其不可見乎？子曰：聖人立象以盡意，設卦以盡情僞。繫辭焉，以盡其言。變而通之以盡利，

極變通之數，則盡利也。故曰易窮則變，變則通，通則久。

鼓之舞之以盡神。乾坤其易之緼邪？

緼，淵奧也。

乾坤成列，而易立乎其中矣。乾坤毁，則无以見易。易不可見，則乾坤或幾乎息矣。是

故，形而上者謂之道，形而下者謂之器，化而裁之謂之變，

因而制其會通，適變之道也。

推而行之者謂之通，

乘變而往者，无不通也。

舉而錯之天下之民，謂之事業。

事業所以濟物，故舉而錯之於民。

是故，夫象，聖人有以見天下之賾，而擬諸其形容。象其物宜，是故謂之象。聖人有以見

天下之動，而觀其會通，以行其典禮。繫辭焉，以斷其吉凶，是故謂之爻。極天下之賾者

存乎卦，鼓天下之動者存乎辭，

辭，爻辭也。爻以鼓動，效天下之動也。

化而裁之存乎變，推而行之存乎通，神而明之存乎其人。

體神而明之，不假於象，故存乎其人。

默而成之，不言而信，存乎德行。

順足於內，故默而成之也。體與理會，故不言而信也。

德行，賢人之德行也。

繫辭下韓康伯注

八卦成列，象在其中矣。

　　備天下之象也。

因而重之，爻在其中矣。

　　夫八卦，備天下之理而未極其變，故因而重之以象其動。用擬諸形容，以明治亂之宜，觀其所應，以著適時之功，則爻卦之義所存各異，故「爻在其中矣」。

剛柔相推，變在其中矣。

繫辭焉而命之，動在其中矣。

　　剛柔相推，況八卦相盪，或否或泰。繫辭焉而斷其吉凶，況之六爻動以適時者也。立卦之義，則見於象、象，適時之功，見存之爻辭，王氏之例詳矣。

吉凶悔吝者，生乎動者也。

　　有變動而後有吉凶。

剛柔者，立本者也；變通者，趣時者也；

　　立本況卦，趣時況爻。

吉凶者，貞勝者也。

貞者，正也，一也。夫有動則未免乎累，殉吉則未離乎凶。盡會通之變而不累於吉凶者，其唯貞者乎？

老子曰「王侯得一以爲天下貞」。萬變雖殊，可以執一御也。

天地之道，貞觀者也；

明夫天地萬物，莫不保其貞，以全其用也。

日月之道，貞明者也；天下之動，貞夫一者也。　夫乾，確然示人易矣；夫坤，隤然示人簡矣。

確，剛貌也。隤，柔貌也。乾坤皆恆一其德，物由以成，故簡易也。

爻也者，效此者也；象也者，像此者也。爻象動乎內，

兆數見於卦也。

吉凶見乎外，

失得驗於事也。

功業見乎變，

功業由變以興，故見乎變也。

聖人之情見乎辭。

辭也者，各指其所之，故曰「情」也。

天地之大德曰生，

施生而不爲，故能常生，故曰「大德」也。

聖人之大寶曰位。

夫无用則无所寶，有用則有所寶也。无用而常足者，莫妙乎道；有用而弘道者，莫大乎位，故曰「聖人之大寶曰位」。

何以守位？曰仁。何以聚人？曰財。

財所以資物生也。

理財正辭，禁民爲非，曰義。

古者包犧氏之王天下也，仰則觀象於天，俯則觀法於地，觀鳥獸之文，與地之宜；

聖人之作易，无大不極，无微不究。大則取象天地，細則觀鳥獸之文，與地之宜也。

近取諸身，遠取諸物，於是始作八卦，以通神明之德，以類萬物之情。作結繩而爲罔罟，以

佃以漁，蓋取諸離。

離，麗也。罔罟之用，必審物之所麗也，魚麗于水，獸麗于山也。

包犧氏没，神農氏作。斲木爲耜，揉木爲耒，耒耨之利，以教天下，蓋取諸益。

制器致豐，以益萬物。

日中爲市，致天下之民，聚天下之貨，交易而退，各得其所，蓋取諸噬嗑。

噬嗑，合也。市人之所聚，異方之所合，設法以合物，噬嗑之義也。

神農氏没，黃帝、堯、舜氏作。通其變，使民不倦；

通物之變，故樂其器用，不解倦也。

神而化之，使民宜之。易窮則變，變則通，通則久。

通變則无窮，故可久也。

是以，自天祐之，吉，无不利。黃帝、堯、舜，垂衣裳而天下治，蓋取諸乾坤。

垂衣裳以辨貴賤，乾尊坤卑之義也。

刳木爲舟，剡木爲楫，舟楫之利，以濟不通，致遠以利天下，蓋取諸渙。

渙者，乘理以散通也。

服牛乘馬，引重致遠，以利天下，蓋取諸隨。

隨，隨宜也。服牛乘馬，隨物所之，各得其宜也。

重門擊柝，以待暴客，蓋取諸豫。

取其豫備。

斷木爲杵，掘地爲臼，臼杵之利，萬民以濟，蓋取諸小過。

以小用而濟物也。

弦木爲弧，剡木爲矢，弧矢之利，以威天下，蓋取諸睽。

睽，乖也。　物乖則爭興，弧矢之用，所以威乖爭也。

上古穴居而野處，後世聖人易之以宮室，上棟下宇，以待風雨，蓋取諸大壯。

宮室壯大於穴居，故制爲宮室，取諸大壯也。

古之葬者，厚衣之以薪，葬之中野，不封不樹，喪期无數，後世聖人易之以棺槨，蓋取諸大過。

取其過厚。

上古結繩而治，後世聖人易之以書契，百官以治，萬民以察，蓋取諸夬。

夬，決也。　書契所以決斷萬事也。

是故，易者，象也。象也者，像也。象者，材也。

材，才德也。象，言成卦之材，以統卦義也。

爻也者，效天下之動者也。是故，吉凶生而悔吝著也。陽卦多陰，陰卦多陽，其故何也？

陽卦奇，陰卦耦。

夫少者多之所宗，一者衆之所歸。陽卦二陰，故奇爲之君；陰卦二陽，故耦爲之主。

其德行何也？

辨陰陽二卦之德行也。

陽一君而二民，君子之道也；陰二君而一民，小人之道也。

陽，君道也；陰，臣道也。君以无爲統衆，无爲則一也。臣以有事代終，有事則二也。故陽爻畫奇，以明君道必一；陰爻畫兩，以明臣體必二。斯則陰陽之數，君臣之辨也。以一爲君，君之德也；二居君位，非其道也。故陽卦曰君子之道，陰卦曰小人之道也。

易曰：「憧憧往來，朋從爾思」。

子曰：天下何思何慮？天下同歸而殊塗，一致而百慮，天下何思何慮？

天下之動，必歸乎一。思以求朋，未能一也。一以感物，不思而至。

夫少則得，多則惑。塗雖殊，其歸則同；慮雖百，其致不二。苟識其要，不在博求，一以貫之，不慮而盡矣。

日往則月來，月往則日來，日月相推而明生焉。寒往則暑來，暑往則寒來，寒暑相推而歲

成焉。往者，屈也；來者，信也。屈信相感而利生焉。尺蠖之屈，以求信也；龍蛇之蟄，以

存身也；精義入神，以致用也；

精義，物理之微者也。神寂然不動，感而遂通，故能乘天下之微，會而通其用也。

利用安身，以崇德也。

利用之道，由安其身而後動也。精義由於入神以致其用，利用由於安身以崇德。理必由乎其宗，事各本乎其根，歸根則寧，天下之理得也。若役其思慮以求動用，忘其安身以殉功美，則偽彌多而理愈失，名彌美而累愈彰矣。

過此以往，未之或知也。窮神知化，德之盛也。

易曰：「困于石，據于蒺藜，入于其宮，不見其妻，凶」。子曰：非所困而困焉，名必辱；非所據而據焉，身必危。既辱且危，死期將至，妻其可得見邪？易曰：「公用射隼于高墉之上，

獲之，无不利」。子曰：隼者，禽也；弓矢者，器也；射之者，人也。君子藏器於身，待時而

動，何不利之有！動而不括，是以出而有獲，語成器而動者也。

括，結也。君子待時而動，則无結閡之患也。

子曰：小人不恥不仁，不畏不義，不見利不勸，不威不懲，小懲而大誡，此小人之福也。易

曰：「屨校滅趾，无咎」，此之謂也。善不積，不足以成名；惡不積，不足以滅身。小人以小善爲无益而弗爲也，以小惡爲无傷而弗去也，故惡積而不可掩，罪大而不可解。易曰，「何校滅耳，凶」。子曰，危者，安其位者也；亡者，保其存者也；亂者，有其治者也。是故，君子安而不忘危，存而不忘亡，治而不忘亂，是以身安而國家可保也。易曰，「其亡其亡，繫于苞桑」。子曰，德薄而位尊，知小而謀大，力小而任重，鮮不及矣。易曰，「鼎折足，覆公餗，其形渥，凶」。言不勝其任也。子曰：知幾其神乎！君子上交不諂，下交不瀆，其知幾乎！

形而上者況之道，形而下者況之器。

於道不冥，而有求焉，未離乎諂也；於器不絕，而有交焉，未免乎瀆也。

能无諂瀆，窮理者乎？

幾者，動之微，吉之先見者也。

幾者，去无入有。理而无形，不可以名尋，不可以形覩者也。唯神也不疾而速，感而遂通，故能朗然玄昭，鑒於未形也。合抱之木，起於毫末，吉凶之彰，始於微兆，故爲吉之先見也。

君子見幾而作，不俟終日。易曰：「介于石，不終日，貞吉」。介如石焉，寧用終日，斷可識矣。

定之於始，故不待終日也。

君子知微知彰，知柔知剛，萬夫之望。

此知幾其神乎？

子曰：顏氏之子，其殆庶幾乎！有不善，未嘗不知，知之未嘗復行也。

在理則昧，造形而悟。顏子之分也，失之於幾，故有不善。得之於二，不遠而復，故知之未嘗復行也。

易曰：「不遠復，无祗悔，元吉」。

吉凶者，失得之象也。得一者，於理不盡，未至成形，故得不遠而復。舍凶之吉，免夫祗悔，而終獲元吉。祗，大也。

天地絪縕，萬物化醇；男女構精，萬物化生。易曰：「三人行，則損一人；一人行，則得其友」。言致一也。

致一而後化成也。

子曰：君子安其身而後動，易其心而後語，定其交而後求。君子脩此三者，故全也。危以動，則民不與也；懼以語，則民不應也。无交而求，則民不與也。莫之與，則傷之者至矣。

易曰：「莫益之，或擊之，立心勿恒」，凶」。

夫虛己存誠，則衆之所不迕也；躁以有求，則物之所不欲也。

子曰：乾坤，其易之門邪？乾，陽物也；坤，陰物也。陰陽合德，而剛柔有體，以體天地

之撰，

撰，數也。

以通神明之德。其稱名也，雜而不越，

備物極變，故其名雜也。各得其序，不相踰越，況爻繇之辭也。

於稽其類，其衰世之意邪？

有憂患而後作湯，世衰則失得彌彰，爻繇之辭所以明失得，故知衰世之意邪？**稽，猶考也。**

夫易，彰往而察來，而微顯闡幽。

易无往而不彰，无來而不察，而微以之顯，幽以之闡。闡，明也。

開而當名辨物，正言斷辭，則備矣。

開釋爻卦，使各當其名。理類辨明，故曰「斷辭」也。

其稱名也小，其取類也大。

託象以明義，因小以喻大。

其旨遠，其辭文，其言曲而中，

變化无恒，不可爲典要，故「其言曲而中」也。

其事肆而隱。

事顯而理微也。

因貳以濟民行，以明失得之報。

貳則失得也，因失得以通濟民行　故明失得之報也。　失得之報者，得其會則吉，乖其理則凶。

易之興也，其於中古乎？　作易者，其有憂患乎？

无憂患，則不爲而足也。

是故，履，德之基也。

基，所蹈也。

謙，德之柄也。　復，德之本也。

夫動本於靜，語始於默。復者，各反其所始，故爲德之本也。

恒，德之固也。

固，不傾移也。

損，德之脩也。　益，德之裕也。

能益物者，其德寬大也。

困，德之辨也。

困而益明。

井，德之地也。

所處不移，象居得其所也。

巽，德之制也。

巽所以申命，明制也。

履，和而至。

和而不至，從物者也；和而能至，故可履也。

謙，尊而光。復，小而辨於物。

微而辨之，不遠復也。

恒，雜而不厭。

雜而不厭，是以能恒。

損，先難而後易。

刻損以脩身，故先難也；身脩而无患，故後易也。

益，長裕而不設。

有所興爲，以益於物，故曰「長裕」。因物興務，不虛設也。

困，窮而通。

　處窮而不屈其道也。

井，居其所而遷。

　井所居不移，而能遷其施也。

　改邑不改井，井所居不移，而能遷其施也。

巽，稱而隱。

　稱揚命令，而百姓不知其由也。

履，以和行。　謙，以制禮。　復，以自知。

恒，以一德。

　以一爲德也。

損，以遠害。

　止於脩身，故可以遠害而已。

益，以興利。　困，以寡怨。

　困而不濫，无怨於物。

井，以辨義。

施而无私，義之方也。

巽，以行權。

　　權，反經而合道，必合乎巽順，而後可以行權也。

易之爲書也不可遠，

　　擬議而動，不可遠也。

爲道也屢遷。變動不居，周流六虛。

　　六虛，六位也。

上下无常，剛柔相易，不可爲典要，

　　不可立定準也。

唯變所適。

　　變動貴於適時，趣舍存乎會也。

其出入以度，外内使知懼，

　　明出入之度，使物知外内之戒也。出入猶行藏，外内猶隱顯。〉遯以遠時爲吉，〉豐以幽隱致凶，〉漸以高

顯爲美，〉明夷以處昧利貞，此外内之戒也。

又明於憂患與故。

故,事故也。

无有師保,如臨父母。

安而不忘危,存而不忘亡,終日乾乾,不可以怠也。

初率其辭,而揆其方,既有典常,

能循其辭以度其義,原其初以要其終,則唯變所適,是其常典也。明其變者,存其要也,故曰:「苟非其人,道不虛行。」

苟非其人,道不虛行。易之為書也,原始要終以為質也。

質,體也。卦兼終始之義也。

六爻相雜,唯其時物也。

爻各存乎其時。物,事也。

其初難知,其上易知,本末也;初辭擬之,卒成之終。

夫事始於微而後至於著。初者,數之始,擬議其端,故難知也。上者,卦之終,事皆成著,故易知也。

若夫雜物撰德,辨是與非,則非其中爻不備。噫!亦要存亡吉凶,則居可知矣。知者觀其

象辭,則思過半矣。

夫象者，舉立象之統，論中爻之義。約以存博，簡以兼衆，雜物撰德，而一以貫之。形之所宗者道，衆之所歸者一。其事彌繁，則愈滯乎形，其理彌約，則轉近乎道。象之爲義，存乎一也；一之爲用，同乎道矣。形而上者可以觀道，過半之益，不亦宜乎！

三與五，同功

四之多懼，以近君也。柔之爲道，須援而濟，故有不利遠者。二之能无咎，柔而處中也。

柔之爲道，不利遠者，其要无咎，其用柔中也。

位逼於君，故多懼也。

四多懼，近也。

二處中和，故多譽也。

其善不同，二多譽，

有内外也。

而異位。

同陰功也。

二與四，同功

同陽功也。

而異位。

有貴賤也。

三多凶，五多功，貴賤之等也。　其柔危，其剛勝邪。

三五陽位，柔非其位，處之則危，居以剛健，勝其任也。夫所貴剛者，閑邪存誠，動而不違其節者也。

所貴柔者，含弘居中，順而不失其貞者也。若剛以犯物，則非剛之道；柔以卑佞，則非柔之義也。

易之爲書也，廣大悉備。　有天道焉，有人道焉，有地道焉。　兼三才而兩之，故六。　六者非

它也，三才之道也。

說卦備矣。

道有變動，故曰爻；爻有等，故曰物；

等，類也。　乾，陽物也；坤，陰物也。　爻有陰陽之類，而後有剛柔之用，故曰「爻有等，故曰物」。

物相雜，故曰文；

剛柔交錯，玄黃錯雜。

文不當，故吉凶生焉。

易之興也，其當殷之末世，周之盛德邪？當文王與紂之事邪？

文王以盛德蒙難，而能亨其道，故稱文王之德，以明易之道也。

是故，其辭危。

文王與紂之事，危其辭也。

危者使平，易者使傾。

易，慢易也。

其道甚大，百物不廢，懼以終始，其要无咎，此之謂易之道也。

夫文不當而吉凶生，則保其存者亡，不忘亡者存；有其治者亂，不忘危者安。懼以終始，歸於无咎，安

危之所由，爻象之大體也。

夫乾，天下之至健也，德行恒易，以知險。夫坤，天下之至順也，德行恒簡，以知阻。能說

諸心，能研諸侯之慮，

諸侯，物主有為者也。能說萬物之心，能精為者之務。

定天下之吉凶，成天下之亹亹者。是故，變化云為，吉事有祥；象事知器，占事知來。

夫變化云為者，行其吉事，則獲嘉祥之應；觀其象事，則知制器之方；玩其占事，則觀方來之驗也。

天地設位，聖人成能；

聖人乘天地之正，萬物各成其能。

人謀鬼謀，百姓與能。

人謀，況議於眾以定得失也。鬼謀，況寄卜筮以考吉凶也。不役思慮，而失得自明；不勞探討，而吉凶自著。類萬物之情，通幽深之故，故百姓與能，樂推而不厭也。

八卦以象告，

以象告人。

爻象以情言，

情有險易，而各得其情也。

吉凶以情遷。

吉凶无定，唯人所動，情順乘理以之吉，情逆違道以陷凶，故曰「吉凶以情遷」也。

剛柔雜居，而吉凶可見矣。　變動以利言，

變而通之以盡利也。

是故，愛惡相攻而吉凶生，

泯然同順，何吉何凶？愛惡相攻，然後逆順者殊，故「吉凶生」。

遠近相取而悔吝生，

相取，猶相資也。遠近之爻，互相資取，而後有悔吝也。

情偽相感而利害生。

情以感物，則得利；偽以感物，則致害也。

凡易之情，近而不相得，則凶。

近況比爻也。易之情，剛柔相摩，變動相適者也。近而不相得，必有乖違之患。或有相違而无患者，得其情也。相順而皆凶者，乖於時也。存事以考之，則義可見矣。

或害之，悔且吝。

夫无對於物，而後盡全順之道，豈可有欲害之者乎？雖能免濟，必有悔吝也。或，欲害之辭也。

將叛者其辭慙，中心疑者其辭枝，吉人之辭寡，躁人之辭多，誣善之人其辭游，失其守者其辭屈。

說卦韓康伯注

昔者聖人之作易也，幽贊於神明而生蓍，

幽，深也。贊，明也。蓍受命如嚮，不知所以然而然也。

參天兩地而倚數，

參，奇也。兩，耦也。七九陽數，六八陰數。

觀變於陰陽而立卦，

卦，象也。蓍，數也。卦則雷風相薄，山澤通氣，擬象陰陽變化之體。蓍則錯綜天地，參兩之數。蓍極數以定象，卦備象以盡數，故蓍曰「參天兩地而倚數」卦曰「觀變於陰陽」也。

發揮於剛柔而生爻。

剛柔發散，變動相和。

和順於道德而理於義，窮理盡性以至於命。

命者，生之極；窮理則盡其極也。

昔者聖人之作《易》也，將以順性命之理。是以，立天之道曰陰與陽，立地之道曰柔與剛，在天成象，在地成形。陰陽者言其氣，剛柔者言其形。變化始於氣象，而後成形。萬物資始乎天，成形乎地，故天曰陰陽，地曰柔剛也。或有在形而言陰陽者，本其始也；在氣而言柔剛者，要其終也。

立人之道曰仁與義。兼三才而兩之，故《易》六畫而成卦。分陰分陽，迭用柔剛，故易六位而成章。

設六爻以效三才之動，故六畫而成卦也。六爻升降，或柔或剛，故曰「迭用柔剛」也。六位，爻所處之位也。二四爲陰，三五爲陽，故曰「分陰分

陽」。

天地定位，山澤通氣，雷風相薄，水火不相射。八卦相錯，數往者順，知來者逆，

易八卦相錯，變化理備。於往則順而知之，於來則逆而數之。

是故易逆數也。

作易以逆覩來事，以前民用。

雷以動之，風以散之，雨以潤之，日以烜之，艮以止之，兌以説之，乾以君之，坤以藏之。

出乎震，齊乎巽，相見乎離，致役乎坤，説言乎兌，戰乎乾，勞乎坎，成言乎艮。帝

震，震，東方也。齊乎巽，巽，東南也。齊也者，言萬物之絜齊也。離也者，明也，萬物皆相

見，南方之卦也。聖人南面而聽天下，嚮明而治，蓋取諸此也。坤也者，地也，萬物皆致養

焉，故曰致役乎坤。兌，正秋也，萬物之所説也，故曰説言乎兌。戰乎乾，乾，西北之卦也，

言陰陽相薄也。坎者，水也，正北方之卦也，勞卦也，萬物之所歸也，故曰勞乎坎。艮，東

北之卦也，萬物之所成終而所成始也，故曰成言乎艮。

神也者，妙萬物而爲言者也。

於此言神者，明八卦運動、變化、推移，莫有使之然者。神則无物，妙萬物而爲言也。則雷疾風行，火炎水潤，莫不自然相與爲變化，故能萬物既成也。

動萬物者莫疾乎雷，撓萬物者莫疾乎風，燥萬物者莫熯乎火，說萬物者莫說乎澤，潤萬物者莫潤乎水，終萬物始萬物者莫盛乎艮。故水火相逮，雷風不相悖，山澤通氣，然後能變化，既成萬物也。

乾，健也。　坤，順也。　震，動也。　巽，入也。　坎，陷也。　離，麗也。　艮，止也。　兌，說也。

乾爲馬，坤爲牛，震爲龍，巽爲雞，坎爲豕，離爲雉，艮爲狗，兌爲羊。

乾爲首，坤爲腹，震爲足，巽爲股，坎爲耳，離爲目，艮爲手，兌爲口。

乾，天也，故稱乎父。　坤，地也，故稱乎母。　震一索而得男，故謂之長男；巽一索而得女，故謂之長女；坎再索而得男，故謂之中男；離再索而得女，故謂之中女；艮三索而得男，故謂

之少男；兌三索而得女，故謂之少女。

乾為天，為圜，為君，為父，為玉，為金，為寒，為冰，為大赤，為良馬，為老馬，為瘠馬，為駁馬，為木果。

坤為地，為母，為布，為釜，為吝嗇，為均，為子母牛，為大輿，為文，為衆，為柄，其於地也為黑。

震為雷，為龍，為玄黃，為旉，為大塗，為長子，為決躁，為蒼筤竹，為萑葦。其於馬也，為善鳴，為馵足，為作足，為的顙。其於稼也，為反生。其究為健，為蕃鮮。

巽為木，為風，為長女，為繩直，為工，為白，為長，為高，為進退，為不果，為臭。其於人也，為寡髮，為廣顙，為多白眼，為近利市三倍。其究為躁卦。

坎為水，為溝瀆，為隱伏，為矯輮，為弓輪。其於人也，為加憂，為心病，為耳痛，為血卦，

爲赤。其於馬也，爲美脊，爲亟心，爲下首，爲薄蹄，爲曳。其於輿也，爲多眚，爲通，爲月，爲盜。其於木也，爲堅多心。

離爲火，爲日，爲電，爲中女，爲甲胄，爲戈兵。其於人也，爲大腹，爲乾卦。爲鱉，爲蟹，爲蠃，爲蚌，爲龜。其於木也，爲科上槁。

艮爲山，爲徑路，爲小石，爲門闕，爲果蓏，爲閽寺，爲指，爲狗，爲鼠，爲黔喙之屬。其於木也，爲堅多節。

兌爲澤，爲少女，爲巫，爲口舌，爲毀折，爲附決。其於地也，爲剛鹵，爲妾，爲羊。

序卦韓康伯注

有天地，然後萬物生焉，盈天地之間者唯萬物，故受之以屯。屯者，盈也。屯者，物之始生也。

屯，剛柔始交，故爲物之始生也。

物生必蒙，故受之以蒙。蒙者，蒙也，物之穉也。物穉不可不養也，故受之以需。需者，飲食之道也。飲食必有訟，故受之以訟。

夫有生則有資，有資則爭興也。

訟必有衆起，故受之以師。師者，衆也。衆必有所比，故受之以比。

衆起而不比，則爭无由息，必相親比而後得寧也。

比者，比也。比必有所畜，故受之以小畜。

比非大通之道，則各有所畜以相濟也。由比而畜，故曰小畜而不能大也。

物畜然後有禮，故受之以履。

履者，禮也。禮所以適用也，故既畜則宜用，有用則須禮也。

履而泰，然後安，故受之以泰。泰者，通也。物不可以終通。故受之以否。

與人同者，物必歸焉，故可出門同人，不謀而合。

否則思通，人人同志，故可出門同人，不謀而合。

與人同者，物必歸焉，故受之以大有。有大者，不可以盈，故受之以謙。有大而能謙必豫，

故受之以同人。

履者，禮也。禮所以適用也，故既畜則宜用，有用則須禮也。

履而泰，然後安，故受之以泰。泰者，通也。物不可以終通。故受之以否。

物不可以終否，

故受之以豫。豫必有隨。

順以動者，衆之所隨。

故受之以隨。以喜隨人者必有事，故受之以蠱。蠱者，事也。有事而後可大，故受之以臨。臨者，大也。物大然後可觀，故受之以觀。可觀而後有所合，故受之以噬嗑。

故受之以隨。以喜隨人者必有事，由事而生。

故受之以臨。臨者，大也。

可觀則異，方合會也。

噬者，合也。物不可以苟合而已，故受之以賁。賁者，飾也。

物相合則須飾以脩外也。

致飾然後亨則盡矣，故受之以剝。

極飾則實喪也。

剝者，剝也。物不可以終盡剝，窮上反下，故受之以復。復則不妄矣，故受之以无妄。有无妄然後可畜，故受之以大畜。物畜然後可養，故受之以頤。頤者，養也。不養則不可

无妄然後可畜，故受之以大畜。

動，故受之以大過。

物不可以終過，故受之以坎。坎者，陷也。

不養則不可動，養過則厚。

物不可以終過，故受之以坎。

過而不已，則陷沒也。

陷必有所麗，故受之以離。離者，麗也。

物窮則變，極陷則反所麗也。

有天地，然後有萬物；有萬物，然後有男女；有男女，然後有夫婦；有夫婦，然後有父子；有父子，然後有君臣；有君臣，然後有上下；有上下，然後禮義有所錯。

言〈咸卦〉之義也。凡序卦所明，非易之緼也，蓋因卦之次，託以明義。〈咸〉柔上而剛下，感應以相與，夫婦之象莫美乎斯。人倫之道，莫大乎夫婦，故夫子殷勤深述其義以崇人倫之始，而不係之於〈離〉也。先儒以〈乾〉至〈離〉爲上經，天道也；〈咸〉至〈未濟〉爲下經，人事也。夫易六畫成卦，三材必備，錯綜天人以效變化，豈有天道人事偏於上下哉？斯蓋守文而不求義，失之遠矣！

夫婦之道，不可以不久也。故受之以〈恒〉。恒者，久也。物不可以久居其所，故受之以〈遯〉。

遯者，退也。

夫婦之道，以恒爲貴，而物之所居，不可以恒，宜與世升降，有時而遯也。

物不可以終遯，

遯，君子以遠小人；遯而後亨，何可終邪？則小人遂陵，君子日消也。

故受之以〈大壯〉。

陽盛陰消，君子道勝。

物不可以終壯，故受之以晉。

晉者，進也。

晉，以柔而進也。

雖以柔而進，要是進也。

進必有所傷，故受之以明夷。

日中則昃，日盈則食。

夷者，傷也。傷於外者，必反其家，故受之以家人。

傷於外者，必反脩諸內。

家道窮必乖，

室家至親，過在失節，故家人之義，唯嚴與敬。樂勝則流，禮勝則離，家人尚嚴，其敝必乖也。

故受之以睽。

睽者，乖也。乖必有難，故受之以蹇。

蹇者，難也。物不可以終難，故受之以解。

解者，緩也。緩必有所失，故受之以損。

損而不已必益，故受之以益。

益而不已必決，故受之以夬。

夬者，決也。決必有遇，

以正決邪，必有喜遇也。

故受之以姤。姤者，遇也。**物相遇而後聚，故受之以萃。萃者，聚也。聚而上者謂之升，**

故受之以升。升而不已必困，故受之以困。困乎上者必反下，故受之以井。井道不可

不革，

井久則濁穢，宜革其故。

故受之以革。革物者莫若鼎，故受之以鼎。

革，去故；鼎，取新。既以去故，則宜制器立法以治新也。鼎所以和齊生物，成新之器也，故取象焉。

主器者莫若長子，故受之以震。震者，動也。物不可以終動，止之，故受之以艮。艮者，止

也。物不可以終止，故受之以漸。漸者，進也。進必有所歸，故受之以歸妹。

必大，故受之以豐。豐者，大也。窮大者必失其居，故受之以旅。旅而无所容，故受之

以巽。

旅而无所容，以巽則得出入也。

巽者，入也。入而後說之，故受之以兌。兌者，說也。說而後散之，故受之以渙。

說不可偏係，故宜散也。

渙者，離也。

渙者，發暢而无所壅滯，則殊越各肆而不反，則遂乖離也。

物不可以終離，故受之以節。

夫事有其節，則物之所同守而不散越也。

節而信之，故受之以中孚。

孚，信也。既已有節，則宜信以守之。

有其信者必行之，故受之以小過。

守其信者，則失貞而不諒之道，而以信爲過，故曰「小過」也。

有過物者必濟，

行過乎恭，禮過乎儉，可以矯世厲俗，有所濟也。

故受之以既濟。物不可窮也，故受之以未濟終焉。

有爲而能濟者，以已窮物者也。物窮則乖，功極則亂，其可濟乎？故受之以未濟也。

雜卦韓康伯注

雜卦者，雜糅衆卦，錯綜其義，或以同相類，或以異相明也。

乾剛坤柔，比樂師憂。

親比則樂，動衆則憂。

臨、觀之義，或與或求。

以我臨物，故曰「與」；物來觀我，故曰「求」。

屯，見而不失其居。

屯，利建侯，君子經綸之時。雖見而磐桓，利貞，不失其居也。

蒙，雜而著。

雜而未知所定也。求發其蒙，則終得所定。著，定也。

震，起也。艮，止也。損、益，盛衰之始也。

極損則益，極益則損。

大畜，時也。

因時而畜，故能大也。

无妄，災也。

无妄之世，妄則災也。

萃聚而升不來也。

來，還也。方在上升，故不還也。

謙輕而豫怠也。

謙者不自重大。

噬嗑，食也。賁，无色也。

飾貴合衆，无定色也。

兌見而巽伏也。

兌貴顯說，巽貴卑退。

隨，无故也。　蠱則飭也。

隨時之宜，不繫於故也。　隨則有事，受之以蠱。　飭，整治也。　蠱所以整治其事也。

剝，爛也。

物熟則剝落也。

復，反也。　晉，晝也。　明夷，誅也。

誅，傷也。

井通而困相遇也。

井，物所通用而不吝也；困，安於所遇而不濫也。

咸，速也。

物之相應，莫速乎咸。

恒，久也。　渙，離也。　節，止也。　解，緩也。　蹇，難也。　睽，外也。

相踈外也。

家人，內也。　否、泰，反其類也。　大壯則止。　遯則退也。

大正則小人止，小人亨則君子退也。

大有，衆也。　同人，親也。　革，去故也。　鼎，取新也。　小過，過也。　中孚，信也。　豐，多
故也。

高者懼危，滿者戒盈，豐大者多憂故也。

親寡，旅也。

親寡，故寄旅也。

離上而坎下也。

火炎上；水潤下。

小畜，寡也。

不足以兼濟也。

履，不處也。

王弼云，履卦陽爻皆以不處其位爲吉也。

需，不進也。

畏險而止也。

訟，不親也。　大過，顛也。

本末弱也。

姤，遇也，柔遇剛也。　漸，女歸待男行也。

女從男也。

頤，養正也。　既濟，定也。　歸妹，女之終也。

女終於出嫁也。

未濟，男之窮也。

剛柔失位，其道未濟，故曰窮也。

夬，決也，剛決柔也；君子道長，小人道憂也。

君子以決小人，長其道。　小人見決去，爲深憂也。

明象

夫象者，何也〔一〕？統論一卦之體，明其所由之主者也〔二〕。

夫衆不能治衆，治衆者，至寡者也〔三〕。夫動不能制動，制天下之動者，貞夫一者也〔四〕。故衆之所以得咸存者，主必致一也〔五〕；動之所以得咸運者，原必无二也〔六〕。

物无妄然，必由其理〔七〕。統之有宗，會之有元〔八〕，故繁而不亂，衆而不惑〔九〕。故六爻相錯，可舉一以明也；剛柔相乘，可立主以定也〔一〇〕。是故雜物撰德，辯是與非，則非其中爻，莫之備矣〔一一〕！故自統而尋之，物雖衆，則知可以執一御也；由本以觀之，義雖博，則知可以一名舉也〔一二〕。故處璇璣以觀大運〔一三〕，則天地之動未足怪也；據會要以觀方來，則六合輻輳未足多也〔一四〕。故舉卦之名，義有主矣；觀其〈象辭〉，則思過半矣〔一五〕！夫古今雖殊，軍國異容，中之爲用，故未可遠也〔一六〕。品制萬變，宗主存焉；象之所尚，斯爲盛矣〔一七〕。

夫少者，多之所貴也；寡者，衆之所宗也〔一八〕。一卦五陽而一陰，則一陰爲之主矣；五陰而一陽，則一陽爲之主矣〔一九〕。夫陰之所求者陽也，陽之所求者陰也〔二〇〕。陽苟一焉〔二一〕，五陰何得不同而歸之？陰苟

雙焉，五陽何得不同而從之？故陰爻雖賤，而爲一卦之主者，處其至少之地也〔三〕。或有遺爻而舉二體者，卦體不由乎爻也〔三〕。繁而不憂亂，變而不憂惑，約以存博，簡以濟衆，其唯象乎〔三四〕！亂而不能惑，變而不能渝，非天下之至賾，其孰能與於此乎〔三五〕！故觀象以斯，義可見矣〔三六〕。

校釋

〔一〕「象」，指象辭。此章爲論述象辭之作用、意義等。

〔二〕「統論」，總論。「體」指卦體。「主」，主導，指一卦中爲主的一爻。邢璹注：「將釋其義，故假設問端，故曰『何』」。

〔三〕「統論一卦功用之體，明辯卦體所由之主。立主之義，義在一爻。明，辯也」。象辭正是總論一卦，通過對一卦中起主導作用的一爻的分析，辯明這一卦的主旨所在。邢璹注：「統論一卦起主導作用，是這一卦的中心主旨所在。即下文所謂『六爻相錯，可舉一以明也」。

〔四〕「衆」就卦象而言，指六爻。泛言之，則指萬事萬物，百姓庶民。「至寡」，就卦象而言，指起主導作用那一爻。泛言之，則指萬事萬物之總根，最高統治者。邢璹注：「萬物是衆，一是寡。衆不能理（治）衆，理（治）衆者，至少以理（治）之也」。「制」，統御。「貞」，正。「一」，就卦而言，指其中起主導作用之一爻。泛言之，則指絕對靜止之本體。易繫辭下說：「天下之動，貞夫一者也」。王弼以老子思想釋易，老子三十九章王弼注：「一，數

之始，而物之極也」。二十六章：「靜爲躁君」，王弼注：「不動者制動……靜必爲躁君」。又，恒卦上六注：「靜爲躁君，安爲動主」。所以王弼認爲靜是絶對的，是用以止動的。〈恒卦上六〉邢璹注：「天下之動，動則不能自制，制其動者，貞正之一者也。老子曰『王侯得一以爲天下貞』。然則一爲君體。君體合道動，是衆由一制也。制衆歸一，故靜爲躁君，安爲動主」。

〔五〕「咸」，皆「主」、「宗」、「根本」。「致一」歸於「一」。邢璹注：「致，猶歸也。衆皆所以得其存者，必歸於「一」」。

〔六〕「原」，本原。「无二」即所謂「一」。邢璹注：「動所以運運不已者，謂无二動。故无心於動，而動不息」。

〔七〕「妄」，虛妄、盲目。「理」，條理、指秩序。此句意爲，萬事萬物之運動變化不是盲目的，而是遵循必然之理的。〈乾卦文言王弼注：「夫識物之動，則其所以然之理皆可知也」。妄、虛妄也。天下之衆皆无妄，无妄之理，必由君主統之也」。

〔八〕「會」，合，亦即統制之意。「元」，通「原」，亦即「宗」、「主」之意。邢璹注：「統領之以宗主，會合之以元首。事有宗，而物有主；途雖殊，而其歸同也；慮雖百，而其致一也」。

〔九〕「惑」，亦是「亂」之意。邢璹注：「統之以宗主，雖繁而不亂；會之以元首，雖衆而不惑」。

〔十〕「錯」，雜然相陳。卦中爻象有陰陽剛柔，如一爲陽、爲剛，一爲陰、爲柔。又，卦中爻位亦有

陰陽剛柔，據〈略例辯位〉所述，初上爲始終而無陰陽之位，此外二、四爲陰位、柔位，三、五爲陽位、剛位。〈六爻相錯〉、〈剛柔相乘〉，意爲爻象與爻位之陰陽剛柔互相雜然相陳，互相乘據。「可舉一以明也」、「可立主以定也」意爲可以舉出其中起主導作用之一爻或「中爻」來闡明和確定這一卦之意義。如下文所説：「是故雜物撰德，辯是與非，則非其中爻〈指二與五〉，莫之備矣」。「一卦五陽而一陰，則一陰爲之主矣。五陰而一陽，則一陽爲之主矣」。邢璹注：「錯，雜也。六爻或陰或陽，錯雜交亂，舉貞一之主以明其用」。「六爻有剛有柔，或乘或據，有逆有順，可立主以定之」。

〔二〕語見繫辭下：「若夫雜物撰德，辯是與非，則非其中爻不備。……知者觀其彖辭，則思過半矣」。「雜」，錯雜。「撰」，選。焦循易章句：「於衆爻雜錯之中，而選其德，以辯是非。中爻謂二、五也」。韓康伯注：「夫象者，舉立象之統，論中爻之義。其事彌繁，則愈滯乎形；其理彌約，則轉近乎道。約以存博，簡以兼衆，雜物撰德，辯是與非，而一以貫之。象之爲義，存乎一也；一之爲用，同乎道矣」。邢璹注：「撰，數也。雜，聚也。聚其物體，數其德行」。「辯」，明也。得位而承之，是也；失位而據之，非也」。「然則非是中之一爻，莫之能備。」訟彖云：『訟有孚窒惕。中吉，剛來而得中也』。困象云：『貞大人吉，以剛中也』之例是也」。

〔三〕「統」、「本」，均爲根本之意。「一」，〈老子三十九章〉王弼注：「萬物萬形，其歸一也」、始，而物之極也」；八十一章王弼注：「極在一也」，所以「一」卽「道」、「無」、「靜」之義。「御」，統制。「舉」，數之統括。邢璹注：「統而推尋，萬物雖殊，一之以神道；百姓雖衆，御之以君主也」。「博」，廣也。本，謂君

也、道也。義雖廣，舉之在一也」。

〔一三〕「璇璣」，古代觀測天象運行之儀器。「大運」，指天體之運行。

〔一四〕「會要」，綱領、樞紐。「方來」，指卽將到來的變化。「六合」，上、下、四方（東、南、西、北）稱六合，意指整個宇宙。「輻輳」，向中心聚集。邢璹注：「天地雖大，視之以璇璣，六合雖廣，據之以要會。天地之運，不足怪其大；六合輻輳，不足稱其多」。

〔一五〕語出繫辭下。此句意爲「只要舉出卦之名，此卦之意義就有統屬了；看其象辭，則就能瞭解它的大半意義，卽掌握它的綱領。邢璹注：「象總卦義，義主中爻。簡易者，道也、君也。道能化物，君能御民。智者觀之，思過其半矣」。

〔一六〕「中」，中正。此句意爲，古今雖然變化不同，治理軍事與治理政事也不相同，但是都不能離開中正之道。邢璹注：「古今革變，軍國殊別，中正之用，終无疎遠」。

〔一七〕「品」，族，指種類。「制」，指制度。此句意爲，不論物類、制度如何千變萬化，但其根本（宗、主）是不變的（亦卽所謂「主必致一也」）。象辭正是重視每卦的「宗」、「主」，此可謂抓住了根本。邢璹注：「品變積萬，存之在一」。

〔一八〕邢璹注：「自此已（以）下，明至少者多之所主」，豈直指其中爻而已」。

〔一九〕「五陽而一陰」之卦，如䷌同人、䷍大有、䷉履、䷈小畜、䷪夬、䷫姤等，以一陰爲主。履卦象辭王弼注：「凡象者，言乎一卦之所以爲主也。成卦之體，在六三也。……三爲履主」。「五

陰而一陽」之卦，如䷖剝、䷗復、䷆師、䷇比、䷎謙、䷏豫等，以一陽爲主。師卦九二王弼

注：「在師而得其中者也。」承上之寵，爲師之主」。邢璹注：「同人、履、小畜、大有之例是也」。「師、比、

謙、豫、復、剝之例是也」。

〔二〇〕邢璹注：「王弼曰：夫陰陽相求之物，以所求者貴也」。

〔二一〕「陽苟一焉」之「焉」，四部叢刊影印宋本作「也」字。

〔二二〕邢璹注：「王曰（津逮叢書本作「王弼曰」）『陽貴而陰賤（見屯卦初九象辭注）』」以至少處至

多之地」，爻雖賤，衆亦從之。小畜象云：「柔得位，而上下應之」是也」。按，小畜卦六四爲陰爻而又據陰

位，所以説得位，而上下應之。

〔二三〕「遺」，棄。「二體」指卦的上、下（或稱內、外）卦。此句意爲，有些卦所体現的意義，不在某一

爻，這就需要舉出它的上下卦，來說明其包含的意義。如䷶豐，是離下震上，離爲火，喻明；震爲雷，

喻動，所以豐卦象辭說：「豐，大也。明以動，故豐」。又如䷵歸妹，是兑下震上；兑爲少女，爲悦，震爲

長男，爲動，所以歸妹象辭說：「歸妹，天地之大義也。天地不交而萬物不興。歸妹，人之始終也，悦以

動，所以歸妹也」。邢璹注：「遺，棄也。棄此中之一爻，而舉二體以明其義，卦體之義不在一爻。」豐、歸

妹之類是也」。

〔二四〕「約」、「簡」，均爲少之義，亦即指「宗」、「主」、「一」。

邢璹注：「簡易者，道也、君也。萬物是

衆，道能生物，君能養民。物雖繁，不憂錯亂；爻雖變，不憂迷惑」。

〔三五〕「渝」變污。「賾」幽深。「至賾」即指「宗」、「主」、「一」、「道」、「無」等。邢璹注:「萬物雖

雜,不能惑其君;六爻雖變,不能渝其主。非天下之至賾,其誰能與於此!言不能也」。

〔三六〕邢璹注:「觀象以斯,其義可見」。

明爻通變

夫爻者,何也?言乎變者也〔一〕。變者何也?情偽之所爲也〔二〕。夫情偽之動,非數之所求也,故合散
屈伸,與體相乖〔三〕。形躁好静,質柔愛剛,體與情反,質與願違〔四〕。巧歷不能定其算數,聖明不能爲
之典要;法制所不能齊,度量所不能均也〔五〕。爲之乎豈在夫大哉〔六〕!陵三軍者,或懼於朝廷之儀;暴
威武者,或困於酒色之娛〔七〕。

近不必比,遠不必乖〔八〕。同聲相應,高下不必均也;同氣相求,體質不必齊也〔九〕。召雲者龍,命呂者
律〔一〇〕。故二女相違,而剛柔合體〔一一〕。隆墀永歎,遠壑必盈〔一二〕。投戈散地,則六親不能相保〔一三〕;同舟
而濟,則吳越何患乎異心〔一四〕。故苟識其情,不憂乖遠;苟明其趣,不煩强武〔一五〕。能説諸心,能研諸
慮〔一六〕。睽而知其類,異而知其通〔一七〕。其唯明爻者乎?故有善邇而遠至,命宮而商應;修下而高者降,與
彼而取此者服矣〔一八〕!

是故,情偽相感,遠近相追;愛惡相攻,屈伸相推;見情者獲,直往則違〔一九〕。故擬議以成其變化〔二〇〕,語
成器而後有格〔二一〕。不知其所以爲主,鼓舞而天下從,見乎其情者也〔二二〕。

是故，範圍天地之化而不過，曲成萬物而不遺，通乎晝夜之道而无體，一陰一陽而无窮。非天下之至變，其孰能與於此哉〔三〕！是故，卦以存時，爻以示變〔四〕。

校釋

〔一〕「爻」，指卦之陰陽六爻。此章闡明爻之意義爲言變化（包括爻象和爻位的陰陽、剛柔的變化）。繫辭上：「爻者，言乎變者也」。邢璹注：「將釋其義，假設問辭」。「爻者，效也。物剛效剛，物柔效柔，過物而變，動有所之，故云：『言乎變者也』」。

〔二〕「情僞」，指情欲、智慧巧詐等。老子十八章王弼注：「故智慧出則大僞生也」。邢璹注：「變之所生，生於情僞；情僞所適，巧詐多端，故云：『情僞之所爲也』」。

〔三〕「數」，曆數，此處指萬物之自然狀態。即如老子二十章王弼注所謂：「燕雀有匹，鳩鴿有仇；寒鄉之民，必知旃裘」。「乖」背離。此句意爲，由於情欲巧僞而產生變動，這不是萬物自然本性的要求。所以事物之變化運動，與其本體是相違背的。即如老子二十章王弼注所謂：「自然已足，益之則憂。故續鳧之足，何異截鶴之脛」。「物之爲體」，或性同行乖，情貌相違，同歸殊塗，一致百慮。故萃卦六二：「引吉，无咎」。萃之爲體，貴相從就。六三志在靜退，不欲相就。人之多僻，己獨處正，其體雖合，志則不同，故曰：『合散』。乾之初九：『潛龍，勿用』。初九身雖潛屈，情无憂悶，其志則申，故曰：『屈伸』。

〔四〕此句意爲，表現出來是好動，而其本體是好靜的；本性雖然柔順，而其願望却是剛健。這是本體和情欲，本性和願望相違反。邢璹注：「至於風虎、雲龍、嘯吟相感，物之體性，形願相從。此則情體乖違，質願相反。故歸妹九四：『歸妹愆期，遲歸有時』。四體是震，是形躁也，是好靜也。履卦六三：『武人爲于大君』志剛也。兌體是陰，是質柔也；志懷剛武，爲于大君，是愛剛也」。

〔五〕此句意爲，這種由情僞而產生的躁動變化，體形相反，質願相違的情況，即使是最精密的曆法，也不可能爲它定出某種度量的；即使是最聰明的人，也不可能爲它建立起何種法制的。所以，法制、度量是無法使其齊一、均和的。「雖復法制度量，不能均齊詐僞長短也」。

〔六〕「爲」指制定法制、度量。此句意爲，並不在於制訂多嚴屬的法制、度量。邢璹注：「情有巧僞，變動相乖，不在於大，而聖明巧歷，尚測不知，豈在乎大哉」。

〔七〕「陵」、「暴」均指敢於搏鬥之意。故大畜初九：『有厲，利已』。九二：『輿說輹』。雖復剛健，怯於柔霖。此皆體質剛猛，懼在微小。

〔八〕「比」，親。「乖」，離。邢璹注：「近爻不必親比，遠爻不必乖離。屯六二、初九爻雖相近，守貞不從；九五雖遠，十年乃字，此例是也」。

〔九〕「同聲相應」、「同氣相求」語出乾卦文言。王弼認爲，相應者，不必在同一高低之地位；相求

者，陰陽剛柔之體質也不必相同。如初與四、二與五、三與上，位置高低不同而相應。邢璹注：「初四、二五、三上。同聲相應，不必限高下；同氣相求，不必齊形質」。

〔一0〕「召雲者龍」，乾卦文言：「雲從龍，風從虎」。孔穎達疏：「龍是水畜，雲是水氣，故龍吟則景雲出，是雲從龍」。此爲喻「同氣相求」。「呂」是陰聲，「律」是陽聲，陽唱而陰和，所以說：「命呂者律」。此爲喻「同聲相應」。邢璹注：「雲，水氣也。龍，水畜也。召水氣者水畜，此明有識感无識。命陰呂者陽律，此明无識感有識」。

〔一一〕邢璹注：「二女俱是陰類而相違，剛柔雖異而合體，此明異類相應」。

〔一二〕邢璹注：「隆，高也。堭，水中堭也（小島）。永，長也。處高堭而長歎，遠壑（溝谷）之中，盈響而應。九五尊高，喻於隆堭，六二卑下，同於遠壑，唱和相應」。

〔一三〕「投」置。邢璹注：「投，置也。散，逃也。置兵戈於逃散之地，雖是至親，不能相保守也」。遯卦九四：『好遯，君子吉』。處身於外，難在於內。處外則超然遠遯。初六至親，不能相保守也。

〔一四〕「散地」，孫子九地篇：「諸侯自戰其地，爲散地」。李筌注：「卒恃土，懷妻子，急則散，是爲散地也」。孫子九地篇：「夫吳人與越人相惡也，當其同舟而濟，遇風，其相救也如左右手」。梅堯臣注：「勢使之然」。邢璹注：「同在一舟而俱濟彼岸，胡（吳）越雖殊，其心皆同。若漸卦三、四，異體和好，物莫能間；順而相保，似若同在一舟，上下殊體，猶若胡（吳）越。利用禦寇，何患乎異心。

〔一五〕邢璹注：「苟識同志之情，何憂胡（吳）越也；苟知逃散之趣，不勞用其威武也」。

〔六〕「說」，「悅」。「研」，精思。語出繫辭下：「夫乾，天下之至健也，德行恆易，以知險。夫坤，天下之至順也，德行恆簡，以知阻。能悅諸心，能研諸侯之慮」。此句意爲爻之變化能預告險阻，所以能使萬事萬物暢通愉悅，使諸侯治萬物之思慮更其精慎。邢璹注：「諸物之心，憂其凶患，爻變示之，則物心皆悅。諸侯之慮，在於育物，爻變告之，其慮益精」。

〔七〕「睽」，乖異之意。睽卦象辭：「天地睽而其事同也，男女睽而其志通也，萬物睽而其事類也」。此謂，雖然萬物互相乖異而不同類，然而它們是互相感應相通的。以上均爲說明瞭解爻變之重要。邢璹注：「睽象曰：萬物睽而其事類也，男女睽而其志通也」。「知趨舍，察安危，辯吉凶，知變化，其唯明爻者乎」。

〔八〕「善」，修治。盧文弨說：「古本作『繕』」。「善邇而遠至」，意爲只要整治好自身，則遠方之人均會來歸附。亦即繫辭上所謂：「君子居其室，出其言善，則千里之外應之。況其邇者乎」？邢璹注：「善，修治也。邇，近也。近修治言語，千里遠應。若中孚之初六、九二：『鳴鶴在陰，其子和之』。鳴於此，和於彼，聲同則應，有若宮商也」。「處下修正，高必命之。否之初六『拔茅，貞吉』，九四：『有命，疇離祉』也。與，謂上也。取，謂下也。君上福祿不獨有之，下人服者，感君之德。大有六五『厥孚交如、威如吉』之例是也。大有六五爻辭王弼注：『君尊以柔，處大以中，无私於物，上下應之。信以發志，故其孚交如也。夫不私於物，物亦公焉。不疑於物，物亦誠焉。既公且信，何難何備」。

〔一九〕此三句爲概述爻與爻之間交互變化，感應排斥之各種情況，以表示吉凶、悔吝、利害。語出

繫辭下：「八卦以象告，爻彖以情言。剛柔雜居，而吉凶可見矣。變動以利害，凶吉以情遷。是故愛惡相

攻而吉凶生（韓康伯注：「泯然同順，何吉何凶？愛惡相攻，然後逆順者殊，故吉凶生」）。遠近相取而悔

吝生（韓康伯注：「相取，猶相資也。遠近之爻，互相資取，而後有悔吝也」）。情僞相感而利害生（韓康伯

注：「情以感物，則得利，僞以感物，則得害」）。邢璹注：「正應相感是實情，窶之二、五之例（窶卦二、五

均履當其位，居不失中，所以說是『正應』）。不正相感是僞情，頤之三、上之例（頤之三三不當位，王弼注：

『履夫不正，以養於上，納上以諂者也』）。有應雖遠而相追，睽之三、上之例（睽卦六三王弼注：「應在上

九，執志不回，初雖受困，終獲剛助」）。无應近而相比，賁之二、三之例（賁卦六二王弼注：「得其位

而无應，三亦无應，俱无應而比焉，近而相得者也」）。「同人三、四有愛有惡，迭相攻伐（指同人卦三與

四同爭二。參看同人卦注）。否、泰二卦一屈一伸，更相推謝（泰是陰去陽來，否是陽去陰來，互相推

移）」。「獲，得也。見彼之情，往必得志，屯之六四：『求婚媾，往吉，无不利』之例。不揆則往，彼必相

違。六三：『卽鹿无虞，惟入于林中，君子幾不如舍，往吝』之例是也」。

〔二〇〕「擬」比擬。「議」借爲「儀」，範式。兩者均爲模仿、效法之意。此句意爲，爻之變化是效法

於外物之運動、變化而形成的。繫辭上說：「聖人有以見天下之賾，而擬諸其形容。……聖人有以見天

下之動，而觀其會通，以行其典禮。……言天下之至賾而不可惡也，言天下之至動而不可亂也。擬之

而後言，議之而後動，擬議以成其變化」。韓康伯注：「擬議以動，則盡變化之道」。

〔二〕「格」，邢璹注：「『格』作『括』。『括』，結也。語成器而後无結閡之患也。」語本繫辭下：「君子藏器於身，待時而動，何不利之有！動而不括，是以出而有獲，語成器而動者也。」韓康伯注：「括，結也。君子待時而動，則无結閡之患也。」

〔三〕此句意為，易道生成，變化萬物，但萬物不知其所以為主。易道變化，應人如響，退藏於密，不知為化，此即體現了易道之實際情況。邢璹注：「鼓舞，猶變化也。易道變化，則天下萬物隨之而變，其為變化，萬物莫不從之而變，是顯見其情。繫辭曰：『聖人之情見乎辭』。又曰：『鼓之舞之以盡神』」。

〔四〕以上各句均為贊美易道、爻變之神通廣大，能包盡天地萬物、通貫陰陽晝夜之變化。語出繫辭上：「……範圍天地之化而不過，曲成萬物而不遺，通乎晝夜之道而知。故神无方而易无體。一陰一陽之謂道。……參伍以變，錯綜其數。通其變，遂成天地之文；極其數，遂定天下之象。非天下之至變，其孰能與此」。邢璹注：「範，法也。圍，周圍也。模範周圍天地變化之道而无過差，委曲成就萬物而不有遺失」。「陽通晝，陰通夜。晝夜，猶變化也。極神妙之道而无體可明。一者，道也。道者，虛也。在陰之時，不以生長而為功；在陽之時，不以生長而為力，是以生長為功，若以生長為功，各盡於有物之功，極豈得无窮乎」。「非六爻至極通變以應萬物，則不能與於此也」。

〔五〕邢璹注：「卦以存時，爻以應變」。下章明卦適變通爻說：「夫卦者，時也；爻者，適時之變者也」。

明卦適變通爻

夫卦者，時也；爻者，適時之變者也〔一〕。

夫時有否泰，故用有行藏〔二〕；卦有小大，故辭有險易〔三〕。一時之制，可反而用也；一時之吉，可反而凶也〔四〕。故卦以反對，而爻亦皆變〔五〕。是故用無常道，事无軌度，動靜屈伸，唯變所適〔六〕。故名其卦，則吉凶從其類，存其時，則動靜應其用〔七〕。尋名以觀其吉凶，舉時以觀其動靜，則一體之變，由斯見矣。

夫應者，同志之象也；位者，爻所處之象也〔八〕。承乘者，逆順之象也；遠近者，險易之象也〔九〕。內外者，出處之象也；初上者，終始之象也〔一〇〕。是故，雖遠而可以動者，得其應也；雖險而可以處者，得其時也〔一一〕。弱而不懼於敵者，得所據也；憂而不懼於亂者，得所附也〔一二〕。柔而不憂於斷者，得所御也。雖後而敢為之先者，應其始也〔一三〕；物競而獨安靜者，要其終也〔一四〕。故觀變動者，存乎應；察安危者，存乎位〔一五〕；辯逆順者，存乎承乘；明出處者，存乎外內〔一六〕。

遠近終始，各存其會，辟險尚遠，趣時貴近〔一七〕。比復好先，乾壯惡首；明夷務闇，豐尚光大〔一八〕。吉凶有時，不可犯也；動靜有適，不可過也〔一九〕。犯時之忌，罪不在大；失其所適，過不在深〔二〇〕。動天下，滅君主，而不可危也；侮妻子，用顏色，而不可易也〔二一〕。故當其列貴賤之時，其位不可犯也〔二二〕；遇其憂悔吝之時，其介不可慢也〔二三〕。觀爻思變，變斯盡矣。

校　釋

〔一〕邢璹注：「卦者，統一時之大義，爻者，適時中之通變」。此章爲說明卦與爻之間相互變化的關係。

〔二〕否卦象辭：「否，……是天地不交而萬物不通也」，所以說否時爲用藏。泰卦象辭：「泰，……是天地交而萬物通也」，所以說泰時爲用行。邢璹注：「泰時則行，否時則藏」。

〔三〕語出繫辭上：「齊小大者存乎卦，辯吉凶者存乎辭。……是故卦有小大，辭有險易」。韓康伯注：「其道光明曰大，君子道消曰小。之泰則其辭易，之否則其辭險」。邢璹注：「陰長則小，陽生則大。否卦辭險，泰卦辭易」。

〔四〕「制」，止。此句意爲「制」與「用」，「吉」與「凶」，發展到一定時候會互相轉化。如䷙大畜，從整個卦講是大止（制）之時，然而發展到上六，則變爲「天之衢」大通。王弼大畜上六注：「畜極則通」。大畜之至於大亨之時，王弼注説：「大而亨者，王之所至」。可是發展到它的反面䷷旅，則有羈旅之凶。

〔五〕此句意爲，卦是相反者爲對，如䷀乾與䷁坤，䷊泰與䷋否等；而爻則隨卦體之變化而變化。按「卦以反對」之「以」字，漢魏叢書本作「有」。邢璹注：「諸卦之體兩相反，正其爻隨卦而變。泰之初九：『拔茅，彙征』。否初六：『拔茅，彙貞』。卦既隨時，爻變亦準也」。

〔六〕邢璹注：「卦既推移，道用无常，爻逐時變，故事无軌度。動出静入，屈往伸來，唯變所適也」。

〔七〕此句意爲，就卦之名來講，可分爲吉、凶兩大類，就卦之時來講，可分爲動、静兩用。邢璹注：

「名其謙、比則吉從其類；名其蹇、剥則凶從其類。震時則動應其用，艮時則静應其用」。

〔八〕「應」相應。如初與四、二與五、三與上互相相應。「位」指二、三、四、五之陰陽爻位。邢璹

注：「尋謙、比、蹇、剥，則觀知吉凶也。舉艮、震，則觀知動静也」。「得應則志同相和。陰位，小人所處，

陽位，君子所處」。

〔九〕「承」，以下對上稱「承」。「乘」，駕，以上對下稱「乘」。陰承陽是順，陽承陰是逆；陰乘陽

是逆，陽乘陰是順。遠難則易（平）近難則險。邢璹注：「陰承陽則順，陽承陰則逆。小過六五乘剛，

逆也。六二承陽，順也。需卦九三近難，險也。初九遠險，易矣」。

〔一〇〕「内」即下卦，是「處」（居）。「外」即上卦，是「出」。「初」指最下之一爻，是始。「上」指最

上之一爻，是終。初、上雖稱始、終，而動者有其應，革六二去五雖遠，陰陽相應，往者无咎也（革卦六二注：

「二與五雖有水火殊體之異，同處其中，陰陽相應，往必合志」「不憂咎也」）。雖險可以處者，得其時也，

需上六居險之上，「不憂入穴（按，此句四部叢刊影印宋本作「不憂出穴之凶」，誤）」，得其時也（需卦上六

注：「至於上六，處卦之終，非塞路者也；與三爲應，三來之己，乃爲己援，故无畏害之辟，而乃有入穴之

固也」）」。

〔一二〕「據」,位。「得所據」,指得其位。「附」,依附。「得所附」,指所依附者得當。邢璹注:「師之

六五,爲師之主體,是陰柔,禽來犯田,執言往討,處得尊位,所以不懼也。」遯九五:『嘉遯,貞吉』。處遯

之時,小人侵長,君子道消,逃遯於外,附著尊位,率正小人,不敢爲亂也。」

〔一三〕邢璹注:「體雖柔弱,不憂斷制,良由柔御於陽,終得剛勝,則噬嗑六五:『噬乾肉得黃金』之

例。初爻處下,有應於四者,即是體後而敢爲之先,則泰之初九:『拔茅茹以其彙』征吉』之例是也」。

〔一四〕邢璹注:「物甚爭競,己獨安静,會其終也。」大有上九:『自天祐之,吉,无不利』。餘並乘剛,

競其豐富,己獨安静,不處於位,由居上極,要其終也」。

〔一五〕此句意爲,觀察變動,在於爻之相應,互相相應,則生變動。觀察安危,在於爻之位置,得位

則安,失位則危。邢璹注:「爻有變動,在乎爻之相應,有應而動,動則不失,若謙之九三:『勞謙君子,有終吉』

之例。爻之安危在乎位,得位則安,『節』之六四:『安節,亨』之例也。失位則危,若晉之九四:『晉如鼫鼠,

貞厲』之類是也」。

〔一六〕邢璹注:「陰乘於陽,逆也。師之六三:『師或輿尸』凶』。陰承於陽,順也。噬嗑六三:『小吝,

无咎』。承於九四,雖失其正,小吝无咎也」。「遯」,君子處外;「臨」,君子處内。

〔一七〕邢璹注:「適得其時,則吉;失其要會」則凶」。「遯之上九:『肥遯,无不利』,此尚遠也。觀之

六四:「觀國之光,利用賓於王」此貴近也。

〔一八〕「好先」,意爲有利於始。如比卦初六:「有孚,无咎」,而上六則:「比之无首」,凶」。又如復卦初

九::「不遠復,无祗悔,元吉」,而上六則::「迷復,凶」。「惡首」,意爲不利於終。如乾卦上九::「亢龍,有悔」。

大壯卦上六::「羝羊觸藩,不能退,不能遂,无攸利」。「明夷務闇」,見明夷卦象辭::「利艱貞,晦其明也」。

「豐尚光大」,見豐卦象辭::「尚大也」,「勿憂,宜日中」。 邢璹注::「比初六::『有孚,无咎』,上六::『比之无首,

凶』。復初九::「不遠復,无祗悔,元吉」,上六::『迷復,凶』。 乾上九::『亢龍,有悔』。大壯上六::『羝羊觸

藩,不能退,不能遂,无攸利』是也」。「明夷象云::『利艱貞,晦其明也』。豐彖云::『勿憂,宜日中』。

〔一九〕 邢璹注::「時有吉凶,不可越分輕犯也」。「動静適時,不可過越而動」。

〔二〇〕 此句意爲,只要犯時,就要遭到凶咎,而並不在於罪過之深、大。 邢璹注::「若夬之九

三::『壯于頄,有凶』。得位有應,時方陽長,同決小人,三獨應之,犯時之忌,凶其宜也。大過九四::『棟

隆吉,有它吝』。大過之時,陽處陰位爲美,九四陽處陰位,能隆其棟,良由應初,則有它吝,此所適違

時也」。

〔二一〕 此句意爲,遇到像「動天下、滅君主」這樣的大事,絕不可跟着去做危害之事,而要嚴守君臣

之道,否則將遭到徹底毀滅。 即使遇到像「侮妻子、用顏色」這樣的小事,也不可怠慢,而要嚴格要求,

否則也要遭到悔吝。 邢璹注::「事之大者,震動宇宙,弑滅君主。違於臣道,不可傾危。若離之九四::

『突如其來如、焚如、死如、棄如』之例是也」。「事之小者,侮慢妻子,用顏色。若家人尚嚴,不可慢易。

家人九三::『家人嗃嗃,悔厲吉。婦子嘻嘻,終吝』是也」。

〔二二〕 此句意爲,位之貴賤、尊卑既已確定,則絕不可觸犯、更改。 邢璹注::「位有貴賤,爻有尊卑,

職分既定,不可觸犯〔三〕。

〔三〕「介」,纖介,細小。此句意爲,遇到悔吝之時,即使極細小之事,也不可簡慢,而要謹慎從事。

邢璹注:「吉凶之始彰也。存乎微兆。悔吝纖介雖細,不可慢易而不慎也」。

明象

夫象者,出意者也〔一〕。言者,明象者也〔二〕。盡意莫若象,盡象莫若言〔三〕。言生於象,故可尋言以觀象;象生於意,故可尋象以觀意〔四〕。意以象盡,象以言著〔五〕。故言者所以明象,得象而忘言;象者,所以存意,得意而忘象〔六〕。猶蹄者所以在兔,得兔而忘蹄;筌者所以在魚,得魚而忘筌也〔七〕。然則,言者,象之蹄也;象者,意之筌也〔八〕。是故,存言者,非得象者也;存象者,非得意者也〔九〕。象生於意而存象焉,則所存者乃非其象也;言生於象而存言焉,則所存者乃非其言也〔一〇〕。然則,忘象者,乃得意者也;忘言者,乃得象者也〔一一〕。得意在忘象,得象在忘言〔一二〕。故立象以盡意,而象可忘也;重畫以盡情,而畫可忘也〔一三〕。

是故觸類可爲其象,合義可爲其徵〔一四〕。義苟在健,何必馬乎〔一五〕?類苟在順,何必牛乎〔一六〕?爻苟合順,何必坤乃爲牛?義苟應健,何必乾乃爲馬〔一七〕?而或者定馬於乾〔一八〕,案文責卦,有馬无乾,則僞說滋漫,難可紀矣〔一九〕。互體不足,遂及卦變〔二〇〕;變又不足,推致五行〔二一〕。一失其原,巧愈彌甚〔二二〕。縱復或值,而義无所取〔二三〕。蓋存象忘意之由也〔二四〕。忘象以求其意,義斯見矣〔二五〕。

校釋

〔一〕「象」，釋文：「象，擬象也」。以卦而言，指卦象，如三三、三三等，泛言之則爲指一切可見之徵兆，如繫辭上：「見乃謂之象」。卦象，據繫辭上說：「夫象，聖人有以見天下之賾，而擬諸其形容，象其物宜，是故謂之象」。「意」意義，指卦象或事物所包含之意義。如乾卦所含意義爲剛健，坤卦所含意義爲柔順等。同一類意義之物事，可用同一象來表示，此即所謂：「象者，出意者也」。王弼明象重在其所含之意義，反對漢易家之象數學。

〔二〕「言」語言、文字，如卦辭、爻辭等。卦、爻辭均爲說明卦象或物象的，所以說：「言者，明象者也」。邢璹注：「立象所以表出其意。作其言者，顯明其象。若乾能變化，龍是變物，欲明乾象，假龍以明乾，欲明龍者，假言以象龍。龍則象意者也」。

〔三〕邢璹注：「象以表意，言以明象」。

〔四〕邢璹注：「若言能生龍，尋言可以觀龍」。「乾能明意，尋乾以觀其意也」。

〔五〕繫辭上：「子曰：書不盡言，言不盡意。……子曰：聖人立象以盡意，設卦以盡情僞，繫辭焉以盡其言，……」。

〔六〕邢璹注：「意之盡也，象以盡之；象之著也，言以著之」。

〔七〕邢璹注：「既得龍象，其言可忘；既得乾意，其龍可捨」。

〔七〕「蹄」捕兔之器具。「筌」取魚之竹器，或說爲一種餌魚之香草。此語出莊子外物……「筌者，

所以在魚，得魚而忘筌；蹄者，所以在兔，得兔而忘蹄。言者，所以在得意，得意而忘言。此句意爲，言與象只是得意之一種工具，旨在得意，所以得意後就可把言、象忘去。邢璹注：「蹄以喻言，兔以喻象。存蹄得兔，得兔忘蹄」。「求魚在筌，得魚棄筌」。

〔八〕邢璹注：「蹄以喻言，筌以比象」。

〔九〕邢璹注：「未得象者存言，言則非象；未得意者存象，象則非意」。

〔一〇〕此句意爲，象由意而生，象爲表達意的工具，所以不應當停留於象本身。下句「言生於象……」同此。邢璹注：「所存者在意也」。

〔一一〕邢璹注：「所存者在象也」。

〔一二〕邢璹注：「忘象得意，忘言得象」。

〔一三〕邢璹注：「棄執而後得之」。

〔一四〕「重」、「疊」。「重畫」指畫六十四卦。「情」，真實。繫辭上：「聖人立象以盡意，設卦以盡情偽」。邢璹注：「盡意可遺象，盡情可遺畫。若盡和同之意，忘其天火之象。得同志之心，拔茅之畫盡可棄也」。

〔一五〕「觸類」，合類。「徵」驗。此句意爲，綜合各類事物，則成各種象；集合各種意義，可以互相徵驗。邢璹注：「徵，驗也。觸逢事類則爲象，魚、龍、牛、馬、鹿、狐、鼠之類。大人、君子，義同爲驗也」。

〔一六〕此句意爲，只要合於剛健含義的，不必拘泥於馬這一具體的象徵。只要合於柔順含義的，

也不必拘泥於牛這一具體的象徵。如〈大壯〉九三有剛健之意義，但卻說「羝羊」(羊之壯者)。〈坤卦〉沒有剛健之意義，但〈象辭〉也說「牝馬」(馬之柔順者)。又如〈遯卦〉六二也說：「黃牛」，〈明夷卦〉六二亦稱「馬」等。

邢璹注：「〈大壯〉九三有乾，亦云：『羝羊』。〈坤卦〉无乾，〈象〉亦云：『牝馬』。」

〔一七〕邢璹注：「〈遯〉无坤，六三亦稱牛。〈明夷〉无乾，六二亦稱馬也。」

〔一八〕「或」，借爲「惑」。

〔一九〕「滋漫」，漫延滋長。「紀」，綱紀。此句意爲，牽強附會之說繁瑣已極，無法抓住其要領。此爲對漢易家的批評。

〔二〇〕「互體」，漢易家解卦之法。王應麟〈鄭氏周易序〉：「鄭康成學費氏易，爲注九卷，多論互體。以互體求易」，〈左氏〉(指〈春秋左傳〉)以來有之。凡卦爻(二至四、三至五)，兩體互交，各成一卦，是謂一卦含四卦。……坎(☵☵)之六畫，其互體含艮(☶☶二至五)，震(☳三至二至四)。而艮(☶☶)、震(☳)之互體亦含坎(☵☵)，艮之二至四，震之三至五)……」。彼此互相包含，故稱互體。王弼反對講互體。「卦變」，是用卦中上下卦位置的變化，或某一爻的變化，而使卦變爲另一卦，從而解釋卦、爻之意義。

〔二一〕「推致五行」，用卦象分別代表五行，然後又用五行相生相克等理論來解釋卦的意義，帶有神秘主義色彩。

〔二二〕邢璹注：「廣推金、木、水、火、土爲象也」。

〔二三〕邢璹注：「一失聖人之原旨，廣爲譬喻，失之甚也」。

〔二四〕「縱復或值」，意爲即使偶然有說對之處。

〔三四〕此句意爲，上述種種錯誤，都由於「存象忘意」所造成的。邢璹注：「失魚兔，則空守筌蹄也。」

遺健順，則空說龍馬也」。

〔三五〕「忘象以求其意，義斯見矣」，四部叢刊影印宋本脫「忘」字。

辯位〔一〕

案，象无初上得位失位之文〔二〕。又，繫辭但論三五、二四同功異位，亦不及初上，何乎〔三〕？唯乾上九

文言云，貴而无位；需上六云，雖不當位〔四〕。若以上爲陰位邪？則需上六不得云不當位也；若以上爲

陽位邪？則乾上九不得云无位也。陰陽處之，皆云非位，而初亦不說當位失位也〔五〕。然則，初上

者是事之終始，无陰陽定位也〔六〕。故乾初謂之潛，過五謂之无位。未有處其位而云潛，上有位而云无

者也。歷觀衆卦，盡亦如之，初上无陰陽定位，亦以明矣。

夫位者，列貴賤之地，待才用之宅也〔七〕。爻者，守位分之任，應貴賤之序者也〔八〕。位有尊卑，爻有陰

陽。尊者，陽之所處，卑者，陰之所履也。故以尊爲陽位，卑爲陰位。去初上而論位分，則三五各在一

卦之上，亦何得不謂之陽位？二四各在一卦之下，亦何得不謂之陰位？初上者，體之終始，事之先後

也，故位无常分，事无常所，非可以陰陽定也。尊卑有常序，終始无常主〔九〕。故繫辭但論四爻功位之

通例，而不及初上之定位也。然事不可无終始，卦不可无六爻，初上雖无陰陽本位，是終始之地也。統

而論之，爻之所處則謂之位；卦以六爻爲成，則不得不謂之六位時成也〔一〇〕。

校釋

〔一〕此章闡明卦象中各爻之陰陽地位。

〔二〕此句意爲「初」與「上」兩爻，沒有陰陽得失之位。邢璹注：「陰陽居之，不云得失」。

〔三〕語出《繫辭下》：「二與四，同功而異位。其善不同，二多譽，四多懼，近也。……三與五，同功而異位。三多凶，五多功，貴賤之等也」。邢璹注：「同其意也」。

〔四〕「无位」，即「失位」。凡陰爻處陽位，陽爻居陰位，都是「失位」、「不當位」。若陽爻居陽位，陰爻居陰位則爲「當位」。《乾上九文言云：「貴而无位」，邢璹注：「陽居之也」。「需上六云：「雖不當位」，邢璹注：「陰居之也」。

〔五〕邢璹注：「不論當位、失位、吉凶之由」。

〔六〕邢璹注：「初爲始，上爲終。施之於人爲終始，非祿位之地也」。

〔七〕「夫位者」，語本《繫辭上》：「是故列貴賤者，存乎位」。韓康伯注：「爻之所處曰位」。「六位有貴賤也」。「才」才智。「待才用之宅也」。邢璹注：「宅，居也。二四陰賤，小人居之。三、五

〔八〕邢璹注：「各守其位，應之以序」。

〔九〕此句意爲，二、三、四、五四爻尊卑地位之次序是固定不變的，而初、上則沒有固定的陰陽爻

位。

邢璹注：「四爻有尊卑之序，終始无陰陽之恆主也」。

〔一〇〕乾卦象辭：「雲行雨施，品物流形，大明終始，六位時成，時乘六龍以御天」。又，說卦：「故易六畫而成卦，分陰分陽，迭用柔剛，故易六位而成章」。

略例下

凡體具四德者〔一〕，則轉以勝者爲先，故曰「元亨，利貞」也。其有先貞而後亨者，亨由於貞也〔二〕。

凡陰陽者，相求之物也，近而不相得者，志各有所存也〔三〕。

得〔四〕；有應，則雖遠而相得〔五〕。

然時有險易，卦有小大〔六〕。同救以相親，同辟以相疏〔七〕。故或有違斯例者也，然存時以考之，義可得也〔八〕。

凡象者，統論一卦之體者也。象者，各辯一爻之義者也〔九〕。故履卦六三，爲兌之主，以應於乾，成卦之體，在斯一爻，故象叙其應，雖危而亨也〔一〇〕。象則各言六爻之義，明其吉凶之行。去六三成卦之體，而指說一爻之德，故危不獲亨而見咥也〔一一〕。訟之九二，亦同斯義〔一二〕。

凡體者，通論一卦之體者也。一卦之體必由一爻爲主，則指明一爻之美以統一卦之義，大有之類是也。卦體不由乎一爻，則全以二體之義明之，豐卦之類是也。

凡言无咎者，本皆有咎者也，防得其道，故得无咎也〔一三〕。

吉，无咎者，本亦有咎，由吉故得免也〔一四〕。无

咎，吉者，先免於咎，而後吉從之也〔一五〕。或亦處得其時，吉不待功，不犯於咎，則獲吉也〔一六〕。或有罪自

己招，无所怨咎，亦曰无咎。故節六三曰：「不節若，則嗟若，无咎」。{象}曰「不節之嗟，又誰咎也」？此之

謂矣。

校　釋

〔一〕「體」，指卦體。「四德」，指元、亨、利、貞。{邢}{璹}注：「元爲生物之始，春也；亨爲會聚於物，夏

也；利爲和諧品物，秋也；貞能幹濟於物，冬也。乾用此四德，以成君子大人之法也」。

〔二〕如{離}卦「利貞亨」，{王}{弼}注：「{離}之爲卦，以柔爲正，故必貞而後乃亨。故曰利貞亨也」。{邢}{璹}

注：「{離}卦云利貞也」。

〔三〕如{既濟}卦六二{王}{弼}注：「居中履正，處文明之盛，而應乎五，……然居初、三之間，而近不相

得」。{邢}{璹}注：「{既濟}六二與初、三相近而不相得，是志各有所存也」。

〔四〕如{比}卦六三爻辭：「{比}之匪人」，{王}{弼}注：「四自外比，二爲五應，近不相得，遠則无應，所與比

者，皆非己親，故曰比之匪人」。{盧}{文}{弨}據{邢}{璹}注引隨之六三爲例説明「无應而相得」，認爲{王}{弼}正文

「近而不相得」之「不」字爲衍文。按，此爲據{宋}本等{邢}注，然據{閩}{監}{毛}本、{漢}{魏}{叢}{書}本等{邢}{璹}注，均作：

「比之六三，无應於上」，二、四皆非己親，是无應則近而不相得之例」。觀{王}{弼}前後文義，當作「无應而近

不相得」。

〔五〕如同人卦，六二志在九五，不顧三、四之阻，而終與五應。閩監毛本、漢魏叢書本等邢璹注均作：「同人六二志在乎五，是有應則雖遠而相得之例」。盧文弨以爲「有應則雖遠而相得」，當作「有應則雖近而不相得」。按，此亦爲據宋本等邢璹注誤文而改者。

〔六〕語出繫辭上。參看渙卦適變通爻校釋〔三〕。

〔七〕「救」，助。盧文弨：「古本作『求』」。「辟」通「避」。邢璹注：「否險、泰易」遯小、臨大」。睽之初九、九四，陰陽非應，俱是睽孤。同處體下，交孚相救，而得悔亡，是同救相親。困之初六，有應於四，潛身幽谷，九四陰非應，俱初，來徐徐，志意懷疑，同避金車，兩相疏遠也」。

〔八〕此句意爲，間或也有違反「凡陰陽者，相求之物也」的常例者，然而根據卦、爻之適時與否來考察，也可明瞭卦、爻之意義。邢璹注：「或自情偽生，違此例者。存其時，考其驗，莫不得之義」。

〔九〕「象」，象辭，此處指爻辭下之象辭，也即所謂「小象」。邢璹注：「象統論卦體，象各明一爻之義」。

〔一〇〕邢璹注：「象云：『柔履剛』，說而應乎乾，是以履虎尾，不咥人，亨」也」。

〔一一〕邢璹注：「六三：『履虎尾，咥人，凶』。象言不咥，象言見咥，明爻象其義各異也」。

〔一二〕邢璹注：「訟象云：『有孚窒惕，中吉』，剛來而得中。九二：『不克訟，歸而逋其邑人三百户，无眚』。注云：『其在二乎』，以剛而來，正夫羣小，斷不失中，應斯任矣」。

〔一三〕邢璹注：「乾之九三：『君子終日乾乾，无咎』。若防其失道，則有過咎也」。

其會,雖小有言,以吉終也」。

〔一六〕邢璹注:『〈需〉之九二:「需于沙,小有害,終吉」。注云:『近不逼難,遠不後時,履健居中,以待

〔一五〕邢璹注:『〈比〉初六:「有孚,比之无咎。終來,有它吉」之例也』。

〔一四〕邢璹注:『〈師〉:「貞丈人,吉,无咎」。注云:『興役動衆,无功,罪也,故吉乃免咎』」。

卦略〔一〕

䷂屯。此一卦,皆陰爻求陽也。屯難之世,弱者不能自濟,必依於彊,民思其主之時也。故陰爻皆先求陽,不召自往,馬雖班如,而猶不廢,不得其主,无所馮也。初體陽爻,處首居下,應民所求,合其所望,故大得民也〔二〕。

䷃蒙。此一卦,陰爻亦先求陽。夫陰昧而陽明,陰困童蒙,陽能發之。凡不識者求問識者,識者不求所告;暗者求明,明者不諮於暗。故童蒙求我,匪我求童蒙也。故六三先唱,則犯於爲女;四遠於陽,則困蒙吝;初比於陽,則發蒙也。

䷉履。雜卦曰:「履,不處也」。又曰:「履者,禮也;謙以制禮。陽處陰位,謙也。故此一卦,皆以陽處陰爲美也〔三〕。

䷒臨。此剛長之卦也。剛勝則柔危矣,柔有其德,乃得免咎。故此一卦,陰爻雖美,莫過无咎也。

䷓觀之爲義,以所見爲美者也。故以近尊爲尚,遠之爲吝〔四〕。

大過者，棟橈之世也。本末皆弱，棟已橈矣。而守其常，則是危而弗扶，凶之道也。以陽居陰，拯

弱之義也，故陽爻皆以居陰位爲美。濟衰救危，唯在同好，則所贍褊矣。故九四有應，則有它吝，九二

无應，則无不利也〔五〕。

遯。小人浸長。難在於內，亨在於外，與臨卦相對者也。臨，剛長則柔危；遯，柔長故剛遯也〔六〕。

大壯。未有違謙越禮能全其壯者也，故陽爻皆以處陰位爲美。用壯處謙，壯乃全也；用壯處壯，則

觸藩矣。

明夷。爲暗之主，在於上六。初最遠之，故曰「君子于行」。五最近之而難不能溺，故謂之「箕子之

貞，明不可息也」。三處明極而征至暗，故曰「南狩獲其大首」也〔七〕。

睽者，睽而通也。於兩卦之極觀之，**義最見矣**。極睽而合，極異而通，故先見怪焉，洽乃疑亡

也〔八〕。

豐。此一卦明以動之卦也。尚於光顯，宜陽發暢者也。故爻皆以居陽位又不應陰爲美，其統在於

惡暗而已矣。小暗謂之沛，大暗謂之蔀。暗甚則明盡，未盡則明昧；明盡則斗星見，明微故見昧。无明則

无與乎世，見昧則不可以大事。折其右肱，雖左肱在，豈足用乎？日中之盛而見昧而已，豈足任乎〔九〕。

校　釋

〔一〕此章爲舉例略論卦中陰陽、剛柔相互感應、消長之關係，以及一卦之根本意義。

道惡盈，而五處尊位，三居陽位則見咥也。

〔二〕 邢璹注：「江海處下，百川歸之；君能下物，萬人歸之」。

〔三〕 「皆以陽處陰爲美也」，盧文弨：「《古本》『陰』下有『位』字」。邢璹注：「九五：『夬履』貞厲」。履

〔四〕 邢璹注：「遠爲童觀，近爲觀國」。

〔五〕 邢璹注：「大過之時，陽處陰位，心无係應爲吉。陽得位有應則凶也」。

〔六〕 邢璹注：「遯以遠時爲吉，不係爲美。上則肥遯，初則有屬」。

〔七〕 邢璹注：「遠難藏明，《明夷》之義」。

〔八〕 邢璹注：「火動而上，澤動而下，《睽》義見矣」。

〔九〕 邢璹注：「《豐》之爲義，貴在光大，惡於暗昧也」。

論語釋疑 輯佚

學 而

有子曰：「其爲人也孝悌，而好犯上者鮮矣。不好犯上，而好作亂者，未之有也！君子務本，本立而道生。孝悌也者，其爲仁之本與！」

自然親愛爲孝，推愛及物爲仁也。（皇疏）

孝悌也者，其爲仁之本與！（皇疏）

爲 政

子曰：「吾十有五而志於學，三十而立，四十而不惑，五十而知天命，六十而耳順，七十而從心所欲不踰矩。」

天命廢興〔一〕有期，知道終不行也。（皇疏）

耳順，言心識在聞前也。（皇疏）

子夏問孝，子曰：「色難。有事弟子服其勞，有酒食先生饌，曾是以爲孝乎？」

問同而答異者，或攻其短，或矯其時失〔二〕，或成其志，或說其行。（皇疏）

八佾

林放問禮之本，子曰：「大哉問！」

時人棄本崇末，故大其能尋本禮意也〔三〕。（皇疏）

里仁

子曰：「參乎！吾道一以貫之哉！」

貫，猶統也。 夫事有歸，理有會。故得其歸，事雖殷大，可以一名舉；總其會，理雖博，可以至約窮也。譬猶以君御民，執一統衆之道也〔四〕。（皇疏）

曾子曰：「唯。」子出，門人問曰：「何謂也？」曾子曰：「夫子之道，忠恕而已矣！」

忠者，情之盡也；恕者，反情以同物者也。 未有反諸其身而不得物之情，未有能全其恕而不盡理之極也。 能盡理極，則無物不統。 極不可二，故謂之一也。 推身統物，窮類適盡，一言而可終身行者，其唯恕也。（皇疏）

公冶長

子謂子貢曰：「汝與回也孰愈？」對曰：「賜也何敢望回。回也聞一以知十，賜也聞一以知二。」

假數以明優劣之分。言己與顏淵十裁及二，明相去懸遠也。（皇疏）

子曰：「弗如也！吾與汝弗如也！」

雍 也

子見南子，子路不悅。

案本傳[五]，孔子不得已而見南子，猶文王拘羑里，蓋天命之窮會也。子路以君子宜防患辱，是以不悅也。（皇疏）

夫子矢之曰：「予所否者，天厭之，天厭之！」

否泰有命。我之所屈不用於世者，乃天命厭之，言非人事所免也[六]。重言之者，所以誓其言也。（皇疏）

述 而

子曰：「述而不作，信而好古，竊比於我老彭。」

老是老聃，彭是彭祖。老子者，楚苦縣厲鄉曲仁里人也。姓李氏〔七〕，名耳，字伯陽，諡曰聃，周守藏

室之史也〔八〕。（邢疏）

子曰：「志於道，

道者，無之稱也，無不通也，無不由也。況之曰道，寂然無體，不可爲象。是道不可體〔九〕，故但志慕

而已。（邢疏）

據於德，依於仁，游於藝。」

粹，熟習然後存義也。（皇疏）

易以幾，神爲教〔一〇〕。顏淵庶幾有過而改，然則窮神研幾可以無過。明易道深妙，戒過明訓，微言精

子曰：「加我數年，五十以學易，可以無大過矣。」

此爲聖人與君子異也。然德足君物〔一二〕，皆稱君子，亦有德者之通稱也。（皇疏）

子曰：「聖人吾不得而見之矣，得見君子者斯可矣！」

子溫而厲，威而不猛，恭而安。

温者不厲，厲者不温；威者心猛〔三〇〕，猛者不威〔三一〕；恭則不安，安者不恭，此對反之常名也。若夫温而

能厲，威而不猛，恭而能安，斯不可名之理全矣。故至和之調，五味不形，大成之樂，五聲不分；中和

備質，五材無名也。（皇疏）

泰 伯

子曰：「興於詩，立於禮，成於樂。」

言有爲政之次序也。夫喜、懼、哀、樂，民之自然，應感而動〔一四〕，則發乎聲歌。所以陳詩採謠，以知民

志風。既見其風，則損益基焉。故因俗立制，以達其禮也。矯俗檢刑，民心未化，故又感以聲樂〔一五〕

以和神也。若不採民詩，則無以觀風。風乖俗異，則禮無所立，禮若不設，則樂無所樂，樂非禮則功

無所濟。故三體相扶〔一六〕而用有先後也。（皇疏）

子曰：「如有周公之才之美，設使驕且吝，其餘不足觀也已矣。」

言人之才美如周公，設使驕吝〔一七〕，其餘無可觀者。言才美以驕吝棄也。況驕吝者必無周公才美乎。

假〔一八〕無設有，以其驕吝之鄙也。（皇疏）

子曰：「狂而不直，侗而不愿，悾悾而不信，吾不知之矣！」

夫推誠訓俗，則民俗自化；求其情僞，則儉心茲應〔一九〕。是以聖人務使民皆歸厚，不以探幽爲明；務使

奸偽不興，不以先覺爲賢。故雖明並日月，猶日不知也。（皇疏）

子曰：「巍巍乎，舜禹之有天下也，而不與焉！」

逢時遇世，莫如舜禹也。（皇疏）

子曰：「大哉，堯之爲君也！巍巍乎唯天爲大，唯堯則之。蕩蕩乎民無能名焉！

聖人有則天之德。所以稱唯堯則之者，唯堯於時全則天之道也。蕩蕩，無形無名之稱也。夫名所名

者，生於善有所章〔二〇〕而惠有所存。善惡相須，而名分形焉〔二一〕。若夫大愛無私，惠將安在？至美無

偏，名將何生？故則天成化，道同自然，不私其子而君其臣〔二二〕。凶者自罰〔二三〕，善者自功；功成而不

立其譽，罰加而不任其刑。百姓日用而不知所以然，夫又何可名也！（皇疏）

巍巍乎其有成功也，煥乎其有文章。」

子　罕

達巷黨人曰：「大哉孔子！博學而無所成名！」

譬猶和樂出乎八音乎〔二四〕，然八音非其名也！（皇疏）

子聞之，謂門弟子曰：「吾何執？執御乎？執射乎？吾執御矣！」

子貢曰：「有美玉於斯，韞匵而藏諸？求善賈而沽諸？」子曰：「沽之哉，沽之哉！我待賈者也！」

重言沽之哉，賣之不疑也。故孔子乃聘諸侯，以急行其道也。（皇疏）

子曰：「可與共學，未可與適道；可與適道，未可與立；可與立，未可與權。

權者，道之變。變無常體，神而明之，存乎其人。不可豫設，尤至難者也。（皇疏）

『唐棣之華，偏其反而。豈不爾思，室是遠而。』子曰：「未之思也，夫何遠之有哉？」

庽焚，子退朝曰：「傷人乎？」不問馬。

孔子時為魯司寇，自公朝退而之火所。不問馬者，矯時重馬者也〔二五〕。（皇疏）

德行：顏淵、閔子騫、冉伯牛、仲弓。

此四科者，各舉其才長也〔三六〕。顏淵，德行之俊〔三七〕，尤兼之矣。（皇疏）

言語：宰我、子貢。政事：冉有、季路。文學：子游、子夏。
弟子才不徒十，蓋舉其美者，以表業分名。其餘則各以所長，從四科之品也。（皇疏）

顏淵死，門人欲厚葬之。子曰：「不可。」
有財，死則有禮；無財，則已焉。既而備禮，則近厚葬矣。故云孔子不聽也。（皇疏）

門人厚葬之，子曰：「回也，視予猶父也。予不得視猶子也。非我也，夫二三子也。」

柴也愚，
愚，好仁過也。（皇疏）

參也魯，
魯，質勝文也。（皇疏）

師也僻，
僻，飾過差也。（皇疏）

由也喭。

嗟，剛猛也。（皇疏、邢疏）

子曰：「回也，其庶乎，屢空。

庶幾慕聖〔二六〕，忽忘財業，而數空匱也。（皇疏）

賜不受命，而貨殖焉。億則屢中。」

命，爵命也。億，億度也。子貢雖不受爵命而能富，雖不窮理而幸中，蓋不逮顏之庶幾。輕四子所病，故稱「子曰」以異之。（皇疏）

子路、曾晳、冉有、公西華侍坐。子曰：「以吾一日長乎爾，無吾以也。居則曰：不吾知也。如或知爾，則何以哉？」子路率爾而對曰：「千乘之國，攝乎大國之間，加之以師旅，因之以饑饉。由也爲之，比及三年，可使有勇且知方也。」夫子哂之。「求，爾何如？」對曰：「方六、七十如五、六十，求也爲之，比及三年，可使足民也。如其禮樂，以俟君子。」「赤，爾何如？」對曰：「非曰能之，願學焉。宗廟之事，如會同，端章甫，願爲小相焉。」「點，爾何如？」鼓瑟希，鏗爾，舍瑟而作，對曰：「異乎三子者之撰。」子曰：「何傷乎？亦各言其志也。」曰：「莫春者，春服既成，得冠者五六人，童子六七人，浴乎沂，風乎舞雩，詠而歸。」

沂水近孔子宅，舞雩壇在其上，壇有樹木，遊者託焉也。（皇疏）

夫子喟然歎曰：「吾與點也。」

顏淵

司馬牛問仁，子曰：「仁者，其言也訒。」

情發於言，志淺則言疏〔二九〕，思深則言訒也。（皇疏）

曰：「其言也訒，斯可謂之仁已矣乎？」子曰：「爲之難，言之得無訒乎！」

憲問

子曰：「君子而不仁者有矣，夫未有小人而仁者也。」

假君子以甚小人之辭，君子無不仁也。（皇疏）

子貢曰：「管仲非仁者與？桓公殺公子糾，不能死，又相之。」子曰：「管仲相桓公，霸諸侯，一匡天下，民到于今受其賜。

于時戎狄交侵，亡荊滅衛。管仲攘戎狄而封之，南服楚師，北伐山戎，而中國不移。故曰受其賜也〔三〇〕。（皇疏）

微管仲，吾其被髮左衽矣。豈若匹夫匹婦之爲諒也，自經於溝瀆，而莫之知也。」

子曰：「其言之不怍，則其爲之難。」

情動於中而外形於言，情正實，而後言之不怍。（皇疏）

子曰：「賢者避世，其次避地，其次避色，其次避言。」子曰：「作者七人矣。」

七人：伯夷、叔齊、虞仲、夷逸、朱張、柳下惠、少連也。（皇疏、邢疏）

衛靈公

子曰：「民之於仁也，甚於水火。水火吾見蹈而死者矣，未見蹈仁而死者也。

民之遠於仁，甚於遠水火也。見有蹈水火死者，未嘗見蹈仁死者也〔三〕。（皇疏、邢疏）

陽貨

子曰：「性相近也，習相遠也。」

不性其情〔三〕，焉能久行其正。此是情之正也。若心好流蕩失真，此是情之邪也。若以情近性，故云

性其情。

情近性者，何妨是有欲。若逐欲遷〔三三〕，故云遠也；若欲而不遷，故曰近。但近性者正，而即

性非正〔三四〕；雖即性非正，而能使之正〔三五〕。譬如近火者熱，而即火非熱；雖即火非熱，而能使之熱。

能使之熱者何〔三六〕？氣也、熱也。能使之正者何〔三七〕？儀也〔三八〕、靜也。又知其有濃薄者，孔子曰：性

相近也。若全同也，相近之辭不生；若全異也，相近之辭亦不得立。今云近者，有同有異，取其共是。

無善無惡則同也〔三九〕，有濃有薄則異也，雖異而未相遠，故曰近也。（皇疏）

公山弗擾以費畔，召，子欲往。 子路不悅曰：「未之也已，何必公山氏之之也」！子曰：「夫召

我者而豈徒哉！如有復用我者，吾其爲東周乎！

言如能用我者，不擇地而興周室道也。（皇疏）

肸肸召，子欲往。 子路曰：「昔者，由也聞諸夫子曰：親於其身爲不善者，君子不入也。」肸肸

肸以中牟畔，子之往也，如之何？」子曰：「然有是言也。曰：不曰堅乎？磨而不磷；不曰白

乎？湼而不緇。吾豈匏瓜也哉？焉能繫而不食」！

孔子機發後應，事形乃視，擇地以處身，資教以全度者也，故不入亂人之邦。 聖人通遠慮微，應變神

化，濁亂不能污其潔，凶惡不能害其性，所以避難不藏身，絕〔四0〕物不以形也。 有是言者，言各有所施

也。苟不得繫而不食，舍此適彼，相去何若也。（皇疏）

子曰：「由，汝聞六言六蔽矣乎？」

不自見其過也。（皇疏）

對曰：「未也。」曰：「居，吾語汝。好仁不好學，其蔽也愚；好智不好學，其蔽也蕩；好信不好學，其蔽也賊；好直不好學，其蔽也絞；好勇不好學，其蔽也亂；好剛不好學，其蔽也狂。」

子曰：「禮云，禮云，玉帛云乎哉？樂云，樂云，鐘鼓云乎哉？」

禮以敬為主，玉帛者，敬之用飾也。樂主於和，鐘鼓者，樂之器也。于時所謂禮樂者，厚贄幣而所簡於敬，盛鐘鼓而不合雅頌，故正言其義也。（皇疏）

子曰：「予欲無言。」子貢曰：「子如不言，則小子何述焉？」子曰：「天何言哉？四時行焉，百物生焉。天何言哉！」

予欲無言，蓋欲明本。舉本統末，而示物於極者也。夫立言垂教，將以通性，而弊至於湮。寄旨傳辭，將以正邪，而勢至於繁。既求道中，不可勝御，是以修本廢言，則天而行化。以淳而觀，則天地之心

見於不言；寒暑代序，則不言之令行乎四時，天豈諄諄者哉。（皇疏）

微 子

逸民伯夷、叔齊、虞仲、夷逸、朱張、柳下惠、少連。子曰：「不降其志，不辱其身，伯夷、叔齊與〔一〕」謂：「柳下惠、少連，降志辱身矣，言中倫，行中慮，其斯而已矣。」謂：「虞仲、夷逸，隱居放言，身中清，廢中權。我則異於是，無可無不可。」朱張，字子弓，荀卿以比孔子〔四〕。今序六人而闕朱張者，明取舍與己合同也。（皇疏、邢疏）

校 釋

〔一〕「廢興」二字，玉函山房輯佚書等均作「興廢」。

〔二〕「矯」，糾正。「時失」，玉函山房輯佚書無「時」字。

〔三〕「禮意」，指禮之根本意義。「尋本禮意」，玉函山房輯佚書作「尋禮本意」。

〔四〕周易略例：「統之有宗，會之有元。故繁而不亂，衆而不惑」。「故自統而尋之，物雖衆，則知可以執一御也」。由本以觀之，義雖博，則知可以一名舉也」。又「執一統衆」之「衆」，玉函山房輯佚書誤作「舉」字。

〔五〕「本傳」，指史記孔子世家。

〔六〕「厭」，絕。又，「言非人事所免」，玉函山房輯佚書無「言」字。

〔七〕「姓李氏」之「李」字，玉函山房輯佚書作「老」字。

〔八〕「藏室之史也」，玉函山房輯佚書無「室」字。

〔九〕「體」，感觸。「是道不可體」，玉函山房輯佚書作「是道不可爲體」。

〔一〇〕周易繫辭上：「夫易，聖人之所以極深而研幾也」。

〔一一〕「君物」，統制萬物。

〔一二〕「威者心猛」之「心」字，玉函山房輯佚書作「必」。

〔一三〕「猛者不威」，玉函山房輯佚書於「猛」上有一「不」字。

〔一四〕「應感而動」，玉函山房輯佚書作「感應而動」。

〔一五〕「故又感以聲樂」之「又」字，玉函山房輯佚書作「必」。

〔一六〕「三體」，指詩、禮、樂。「相扶」，互相輔助。

〔一七〕「驕恪」，即「驕吝」，驕傲自大而氣量狹小。「設使」之「使」字，武英殿本作「是」。

〔一八〕「假」，通「借」。玉函山房輯佚書作「設」字。

〔一九〕「則儉心茲應」之「儉」字，觀上下文義，當爲「險」字之誤。如老子四十九章王弼注：「夫以明察物，物亦競以其明（應）〔避〕之，以不信（察）〔求〕物，物亦競以其不信應之。……甚矣！害之大也，莫大於用其明矣」。

〔二〇〕「章」,明。又,「生於善」,玉函山房輯佚書無「生」字。

〔二一〕「相須」,相待,指互相對待而存在。「名分」,等級名分。「形」,產生。

〔二二〕「君其臣」之「君」字,玉函山房輯佚書作「言」。

〔二三〕「凶者自罰」之「凶」字,玉函山房輯佚書作「惡」。

〔二四〕「八音」,八種樂器。泛指鐘、鼓、磬、琴、瑟、簫管、笙竽等樂器。又,「譬猶」之「猶」字,玉函山房輯佚書作「如」字。

〔二五〕玉函山房輯佚書於此節上,輯入經典釋文引王弼注:「厩,公厩也」四字。

〔二六〕「才長也」之「長」字,玉函山房輯佚書作「者」字。

〔二七〕「德行之俊」之「俊」字,玉函山房輯佚書無「行」字。

〔二八〕「庶幾」,近于。又,「玉函山房輯佚書於此上重論語原文「其庶乎屢空」五字。

〔二九〕「空乏」「志淺」之「淺」字,玉函山房輯佚書作「成」字。

〔三〇〕玉函山房輯佚書無此節注文。

〔三一〕邢昺疏引此節注文無二「死」字。

〔三二〕「不性其情」之「情」字,玉函山房輯佚書作「性」字。下文「此是情之正也」「此是情之邪也」兩句中之「情」字,亦作「性」。

〔三三〕「若逐欲遷」,疑於「欲」字下脫一「而」字。文當作「若逐欲而遷」,與下文「若欲而不遷」相應

爲文。

〔三四〕「卽性」，意爲聽任，放縱其性。

〔三五〕「能使之正」，玉函山房輯佚書無「使」字。

〔三六〕「能使之熱者何」，玉函山房輯佚書無「何」字。

〔三七〕「能使之正者何」，玉函山房輯佚書無「何」字。

〔三八〕「儀」，指禮儀規範。

〔三九〕「無善無惡則同也」，玉函山房輯佚書無「則同也」三字。

〔四〇〕「絕物不以形也」之「絕」字，玉函山房輯佚書作「接」。

〔四一〕邢昺疏於「以比孔子」下作：「言其行與孔子同，故不論也」。

附錄

一 何劭王弼傳

弼幼而察惠〔一〕，年十餘，好老氏，通辯能言。父業，爲尚書郎。時裴徽爲吏部郎，弼未弱冠〔二〕，往造焉〔三〕。徽一見而異之，問弼曰：「夫無者誠萬物之所資也〔四〕，然聖人莫肯致言，而老子申之無已者何？」弼曰：「聖人體無，無又不可以訓，故不說也；老子是有者也，故恆言無所不足〔五〕。」尋亦爲傅嘏所知。

於時，何晏爲吏部尚書，甚奇弼，歎之曰：「仲尼稱後生可畏〔六〕，若斯人者，可與言天人之際乎〔七〕！」正始中〔八〕，黄門侍郎累缺，晏既用賈充、裴秀、朱整，又議用弼。時丁謐與晏爭衡，致高邑王黎於曹爽。爽用黎，於是以弼補臺郎。初除，覲爽，請間〔九〕。爽爲屏左右，而弼與論道移時〔一〇〕，無所他及，爽以此嗤之。時爽專朝政，黨與共相進用，弼通儶不治高名〔一一〕。尋黎無幾時病亡，爽用王沈代黎，弼遂不得在門下。晏爲之歎恨。弼在臺既淺〔一二〕，事功亦雅非所長，益不留意焉。

淮南人劉陶善論縱橫，爲當時所稱，每與弼語，嘗屈弼〔二〕。弼天才卓出，當其所得，莫能奪也。

性和理，樂游宴，解音律，善投壺〔四〕。其論道，附會文辭不如何晏，自然有所拔得多矣也〔五〕。顏以所長笑人，故時爲士君子所疾。弼與鍾會善，會論議以校練爲家，然每服弼之高致。

何晏以爲聖人無喜怒哀樂，其論甚精〔六〕，鍾會等述之。弼與不同，以爲聖人茂於人者神明也〔七〕。同於人者五情也〔八〕。神明茂，故能體沖和以通無〔九〕，五情同，故不能無哀樂以應物。然則，聖人之情，應物而無累於物者也。今以其無累，便謂不復應物，失之多矣。

弼注易，潁川人荀融難弼大衍義〔一0〕。弼答其意，白書以戲之曰：「夫明足以尋極幽微，而不能去自然之性。顏子之量，孔父之所預在〔一一〕。然遇之不能無樂，喪之不能無哀。又常狹斯人〔一二〕，以爲未能以情從理者也〔一三〕。而今乃知自然之不可革。足下之量〔一四〕，雖已定乎胸懷之內，然而隔踰旬朔〔一五〕，何其相思之多乎！故知尼父之於顏子，可以無大過矣！」

弼注老子，爲之指略，致有理統〔二六〕，著〔二七〕道略論，注易，往往有高麗言〔二八〕。太原王濟

好談，病〔二九〕老莊，嘗云：「見弼易注，所悟者多〔三〇〕。」

然弼爲人，淺而不識物情。初與王黎、荀融善，黎奪其黃門郎，於是恨黎，與融亦

不終。

正始十年，曹爽廢，以公事免。其秋，遇癘疾亡，時年二十四，無子，絕嗣。弼之卒也，

晉景王〔三一〕聞之嗟歎者累日。其爲高識所惜如此。

(魏志卷二十八鍾會傳注)

校　釋

〔一〕「察」，明。「惠」通「慧」。「察惠」，聰明智慧。

〔二〕「弱冠」，少年。禮記曲禮：「二十曰弱冠」。鄭玄注：「二十弱冠者，二十初加冠，體猶未壯，故

曰弱也。至二十九通得名弱冠，以其血氣未定故也」。

〔三〕「造」，詣，訪問。

〔四〕「資」，待，依靠。

〔五〕此段文字世說新語文學篇作：「聖人體無，無又不可以訓，故言必及有，老莊未免於有，恒訓

其所不足」。

〔六〕「後生可畏」，語出論語子罕篇：「子曰：後生可畏，焉知來者之不如今也。四十、五十而無聞

焉，斯亦不足畏也已」。

〔七〕「際」，交際、關係。

〔八〕「正始」，魏、齊王曹芳之年號。公元二四〇年至二四九年。

〔九〕「覿」，拜見。「請問」，請求單獨談話。

〔一〇〕「除」，就職。

〔一〇〕「移時」，多時。

〔一一〕「儁」，通「俊」。「通儁不治高名」，通脫俊拔，不追求高官名位。

〔一二〕「在臺既淺」，指做臺郎時間很短，資歷尚淺。

〔一三〕「嘗」，或作「常」，通借。「嘗屈弼」，意爲常爲王弼所屈。

〔一四〕「投壺」，古代宴飲時之一種遊戲，亦是一種禮。禮記有投壺篇，詳釋投壺之禮。

〔一五〕「拔得」，指有獨特之見解。

〔一六〕何晏的聖人無喜怒哀樂論已不詳。據湯用彤王弼聖人有情義釋一文説：「推平叔（何晏）之

意，聖人純乎天道，未嘗有情，賢人以情當理，而未嘗無情。至若衆庶固亦有情，然違理而任情，爲喜怒

所役使而不能自拔也」。（見魏晉玄學論稿）

〔一七〕「神明」，智慧。

〔一八〕「五情」，喜、怒、哀、樂、欲。

〔一九〕「沖」，借爲「盅」，虛。「和」，和諧。

〔二〇〕荀融難王弼大衍義，原文已不可考。

〔二一〕「顔子」，顔回。「孔父」，孔子。

〔二二〕「狹」，輕狎。「斯人」，指孔子。

〔二三〕「以情從理」，以感情服從理性，以此達到無情。

〔二四〕一本於「足下」二字上復有一「是」字。

〔二五〕「隔踰旬朔」，「旬」，十日，「朔」，半月。此處爲相隔很短時日之意。

〔二六〕「理統」，條理系統。

〔二七〕「著」，一本作「注」。

〔二八〕「高麗言」，精彩言論。

〔二九〕「病」，批評。

〔三〇〕「悟」，湯用彤說：「王應麟鄭氏易序引陸澄與王儉書作『誤』，檢南齊書三十九卷陸澄傳則作『悟』。但玩陸、王二書語氣，『悟』必爲『誤』之訛」。

〔三一〕「晉景王」，司馬師。

二　有關王弼事蹟資料

弼字輔嗣，山陽高平人。少而察惠，十餘歲便好莊、老，通辯能言，爲傅嘏所知。吏部尚書何晏甚奇之，題之曰「後生可畏。若斯人者，可與言天人之際矣」。以弼補臺郎。弼事功雅非所長，益不留意，頗以所長笑人，故爲時士所嫉。又，爲人淺而不識物情，初與王黎、荀融善，黎奪其黄門郎，於是恨黎，與融亦不終好。正始中以公事免，其秋遇癘疾亡，時年二十四。弼之卒也，晉景帝嗟歎之累日，曰：「天喪予。」其爲高識悼惜如此。（世說新語卷二文學篇劉孝標注引王弼別傳）

弼父爲尚書郎，裴徽爲吏部郎，徽見異之，故問。（同上）

弼父爲尚書郎，有位望，時談客盈坐，王弼未弱冠，往見之。晏聞弼名，因條向者勝理語弼曰：「此理僕以爲極可，得復難不？」弼便作難，一坐人便以爲屈。於是弼自爲客主數番，皆一坐所不及。（世說新語卷二文學篇）

何平叔注老子始成，詣王輔嗣，見王注精奇，迺神伏曰：「若斯人可與論天人之際矣！」

因以所注爲道、德二論。（世說新語卷二文學篇）

何晏注老子未畢，見王弼自說注老子旨，何意多所短，不復得作聲，但應諾諾。遂不復注，因作道、德論。（世說新語卷二文學篇）

弼論道約美不如晏，自然出拔過之。（世說新語卷二文學篇劉孝標注引魏氏春秋）

王輔嗣弱冠詣裴徽，徽問曰：「夫無者，誠萬物之所資，聖人莫肯致言，而老子申之無已，何邪？」弼曰：「聖人體無，無又不可以訓，故言必及有。老莊未免於有，恒訓其所不足。」（世說新語卷二文學篇）

正始中，王弼、何晏好莊老玄勝之談，而世遂貴焉。（世說新語卷二文學篇注引續晉

宏（袁宏）以夏侯太初、何平叔、王輔嗣爲正始名士。（世説新語卷二文學篇注）

魏之初霸，術兼名法，傅嘏、王粲校練名理。迄至正始，務欲守文，何晏之徒始盛玄論。於是聘、周當路，與尼父争途矣。詳觀蘭石（傅嘏）之才性，仲宣（王粲）之去代，叔夜（嵇康）之辨聲，太初（夏侯玄）之本玄，輔嗣之兩例，平叔（何晏）之二論，並師心獨見，鋒穎精密，蓋人倫之英也。（文心雕龍論説篇）

衍（荀衍）子紹位至太僕，紹子融字伯雅，與王弼、鍾會俱知名，爲洛陽令參大將軍軍事。與弼、會論易、老義傳於世。（魏志卷十荀彧傳注）

會常論易無互體，才性同異。及會死後，於會家得書二十篇，名曰道論，而實刑名家也，其文似會。初，會弱冠與山陽王弼並知名，弼好論儒、道，辭才逸辯，注易及老子，爲尚

書郎，年二十餘卒。（魏志卷二十八鍾會傳）

初，王粲與族兄凱俱避地荊州，劉表欲以女妻粲、而嫌其形陋而用率，以凱有風貌，乃以妻凱。凱生業，業即劉表外孫也。蔡邕有書近萬卷，末年載數車與粲。粲亡後，相國掾魏諷謀反，粲子與焉。既被誅，邕所與書悉入業。業字長緒，位至謁者僕射。子宏，字正宗，司隸校尉。宏，弼之兄也。（魏志卷二十八鍾會傳注引博物記）

蔡邕有書萬卷，漢末年載數車與王粲。粲亡後，相國掾魏諷謀反，粲子與焉。既被誅，邕所與粲書悉入粲族子葉，字長緒，即正宗父，正宗即輔嗣兄也。初，粲與族兄凱避地荊州，依劉表。表有女，表愛粲才，欲以妻之，嫌其形陋周率，乃謂曰：君才過人，而體貌躁，非女聲才。凱有風貌，乃妻凱，生葉，即女所生。（博物志卷六人名考）

魏正始中，何晏、王弼等祖述老莊，立論以為天地萬物皆以無為為本。無也者，開物成務，無往不存者也。陰陽恃以化生，萬物恃以成形，賢者恃以成德，不肖恃以免身。故無之為用，無爵而貴矣。唯裴頠以為非，著論以譏之，而衍處之自若。（晉書卷

四十三（王衍傳）

弼字武子，少篤學，多所通覽，云云。時以浮虛相扇，儒雅日替，弼以為其源始於王弼、何晏，二人之罪深於桀、紂。乃著論曰：「或曰：『黃唐緬邈，至道淪翳，濠濮輟詠，風流靡託，爭奪兆於仁義，是非成於儒墨。平叔神懷超絕，輔嗣妙思通微，振千載之頹綱，落周、孔之塵網，斯蓋軒冕之龍門，豪梁之宗匠。嘗聞，夫子之論以為罪過桀、紂，何哉？』答曰：『子信有聖人之言乎？夫聖人者，德侔二儀，道冠三才，雖帝皇殊號，質文異制，而統天成務，曠代齊趣。王、何蔑棄典文，不遵禮度，游辭浮說，波蕩後生。飾華言以翳實，騁繁文以惑世，搢紳之徒翻然改轍，洙泗之風緬焉將墜。遂令仁義幽淪，儒雅蒙塵，禮壞樂崩，中原傾覆。古之所謂言偽而辯，行僻而堅者，其斯人之徒歟！昔夫子斬少正於魯，太公戮華士於齊，豈非曠世而同誅乎！桀、紂暴虐，正足以滅身覆國，為後世鑒戒耳，豈能迴百姓之視聽哉！王、何叨海內之浮譽，資膏粱之傲誕，畫螭魅以為巧，扇無檢以為俗。鄭聲之亂樂，利口之覆邦，信矣哉！吾因以為一世之禍輕，歷代之罪重；自喪之釁小，迷眾之愆大也！』弼崇儒抑俗率皆如此。（晉書卷七十五范寧傳）

補王弼佚文一則

王弼云：一陰一陽者，或謂之陰，或謂之陽，不可定名也。夫爲陰則不能爲陽，爲柔則不能爲剛。唯不陰不陽，然後爲陰陽之宗；不柔不剛，然後爲剛柔之主。故無方無體，非陽非陰，始得謂之道，始得謂之神。（唐楊士勛春秋穀梁傳注疏莊公三年）

重印後記

由於我忙於其他工作，這次重印未能抽出時間作全面的修訂，僅改正了排印之誤。此外，原《前言》中，括注王弼籍貫「山陽」爲「今河南焦作市」，是乃誤以「山陽郡」爲「山陽縣」所致，此蒙鍾肇鵬同志來函指正，現特予改正，並向讀者致歉。又，王葆玹同志發現唐楊士勛《春秋穀梁傳注疏》中引有王弼佚文一則，並判定其爲王弼《周易大演論》之佚文（詳見王文：《〈穀梁傳疏〉所引王弼〈周易大演論〉佚文考釋》，載《中國哲學史研究》一九八三年第四期）。對於王葆玹同志的結論似尚有待進一步的研究，但這則佚文的發現，爲研究王弼思想提供了新的材料。所以趁這次重印之機補錄於後，以便讀者參考。

樓宇烈　一九八四年八月